백지원의

완간 고려왕조 실록

상 권 ❀ 전기 왕권시대

백지원의 완간
고려왕조실록 상권

초판 발행 ｜ 2010년 4월 5일
3쇄 발행 ｜ 2017년 3월 20일

지 은 이 ｜ 백지원
발 행 인 ｜ 안광용
발 행 처 ｜ ㈜진명출판사
등   록 ｜ 제10-959호 (1994년 4월 4일)
주   소 ｜ 서울 마포구 양화로 156, 1601호(동교동, LG팰리스빌딩)
전   화 ｜ 02) 3143-1336 / FAX 02) 3143-1053
홈 페 이 지 ｜ http://www.jinmyong.com
이 메 일 ｜ book@jinmyong.com
마 케 팅 ｜ Carl Ahn, Angella Kim

ISBN 978-89-8010-435-2 04910

백지원의

완간 고려왕조실록

상권 ⚜ 전기 왕권시대

✔M (주)진명출판사

작가의 말

역사만큼 재미있는 학문은 없다.

우리는 지혜의 보고인 역사를 통해서 과거에 일어났던 수많은 사건들을 접하게 되고, 또 그 사건의 처리 과정과 결말을 보면서, 현재의 문제를 해결할 지혜를 얻고 미래를 예측할 수 있다.

독자 여러분에게 일어나는 모든 큰 문제는 이미 과거에 한번 이상 일어났던 일들이다. 이렇게 역사란 과거의 경험을 배워서 미래를 설계하는 학문이기 때문에 왜곡된 역사는 역사가 아니며, 우리는 거기에서 아무것도 배울 것이 없다.

그런데 문제는 어느 나라 역사건 왜곡과 윤색, 심지어는 조작이 있다는 사실이다. 누구나 부끄러운 부분은 감추고 싶고 제가 한 일은 모두 잘했다고 하고 싶은 것이 인지상정이기 때문이다.

게다가 역사는 승자가 쓴다. 그래서 역사는 쓰이는 순간부터 왜곡되게 마련이다. 뿐만 아니라, 오늘날 역사책을 쓰는 저자들 또한 역사의 치부를 감추고 있고, 책을 보는 대중들 역시 치부를 보기 원치 않아 역사책의 저자와 영합한다. 둘은 가장 커다란 역사 왜곡의 공범이며, 이렇게 해서 만들어진 왜곡된 역사는 굴절된 거울과 같아 우리 모두의 가치관을 왜곡시킨다.

사서(史書)의 저자들은 역사 왜곡에 메스 대기를 꺼린다. 사실 이 문제는 예민한 데다, 많은 독자들이 자신이 기왕에 알고 있던 역사 지식이 진실과 거리가 있다는 것을 알게 되었을 때, 이를 가슴을 열고 받아들이는 것이 아니라 대부분 거부감을 느낀다. 이러니 역사의 진실을 추적하는 작업은 쉽지도 않을뿐더러, 진실의 사서들은 많이 팔리기도 어렵다.

필자는 허구인 연속극을 보면서 역사 지식을 얻는다고 생각하는 수많은 딱한 민중들, 그리고 역사에 관심은 있으나 쉽고 재미있으면서도 깊이가 있는 역사서를 찾기가 쉽지 않은 대한민국 보통 국민들을 위해서, 그간 역사서 저자들에 의하여 가리어졌던 우리 역사의 치부를 모두 들추어내어 가감 없는 역사의 진실에 접근한 전혀 새로운 스타일의 대중 역사서를 쓰고 싶었다.

필자는 역사를 공부하면서 사서의 행간에 있는 패자의 항변들을 찾아내고 진실의 편린들을 모았다. 패자의 항변을 들어, 승자에 의해 씌어진 역사가 아니라 실제 당시 일어났던 역사적 사실을 재구성하려고 노력했으며, 가능하면 일반 교양인들이 부담없이 읽을 수 있도록 쉽고 재미있게 쓰려고 노력했다. 필자 자신 쓸데없이 엄숙하거나 장중하고 무미건조한 문체는 딱 질색이기 때문이다.

필자는 선배들의 노력의 결실을 섭렵하고 이를 규합해서 새로운 시각으로 역사를 재조명해서 독자들에게 역사의 진실을 알리려 하며, 이러한 동기가 필자로 하여금 사서를 쓰게 하는 것이다.

필자를 아끼는 독자들 중 이러한 필자의 시도를 염려하여,

"모난 돌이 정 맞는다."

라는 말을 해 주신 분이 있다. 물론 필자도 이를 잘 알지만, 어차피 승자에 의해 씌어진 역사는 왜곡되게 마련이고, 언제고 누군가가 이 일을 하기는 해야 하는데 필자가 먼저 시작한 것뿐이다.

대개 우리가 알고 있는 역사는 열국시대사(삼국시대라고 보통 불리는 시대인데, 이 또한 잘못되었다. 700년 역사 중 삼국시대는 고작 100년뿐이고 나머지 600년은 열국시대였다)와 조선사(朝鮮史)로, 고려사(高麗史)에 대해서는 별 관심도 없이, 그저 건국한 왕건 그리고 몽골이 침공했었고 왜구의 침입이 잦았다는 것 외에는 별로 아는 것이 없다.

그러나 고려사도 알고 나면 아주 재미있다.

필자가 보기에는 고려가 조선보다 훨씬 더 다채로우면서도 역동적이고 재미있었던 사회였다. 폐쇄적이기 짝이 없었고 안으로만 움츠러든 조선이야 나라를 망친 성리학과 양반들 그리고 당쟁 이야기를 빼고 나면 동양 최고의 명군 세종(제4대)과 인간미 넘치는 정치가인 정조(제22대) 이야기 정도가 남지만, 고려는 조선과 달리 불교 국가이면서도 다양한 사상들이 함께 공존했고, 아주 개방적이면서 활기찬 사회였다.

우선 상대방을 역모로 모함하여 싹쓸이하는 것이 목적인 당쟁이 없는 것만 가지고도 일단 살 만한 사회였다. 조선에서 16세기 중반인 선조(제14대) 때부터 시작되어 19세기 초까지 2백수십 년 간이나 계속되었던 그 더러운 당쟁은 국력을 거의 소진시켜 조선을 망국으로 내몰았다.

또 우리 역사상 최초의 무인시대(武人時代) 경험과 김일성 정권과 붕어빵인 최충헌 세습정권, 그리고 30년에 걸친 대제국 몽골의 침공과 이에 맞섰던 영웅들과 민초들의 스토리, 삼별초 난의 성격 규명과 여몽연합군의 일본 침공의 진실, 그리고 고려사에서 가장 눈길을 끄는 두 매력적인 인물인 승려 묘청과 신돈 스토리 등, 고려사에는 재미있는 이야기들이 부지기수다.

사람들이 막연히 고려에 관한 사서(史書)가 적어서 실체를 자세히 알기 어렵다고 말들 하지만, 독자들이 고려에 대하여 거의 완전히 알 만큼 고려에 대한 기록은 충분히 있다. 그런데도 불구하고 이상하게 조선에 관한 사서는 넘쳐나지만, 고려에 관한 사서는 별로 많지 않다. 독자들이 고려에 관심이 없는 것이 아니라, 역사에 관심이 있는 독자들이 고려시대에 관심을 갖게 할 만한 사서를 찾기 힘든 것이 그 원인으로, 이는 필자로 하여금『고려왕조실록』을 쓰게 한 촉매제가 되었다.

우리가 그간 막연하게 알아 왔던 500년 고려 왕조는 참으로 특이한 왕조로 크게 전기, 후기로 나누인다. 고려 왕조의 수명은 대략 500년 정도였으나, 실제로 왕권이 행사되었던 왕권시대는 그중 절반인 전기 약 250년 정도였고, 나머지 절반인 후기 200여 년은 100년 간의 무인시대와 약 100년 간의 원(元) 식민지시대로서 비왕권시대로 분류된다.

독자들이 거부감을 갖게 될지 모르는 '원 식민지시대' 라는 용어는 필자에 앞서서 이미 사학자인 남경태 씨와 구본창 씨가 썼고, 필자 또한 고려사를 보는 시각이 그분들과 크게 다르지 않아 그 용어를 사용한다.

사실 당시의 정황을 나타내기에는 식민지시대라고 하는 표현이 가장 적합하다고 볼 수 있다. 우선 제24대 원종부터 역사상 처음으로 남의 나라에 친조(親朝)하기 시작하여, 이 관례는 뒤를 이은 '충(忠)' 자 붙은 여섯 왕으로 이어졌다.

　　친조만 한 것이 아니라 언제고 원 황제가 소환하면 원으로 가야 했고, 충선왕(제26대)이나 충혜왕(제28대) 같은 경우는 황제의 명으로 유배를 갔으며, 포박되어 원으로 끌려간 충혜왕은 유배 도중 객사했다. 또 왕이 바뀔 때마다 원에서 책봉을 받은 후에야 즉위할 수 있었으니, 사실 그들은 말만 왕이지 실제적으로는 원의 분봉지의 한 제후였을 뿐이었다.

　　거의 모든 다른 사서와 국사 교과서에는 그 시기를 '원의 간섭기'라는 아주 애매모호한 표현을 썼는데, 이는 싸구려 민족주의 감상에 빠져 있는, 제법 되는 독자들의 반발을 염두에 둔 매우 사실성이 떨어지는 표현으로, 아마 책 판매에 악영향을 끼칠까 우려하여 선택한 용어일 것이다.

　　당시는 실제로 우리나라가 사상 최초로 경험한 식민지시대였다. 있었던 것은 있었다고 해야 한다, 그래야 배우는 것이 있게 마련이다.

　　사실 몽골제국의 식민지 통치 경험을 했다는 것은 전혀 부끄러워할 일이 못된다. 당시 몽골제국은 세계 최강의 기마 군단을 이끌고 알려져 있던 거의 모든 세계를 정복했으며, 사상 최초로 중국이나 러시아 같은 대국들도 몽골제국의 식민지 경험을 했는데, 고려처럼 작은 나라가 무슨 수로 혼자 버틸 수 있었겠는가.

　　고려에 대한 몽골의 침입은 일종의 천재지변으로 보면 되고, 당시 고려로서는 불가항력이었다.

고려사(高麗史)는 필자의 우리 역사 진실 추적 시리즈 세 번째 작품이다. 책 제목에 '완간' 자가 들어간 것은, 그동안에 간행된 고려사에서 소홀히 취급되었던, 박진감 넘치는 무인시대 스토리와 30년 간에 걸친 몽골 침공의 실상, 대제국 몽골의 실체, 그리고 삼별초의 난과 여몽 연합군의 일본 침공의 진실을 추적하여 상세히 수록했기 때문이고, 또 정사(正史)인 고려사에 수록되어 있는 중요한 기록을 거의 모두 담고 있기 때문이다.

필자는 2009년부터 사서를 쓰기 시작했으며, 매 6개월 내지 일 년마다 한두 권씩의 역사서를 쓰려고 마음먹고 있다. 2009년은 조선사(朝鮮史) 세 권(『조선왕조실록 상』, 『조선왕조실록 하』, 『조일전쟁』)으로 마무리했고, 2010년 초에는 『고려왕조실록』 상, 하 두 권을 탈고했다. 이제부터 열국시대사(列國時代史)의 집필을 시작할 예정으로 있으며, 2011년에는 고조선사(古朝鮮史)를 쓰려고 계획하고 있다.

그때 가 봐야 되겠지만, 우리나라 역사를 시대별로 다 쓴 뒤에는 중국사(中國史)를 쓸는지 서양사(西洋史)를 쓸는지 아직 확실히 결정하지는 못하고 있다.

필자가 이렇게 단시일 내에 역사서를 쓸 수 있는 배경은 평생 역사를 공부해 오면서 축적해 놓은 자료가 있기 때문이다.

물론 필자가 지금까지 출간을 했거나 앞으로 쓰려고 하는 모든 역사에 관한 책들은 이미 시대별로 수백 권씩 나와 있다. 그런데도 필자가 구태여 시대별로 사서를 다시 쓰려는 것은, 지금까지 왜곡되어 온 우리 역사의 일부라도 바로잡기 위함이자, 쉽고 재미있게 읽을 수 있는 대중 역사서를 저술하여 역사를 지겹게 생각하는 독자들로 하여금 좀 더 친근하게 역사를 접하도록 하기 위함이다.

앞에서 이미 얘기했지만, 역사는 참으로 재미있는 학문이다. 역사란 소설처럼 허구가 아니라 실제로 있었던 인간들의 애증의 이야기이며, 또 사건마다 교훈을 담고 있기 때문이다. 이러한 역사 속의 인물들이 시공을 뛰어넘어 우리와 교감을 갖게 될 때, 역사는 살아 움직이게 되고 우리는 역사에 열광하게 되는 것이다.

일부 독자들은 사서가 재미없다고 생각할지 모르나, 역사서를 재미있게 읽는 방법이 있다. 이 책에서도 수많은 인명과 연대가 나오지만, 독자들은 그것들을 모두 기억할 필요가 전혀 없다. 독자들이 사서를 읽으면서 유의할 것은 인명과 연대가 아니라, 그저 시대의 전체적인 흐름과 어떤 세기에 어떤 중요한 사건이 일어났고, 그 사건이 어떤 과정을 거쳐서 어떤 결말에 도달했는가 하는 정도의 스토리만 알면 된다.

우리 세대가 학교 다닐 때 지겹게 암기한 '태정태세문단세'가 그 후 일생을 사는 동안 무슨 교훈을 주었고, 몇 번이나 도움이 되었는가를 생각하면 된다. 조선의 27명 왕 중에서 그나마 밥값이라도 한 왕은 대여섯 명밖에 안 되는데, 나머지 멍청한 왕들에 대하여 우리가 왜 그렇게 상세히 알아야 되는지 필자는 잘 모른다.

그저 조선사를 알려면 언제 어떻게 해서 개국했고, 언제까지 융성하다가 왜 그리고 언제, 어떻게 멸망했는지와, 조선사에 깊은 족적을 새겨 놓은 인물 몇 명과 사건들을 알면 된다. 예를 들어, 세종(제4대), 정조(제22대)와 조일전쟁(임진왜란) 때의 소인배 선조(제14대), 해전의 이순신, 육전의 정기룡과 곽재우 같은 영웅들 그리고 조청전쟁(병자호란) 때의 등신 같은 임금인 인조(제16대) 같은 것들이다.

그리고는 더럽기 짝이 없던 권력 싸움으로 아까운 인재들을 죽이고 국력을 모두 소진케 한 당쟁의 실상, 허풍과 위선에 가득 찼던 양반제도, 말기에 들어서서 나라를 말아먹은, 부패하기 짝이 없었던 안동 김씨와 민비 척족들의 세도정치, 그리고 조선의 마지막 인물인 대원군 등이다.

독자들은 이것으로 조선사를 다 훑어본 셈이다. 단지 문체가 너무 무미건조하거나 지루한 책은 재미가 없으니 피하시기 바란다. 읽다가 지겨워서 중간에 덮어 버리는 일이 없도록 하기 위해서다.

학교에서 역사를 가르치는 선생님들도 학생들에게 모든 별 볼일 없는 사건, 인물, 연대를 시시콜콜하게 암기시킬 것이 아니라, 큰 틀에서 이해시키고, 중요한 사건과 인물 몇 명만 깊이 알고 그들의 스토리를 들려주는 식으로 강의를 하면, 학생들이 역사 과목을 암기 과목이 아니라 재미있는 이해 과목으로 받아들일 것이다.

조선시대와 고려시대는 세계 역사상 드물게 각각 500년 정도의 역사를 누린 왕조였다. 역사상 특이한 몇 왕조를 빼고는, 한 나라의 흥망성쇠는 대개 200~300년 정도의 수명을 갖는다. 사실 500년 정도를 존속했던 고려시대와 조선시대가 역시 각각 두 시기로 나뉘는 것은, 특별한 경우를 제외하면 한 나라가 존속하기에 500년이라는 시간이 너무 길기 때문이다.

전한, 후한, 당, 송, 요, 금, 원, 명, 청 등의 흥망에서 보시다시피, 한 나라의 흥망은 대개 200년에서 300년 사이이다. 서양에서도 대영제국이 약 200년을 존속했고, 미제국 또한 200년 정도의 수명을 가질 것으로 추정된다.

참으로 희한하게도 모든 나라의 흥망성쇠 과정은 아주 비슷하다. 처음 나라가 건국할 때는 온 나라에 진취성과 활기가 넘치고, 지배층은 전 왕조의 멸망을 직접 보았기 때문에 자신을 경계하여 검소하고 질박한 데다 좀 더 나은 나라의 장래와 백성들의 삶을 위하여 고민한다.

그러다가 안정기에 들어서서 돈이 좀 돌고 문화가 꽃피는 번영기가 되면, 지배층과 사회 전체의 기강이 해이해지기 시작하면서 허영과 사치 그리고 향락이 판치게 되고 노블리제 오블리주(사회 지도층의 도덕적 책임감)가 실종된다. 그리고 그런 기간이 대략 50~100년쯤 지나면, 나라는 망하거나 말거나 뒷전으로 밀려나고 모두들 제 주머니, 제 식구, 제 당파만 챙기는 동안 나라는 활력을 잃고 무기력하게 멸망한다. 이게 정해진 순서다.

지금, 지난 20세기 100년 동안 세계의 초강대국으로 군림했던 미국이 딱 그 전철을 밟고 있다. 남북전쟁이 끝난 19세기 후반부터 발흥을 시작한 미국은 20세기 한 세기 동안의 최전성기를 지낸 후, 20세기 말이 되면서부터 이미 활력을 잃기 시작했고 아마 옛날의 영광을 다시 찾는 날은 앞으로 없을 것이다.

예전에 우리가 그렇게 동경했던 그 잘살던 미국은 이제 없고, 가난한 데다(미국민 70%의 생각이다) 해결할 수 없는 빚더미 위에 올라앉아 있는 나라가 미국인 것이다. 가까운 장래에 국제 거래에서 달러를 받지 않기 시작하면 바로 그 날이 미국의 조종(弔鐘)이 울린 날로 알면 된다.

지금 나라의 형편이 이 모양인데도, 미국의 모든 돈이 몰려 있는 뉴욕의 월가에서는 나라가 망하거나 말거나 모두들 제 주머니 챙기기에 정신이 없다.

인류 역사 수천 년 동안 거의 모두 이런 단계를 거쳐서 나라가 건국했다가 망했으나 어느 나라도 이를 극복하지 못했다.

이런 보편적인 철칙을 벗어나서 조선과 고려가 각각 500년 정도씩이나 수명을 누릴 수 있었던 이유는, 앞에서 말한 대로 고려시대는 절반의 왕권시대와 절반의 비왕권시대 즉 두 개의 서로 다른 정치체제가 합쳐진 것이고, 조선 또한 전반기 약 250년 간은 명나라의 속국이었고 후반기 250년 간은 청나라의 속국이었기 때문이었다.

사대(事大)하는 종주국에 외교권과 국방권을 바치고 속국이 되면, 국방, 외교 등 골치 아픈 문제들을 피해 갈 수 있고 또 전쟁을 할 일도 없어, 물론 조일전쟁은 예외였지만, 내치에만 신경 쓰면 된다.

그 대신 나라가 진취성과 역동성을 잃게 되어 폐쇄적이 되며, 국제적인 정보와 안목도 보유하지 못하게 되고, 또 경쟁국이 없어지면서 우물 안 개구리가 되기 때문에 무기력이 온 나라를 뒤덮게 된다. 조선이 딱 그래서 망했다.

고려 또한 전반기 200여 년은 전통적인 왕권시대라 할 수 있으나, 후반기 200여 년은 우리 역사상 한번도 경험해 보지 못했던, 무인시대

(武人時代)와 원(元) 식민지시대를 경험한 비왕권시대였다. 무신정권이 군림했던 시기와 원 제국의 식민지 기간인 약 200년 동안 무신 집권자들과 원제국에서 거의 모든 고려 왕을 임명하고 폐위시킬 수 있었다.

즉, 그 기간 동안 고려에는 말만 왕이 있었지 실제로 왕은 없는 것이나 마찬가지였던 것이다. 물론 고려 말 원명 교체기에 몇 명의 왕이 다시 들어서긴 했지만, 그때의 고려는 이미 황혼이었다.

이렇게 우리는 수천 년의 역사에서 고려시대 때 가장 이색적인 정치 경험을 했다. 그러나 고려는 조선과 달리 원의 식민지가 되기 전까지는 중국에 대하여 조선과 같은 형태의 사대(事大)를 하지 않은, 자주성을 지킨 나라였다.

물론 주변 강대국에 조공을 바치고 책봉을 받고 했으나, 이는 중국을 마음 속 깊이 사모하여 모든 가치를 그대로 받아들이고 중국을 제 애비 모시듯 했던 조선과 달리, 단지 충돌을 피하기 위해 의례적인 조공 책봉 관계를 유지했을 뿐이었다.

고려는 후기 무인시대를 겪으면서, 그간 문풍(文風)에 찌들고 문벌 귀족 정치의 폐해로 퇴폐적이고 무기력했던 사회에 거칠지만 역동적인 무풍(武風)이 불었고, 조선시대 같으면 감히 상상도 못할 극과 극의 신분 이동이 이루어졌다.

또 고려는 원 식민지시대를 보내면서 팍스 몽골리카(Pax Mongolica)의 일원으로 편입되어 새로운 세계를 접할 수 있었고, 국제적인 무역도 활발해져서 전보다 훨씬 더 스케일이 크고 역동적인 사회를 유지할 수 있었다.

필자는 본서에서 그간 역사학자들이 덮어 놓았던 몇 가지 왜곡된 사실을 바로잡으려고 한다. 고려시대에서 가장 중요한 사건을 꼽으라면 단연 몽골의 침공과 원 식민지시대를 겪은 것이라 할 수 있고, 두 번째 사건이 무인시대의 개막이다.

몽골이 처음 고려를 침공했을 때는 이미 서하(西夏), 서요(西遼), 호라즘(Khorezm) 제국을 정복하여 중앙아시아를 장악함으로써 세계 제국이 되어 가고 있을 때로, 고려 침공 직후 중국 북방의 강력했던 국가인 금나라를 멸망시켰고, 이어 러시아를 정복한 후 동유럽을 장악했으며, 이슬람 제국과 송나라를 잇달아 멸망시켰다.

일찍이 출현한 적이 없었던 이러한 강력한 대제국의 침략 앞에 약소국인 고려가 30년씩이나 저항할 수 없었던 것은 당연했다. 이렇게 몽골에 대한 고려의 항복이 크게 쪽팔릴 것도 없는 상황에서, 그것을 덮으려고 사서의 저자들은 지금까지 가지가지 궁상을 다 떨어 왔다.

하다 못해 고려사의 원전인, 조선 초기에 씌어진『고려사』나『고려사절요』를 번역한 학자들도 당시 원의 황제와 고려의 왕이 실제로 군신 관계였음에도 불구하고 상대의 호칭을 서로 '당신'이라고 번역했고, 이미 '원의 간섭기'라는 용어를 만들어서 썼다.

만약에 고려의 왕이 원의 황제에게 보내는 조서에 현재의 의미를 갖고 있는 '당신'이라는 용어를 썼다가는 그날로 고려는 문을 닫았을 것이다.

고려 역사의 진실 찾기는 몽골의 침공기부터 시작된다.

첫 번째가 1231년부터 거의 30년 동안 여섯 차례에 걸친 몽골의 침

공(실제 침입 횟수는 11회이다)을 받으면서 우리가 알고 있는 대로 과연,

　"고려는 민족의 자주성을 지키려고 30년 간 몽골의 침공에 저항했던 것인가?"

라는 주제와, 두 번째가 고려가 원의 식민지로 전락된 후 있었던

　"여몽연합군의 2차에 걸친 일본 원정 실패가 과연 태풍(신풍. 가미카제) 때문이었는가?"

라는 문제를 심층적으로 분석하고, 또 그 사이에 일어났던 '삼별초의 난'이 과연 몽골 항쟁의 표상이었는가를 살펴볼 것이다.

　그리고 역사를 바꾼 이 사건들의 주역인 몽골제국의 실체를 탐구하고, 몽골 침공 기간 중 나라를 지키다가 묻혀 버린 영웅들을 되살려 낼 것이다. 마지막으로 고려시대에 커다란 족적을 남긴 두 특이한 인물, 즉 개혁승 묘청과 요승 신돈을 재조명하여 재평가하려고 한다.

　이러한 몇 가지 이유 때문에 필자는 우리나라 역사에서 가장 많은 외침을 받았고, 가장 많은 민란을 겪었으며, 가장 다양한 정치체제를 경험했던 파란만장한 『고려왕조실록』을 쓰게 된 것이다.

　고려는 500년의 역사를 누렸으나 수많은 외침을 당해서, 고려 백성들 역시 참혹한 세월을 산 것은 조선 백성들과 크게 다를 바가 없었다. 그래도 고려는 폐쇄적인 사회였던 조선보다 훨씬 더 개방적이었고 자유로웠으며 인간미가 있었던 다양성의 사회였다.

　성리학의 교조적인 가치에 목을 매어 폐쇄적이고 고루하기 짝이 없었던 조선 사회와 달리, 고려는 대제국 원을 통해서 간접적이나마 세

계 각국의 문물을 접할 수 있었고, 동남아시아에서부터 아라비아까지 국제적인 교역을 하면서 세계인에게 문호를 개방해서 많은 외국인들이 고려에 귀화했다.

사상면에서도 불교, 유교, 도교가 공존했고, 풍수지리설과 도참설, 민간 무속 신앙 등이 고려인들의 심성 속에 깊숙이 스며들어 고려 특유의 문화를 창출해 냈다. 또 적서 차별을 하지 않아 신분 차별도 조선처럼 독하지 않았으며, 우리 후손들에게는 가장 많은 유산을 남긴 시대가 고려시대였다. 고려는 조선시대보다 우리 민족의 역동성과 잠재력이 훨씬 더 깊고 넓게 발휘된 시기였던 것이다.

필자의 저서는 물론 필자의 독창적인 작품이 아니다.

필자는 수많은 선배 제현들의 노력의 결실을 섭렵한 후 이를 집대성하여 가장 진실에 가깝게 그리고 평이하고 재미있게, 새로운 시각으로 재구성했을 뿐이다. 이 책의 영광은 그간 수많은 고려사(高麗史) 관련 서책을 쓰신 선후배 제현들의 것이다.

원고가 완성되기까지 정성 어린 후원을 해 준 미국 로스 앤젤레스의 역사 클럽 그라나다클럽 회원들과, 리더인 송수일 박사 부부, 그리고 출판을 허락해 주신 ㈜진명출판사에 지면을 빌어 감사를 드린다.

2010년 3월
로스 앤젤레스에서 백지원

목차

상 권 전기 왕권시대(918~1170)

제 1장 개요

1. 『고려왕조실록』과 『고려사』, 『고려사절요』의 편찬 37

2. 서긍의 『고려도경』과 고려의 교육열 42

3. 『삼국사기』와 『삼국유사』 그리고 『제왕운기』 44

　　『삼국사기』(인종 23년, 1145, 보물 제325호) 44 / 『삼국유사』(충렬왕 7년, 1281, 국보 제306호) 47 / 『제왕운기』(충렬왕 13년, 1287, 보물 제418호) 48 / 중국 사서와 사마천의 『사기』(BC90년경, 전한의 한무제 치세 시) 50

4. 고려 왕들의 계보 53

　　호족연맹시대 53 / 왕권시대 53 / 무인시대 100년과 최충헌 세습정권 시대 54 / 원 식민지시대 55 / 왕정복고시대 56

5. 고려를 움직인 인물 20명 59

6. 국제 정세 60

7. 고려와 주변국과의 관계 63

8. 외세의 침입과 파병 65

9. 고려가 남긴 유산 68

제 2장 후삼국의 통일과 고려의 건국

1. 신라의 몰락과 군웅들의 부상 72

2. 견훤의 후백제(900~936, 37년 존속) 76

3. 궁예의 후고구려(마진, 태봉. 901~918, 18년 존속) 78

4. 왕건의 무혈 쿠데타 87

5. 신라의 멸망(BC57~935, 993년 존속) 92

6. 후백제의 멸망과 삼한 통일(936) 96

7. 발해의 멸망(926)과 유민의 유입 101

8. 정안국(928~1114, 187년 존속)의 멸망 103

제 3장 고려의 제도와 사회

1. 신분제도 106

　　백성과 백정 109

2. 성씨와 본관제도 112

3. 토지제도 114

4. 지방제도 117

5. 관료제도 120

6. 군제와 문치주의 127

7. 학제 129

8. 사회 풍속 131

9. 가족제도와 혼인제도 135

10. 불교와 기타 다양한 사상들 141

　　　재가승촌(在家僧村) 151 / 땡추와 땡중 152

11. 팔만대장경(재조본) 판각(고종 39년, 1251) 154

12. 고려의 명절과 연회 그리고 제의 158

13. 상업과 화폐 167

14. 고려청자와 차 문화 171

15. 인쇄의 역사와 종이 176

　　　종이와 한지 178 / 세계 최초의 목판 인쇄물, 신라의 '무구정광대다라
　　　니경(신라 제33대 성덕왕 4년, 706)' 180 / 세계 최초의 금속활자 '직지'와
　　　'백운화상초록불조직지심체요절(직지. 직지심경, 우왕 3년, 1377)' 182

16. 의료. 한의학의 태동 186

17. 문익점의 의류 혁명(공민왕, 1363년경) 190

18. 최무선의 화약무기 개발(우왕 3년, 1377) 195

제 4장 호족연맹시대(918~981)

[제1대] 태조 왕건(918~943, 25년 재위)과 명장 유금필 206

　　　　호족연맹시대 개막 210 / 왕건의 조상과 용손 왕씨 214 / 왕건
　　　　(877~943)의 출생 설화와 도참 220 / 권지국사(權知國事) 223 / 명
　　　　장 유금필(유검필, ?~941) 224

[제2대] 돗자리 주름살 혜종(943~945, 2년 재위)과 왕규 228

　　　　왕규의 난(945) 230

[제3대] 명 짧았던 정종(945~949, 4년 재위) 235

[제4대] 피의 군주 광종(949~975, 26년 재위)과 쌍기 238

　　　　최초의 과거제도 시행(958) 240 / 공신 숙청(960) 245

[제5대] 요절한 경종(975~981, 6년 재위)과 전시과 249

　　　　전시과 시행(976) 251

제 5장 왕권시대(981~1170)와 고려의 융성

[제6대] 유교 정치를 실현한 성종(981~997, 16년 재위)과 명신 최승로 254

　　　　거란의 1차 침공(993) 260 / 사상 최고의 외교관 서희의 집안 268 /

　　　　거란제국(916~1125, 210년 존속, 대요. 키타이. 카타이) 270

[제7대] 동성연애자 목종(997~1009, 11년 재위)과 천추태후 275

　　　　강조의 난(목종 12년, 1009) 278 / TV 드라마의 주인공 천추태후(헌

　　　　애왕후, 숭덕왕비) 282

[제8대] 고려를 군사 강국으로 만든 현종(1009~1031, 22년 재위) 287

　　　　거란의 2차 침공(현종 1년, 1010), 용장 양규와 김숙흥 293 / 거란의 3

　　　　차 침공(1018)과 강감찬의 귀주대첩 299 / 명장 강감찬(948~1031) 303

[제9대] 천리장성을 쌓은 덕종(1031~1034, 3년 재위) 306

[제10대] 요절한 정종(1034~1046, 12년 재위) 308

[제11대] 태평성대를 연 문종(1046~1083, 37년 재위), 의천과 최충 309

　　　　대각국사 의천(1055~1101)과 속대장경 315 / 최초의 사학을 연 해동공

　　　　자 최충(984~1068) 317

[제12대] 최단기 재위한 순종(1083, 3개월 재위) 320

[제13대] 유언만 괜찮았던 선종(1083~1094, 10년 재위)과 인주 이씨 가

　　　　문의 부상 322

고려 최고의 명문 인주 이씨 가문 323

[제14대] 단종의 대선배 헌종(1094~1095, 1년 재위)과 이자의의 역모
(1095) 325

[제15대] 고려의 수양대군 숙종(1095~1105, 10년 재위)과 여진 정벌 329
미완의 여진 정벌(1차 1104. 2, 2차 1107. 12) 333

[제16대] 여진 정벌에 실패한 예종(1105~1122, 16년 재위)과 윤관의 9성
축조 335
윤관의 여진 정벌 실패의 진상 336 / 신라인 김함보의 자손이 세운
나라 금(1115~1234, 120년 존속) 351

[제17대] 우유부단했던 조선의 인조와 묘호도 같은 인종(1122~1146, 24년
재위) 359
이자겸의 난(1126) 366 / 땡중 묘청의 난(1135)과 신채호의 착시
371 / 고려 최고의 화원 이영 383

[제18대] 먹고 노는 것밖에 몰랐던 의종(1146~1170, 24년 반 재위)과 무
인시대(1170~1270, 100년 간) 개막 385
무인시대 개막(1170) 394

부록 고려왕조 계보 398
고려왕조 연표 399

참고문헌 422

하 권 **후기 비왕권시대(1170~1356, 약 200년 간)**

제1장 사상 최초의 무인시대(1170~1270, 100년 간)
    무인시대의 개막 배경 / 무인시대 개요 / 농민 항쟁
1. 무신의 난(무신정변, 정중부의 난, 경인의 난, 1170. 8, 제18 대 의종 24년)
  [제19대] 허수아비 명종(1170~1197, 27년 간 재위
          승려의 난(1172) / 김보당의 난(1173. 8, 명종 3년) / 조위총의 난(1174.
          9~1176. 6)
2. 이고, 이의방의 실각과 정중부의 부상(1175~1179)
    명학소민 망이 · 망소이의 난(명종 6년, 1176. 1)
3. 정중부의 실각과 경대승의 부상(1179~1183)
4. 양아치 이의민의 부상(1183~1196)
    김사미와 효심의 난(1193. 7, 명종 23년)
5. 이의민의 실각과 최충헌(1149~1219)의 부상(1196)
    신라 부흥운동(1199)
6. 최충헌 정권의 성립
  [제20대] 늙다리 신종(1197~1204, 6년 재위)과 최충헌 정권
          신분 해방운동의 효시 만적의 난(1198) / 최충헌 형제의 권력 쟁탈전과 조카 박
          진재의 죽음 / 고려시대 대표적인 어용문인 이규보(1168~1241)
  [제21대] 최충헌을 들이받은 희종(1204~1211, 8년 재위)
  [제22대] 오늘내일했던 강종(1211~1213, 2년 재위)
  [제23대] 최장기 재위한 고종(충헌왕, 1213~1259, 46년 재위)과 몽골의 침입
          최충헌과 김일성, 최우와 김정일

제2장 몽골의 침공(30년 간 여섯 차례 11회, 1231 고종 18년~1259 고종 46년)

몽골의 침공에 맞선 고려 30년 항쟁의 불편한 진실 / 무신정권의 직무 유기와 무인 집정자 최우(1179?~1249) / 몽골의 여섯 차례 침공과 11회 침입의 개요 / 몽골군과의 첫 조우(1218. 8) / 승군의 반란 / 실패한 고구려 부흥운동(1217) / 의주 반란(1219) / 최향(최우의 동생)의 난(1220) / 1차 침공(1231. 8~1232. 1) / 1차 침공의 영웅 박서와 김경손 / 충신 최춘명 / 최우의 강화도 천도(1232. 6) / 2차 침공(1232. 8~1232. 12)의 영웅 김윤후와 이세화 / 영웅 김윤후 / 쇠뇌 / 3차 침공(고종 22년, 1235. 7~1239. 4)과 명장 송문주 / 백제 부흥운동(1236~1237) / 4차 침공(고종 35년, 1247~1248) / 최이의 죽음(1249)과 최항의 후계자 낙점 / 5차 침공(고종 40년, 1253. 7~1254. 1)과 다시 김윤후 / 충주성전투 / 6차 침공(1254. 7~1259. 3)과 고려의 무조건 항복 / 최의의 정권 계승. 최씨 정권의 몰락과 김준의 부상(1258) / 조휘, 탁정의 반란과 쌍성총관부 설치(1258)
[제24대] 최초로 원에 친조한 원종(충정왕, 1259~1274, 15년 재위)
　　　　김준, 임연의 몰락과 무인시대의 종말 / 고려가 국명과 사직을 존속시킬 수 있었던 이유 / 최탄의 반란과 동녕부 설치(1270)

제3장 항몽인가 자구인가? 삼별초의 난

1. 삼별초의 성격
2. 난의 전개
3. 탐라국(제주도)

제4장 몽골제국

1. 제국의 실체와 칭기스칸
　『몽골비사』 / 칭기스칸(성길사한, 우주의 지배자, 1167~1227) / 쿠릴타이(코릴타) / 제국의 동맥 역참 / 몽골 전사와 말 / 병참과 전투 장비 / 정보전과 무기개발연구소 / 칭기스칸의 장군들과 몽골군의 전술
2. 정복전 개요

서하 왕국(시샤 왕국)의 멸망(1207 복속, 1227 멸망) / 카라 키타이(Kara Khitai, 서요, 검은 거란, 1132~1211, 6대 80년 존속)의 멸망 / 호라즘 (Khorezm)의 멸망(1221) / 금(주르첸)의 멸망(1234) / 러시아 정복(1227년 1차 침공, 고려 침공 중인 1237년 2차 침공 시 완전 정복) / 유럽 침공(1241) / 조지 아 왕국과 이슬람제국의 멸망(1256) / 아사신의 멸망(1257) / 아인 잘루트 전투 (1260) / 베트남 침공(1257) / 남송의 멸망(1276)

3. 제국의 융성과 멸망

　4개의 칸국 / 대원제국의 수립(1260) / 융성과 멸망 / 마르코 폴로(Marco Polo) 의 『동방견문록』

제5장 여몽연합군의 일본 침공

1차 침공(1274. 10, 문영의 역) / 일본 최초의 무신정권 가마쿠라(鎌倉) 막부 (1192~1333, 142년 존속) / 사상 최악의 반역자 홍다구와 명장 김방경 / 출병 그 리고 전투 / 2차 침공(1281. 5, 홍안의 역)과 일본의 고려 침공 시도

제6장 원(元) 식민지시대(1259~1356, 약 100년 간)의 '충'자 왕들

[제25대] 왕보다 사냥꾼이 되었으면 더 좋았을 충렬왕(1274. 6~1298. 1, 1298. 8~1308. 7, 33년 반 재위)

　　합단의 침입(1290)

[제26대] 연경이 그렇게 좋았던 충선왕(몽골명 이질부카, 익지례보화, 1298. 1~1313. 3, 5년 재위)

　　충신 이제현(1287~1367)

[제27대] 겁 없이 원의 공주를 때린 충숙왕(몽골명 아라눌특실리, 1313. 3~1330. 2, 1332. 2~1339. 3, 두 번에 걸쳐 24년 간 재위)

[제28대] 연산군의 대선배 충혜왕(몽골명 보탑실리, 1330~1332, 1339~1344, 6년 재위)

[제29대] 요절한 꼬마 충목왕(몽골명 팔사마타아지, 1344~11348, 5년 재위)

[제30대] 공민왕에게 살해된 충정왕(몽골명 미사감타아지, 1349~1351, 2년 재위)

제7장 왕정복고와 고려의 황혼

1. 개혁의 좌절

[제31대] 개혁 군주와 혼군, 야누스의 얼굴 공민왕(몽골명 백안첩목아, 빠이엔 티무르, 1351~1374, 24년 재위)

고려군의 중국 파병(1354) / 부원배(친원파) 싹쓸이(1356) / 조일신의 난(1356) / 쌍성총관부 함락(1356)과 골수 친원파 이성계 집안 / 2차 에 걸친 홍건적의 침입(1359, 1361) / 덕흥군과 최유의 난(1364) / 삼 선, 삼개의 침입(1364) / 김용의 난(1363)과 세 원수의 어이없는 죽음 (1391) / 노국공주의 죽음(공민왕 14년, 1365) / 공민왕의 타락과 죽음

2. 개혁의 영웅 신돈(1365~1371, 6년 간의 개혁)

3. 원에 보내진 고려의 공녀

한국 역사상 가장 출세한 여인 기황후(완자홀도)

4. 고려에 온 몽골의 공주들

홀도로게리미실 공주(제국대장공주, 충렬왕비) / 보탑실련 공주(계국대장공주, 충선왕비) / 역련진팔라 공주(복국대장공주, 충숙왕비) / 역련진반 공주(덕령공 주, 충혜왕비) / 보탑실리 공주(노국대장공주, 공민왕비)

5. 원의 몰락과 명의 건국91368)

요동 정벌(1369) / 고려 수군의 재건(1373)과 정지 장군 / 일본의 정세 / 동양의 바이킹 왜구 / 대마도 정벌(1389)

6. 고려의 멸망

[제32대] 철딱서니 없었던 우왕(1374~1388, 14년 재위)

명의 횡포와 철령위 설치(1388) / 위화도 회군(1388)과 이성계의 반란 / 신궁 이성계(1335~1402)

[제33대] 불쌍한 꼬마 창왕(1383~1389, 1년 반 재위)

[제34대] 제비 잘못 뽑아 죽은 공양왕(1389~1392, 3년 재위)

7. 고려 말의 인물

최영(1316~1388) / 포은 정몽주(1337~1392) / 목은 이색(1328~1396) / 경복 흥과 도은 이숭인(1347~1392)

8. 고려에 귀화한 외국인과 몽골의 유산

중국 사대의 초석을 놓은 후주인 쌍기 / 덕수 장씨의 시조 이슬람인 장순룡(삼 가) / 연안 이씨의 시조 몽골인 인후(홀라태) / 경주 설씨의 시조 위구르인 설손 과 설장수 / 원주 변씨의 시조 몽골인 변안렬 / 화산 이씨의 시조 월남인 화산군 이용상 / 몽골의 유산

제 1 장

개
요

고려(高麗)의 사료(史料)는『고려사』와『고려사절요』그리고 북송의 사신이었던 서긍의『고려도감』외에 당시 시인들의 문집에 일부 전하는 것이 전부이다. 이렇게 사료가 많지 않은 데도 불구하고, 근래에 들어서서 고려사를 연구하는 학자가 많아져서, 그간 묻혀 있던 고려 역사의 많은 부분이 새롭게 조명된 것이 필자의『완간 고려왕조실록』집필에 큰 도움이 되었다.

우리 한민족의 형성은 고려시대부터 시작되었다고 할 수 있다. 한민족은 신라가 삼국을 통일하면서 형성된 것이 아니라, 고려 왕조 때부터 형성되기 시작한 것이다.

고려는 신라의 전통을 그대로 물려받은 것이 아니라, 물리적인 경계만 허문 신라의 통일과 달리 전혀 다른 새로운 통합 사회를 건설했으며, 이에 따라 그때부터 우리 민족의 통일된 의식, 언어, 문화의 원형이 형성되기 시작했다.

고려의 전체적인 성격은 중세 귀족 사회라고 할 수 있으나, 우리 역사상 가장 다채로운 정치체제를 경험한 시대였다.

고려 사회에 가장 큰 영향을 끼친 사상은 불교였고, 정치 이념은 유교를 지향했다. 유교는 고려 전기부터 성세를 떨치다가 후기 무인시대(武人時代)로 들어오면서 기세가 꺾였으나 말기에 되살아났고, 불교는 선종(禪宗), 교종(敎宗) 간에 갈등은 있었으나 큰 기복 없이 고려 말까지 사회 전체에 큰 영향을 끼쳤다.

고려에는 불교, 유교, 도교, 풍수지리설, 도참설 등 수많은 사상이 공존했으면서도, 서로 간의 충돌이 거의 없이 융합되어 고유한 고려 문화를 창출해 냈다.

열국시대나 조선시대와 달리, 고려 왕조 500여 년 동안 아시아의 국제 질서는 중국이 질서의 중심이 아니었다.

고려가 개국하기 직전인 907년 아시아 질서의 중심이자 세계 제국이었던 당이 멸망하고 혼돈의 5대10국시대가 시작되었으며, 960년 중국이 송으로 통일된 후에도 북방에서는 유목 국가인 요, 금, 원(몽골) 등이 차례로 일어나 중원을 위협했고, 문치(文治) 국가로 허약했던 송은 아시아 질서를 끌어갈 능력이 없어 다원적 국제 질서가 세워졌다.

10세기 중반부터 발흥하기 시작한 북방 민족들은, 명나라가 건국할 때까지 약 400년 간 요, 금, 원 등이 번갈아 나라를 세우고, 문약(文弱) 국가인 송과 발해를 멸망시켰으며, 고려도 여러 번의 외침을 당하다가 결국 몽골의 식민지가 되고 만다.

이러한 강대국들 사이에서 소국(小國) 고려는 대제국 몽골에 복속될 때까지 약 350년 간 꿋꿋한 기상으로 나라를 지켰다. 고려는 중국의 정세 변동에 따라 내부적으로는 황제국을 표방한 적이 있었으나, 실제로는 후당, 후주, 송, 요, 금, 원, 명 등 7개국의 연호를 사용했다.

고려는 불교를 숭상한 귀족 중심의 문치 국가로, 왕건을 비롯한 약 30여 가문의 호족 연합체로 성립된 국가였으며, 호족들은 점차 중앙 정치에 참여하여 문벌 귀족이 되었다.

고려시대 전기 약 250년 간은 다른 왕조와 마찬가지로 왕권이 지켜졌던 왕권시대였고, 후기 중 약 200년은 사상 최초의 무인시대와 원(元) 식민지시대로 비왕권시대였다.

이를 좀 더 상세히 구분하면, 전기 250년 중 전반부 60여 년은 호족연맹시대, 후반부 약 200년은 왕권시대로 나눌 수 있고, 후기 약 200여 년 중 전반부 100년 간은 무인시대였고, 후반부 약 100년 간은 원 식민지시대였다.

고려에서 실제로 왕권이 행사되었던 기간은 건국 후 대략 60~70년 간의 호족연맹시대를 지난 때부터 무신 정권의 탄생기까지 약 200년 간, 그리고 몽골 식민지 지배를 벗어난 후 약 40여 년 간을 합해서 전 역사의 절반 정도였다. 물론 그 이외의 기간 동안에도 왕은 있기는 했으나 허수아비로 있으나 마나였다.

고려 34명의 왕들 중 있으나 마나 했던 허수아비들은 절반이 넘는 거의 20명에 이른다. 무인시대 6명의 왕과 원 식민지시대 6명의 왕, 그리고 이성계가 실권을 쥐고 있던 때의 마지막 3명의 왕을 합하면 그것만도 15명인 데다, 당시 의술이 시원치 않아서 그랬는지 근친혼을 해서 유전적 결함이 있어서 그랬는지 좌우간 요절한 왕도 많았고, 피살된 왕도 역대 왕조 중 가장 많았다.

거의 절반인 16명이 요절, 병사 등의 이유로 10년 이하를 재위했으며, 왕들의 평균 수명은 대개 40세 정도였다. 하긴 천 년 전인 그때 인류의 평균 수명은 25세 정도였고, 그 후 수명이 획기적으로 연장된 때는 19세기 후반에 들어서서 의학이 비약적으로 발달한 이후이다.

7명의 왕이 피살당했는데, 목종(제7대), 의종(제18대), 충정왕(제30대), 공민왕(제31대), 우왕(제32대), 창왕(제33대), 공양왕(제34대)이며, 공민왕은 유일하게 재위 중에 피살되었다. 그러니 이것 저것 빼고 나머지 10여 명의 왕들 중 그나마 밥값이라도 한 왕은 6명 정도로, 태조 왕건 빼고 제4대 광종, 제6대 성종, 제8대 현종, 제11대 문종, 제15대 숙종, 제16대 예종 정도이며, 유감스럽게도 명군(名君)이라 부를 수 있는 군주는 고려에 단 한 명도 없었다. 이처럼 그 많던 외세의 침략 앞에서 얼뜨기들이 번갈아 왕 노릇을 했으니, 백성들의 참혹함이 어떠했으랴.

고려 왕들에 대한 묘호(廟號)도 조선과 달리 왕건만 태조로 '조(祖)' 자가 붙었고, 나머지는 모두 '종(宗)'이었다. 조선조(朝鮮朝)에서는 왕들이 '종' 자 대신 '조' 자를 못 붙여 몸살이 났었고, 그 후계자들은 선왕의 그러한 간절한 소망을 감안하여 '조' 자 붙은 왕이 양산되었으나, 그런 면에서 고려는 칼이었다.

왕이나 황제에게 붙이는 시호인 묘호 '조'와 '종'은 제24대 왕인 원종 대에서 끝났고, 이후로는 '왕(王)' 자가 붙은 왕이 10명이나 된다. 이들에 대한 칭호 중 원 식민지시대의 여섯 왕의 '왕' 자는 원나라에서 충성하라고 붙여 준 것이고, 공민왕의 시호는 명나라에서 내려 주었으며, 우왕, 창왕, 공양왕은 조선 건국 세력들이 붙인 것이다.

딱하게도 우왕, 창왕은 조선 건국 세력들이 자신들의 쿠데타를 정당화시키기 위한 '우창비왕설'(禑昌非王說 : 우왕과 창왕은 요승 신돈의 자식으로 왕씨가 아니어서 가짜 왕이라고 우긴 설)에 희생되어 『고려사』의 왕들의 기록인 「세가」편에 들지 못하고, 신하들의 기록인 「열전」편에 실려 있어서, 『고려사』에 수록된 고려 왕은 34명이 아니라 32명이다.

궁금해 하는 독자들을 위하여 왕의 호칭에 대해 잠깐 설명하겠다. 죽은 후에 황제나 왕의 호칭은 묘호, 익호, 연호 등으로 결정된다.

묘호는 황제나 왕이 죽은 뒤 태묘에 안장될 때 사용하는 호칭인데, 우리나라의 왕들은 태조, 세종과 같이 대개 묘호로 부른다.

다음 익호는 황제나 왕이 죽은 뒤 후대인들이 그들의 생전의 업적을 평가하여 붙이는 칭호이다. 즉, (한)무제, 문제, 헌제 등이 그것인데, 익호는 묘효 뒤에 붙여 썼다. 예를 들어, 한무제 유철의 칭호는 '세종효무황제'인데, 바로 세종이 묘호이고, 효무가 익호이다.

익호 이외에도 존호라는 것이 있었는데, 이는 사후뿐 아니라 생전에도 신하들에 의하여 만들어 바쳐졌다. 청의 강희제같이 존호를 싫어하는 황제도 있었으나, 존호를 좋아하는 서태후 같은 이는 조정에 경사가 있을 때마다 존호를 받아 '자희단이강우소예장성수공흠헌숭희황태후'로 19자나 되었다. 이건 약과인 것이, 청태조 누르하치의 존호는 자그마치 29자다. 우리나라에서는 광해군이 존호받기를 좋아했다.

대개 당대 이전의 황제들은 한고조, 한무제, 수양제 등 묘호를 제외한 익호로만 불리고, 당대 이후의 황제들은 당현종, 송태조, 송휘종 등 묘효로만 불리며, 명, 청의 황제들은 영락제, 가정제, 강희제, 건륭제 등과 같이 대부분 연호를 따서 부른다.

우리나라의 왕들은 모두 묘호로 불리는데, 뒤에 붙는 '조(祖)' 자는 당대에 공덕을 세우거나 환란을 극복한 왕에게 붙이고, 덕으로 다스린 왕에게는 '종(宗)' 자를 붙인다. 그렇지만 보신 대로 왕들은 몇몇을 빼고는 대개 멍청이들이고, 또 자신의 묘호에 '조' 자 붙여 주기를 간절히 바라서, 뒤를 이은 아들들에 의하여 '조' 자 붙은 왕이 양산된 것이다.

고려시대는 역사상 가장 많은 외침을 받았고, 역사상 가장 많은 민란과 반란이 일어났으며, 또 민중들의 의식이 깨기 시작한 시대였다.

외세의 침략으로는 거란족이 27년 간 10여 차례, 홍건적이 두 차례, 몽골은 6차례 침공 중 11회를 침입하면서 거의 30년 간 한반도를 유린했고, 왜구는 14세기 중반 이후 약 50년 간 거의 500번이나 쳐들어올 정도로 침탈이 빈번해서 섬과 해안 일대에는 인적이 끊어졌을 정도였다.

수많은 외침 중 그나마 어렵지 않게 격퇴한 경우는, 거란의 1차, 3차 침공과 두 번에 걸친 홍건적의 침입밖에 없었고, 또 격퇴한 경우에도 외침은 막대한 피해를 남겼다.

특히 왜구의 침략으로 인한 피해는 이루 말로 표현할 수 없을 정도였는데 그나마 하늘이 도왔다. 즉, 왜구의 침공으로 섬과 연안이 초토화되고 조정에서는 천도를 걱정하고 있는 판에, 최무선이 화약과 화약 무기를 개발하여 적선에 대한 함포 사격이 가능해짐으로써, 화약 무기가 없던 왜구들을 간단히 박살 낼 수 있어 한숨 돌릴 수 있었던 것이다.

또 민란이나 반란 중에서 큰 난만 꼽아도 1009년 강조의 난, 1126년 이자겸의 난, 1135년 묘청의 난, 1170년 정중부의 난, 1174년 조위총의 난, 1176년 망이 · 망소이의 난, 1193년 김사미와 효심의 난, 1198년 만적의 난, 1270년 삼별초의 난 등이 있다. 민란은 주로 무인시대(武人時代)에 일어났는데, 무신정권은 이를 회유하기도 하고 강경 진압하기도 하면서 대처해 나갔다. 무인시대가 끝나고 몽골의 침공이 시작되면서 민란은 종막을 고한다.

고려는 중국 송나라의 영향을 받은 문치주의 국가였다. 그 바람에 그 영향을 받아 조선과 마찬가지로 문신(文臣)을 우대했으나 조선처럼 심하지는 않았고, 시대에 따라 무신에 대한 대우가 달랐다. 많은 외침이 있었기 때문에 그때마다 무신에 기대지 않으면 안 되었는 데다가, 무인시대가 100년이나 존속했기 때문이었다.

고려는 원(元) 식민지시대를 빼고는 자주성을 지킨 나라였다. 주변 강대국과의 평화 관계를 유지하기 위해서 조공 책봉 관계를 유지했고, 타국의 연호를 일곱 개나 사용했으나, 내부적으로는 황제국을 표방했으며, 조선보다는 훨씬 강한 군사력을 갖고 있었다.

왕은 자신은 '짐'이라 칭했고, 명령서를 교서 대신 '조서'라고 했으며, 개경을 '황도'라고 했다. 큰 도시의 행정 단위는 '경(京)'이었는데, '경'이라는 행정 단위도 천자국에서만 사용하는 행정 단위였다.

또 이승휴의 『제왕운기』에는 금나라가 고려에 보낸 조서에,

대금 황제가 고려 황제에게 글을 보낸다.

라는 기록이 있어, 대외적으로도 어느 정도 인정을 받았던 천자국이어서, 조선이 명나라를 제 애비보다 더 극진히 모셨던 것과는 차원이 달랐다. 그때까지만 해도 대제국 고구려의 기상이 아직 모두 사라지지 않고 어느 정도 남아 있을 때였던 것이다.

고려는 해양 국가로 중국에서부터 아라비아까지 국제적인 무역을 했다. 당시 도읍인 개경 근처의 벽란도(碧瀾渡 : 황해도 예성강 하류에 있는 고려시대의 중요한 나루)는 동아시아 선박들이 들끓은 국제 무역항이었다.

고려의 이러한 해양으로의 진출은 '코리아(Korea)'라는 국명이 세계에 처음 알려지는 계기가 되었다.

고려 초기의 달력은 신라 때부터 써 왔던 당나라의 달력인 '선명

력(宣明曆)'이었고, 원 식민지시대에는 가장 우수한 달력으로 인정받았던 원의 '수시력(授時曆)'을 썼으며, 명과 외교 관계를 맺은 후에는 명의 '대통력(大統曆)'을 썼다.

왕조시대 어느 때나 백성들의 참혹한 삶은 크게 다르지 않겠으나, 고려시대는 다른 시대에 비해 더욱 참혹했다.

고려인들은 말기에 들어서서 유례없었던 전쟁의 참화에 휩쓸리게 된다. 바로 30년 간에 걸친 몽골의 침공이다.

고려의 무신정권은 백성들의 안전은 도외시한 채 조정을 이끌고 강화로 도망쳤고, 나라 방방곡곡에 아무 안전 장치 없이 내버려진 백성들은 숱하게 살해당하고 숱하게 굶어 죽었다.

아마 한반도의 혼혈도 고려시대 때 본격적으로 시작되었을 것이다. 한반도 혼혈 역사는 가야의 김수로왕의 왕비인 인도 출신 허황옥에서 시작했고, 신라에 와서 정착한 아라비아의 상인들, 그리고 고려시대 때는 주변국인의 잦은 귀화 말고도 수많은 외침 앞에서 조정이 백성들을 적 앞에 무방비로 방치함으로써 거의 전국에 걸쳐서 침략자들의 약탈과 강간이 이루어졌다.

특히 몽골 식민지시대의 왕들은 모두 혼혈로, 원의 피가 많이 섞여서 고려인이라고 보기도 힘들었다. 이렇게 고려시대는 왕조 500년 내내 외침과 반란으로 시달렸으며, 왕조 초기 거란과 강화를 맺은 이후 몇십 년 간이 그나마 유일한 평화시대였다.

그러나 이러한 상황에서도, 고려시대는 신분 차별 사회였던 조선시대에 비해 훨씬 더 인간미가 있고 역동적인 개방 사회였으며, 신분 차별도 조선처럼 심하지 않아 인간적인 삶을 누리기에는 조선보다는 훨씬 더 나은 사회였다. 다 아시다시피 경제적인 여유만이 삶의 질을 좌우하는 것은 아닌 것이다.

고려가 조선에 비해서 얼마나 개방적인 사회였는고 하니, 조선에서 중국인만 빼고 모두 오랑캐라 하여 멸시했던 수많은 외국인들의 귀화를 받아들이고 정착을 도왔으며 또 고위 관료로도 채용했다.

또 당시 고려가 아시아의 격동의 중심에 있었기 때문에, 주변 여러 나라의 흥망이 있을 때마다 대규모의 유민이 발생해 고려로 들어왔다. 고려는 북송, 발해, 거란(요), 여진(금), 몽골(원) 등의 굵직굵직한 나라들의 멸망을 지켜봐야 했던 것이다.

고려로 귀화한 중국인들은 대개 문서를 다루거나 과거를 주재하는 부서에 소속되었다. 문사 이외에도 각종 기능인, 승려, 상인, 통역, 의료인, 역술인, 음악인 등 각 분야의 종사자들이 고려에 귀화했다. 중국인 이외에도 거란계, 여진계, 발해계 등 각 종족들이 대거 고려로 귀화했으며, 고려는 귀화를 원하는 자들을 거부하지 않고 모두 받아들였다. 이러한 관례는 고구려 때부터 계속된 것이다.

제4대 광종 때 후주(後周)의 쌍기를 임용하여 과거시험을 맡겼고, 당시 쌍기를 따라 귀화한 중국인의 숫자가 장난이 아니어서 한 파벌을 이룰 정도였다. 거란과의 전쟁이 끝난 뒤, 거란인 포로 중에서 기술을 가진 자를 가려서 그들을 적소에 임용했다는 기록도 있다.

이렇게 격동의 시대를 보냈던 고려는 역대 왕조 중 후세를 위한 가장 많은 유산을 남겼다.

1. 『고려왕조실록』과 『고려사』, 『고려사절요』의 편찬

우리는 지금까지 전해 내려오는 『고려사』와 『고려사절요』를 보고 고려라는 나라에 대하여 알 수 있다. 지금은 전해지지 않지만, 고려도 조선과 마찬가지로 사관(史官)이 왕들의 실록을 기록했다.

1010년 거란의 2차 침공 때 태조(제1대)부터 목종(제7 대)까지 기록된 사서인 7대 실록이 소실되었다. 그 후 제 8 대 현종 때 황주량이 7대 실록 36권을 다시 편찬했다는 기록이 있고, 이 이후 왕들의 실록도 거의 빠짐 없이 편찬되었다.

고려조 마지막으로 편찬된 실록은 『충혜왕실록』, 『충목왕실록』, 『충정왕실록』등 세 왕의 실록으로 임견미가 주관해서 편찬했고, 마지막 네 왕 즉 공민왕(제31대), 우왕(제32대), 창왕(제33대), 공양왕(제34대)의 실록은 조선조에 들어와서 정도전 등이 편찬했다.

그때 편찬된 실록은 조선 초 고려사를 편찬할 때까지 남아 있었으나, 조일전쟁(임진왜란) 때 모두 소실되어 이후 전해지지 않는다.

어느 시대나 역사는 왜곡된다.

고려조에서 씌어진 실록 중 무신의 난에 직접적인 단초를 제공했던 의종(제18대)이 무인 이의민에게 허리가 꺾여 죽은 뒤 『의종실록』이 씌어졌다가 후에 다시 씌어졌다. 즉, 조선조의 제15대 광해군 대에 쓰여진 『선조실록』이, 쿠데타를 일으켜 광해군을 내쫓고 집권한 서인들의 입맛에 맞지 않는다는 이유로, 제16대 인조 때에 『선조수정실록』이 다시 씌어진 것과 마찬가지로, 『의종실록』도 다시 씌어지는 우여곡절을 겪은 것이다.

제19대 명종 14년 무신의 난의 와중에서 살아남은 문관 문극겸은 실록 책임 편수관인 수국사가 되어 『의종실록』을 편찬하면서,

임금을 죽인 것은 천하의 제일 큰 악이다.

라고 곧이곧대로 썼다가 무신들의 반발에 직면하게 되었다.

고위 무신들의 협의체인 중방(重房)에서는 이를 바로잡기(?) 위하여 무관 출신으로 문하시랑 평장사 겸 병부판사로 있던 최세보를 시켜서 이를 고쳐 쓰도록 한다. 전혀 글을 모르는 최세보를 사관의 부책임자인 동수국사(부수국사)로 임명해서 실록을 다시 쓰도록 한 것이다. 열 받은 문극겸이 명종에게 항의했으나 허수아비 명종은 아무 힘이 없었다. 결국 『의종실록』은 누락되고 생략되어 사실과는 부합하지 않는 것이 많다'라는 평가를 받게 되었다.

이에 대해 사신은 다음과 같이 말한다.

사람이 만세의 시비를 공정하게 함은 후세에 착한 일을 권장하고 나쁜 일을 경계하기 위한 것이므로, 중국 춘추시대의 제나라 최저가 장공을 시해했을 적에 태사의 형제 세 사람이 잇달아 살해되어도 기록하는 사람이 끊이지 않았다(이 말은 제나라 대신 최저가 임금인 장공을 시해하였으므로 태사가 사필에 쓰기를 '최저시기군'이라 하니 최저가 그를 죽였다. 태사의 아우가 또 똑같이 쓰니 또 죽였다. 끝의 아우가 또 똑같이 썼는데 차마 그는 죽이지 않았다는 고사를 얘기한 것이다). 지금 시역의 무리들이 악명을 없애려고 스스로 수국사를 겸하여 그 자취를 감추고자 하지마는, 하늘에 사무치는 죄악은 감추고자 할수록 더욱 드러나게 됨을 알지 못하니 어리석지 않은가.

현존하는『고려사』와『고려사절요』는 조선 초기 제4대 세종 때에 씌어진 것으로, 고려를 멸망시킨 조선의 입장에서 씌어진 데다가 유교적인 시각으로 고려를 조망하여 여러 부분이 왜곡되었으며, 특히 여말선초(麗末鮮初)의 기록들은 도를 넘었다.

조선조 태조(제1대) 때 태조의 명을 받아『고려사』를 편찬한 인물은 정도전과 정총이었다. 그러나 그들은 고려시대를 살다가 조선 개국에 참여한 인물들로서, 자신들의 역성혁명을 정당화시키기 위하여 많은 왜곡을 저질렀다. 자신이 지내 온 일을 자신이 기록하는 형국이었기 때문에 왜곡이 있을 수밖에 없었던 것이다. 자신들과 친한 인간은 아무리 잘못했더라도 띄워주었고, 정적은 아무리 훌륭한 인품을 가졌어도 소인배로 치부되었다. 그래서 필자는 전기(傳記)를 안 본다. 소설을 볼 시간이 없기 때문이다.

최초의 고려사(高麗史)는 조선이 개국한 해인 1392년 이성계의 명에 의하여 정도전, 정총 등이 4년여에 걸쳐서 편찬한『고려국사(高麗國史)』다. 그때는 바로 고려가 망하고 조선이 선 시기라, 이성계에서부터 이방원, 정도전 등 모두가 역사의 소용돌이의 한가운데서 주연, 조연을 맡은 인물들이어서 제 입맛대로 사서(史書)를 썼다.

세종(제4대) 1년(1419) 세종은『고려사』의 왜곡이 심각한 것을 보고 변계량과 유관에게 개수(改修)를 명했다. 변계량 등에 의해서 개수된『고려사』를 보고, 세종은 재개수(再改修)를 명했다.

고려는 송, 요, 금 등에 사대(事大)했으나, 내부적으로는 황제국을 지향하여 황제국에서만 쓸 수 있는 용어인 '짐', '태자', '태자비', '제', '칙' 등의 용어를 썼는데, 정도전이 이를 '참람하다' 하여 제후국의 용어로 고쳐 놓은 것을 변계량이 정도전의 시각을 편들어 그대로 두었던 것이다. 그러나 세종은 당시 그런 용어를 썼으면 그렇게 쓰는 것이 올바르다는 소신을 가지고 있어서 재개수를 명했던 것이다.

이러한 문제 말고도, 고려 말과 조선 초에 활약한 인물들에 대한 평가가 보는 이에 따라 서로 달랐다. 당시 고려 말의 역사를 쓰기에는 시기적으로 너무 일러서 전대(前代)의 사서를 쓰기에 아주 적합하지 않을 때였다.

이렇게 해서 또다시 개수하게 된『고려사』편찬은 춘추관 지사인 김종서와 정인지에게 맡겨졌고, 이후 세종에 의해 수많은 개정을 거치면서 자그마치 30년 후인 제5대 문종 1년(1451)에 기전체(紀傳體)로 쓰인 137권의『고려사』(「세가」 46권. 「지」 39권. 「연표」 2권. 「열전」 50권. 「목록」 2권)가 완성되었고, 그 다음 해인 1452년 편년체(編年體)로 개수한『고려사절요』35권이 완성되었다.

기전체란 국가 중심의 역사 서술 방식으로, 황제와 군왕 그리고 주요 신하들의 계통을 중심으로 해서 주요 항목을 정해 놓고 항목별로 서술하는 방식을 말하며, 편년체란 역사를 연대순으로 기술하는 방식을 말한다.

35권 35책의 편년체인『고려사절요』는 조선조 제 5대 문종 2년 김종서 등에 의하여 편찬되었는데,『고려사절요』는『고려사』를 기본 사료로 하고『수교고려사』와『고려사전문』을 참조하여,『고려사』가 간행된 그 다음 해에 완간되었다.

『고려사절요』는『고려사』에 비해 소략이긴 하나『고려사』에 누락된 사실들이 많이 수록되어 있어서 상호 보완적인 성격을 가진 사서로, 1968년 민족문화추진회에 의하여 국역으로 출간되었다.

「열전(列傳)」에는 고려의 대표적인 인물 949명을 아홉 종류로 구분하여 서술했는데, 「후비열전」 125명, 「문무신열전」 507명, 「충의효자열전」 41명, 「방기환자혹리열전」 21명, 「패행열전」 60명, 「간신열전」 26명, 「반역열전」 50명 등으로 구성되어 있다.

조선 초에 저지른 역사 왜곡의 예를 들어 보자.

『고려사』를 편찬하면서 초장에는 편년체였던 『고려사』 서술 방식을 기전체로 바꾸는 과정에서, 우왕(제32대), 창왕(제33대)을 신씨라 하여 왕의 사적에 넣지 않고 일반 신하처럼 「열전」에 넣었다. 즉, 즉위할 때는 아무 말 없었던 우왕, 창왕을 왕씨가 아니고 신돈의 자식들이라 하여 신우, 신창으로 이름을 바꾼 다음, 「세가(世家)」에 넣지 않고 「반역열전」에 넣은 것이다. 그래야 그들을 죽이고 건국한 조선 개국 세력들의 행위가 정당화되기 때문이었다.

실제로 『고려사』는 세종의 지휘 하에 편찬되었는데, 그나마 다른 사람에 비하여 학문이 탁월하고 공정한 시각을 가졌다고 평가되는 학자인 세종에 의하여 편찬되었는 데도 왜곡이 이 정도임을 생각할 때, 어째서 역사에 그렇게 많은 소설이 삽입되는지 이제 감을 잡을 것이다.

역사 왜곡의 예는 얼마든지 있다. 충렬왕(제25대) 때 참문학사(參文學事) 유천우가 죽었다. 유천우는 무인시대 동안 최이의 밑에서 기밀과 요긴한 일을 오래 맡아보면서 선물을 많이 받아 부자가 된 인물이다. 일찍이 사관이 되어 사초(史草)를 만들지 않으면서 말하기를

"당시 국가의 일은 모두 진양공(최이)이 한 것인데, 내가 후한 은혜를 받고서 어찌 감히 그의 악을 후세에 전하겠는가."
라고 했다.

역사란 이런 것이다.

역사가들은 대개 역사의 왜곡된 부분을 알고 있다.

그런데도 불구하고 누구나 손대기를 꺼린다. 손을 댔다가는 왜곡된 기존 역사에 길들여진 멍한 독자들에게 욕을 먹는 것은 기본이고, 또 책이 덜 팔리기 때문이다. 그런 생각을 하면 글을 쓰다가도 맥이 빠진다. 하지만 언젠가는 독자들 수준도 나아지겠지.

2 서긍의 『고려도경』과 고려의 교육열

조선과 달리 고려에 관한 사료는 그렇게 많지 않아 『고려사』를 복원하는 데 간혹 애로가 없을 수 없다. 그런데 그 역사의 빈칸을 메워 주는 사료가 1123년 송의 사신으로 고려에 파견되었던 서긍이 쓴 『고려도감(고려도경)』이다.

북송을 말아먹은 제8대 황제인 명청이 휘종의 신하였던 서긍은, 고려 제17대 인종 때 사신으로 개경에 와서 한 달 간 머물면서 고려의 생활상과 풍속 등을 그림을 곁들여 써서 사행(使行) 보고서로 조정에 제출했다.

서긍의 그림 그리는 솜씨는 비범하여, 그가 그린 그림은 신품(神品)이라 칭송받았다. 그렇듯 그림에 일가견이 있었던 서긍이 그림을 곁들여 쓴 『고려도감』은 서긍의 단기간의 관찰임에도 불구하고 풍부한 자료와 예리한 통찰을 담고 있어서, 『고려사』를 복원하는 데 매우 귀중한 사료로 평가된다.

『고려도경』 40권은 29류로 나뉘어 있고, 다시 300여 목으로 세분되어 있다. 대체적인 내용은 고려 건국과 왕실의 계보, 인물, 의식과 의례, 군과 의장, 고려청자, 수레와 말, 백성들의 생활상과 종교, 바닷길 등 여러 분야에 걸쳐 상당히 상세한 정보를 담고 있다.

『고려도경』의 원본은 북송이 금나라군에게 쫓기는 과정에서 유실되었고, 부본은 그림이 없이 전사되어 전해졌다. 사실 이 부본도 장개석 정부가 대만으로 쫓겨 가면서 대륙박물관에 있는 유물들을 싹쓸이하는 과정에서 용케 끼어들어간 것이다.

특히 『고려도경』은 정사(正史)에서 찾아볼 수 없는 풍속에 대한 묘사가 많이 실려 있어서, 당시 고려의 생활상을 유추할 수 있게 하는 귀중한 사료이다.

『고려도경』의 기록 중 주목할 만한 것이 우리나라의 교육열(教育熱)이다. 조선이 너무 문(文)에 치우쳐서 조일전쟁(임진왜란), 조청전쟁(병자호란) 때 치욕을 겪었지만, 어쨌거나 그 문의 전통이 지금까지 내려와서 우리가 밥을 먹게 되었으며, 우리나라 사람들의 교육열은 세계에서도 몇 손가락 안에 꼽힌다.

우리나라의 교육열은 고구려 때부터 시작되었다고 볼 수 있는데, 학교인 '경당(扃堂)이 동네마다 있었다'라는 기록이 남아 있고, 『고려도경』에도

민간 마을에 경관과 사서가 두셋씩 늘어서 있어 백성들의 자제 중 결혼하지 않은 자들은 무리를 지어 살면서 스승으로부터 경서를 배운다. 좀 장성하여서는 친구를 선택하여 각각 그 부류에 따라 사찰에서 강습하는데, 아래로는 졸병과 어린아이에 이르기까지 향선생(鄕先生)에게서 글을 배우니, 아아 훌륭하도다.

라는 기록이 있어, 우리나라 교육열의 뿌리가 매우 깊다는 것을 알 수 있다.

『삼국사기』를 쓴 김부식은 서긍의 『고려도경』 간행 이후 중국에서 그냥 떴다. 『고려도경』에는 고려의 인물 몇 사람에 대한 평이 실려 있는데, 김부식의 경우 시문(詩文)의 재주를 칭찬했을 뿐만 아니라 용모까지 그려서 가져가 중국에 소개했다. 이로 인해 뒷날 김부식이 송에 사신으로 갔을 때 가는 곳마다 예우를 받았다는 기록이 『고려사』에 남아 있다.

3. 『삼국사기』와 『삼국유사』 그리고 『제왕운기』

『삼국사기』(인종 23년, 1145, 보물 제325호)

　　고려 제17대 인종 때 김부식이 주 편찬자가 되어서 씌어진 『삼국사기』는 고려 조정이 편찬한 삼국시대의 정사(正史)로 귀중하기 그지없는 고려의 유산이다. 현존하는 한국 최고의 정사로 인정받고 있는 『삼국사기』는 총 50권이며, 이후 발견된 광개토대왕비나 기타 고고학적 사료와 대조할 때 상당히 정확한 역사서로 평가된다.

　　『삼국사기』는 중국 역대의 역사 서술 방식인 기전체에 따라 「본기(本紀)」, 「지(志)」, 「표(表)」, 「열전(列傳)」으로 구성되어 있다.

　　『삼국사기』는 사대주의 사상에 의거하여 씌어졌다는 비판을 숱하게 받았으나, 당시 고려는 중국의 송나라로부터 문물을 받아들여 발전을 꾀하면서 송과 평화적인 관계를 유지했기 때문에 사대주의 운운은 정확한 평가라고는 볼 수 없다. 김부식이 사대주의자가 아니라고 말할 수는 없지만, 당시 고려라는 나라는 국제 정세에 따라 주변 강대국에게 사대를 했고, 이는 당시 약소국인 고려로서는 다른 선택의 여지가 없었기 때문이었다. 이러한 당시 상황을 접어둔 채, 거의 천 년이 지난 지금의 사고로만 당시를 평가하는 것은 옳은 태도하고 할 수 없다.

　　『삼국사기』는 인종 23년인 1145년에 편찬되었다. 김부식은 인종의 명을 받아 당시 사대부들의 무지한 한국 역사에 대한 자세를 개선시키려는 목적과 당시 존재하던 역사서들보다 좀 더 정확하고 풍부한 사료 보존을 목적으로『삼국사기』를 편찬했다.『삼국사기』는 유교의 도덕적 합리주의 사관에 입각하여 기존의 문헌에 기록된 사실을 그대로 서술한 정사이다.

『삼국사기』의 삼국 역사에 대한 서술은 주로 신라 역사에 치중되었는데, 그것은 신라의 역사가 가장 길기 때문에 당연히 그렇게 된 것이고, 고대사인 고조선, 삼한, 가야, 발해의 기록이 빠져 있어 고대사를 제대로 살리지 못한 아쉬움이 있다.

『삼국사기』의 참고 사서는 총 130여 권에 이른다. 김부식을 위시한 편찬자들은, 당시까지 전해졌던 것으로 생각되는『고기(古記)』,『구삼국사』,『삼한고기』,『화랑세기』등과 중국의『삼국지』,『후한서』등을 참고로 저술했다.

『삼국사기』편찬에는, 왕명에 따라 신라 왕실의 후손으로 정승을 지냈으며 경주 김씨인 책임 편수관 김부식과 8명의 편찬위원, 행정 지원관 2명 등 총 11명이 참여했다.

김부식은 박식한 고문(古文)의 대가로 서경, 주역에 밝아서 학사들의 신망을 받았으며, 용모는 풍만한 얼굴과 큰 체구에 얼굴이 검고 눈이 튀어나왔다. 김부식의 부친인 김근은 국립대학 총장격인 국자좨주(國子祭酒)를 지낸 다음 좌간의대부를 역임한 재상 출신이었다.

김부식과 동시대에 송의 유명한 시인이자 고위 관료였던 소동파라는 인물이 살았다. 소동파는 고려에서도 인기가 좋아서, 고려 사람들은 소동파의 시를 무척이나 좋아했다. 오죽하면 김부식의 부친인 김근이 김부식의 이름을 지을 때 마지막 '식(軾)' 자를 소동파의 본명인 소식(蘇軾)에서 따왔고, 김부식의 동생인 김부철의 '철(轍)'

자도 소동파의 동생이자 역시 시인이었던 소철(蘇轍)의 이름에서 따왔을 정도였다.

김부식은 21세 때 과거에 급제하여 관로에 나갔으며, 소신이 있고 바른말 잘하는 꼿꼿한 선비였고, 형제 중에서 네 명이나 과거에 급제한 아주 쟁쟁한 집안 출신이었다.

유교 이념에 충실했던 김부식은 묘청의 풍수지리설에 의거한 서경(西京) 천도를 반대했고, 역시 사대에 어긋난다며 건원칭제(建元稱帝)를 반대해서 대표적인 묘청의 반대 세력이 되었다.

결국 묘청이 반란을 일으키자, 김부식은 61세 때인 1135년 토벌군의 사령관인 평서대원수로 임명되어 서경에서 일어난 묘청의 난을 진압하게 된다.

문벌 귀족이었던 김부식은 개혁을 외면하고 기득권을 지키려 애쓴 인물이었고, 또 후에 자신의 아들인 내시 김돈중이 나례(儺禮) 중에 정중부의 수염을 태워서 정중부에게 얻어맞았을 때 잘못한 아들은 꾸짖지 않고 왕에게 이를 아뢰어 정중부를 죄주도록 한, 어쩌면 그 당시 팍삭 늙어서 그랬는지는 몰라도, 인간적으로는 존경을 받기는 어려운 인물이었다.

김돈중이 정중부의 수염을 태운 사건은 후에 정중부가 무신(武臣)의 난을 일으키는 한 원인이 되어, 문신(文臣)들을 모조리 살해하고 우리나라 역사상 최초의 무인시대를 여는 실마리가 된다.

김부식은 74세까지 장수했으나, 야사(野史)에 따르면 당대 유명한 시인이자 묘청의 지지자였던 정지상의 재능을 질투해서 묘청의 난을 빌미로 사사로이 그를 죽였으며, 그 자신도 정지상의 유령에게 살해당했다고 한다(『동국이상국집』).

『삼국유사』(충렬왕 7년, 1281, 국보 제306호)

『삼국유사』는 『삼국사기』가 씌어진 지 약 140년 후인 1281년, 즉 원(元) 식민지시대이자 충렬왕(제25대) 때인 고려 후기에 승려 일연이 저술했으며, 5권 9편목으로 되어 있다. 당시는 몽골의 침입으로 나라가 초토화된 시기여서, 민족의 자주 의식 고취가 무엇보다도 중요한 시점이었다.

일연은 장산군(지금의 경북 경산) 출신으로 본명은 김견명이며, 아버지 김언필은 낙향한 선비였다. 일연은 14세에 출가하여 고종(제23대) 14년에 승과에 등과했고, 32세 때에 삼중대사(三重大師)로 제수되었으며, 충렬왕 때 국존(國尊)으로 받들어졌다.

『삼국유사』의 '유사(遺事)'는 '남은 일 또는 잃어버린 일'이라는 뜻으로, 『삼국유사』는 역사서가 아닌 야사이자 불교 문화서로서 야담과 설화 모음집에 가까우며, 서술 방식도 정사 서술 방식의 틀에서 벗어나 자유롭게 씌어졌다.

『삼국유사』는 승려인 일연에 의하여 씌어졌으므로 불교 설화 및 기적 사례가 대량으로 채집되어 수록되었고, 8할이 신라에 대한 기록이지만, 적지 않은 중요한 민속 사료가 실려 있다.

『삼국유사』는 유교적인 입장에서 씌어진 데다 사대적 분위기의 『삼국사기』에 반발하여, 자주 의식 고취 목적으로 씌어졌다고 알려졌으나, 일연 역시 사대주의적인 경향에서 벗어난 것은 아니었다. 단군과 고조선에 관한 기사를 실었다고 하지만, 기자조선, 위만조선, 한사군, 삼한으로 이어져 내려오는 중국식 역사관에 의거해 기술했으며, 삼한도 중국계가 세운 것으로 기술하고 있다.

『삼국사기』의 내용을 적지 않게 참작하기는 했으나, 『삼국유사』의 중요한 가치는 『삼국사기』에 실려 있지 않은 단군 사적과 가야 건국사, 부여 건국 신화, 그리고 발해 기사가 수록된 것이다. 『삼국유사』 보다 140년이나 앞서서 정사를 편찬한 김부식이 이런 사실을 몰랐을 리가 없는데, 유교적 합리주의에 충실했던 김부식은 아마 그러한 전승이 사서에 실을 만한 신빙성을 가지고 있지 않다고 생각한 듯하다.

어쨌거나 일연의 『삼국유사』가 전해지지 않았다면 우리는 고조선과 부여 그리고 가야에 관하여 아는 것이 별로 없었을 것이었다.

저자인 일연은 고려 후기 무신시대에 살았고, 고려가 원의 식민지로 전락한 후 80세에 이르렀을 때 『삼국유사』를 썼으며, 84세 때 다른 승려와 선문답을 하다가 갑자기 손으로 금강인(金剛印)을 맺고 입적했다고 전한다.

『제왕운기』(충렬왕 13년, 1287, 보물 제418호)

『삼국유사』가 간행된 지 6년 후인 충렬왕 13년에 이승휴 (1224~1300)가 『제왕운기』를 찬술했다. 이승휴는 고려 고종(제23대) 11년에 태어나서 충렬왕 26년까지 살았던 고려 후기의 문인이며 정치가다. 자는 휴휴, 자호는 동안거사이며, 경산 가리현 사람으로 가리 이씨의 시조이기도 하다.

고종 39년(1252) 이승휴는 29세의 늦은 나이로 과거에 급제하고 어머니가 계신 삼척으로 금의환향했으나, 1253년 몽고의 제4차 침입으로 강화도로 가는 길이 막히게 되자, 삼척의 요전산성에서 몽골군과 대항하여 싸우기도 했다.

이때부터 이승휴는 낙향하여 몸소 농사를 지으면서 어머니를 봉양하며 살았다. 그러다 그의 나이 40세 되던 해 경흥부(강릉) 서기로 발탁됨으로써 관계에 첫발을 들여 놓았고, 곧 중앙의 도병마녹사로 승진하여 중앙 정계로 진출했다. 그러나 충렬왕 6년(1280) 감찰사의 관원과 함께 국왕의 실정(失政) 및 국왕 측근 인물들의 전횡을 들어 10개 항목으로 간언하다가 파직당한 후, 삼척현의 구동으로 돌아와 은거하며 『제왕운기』와 『내전록(內典錄)』을 저술했다.

그 후 제26대 충선왕 때에 잠시 다시 기용되었으나, 뜻대로 되는 일이 없자 벼슬에서 물러나 불교에 귀의했다가 77세로 세상을 떠났다.

『고려사』「열전」 이승휴조 끝 부분에

성품이 정직하고, 세상에 구함이 없었으며, 심히 불법(佛法)을 좋아했다.

라는 평이 실려 있다.

이승휴는 고려가 원의 식민지로 전락하자 민족 정신을 함양하려는 의도에서 『제왕운기』를 썼다. 『제왕운기』는 역사적인 내용을 소재로 하여 운문(韻文)으로 엮은 역사시(歷史詩)인데, 상하 2권 1책으로 되어 있다.

상권에서는 중국의 신화(神話)시대부터 금나라까지의 역사를 다루었고, 우리나라 역사를 기록한 하권은 다시 2부로 나뉘어서 1부인 '동국군왕개국연대'에서는 단군의 전조선부터 후고구려, 후백제, 발해까지를 7언시로, 2부인 '본조군왕세계연대'에서는 고려 태조(제1대)부터 충렬왕(제25대)까지의 역사를 5언시로 읊고 있다.

『제왕운기』에는 우리 민족의 시조를 단군으로 하는 민족 의식이 나타나 있는데, 같은 시기에 씌어진 『삼국유사』(1285)와 단군에 대한 내용이 약간 다르다.

즉, 『삼국유사』의 한웅을 단웅으로 표기했으며, 단웅이 손녀로 하여금 약을 마시게 하여 사람으로 화신케 했고, 박달나무신과 혼인하여 단군이 태어나게 되었다고 했다. 그리고 단군이 신라, 고구려, 옥저, 부여, 예맥의 선조라 했고, 비서갑(非西岬: 지금의 하얼빈) 하백의 딸과 혼인하여 부루를 낳았다고 했다.

이후 단군에 대한 기록은 『동국통감』, 『택리지』, 『세종실록지리지』 등에 수록되었다. 『제왕운기』에는 거의 같은 시기에 간행된 『삼국유사』와 함께, 그 전까지는 전혀 기록에 나타나지 않은 단군의 사적이 실려 있다. 그렇기 때문에 이런 내용을, 고려 지식인들이 원(元) 식민지시대에 민족의 구심점으로 내세우기 위해서 단군이라는 인물을 창조해 냈거나, 아니면 당시까지만 해도 그저 평양 지역에서 받들어지던 지역 조상인 단군을 띄우려 한 것이 아닌가 하는 의심을 받기도 한다.

또 『제왕운기』는 우리나라 역사를 중국의 역사와 대등하게 보는 자주성이 강조된 것이 특징이며, 우리나라의 사서 중 처음으로 발해를 우리의 역사에 포함시켰다.

중국의 사서와 사마천의 『사기』(BC90년경, 전한의 한무제 치세 시)

사서(史書) 얘기를 하다 보니까 중국 사서 생각이 난다. 중국에서는 고래로부터 역사를 기록하는 전통이 있어서, 전 세계에서 가장 많은 종류의 사서를 가지고 있으며, 그것들이 지금까지도 잘 보존되어 있다.

우리의 중세 이전의 사서가 겨우 『삼국사기』와 『삼국유사』 등 두 권에 지나지 않는 데 비해, 중국의 고대 사서는 기원전 1세기 사마천에 의하여 편찬된『사기』서부터, 사마천이『사기』를 쓸 당시『삼국사기』의 시작인 신라의 박혁거세는 아직 알에서 나오지도 않았다, 수백 종류의 사서가 전해지고 있다.

수도 없는 야사(野史)나 개인 문집 말고도, 중국에서 정통 사서로 인정되는 사서만도 25사에 4천여 권의 사서가 있으며, 기록된 글자 수가 자그마치 6천만 자에 달해서, 우리의 팔만대장경의 자수보다 많다.

이름이야 다 들어보셨겠지만, 중국 사서의 본좌인『사기』란 어떤 책인가?

기원전 1세기 초(BC90년경) 종이가 없던 시절, 사마천 (BC145~BC86 추정)은 죽간과 목간에다 권수로는 130권, 자수로는 자그마치 526,500자나 되는 방대한 양의 기록을 새겨 넣어 세계 최초의 종합통사『태사공서(사기)』를 완성했다.

사마천은 섬서성 용문시 하양에서 태사령 사마담의 아들로 태어났다. 부친이 세상을 떠난 뒤 사마천은 부친의 유지를 받들어 사서를 쓰기로 결심했고, 그 역시 태사령이 되어 황실 도서관의 방대한 기록들을 섭렵하기 시작했다. 사마천은 BC104년경부터『사기』를 저술하기 시작했는데, 흉노와의 전쟁에서 압도적인 병력의 열세를 극복하지 못하고 포위된 후 흉노에게 투항한 이릉 장군의 입장을 변호하다가 한무제의 노여움을 사서 BC99년 궁형(거세형)에 처해졌다.

사마천은 죽음을 생각할 정도로 절망했으나, 남은 사서의 집필이 그의 생에 대한 강렬한 욕구를 불러일으켰다. 몇 년 후 무제의 신임을 회복하여 중서령(환관의 최고 직위)이 된 사마천은 혼신의 힘을 쏟아『사기』의 완성에 진력했고, 마침내 BC90년 세계 최초의, 그리고 세계에서 가장 오래되고 가장 정확한 역사서가 찬술되었다.

『사기』는 비록 2,100년 전의 기록이지만 정확성이 어느 사서보다도 뛰어나다. 당시 사마천이 『사기』를 쓰면서 주워들은 얘기를 쓴 것이 아니라, 황궁 도서관의 방대한 자료를 섭렵한 후 직접 발로 뛰면서 확인을 했기 때문이다.

지금 중국 역사의 시작은 신화시대인 삼황오제시대 이후, 하, 은, 주로 이어지지만, 사마천이 『사기』에 은나라의 왕들의 계보를 상세히 기록했는데도 불구하고, 19세기 말까지도 은나라와 하나라는 실제로 존재했던 나라가 아니라 전설 속의 나라로 치부되었었다. 그러나 19세기 말 은대의 갑골문 수십만 편이 출토되면서 은나라는 실제 존재했던 나라로 밝혀졌다.

더구나 『사기』에 수록되어 있는 은나라 왕 30명의 이름을 출토된 갑골편과 비교한 결과 단지 한 글자만 틀린 것으로 밝혀져서 모든 이들이 경악을 금치 못했다. 은나라는 사마천이 생존하던 시기보다 거의 천 년 전에 있었던 나라였다.

이러한 『사기』 기사의 정확성 때문에, 『사기』는 현존하는 중국의 정사 25사 중에서도 첫 번째로 꼽히는 중요한 사서다.

중국 사서가 비록 좀 큰소리를 치는 경향이 있기는 해도, 이렇게 풍부하고도 다양한 자료가 보존되어 있으니, 역사를 공부하는 학도로서 그처럼 부러울 수가 없으며, 이렇게 잘 보존되어 있는 중국의 사서 덕분에 우리는 빈약한 우리 사서에서 알 수 없는 많은 부분을 중국 사서를 통해서 채울 수 있는 것이다.

4. 고려 왕들의 계보

〈전기〉

🏵 호족연맹시대 : 약 60년(918~981)

907년 당 멸망, 5대10국시대 개막, 916년 요 건국

태조 왕건부터 제5대 경종까지로 창업기에 해당한다.

제1대 태조 왕건(918~943, 삼한 통일 후 7년 재위 포함 총 25년 재위)

제2대 혜종(943~945, 3년 재위, 34세로 병사)

제3대 정종(945-949, 4년 재위, 27세로 병사)

제4대 광종(949~975, 26년 재위, 노비안검법, 과거제도 실시. 960년 송 건국)

제5대 경종(975~981, 6년 재위, 27세로 병사)

🏵 왕권시대 : 약 190년(981~1170)

제6대 성종부터 제16대 예종까지 11세기 약 100년 간이 번영기에 해당하며, 이후 쇠퇴기로 들어선다.

제6대 성종(981~997, 16년 재위, 거란의 1차 침입)

제7대 목종(997~1009, 11년 재위, 피살, 거란의 2차 침입)

제8대 현종(1009~1031, 22년 재위, 거란의 2, 3차 침입)

제9대 덕종(1031~1034, 3년 재위, 19세로 요절)

제10대 정종(1034~1046, 12년 재위, 29세로 요절)

제11대 문종(1046~1083, 37년 재위, 평화시대 개막)

제12대 순종(1083, 3개월 최단기 재위 후 병사)

제13대 선종(1083~1094, 10년 재위)

제14대 헌종(1094~1095, 재위 1년 만에 숙종에게 양위)

제15대 숙종(1095~1105, 10년 재위)

제16대 예종(1105~1122, 16년 재위, 금 건국, 요 멸망)

제17대 인종(1122~1146, 24년 재위, 이자겸의 난과 묘청의 난 발발.『삼국사기』저술. 북송 멸망)

제18대 의종(1146~1170, 24년 반 재위, 무인시대 개막. 피살)

의종 대까지가 고려 전기로, 실질적인 왕권시대가 끝나고 이후 200년 간 비왕권시대인 후기가 시작된다.

〈후기〉

❀ 무인시대(1170~1270) 100년과 최씨 세습정권 시대

무인시대에도 고려 왕조의 명맥은 이어 갔으나, 왕들은 이미 허수아비로 전락해서 엄밀히 말해서 왕권시대라 부를 수 없다. 무인시대가 개막되지 않았으면 고려 왕조는 아마 개국 300년 내외에서 멸망했을 것이다.

무기력하게 몰락해 가던 고려 왕조에 무인시대가 개막됨으로써 새로운 충격, 긴장의 연속이 이어졌고, 무인시대 또한 최충헌 세습정권이 들어서는 바람에 100년 간 존속할 수 있었다.

제19대 명종(1170~1197, 27년 재위, 최씨 세습정권 시작)

제20대 신종(1197~1204, 6년 재위)

제21대 희종(1204~1211, 8년 재위)

제22대 강종(1211~1213, 2년 재위)

제23대 고종(1213 1259, 46년 최장기 재위, 몽골의 침공, 최씨 세습정권 몰락, 금 멸망)

제24대 원종(1259~1274, 15년 재위, 무인시대 종말, 원 식민지시대 개막)

무인시대의 개막은 이의방과 정중부에 의해서였는데, 왕조사와 대비해 보면, 이의방 - 정중부 - 경대승 - 이의민까지의 약 26년 간이 창업기에 해당하고, 최충헌이 일으킨 62년 간의 최충헌, 최우, 최항, 최의로 이어지는 세습정권시기가 번영기에 해당하며, 최의 - 김준 - 임연 - 임유무로 이어진 시기 약 12년 간이 쇠퇴기에 해당되어, 무인시대는 대략 일반 왕조의 절반의 수명을 가졌다.

🏵 원(元) 식민지시대 : 약 100년(1259~1356)

제23대 고종 때부터 원에서 시호를 내려서 왕의 시호가 '충(忠)'자로 시작하게 되었다. 이후의 왕들은 고려의 왕이라기보다는 원의 제후국의 왕이었다. 원의 입맛에 따라 왕이 임면되었기 때문에, 제25대 충렬왕부터 제28대 충혜왕까지는 모두 두 번씩 재위하는 이변이 있었다.

제25대 충렬왕(1274.6~1298.1, 1298.8~1308.7, 33년 반 재위, 남송 멸망)

제26대 충선왕(1298.1~1298.8, 1308.7~1313.5, 5년 재위, 연경에서 사망)

제27대 충숙왕(1313.3~1330.2, 1332.2~1339.3, 24년 재위.)

제28대 충혜왕(1330.2~1332.2, 1339.3~1344.1, 7년 재위, 원에서 유배가다 객사)

제29대 충목왕(1344~1348, 5년 재위, 12세로 병사)

제30대 충정왕(1349~1351, 3년 재위, 16세에 피살)

🏵 왕정복고시대 : 약 40년(1356~1392)

이 시기는 이미 고려의 황혼으로 어느 누가 왕이 되었어도 몰락의 관성을 멈추게 할 수 없었다. 네 명의 왕이 모조리 피살되었다.

제31대 공민왕(1351~1374, 23년 재위, 피살. 명 건국, 원 멸망)

제32대 우왕(1374~1388, 14년 재위, 25세에 피살)

제33대 창왕(1388~1389, 1년 반 재위, 10세에 피살)

제34대 공양왕(1389~1392, 3년 재위, 피살. 조선 건국)

앞에서 이미 언급했으나, 고려의 왕들 중에는 명군이라고 부를 수 있는 인물이 하나도 없었다.

조선의 27명 왕 중에서도 쓸 만한 왕은 그저 5~6명, 고려의 34명의 왕 중에서도 밥값을 한 왕은 역시 5~6명 정도로, 평균을 내어 보면 20%쯤 된다. 거의 80%가 밥만 축낸 꼴이다.

그러면 시대마다 왕들은 어째서 이처럼 멍청했던 것일까? 왕들이 멍청한 것은 생활 환경 때문이다. 원래 자질이 평범한 범부(凡夫)들이 궁중에서 살면서 평생 고생을 모르고 호의호식하며, 지천인 것이 여자와 고량진미 그리고 술이니 자신을 절제하기가 쉽지 않은 것이다.

산에서 나무나 하면서 자라서 성경에 나오는 삼손처럼 튼튼했던 조선의 제25대 왕 강화도령 철종도 열아홉 살에 궁에 들어와서 궁녀들에게 둘러싸이더니, 겨우 서른세 살에 코피 쏟고 죽었다. 이런데다 세상과의 접촉도 거의 없으니 물정을 잘 알 턱도 없고, 허구한 날 환관과 궁녀들에게 둘러싸여 온실의 화초같이 성장하니 다양한 경험을 가질 기회도 없어, 자연히 사리 판단을 제대로 하기가 쉽지 않다.

중국의 황제 중에서도 명군은 드물다. 중국의 황제 중에서 가장 위대한 황제로 칭송받는 황제가 당나라의 제2대 황제인 태종 이세민이다. 당나라 역사 300년 간 우리의 기억에 있는 황제는 태종, 무측천, 현종 등 겨우 셋뿐이고, 명나라 역시 알 만한 황제는 태조 주원장 말고는 제3대 영락제 정도다. 겨우 두 명이 밥값을 한 것이다.

차라리 오랑캐라고 멸시받던 여진족의 청 왕조에서 뛰어난 군주가 가장 많이 나왔는데, 태조 누르하치, 태종 홍타이지 말고도, 바로 강희, 옹정, 건륭제로 다섯이나 된다.

그러면 중국 역사상 가장 덜떨어진 황제로 후대에까지 명성(?)을 떨친 인물은 누굴까?

우리 기억에 가장 먼저 떠오르는 멍청이 황제는 바로 삼국시대 촉나라의 제2대 황제이자 유비의 아들인 유선이다. 이 멍청이 유선이 촉을 들어먹었는데, 우리에게 그 친근한 조자룡이 얘를 두 번이나 살렸다. 한 번은 장판교의 조조군의 한가운데서 구출한 적이 있고, 두 번째는 손권의 동생 손부인이 동오로 데려가려 했을 때다. 그걸 그냥 놓아두었으면 촉이 한참 더 갔을 텐데 아쉽기 짝이 없다.

유선은 참으로 멍청한 인간이었는데, 사실 유선보다 한 수 더 뜬 황제가 있다. 삼국시대가 끝나고 사마염의 진(서진)나라가 섰는데, 사마염의 둘째 아들 사마충이 뒤를 이어 진의 제2대 혜제가 되었다.

얘는 도대체 감당할 대책이 없었는데, 백성들이 먹을 것이 없어 들고 있어났다고 하자, 어이가 없는 표정으로

"아니, 쌀이 없으면 고기를 먹으면 되지, 왜들 난리냐?"
해서 주위를 아연케 했고, 어느 날 야외로 바람 쐬러 나갔다가 개구리들이 집단으로 우는 소리를 듣고,

"지금 누가 울고 있는 거냐? 관리들이냐, 백성들이냐? 도대체 무슨 일이야?"
해서 전부 얼굴을 딴 데로 돌린 일이 있다.

바로 이 사마충의 멘트를 흉내낸 것이 루이 16세의 와이프인 앙

트와네트인 것이다.

이렇게 죽 보면, 어쩌다 하나씩 출현하는 조선의 세종(제4대)이나 정조(제22대) 같은 명군들은 태어날 때부터 비범한 인물이라는 것을 알 수 있다.

하여간 필자는 조선의 제4대 왕인 세종 같은 명군을 동서양 역사에서 본 적이 없다. 아마 세종이 없었으면 조선사(朝鮮史)도 별로 볼 것이 없었을 것이다.

5. 고려를 움직인 인물 20명

(1) 후삼국을 통일한 태조 왕건

(2) 후삼국 통일 전쟁의 영웅 유금필

(3) 중국 사대(事大)의 초석을 놓은 후주인 쌍기

(4) 1차 거란 침공 시의 서희

(5~6) 2차 거란 침공 시의 양규와 김숙흥

(7) 3차 거란 침공 시의 강감찬

(8~9) 1차 몽골 침공 시의 박서와 김경손

(10) 2차, 5차 몽골 침공 시의 영웅 김윤후

(11) 꿈만 컸던 묘청

(12~13) 실패한 여진 정벌의 비운의 주역 윤관과 고려의 허저 척준경

(14) 사상 최초의 무인시대를 개막한 정중부

(15) 왕조 안에 또 하나의 왕조를 세운 최충헌

(16) 여말 개혁의 영웅 신돈

(17) 목화씨로 의류 혁명을 일으킨 문익점

(18) 왜구 퇴치와 조선조의 조일전쟁을 승리로 이끌게 한 화약 무기를 개발한 최무선

(19) 고려의 마지막 충신 최영

(20) 쿠데타를 일으켜 고려를 멸망시킨 신궁 이성계

6. 국제 정세

고려가 건국하던 10세기는 동북아의 대변혁기이자 열국의 각축 시대였고, 고려는 수많은 나라의 명멸(明滅)을 지켜보아야 했다.

당   : 618~907(23대 290년 존속)
발해   : 698~926(15대 229년 존속)
신라   : BC57~935(56대 993년 존속)
5대10국시대 : 907~960(54년 간)
중원의 5대(후량, 후당, 후진, 후한, 후주)와 강남의 10국(오, 오월, 남한, 초, 전촉, 민, 형남, 후촉, 남당, 북한)이 난립하여 혼란에 빠져 있던 난세의 시기를 말한다.
정안국   : 928~1114(187년 존속)
요(거란)   : 916~1125(9대 210년 존속)
북송   : 916~1125(9대 168 존속)
서하   : 1038~1227(10대 189년 존속)
여진(금)   : 1115~1234(9대 120년 존속)
남송   : 1127~1279(9대 153년. 총 321년 존속)
몽골(원)   : 1206~1368(몽골제국 4대, 원제국 11대 총 163년
             존속)
이후 북원으로 존속하다가 청태종 때 명실공히 멸망했다.
명   : 1368~1644(17대 277년 존속)

당 그리고 신라, 발해가 멸망한 10세기는 아시아가 고대에서 중

세로 넘어가는 시기였으며, 10~11세기를 전후하여 동북아의 역사에 대변혁이 일어났다.

10세기 들어 가장 먼저 망한 나라는 발해가 아니고 당이었다. 당은 측천무후가 세상을 뜬 50년 후인 755년 안사의 난(안록산과 사사명의 난)이 일어나 쇠퇴의 길을 걸었고, 875년에 일어난 소금 밀매업자 황소(黃巢)의 난은 당의 척추를 부러뜨렸다.

907년 당이 망한 후 중국은 절도사(節度使)들이 권력을 다투는 50여 년 간의 5대10국시대가 개막되었는데, 중원의 이런 혼란을 틈타 발흥한 것이 거란의 요나라고 뒤이어 여진, 몽골 등 북방 민족들이 번갈아 일어났다.

5대는 당이 망하고 송이 설 때까지 낙양과 개봉을 중심으로 흥망성쇠를 거듭한 다섯 왕조를 말하며, 10국은 양자강 이남에서 건국되었다가 사라진 열 개의 소국들을 말한다.

동양 질서의 주축이었던 당의 멸망은 경천동지할 대사건이었다. 세계 제국이었던 당은 신라, 일본, 토번, 베트남 등에 지대한 영향을 끼치면서 이들의 종주국으로 군림해 왔다. 그랬던 당이 사라짐으로써 10세기는 혼란의 극치를 이루게 되었으며, 이후 아시아는 한족의 명나라가 건국할 때까지 거의 450여 년 간 여러 민족들의 각축장이 된다.

당에 이어 926년 발해가 거란에 의하여 멸망했다.

발해가 멸망한 지 10년도 채 안 된 935년 천년의 역사를 자랑하던 신라가 망하고 고려가 후삼국을 통일했다.

베트남에서는 오랜 중국의 지배가 끝나고 독립 왕국이 들어섰으며, 티베트에서는 토번(吐蕃)이 붕괴되고 정교(政敎) 일치의 독특한 정치체제를 가진 서하(西夏)가 일어났다.

일본에서는 나라(奈良)시대에 이어 8세기 말 헤이안(平安)시대가 시작되었으며, 천황 대신 외척인 후지와라씨(藤原氏)가 권력을 잡으면서 천황의 권력이 약해져서 전국에서 장원(莊園)이 난립하기 시작했고, 사무라이(侍)가 등장했으며, 일본과 고려는 국교는 맺지 않았으나 서로 별 문제가 없었다.

헤이안시대에 일본에서는 고유의 문화가 정착하기 시작했고, 고려와 마찬가지로 불교의 힘이 막강해지면서 승려들의 시위 등 집단 행동이 나타나기 시작했다.

이때쯤 일본에서도 고대 왕국이 무너지고 일본 역사상 최초의 무신정권인 가마쿠라(鎌倉 : 도쿄 남서쪽에 있는 소도시) 막부체제가 성립되었다.

중세(中世)가 시작된 것이다.

7. 고려와 주변국과의 관계

고려는 초창기에 5대의 나라들로부터 책봉을 받고 그들의 연호를 썼으나, 외교적으로 가장 가까웠던 나라는 5대10국시대가 지나간 뒤에 일어선 송(宋)이었다. 고려는 송이 일어선 지 2년 후인 962년 송에 사신을 보내 두 나라 간에 국교를 맺고 송의 연호를 쓰기 시작함으로써 책봉 조공 관계가 수립되었다.

고려는 거란의 배후에 있는 송과 밀착하여 거란을 견제하기를 원했으며, 또 송의 선진 문화를 사모하여 송과의 선린 관계를 바랐다. 문치주의 국가로 국방력이 허약했던 송 또한 북쪽에서 압력을 가하고 있는 거란의 배후에 있는 고려를 거란 견제용으로 필요했기 때문에, 두 나라는 쉽게 외교 정상화에 합의할 수 있었다.

이후 송은 거란, 금과 전쟁을 하면서 고려에 파병을 요청했으나 고려는 이를 거절했고, 고려 또한 거란과의 전쟁에서 송의 후원을 기대했으나 서로 말로만 끝남으로써 정식 국교는 단절되고 말았으나, 민간 교류와 무역은 꾸준히 계속되었다.

이렇게 5대10국시대에 고려가 건국했고, 뒤를 이어 허약한 송과 새로 발흥한 요, 금 등이 서로 견제하던, 절대 강자가 없던 시기에 고려가 존속했기에, 어느 정도 자율성을 지킬 수 있는 여건이 되었던 것이다.

고려는 10세기 말부터 11세기 초까지 거란과 세 차례의 전쟁을 치른 후 평화로운 관계를 유지했고, 12세기 초 거란이 멸망하고 금이 선 후에는 금에게 칭신(稱臣)키로 함으로써 두 나라 사이에서는 큰 충돌이 없었다.

13세기에 들어서서 금이 몽골에 의하여 멸망하고 몽골이 세계제
국으로 성장해 가는 과정에서, 30년 간 11회에 걸쳐서 고려를 침입
함으로써 결국 고려는 몽골에 항복하여 부마국(駙馬國)이자 식민지
로 전락하게 된다.

고려는 일본과 국교가 없었으나 대마도주(對馬島主)는 고려에 토
산물을 바쳤고, 또 두 나라 모두 표류한 사람들을 보살펴 주고 본국
에 보내 줌으로써 그냥 덤덤한 관계를 유지했다. 이렇게 일본과의
관계에 거리가 있던 시기는 한반도 역사상 고려시대가 유일했다.

8. 외세의 침입과 파병

고려시대는 우리나라 역사상 가장 많은 외침을 받았던 시대였다.

(1) 제6대 성종 때인 993년부터 제8대 현종 때인 1018년까지 약 27년 간 세 차례(대소 침입 총 10여 회)에 걸친 거란의 침공

1차 소손녕의 침공 : 서희의 외교로 강동 6주 영토 확장, 강화 후 철군

2차 요의 성종 친정(親征) 40만 대군 침공 : 현종의 친조(親朝) 조건과 장군 양규와 김숙흥의 선방으로 철군

3차 소배압의 10만 대군 침공 : 강감찬의 20만 군 귀주대첩의 대승으로 격퇴

(2) 제23대 고종 대에 약 30년 간(1231~1259) 여섯 차례 11회에 걸친 몽골의 침공

1차 : 1231년 고종 때 침공 시작. 무신정권 강화 요청, 결국 항복으로 조공 시작. 다루가치(감찰관)를 남기고 철군

2차 : 1232년 고려 조정 강화도로 천도. 몽골 항쟁의 영웅 김윤후의 활약으로 몽골군 사령관 살리타 전사, 대몽전의 유일한 승리. 팔만대장경 조판 시작

3차 : 고려 항복, 친조 조건으로 철군

4차 : 침공 직후 몽골 대칸 구유크의 사망으로 철군

5차 : 왕자인 안경공 창을 인질로 보내고 강화, 친조와 출륙 환도(出陸還都) 약속

6차 : 포로 20만 7천 발생, 태자를 인질로 보내기로 하고 강화 요청, 완전 항복. 이후 원 식민지시대 개막

(3) 제31대 공민왕 때인 1359년과 1361년, 2차에 걸친 홍건적의 침입

1차 4만 침공 : 격퇴

2차 20만 대군 침공 : 개경 함락, 최영과 이성계의 활약으로 격퇴

(4) 대요수국의 침입(1216)

고려와 몽골의 최초의 조우는 대요수국의 5만의 거란군이 몽골군에게 쫓겨서 고려 영역을 침입함으로써 이루어졌는데, 침입한 거란군이 여몽연합군의 공세를 견디지 못하고 항복함으로써 종결되었다.

(5) 합단의 침입(1290)

몽골 황족 나얀(Nahyan)과 제왕 합단(哈丹)이 반란을 일으켰다가 원 토벌군에게 쫓겨서 고려 영역을 침입, 몽골과 합세하여 격퇴.

(6) 덕흥군의 난(1364)

공민왕이 원의 황후인 기황후의 일족을 도륙하자, 분노한 기황후는 원의 황제에게 요청하여 공민왕을 폐위시키고 덕흥군을 고려 왕으로 책봉한 다음, 요양 주둔군 1만을 주어 최유의 지휘 하에 고려를 침공하게 했으나 최영, 이성계군에게 격퇴되었다.

(7) 왜구의 침략

14세기 중반인 제32대 우왕 때부터 약 50년 간 거의 500회를 침공했으며, 대규모 침공 때는 수백 척의 함선에 수만 명이 침입해서 섬과 연안이 모두 텅텅 빌 정도로 피해가 막심했으나, 최무선이 화약 무기를 개발함으로써 퇴치할 수 있었다. 고려 수군의 창설자 정지(鄭地) 장군의 활약이 뛰어났고, 육전에서는 최영과 이성계의 활약이 돋보였다.

드디어 1389년 박위로 하여금 전함 100척으로 대마도를 정벌

케 했으며, 이 밖에도 여진 해적 등 수많은 침략이 있었다.

이렇게 사서에 기록된 큰 규모의 침입만도 모두 18차례가 있었으며, 게다가 수백 번의 왜구의 침입을 합하면, 하여간 고려시대는 거의 하루도 편안한 날이 없었던 살벌한 시대였다.

그렇다고 우리나라가 침략만 받은 것은 아니고 해외에 파병도 했다.
사서(史書) 기록상 첫 번째 파병은 통일신라시대인 제41대 헌덕왕 11년(819)에 있었다. 당시 당의 속국이던 신라는 당의 파병 요청으로 장군 김웅원에게 3만 군을 주어 고구려 유민인 이정기가 산동반도 지역에 세운 치청왕국(淄靑王國)의 제4대 통차자인 이사도군과의 전투에 참전토록 했다. 고구려가 망한 지 150여 년이 지나서, 견원지간이었던 신라와 고구려의 유민이 다시 전쟁에서 맞붙은 것이다. 결국 이사도는 당과의 전투에서 패하여 50여 년을 존속한 치청왕국은 멸망하고 말았다.

고려 말에 들어서는 원의 청병으로 장사성의 반란군 진압에 23,000명을 파병했고, 원(元) 식민지시대에 일본 원정 시 여몽연합군을 편성하면서 두 번에 걸쳐 1차 15,000명, 2차 25,000명을 파병했다.

조선조에 들어서서는 제15대 광해군 때에 명의 청병으로 후금과의 전투에 강홍립을 위시한 13,000명을 파병했고, 17세기 효종(제17대) 때는 청의 요청으로 러시아 정벌을 위하여 약소하긴 하지만 조총수 150명과 260명 등 두 번을 파병했었다.

근대에 들어서는 1964년 베트남 파병이 있었는데, 사상 가장 큰 규모의 파병으로 1973년 완전 철수할 때까지 연 32만 명이 파병되었고, 평균 5만 명이 베트남에 주둔하면서 임무를 수행했다. 파병으로 인한 사망자는 약 5천 명 정도였고, 1만 6천 명 정도가 부상을 당했다.

9. 고려가 남긴 유산

고려는 역대 왕조 중 후손에게 가장 많은 유산을 남겼다.

제4대 광종 때에 시작된 과거제도는 양반제도를 만들어내어 지금까지도 입에 자주 오르내리는 양반, 상놈의 구분을 남겼으며, 고려 초기부터 왕건이 내려 준 성과 창씨로 가문이 형성되기 시작했고, 족보를 만들게 되었다.

가장 귀중한 고대 역사의 기록인 『삼국사기』와 『삼국유사』가 편찬되었고, 찬란한 불교 문화 유산인 팔만대장경이 판각되었다.

또 지금까지도 식자들의 찬탄을 이끌어 내는 고려청자가 꽃피웠으며, 세계 최초의 금속활자가 발명되었다.

문익점에 의한 목화씨 도입으로 의류 혁명이 일어났고, 사상 최초로 화약과 화약 무기가 개발되어, 뒷 왕조인 조선은 제4대 세종 때에 세계 최강의 화약 무기 보유국이 될 수 있었고, 조일전쟁 때 침략해 온 일본군을 화약 무기 덕에 물리칠 수 있었다.

마지막으로 중요한 고려의 유산은 북방 영토의 확보다. 고려가 건국하면서 시작된 북방 경영은 10세기 중반의 제3대 정종과 제4대 광종, 그리고 11세기 말과 12세기 초의 제15대 숙종과 제16대 예종으로 이어져서, 제31대 공민왕 때에 마침표를 찍는다.

말이 통일신라지, 신라가 삼한을 통일했을 때 확보한 영토는 겨우 한반도의 절반 정도였다. 고구려의 옛 영토는 거의 모두 잃고 겨우 백제만 합병했던 것이다. 통일신라의 북쪽 국경은 서쪽으로는 황해도 남부, 동쪽으로는 강원도 북부로, 그 이북은 당(唐)이, 이후에는 발해가 차지했다.

고려는 건국 초인 태조 왕건 때부터 북방 경영에 착수하여, 고구려 멸망 이후 250년 만에 처음으로 평양을 확보하고 북상함으로써 청천강 이남에서 원산 부근까지 확보했다.

　이후 광종 대를 거치면서 청천강 이북으로 진출하기 시작했으며, 993년 거란의 1차 침공 때 서희의 외교로 압록강 남쪽 280리를 차지하게 됨으로써, 우리나라의 국경은 최초로 압록강 변에 다다랐다.

　제16대 예종 때에 윤관이 북벌을 단행하여, 동북면의 여진족을 몰아내고 요동 남부까지 진출해서 9성을 쌓았으나, 여진의 반격을 감당 못해 되돌려 주고 말았다. 그러나 9성 중 가장 북쪽에 설치되었던 공험진은 이후 고려와 조선에서 중국과 영토 문제로 갈등이 생길 때마다 우리의 북쪽 영토 지표로 활용되었다.

　이러한 고려의 북방 경영을 바탕으로, 조선 제4대 세종 때 최윤덕과 김종서가 동북방에 4군 6진을 설치함으로써 서북쪽으로는 압록강, 동북쪽으로는 두만강을 경계로 한 현재의 한반도 국경이 확정된 것이다.

제 2 장

후삼국의 통일과 고려의 건국

1. 신라의 몰락과 군웅들의 부상

본격적인 고려사(高麗史) 기행을 떠나기 전에, 9세기 말부터 936
년 태조 왕건에 의하여 삼한이 통일될 때까지 분열시대였던 약 50
년 간의 후삼국시대를 잠깐 훑어보자.

7세기 후반 삼한을 통일한 신라는 9세기 중반 장보고의 난을 겪
은 후 급속히 쇠퇴하기 시작했다. 진골들의 권력 다툼과 골품제의
붕괴, 귀족들의 대토지 점유, 불교의 부패 등으로 온 나라가 역동성
을 잃은 채 비틀거렸다.

중앙 정부의 힘이 미약해져서 지방에 미치지 못하자, 각지에는
성주, 장군을 칭하는 무리들이 우후죽순처럼 일어났다. 이 성주, 장
군을 칭하는 무리들은 기실 지방 호족들이었다. 호족이란 골품제
밖의 계층인, 대개 6두품 이하의 신분들로서, 중앙에서 낙향했거나
아니면 옛날부터 지방에 뿌리를 두고 성장한 지방 유지들을 말함이
다. 이들은 신라 대부분의 귀족들이 신봉하던 교종(敎宗)에서 벗어
나 선종(禪宗)을 사상적 기반으로 했으며, 난세가 시작되면서 미륵
사상이 백성들 사이에서 맹위를 떨치기 시작했다.

교종이 주로 경전 연구에 의거하여 진리를 찾는 종파인 데 반해
서, 선종은 경전보다도 정신 수양을 더욱 중요시하는 종파다. 현재
우리 불교의 교종은 계율종, 법성종, 법상종, 열반종, 원융종 등으
로 나뉘어 있고, 선종으로는 천태종과 조계종이 있다. 교종은 경전
법문만을 강조하여 선을 위주로 하는 선종을 정통 불교로 인정하지
않았고, 선종은 교리 외에 심법(心法)을 주장했다.

13세기 초, 정혜결사(定慧結社 : 禪定과 智慧를 힘써 닦는 결사)를 결성하여 선교 일치를 주창한 지눌은

"부처의 말씀이 '교'요, 조사께서 말씀으로 전하신 것이 '선'이어서 부처나 조사의 말씀과 마음이 어긋나지 않으니 결국 근원은 같은 것이다."

라는 주장으로, 선종과 교종을 합친 조계종을 개창했다.

미륵불이란 미래불로 기독교의 구세주와 비슷한 것인데, 석가모니가 열반에 든 지 56억 7천만 년 만에 사바세계에 강림하여 단 3회의 설법으로 270억 중생을 교화하여 신분 차별이 없고 빈부도 없는, 즉 누가 들어도 혹할 만한 세상을 만든다는 분이다. 과연 그런 세상이 올 것인지에 대해서는 확신할 수 없지만, 일단 단위가 '억' 단위로 엄청난 것을 보니 뭐가 있기는 있는 모양이다.

9세기 말인 889년 신라 제51대 진성여왕 대에 들어서서 조정의 재정 궁핍이 극에 달하여 각 지방에 세금 납부 독촉을 심하게 하자, 드디어 전국 각지에서 농민들이 들고 일어나기 시작했으며, 성주나 장군을 칭하던 지방의 세력들도 합종연횡을 거쳐 규모가 커지면서 군, 현 지역을 장악해서 본격적인 정치 세력으로 성장하기 시작했다.

드디어 한반도가 전국시대에 접어들게 되었으며, 대부분의 주, 군, 현이 중앙 정부의 지배를 벗어나서, 실제 신라의 영역은 왕성인 경주 인근으로 축소되었다.

사실 후삼국시대라는 것은 통일로 가는 과정에서 삼국이 서로 쟁패했다는 말이 아니고, 신라는 가만히 구경하고 있는 상황에서 후백제의 견훤과 태봉의 궁예가 신라의 영토를 탈취하던 시기를 말한다.

이러던 신라가 완전히 주저앉은 것은, 진성여왕 10년인 896년 바지를 붉게 물들여 입은 적의적(赤衣賊)이 출현해서 왕성 근처까

지 쳐들어와 약탈을 일삼으면서부터였다.

당시 옷에 물들이는 물감 값이 내렸는지, 적의적 이외에도 황의적(黃衣賊)도 출현했다. 아마 2세기 말 중국의 황건적을 흉내 낸 것 같은데, 어쨌든 신라는 도적들을 제압할 힘도 의지도 없이 그냥 천 년이나 버텨 온 후광에만 기대고 있었다.

진성여왕 8년(894)에 최치원은 시무(時務 : 급선무로 시행해야 할 시국 대책) 10여 조를 올렸으며, 왕은 이를 받아들일 생각으로 최치원을 아찬으로 삼았다.

최치원의 시무책은 골품제 유지와 왕권 강화책이었는데, 당시의 악화된 상황으로 말미암아 정책으로 집행되지 못했고, 최치원은 이에 실망하여 벼슬을 내놓고 유랑 생활로 들어갔다.

황음(荒淫)에만 빠져 있고 국사(國事)에 대해서는 개뿔도 모르던 진성여왕은 897년 전국에서 동시다발적으로 일어나는 소요를 감당치 못하고 드디어 왕위를 태자에게 양위하니, 그가 신라 제52대 효공왕이다.

진성여왕은 평소 각간 위홍과 사통(私通)해 왔는데, 위홍은 여왕을 믿고 권세를 마음대로 농단했다. 위홍이 죽자, 진성여왕은 미소년들을 궁중에 불러들여 황음을 일삼았고 그들에게 국정을 위임함으로써 신라는 급격하게 몰락하기 시작했다. 국정이 엉망이 되자 조정의 지방 장악력이 떨어졌고, 조세가 올라오지 않아 국고가 텅 텅 비는 한심한 상황이 연출되었다.

891년에는 북원(지금의 원주)의 도적인 양길이 세를 떨치기 시작하여 스스로 장군이라 칭하고 수하인 궁예를 시켜 철원 등 10여 개 군, 현을 장악했다. 892년 완산(지금의 전주)의 견훤은 완산주에 웅거하여 후백제라 칭하고 무주 일대를 복속시켰다. 이 밖에도 죽주(지금의 안성)의 기훤, 명주(지금의 강릉)의 김순식이 봉기했으며, 이름을 알 수 없는 군소 도적들이 수도 없이 일어났다.

이렇게 군웅이 할거하면서 장악한 주, 현에는 조정에서 지방관을 파견할 수 없었고 조세를 거둘 수 없어, 신라의 영역은 날이 갈수록 줄어들었다.

이런 상황에서 소군웅들은 좀 더 세력이 큰 대군웅들에게 몸을 의탁해서 보신을 꾀했고, 대군웅들은 소군웅들을 지방 방백으로 임명하면서 영역을 키워 나갔다. 당시의 대군웅은 북원의 양길, 완산의 견훤, 죽주의 기훤 등이었고, 철원의 궁예가 새롭게 뜨고 있었다.

시일이 지나면서 교통정리가 되어, 남은 대군웅은 후백제를 칭한 견훤과 태봉국을 세운 궁예로 좁혀졌으며, 이렇게 혼란했던 후삼국 시대는 왕건이 전국을 통일할 때까지 약 50년 간 이어진다.

2. 견훤의 후백제(900~936, 37년 존속)

892년 견훤은 완산주에 웅거했고, 900년 후백제를 세웠으며, 925년 후당(923~936)으로부터 백제 왕의 책봉을 받았다. 견훤은 상주 사람으로 이씨였다. 아버지 아자개는 농부였는데, 885년 사불성에 웅거하여 장군을 칭했다.

견훤은 장성하자 몸이 웅장하고 기백과 용기가 뛰어났다. 견훤은 신라 조정에 벼슬하여 비장으로 있었으나, 26세 때부터 국권이 문란해지자 무리를 모아 신라를 배반하고 독자적인 세력을 키워 갔다. 그는 멸망한 백제 후예들의 인심을 한 군데로 모으기 위하여 자신의 정치 세력을 후백제라 칭했으며, 900년 34세 때 후백제 왕으로 즉위했다.

견원이나 궁예나 어디서라도 좀 나서는 인간들은 다 출생 설화가 있다.

광주 북촌에 한 부자가 살고 있었는데, 그에게는 어여쁜 딸이 하나 있었다. 그런데 밤이면 밤마다 붉은색 옷을 입은 거대한 체구의 정체 모를 한 남자가 딸의 방에 들어와서 같이 자고는 새벽이 가까워지면 어딘가로 사라지곤 했다.

이 이야기를 들은 부자는 하루는 딸을 불러 조용히 당부했다.

"긴 실에 바늘을 꿰어 놓고 있다가, 남자가 나타나면 그의 옷에 찔러 두거라."

밤이 깊어지자 어김없이 붉은옷의 남자가 나타났다. 그가 볼일을 본 후 화장실에 간 동안, 딸은 몰래 실을 꿴 바늘을 남자 옷에 꽂아 놓았다. 다음 날 날이 밝은 후 실이 간 곳을 따라가 보니, 북쪽 담 밑에 거대한 지렁이가 있었고, 그 지렁이의 허리에 바늘이 꽂혀 있었다.

그 후 여인은 임신이 되어 한 사내아이를 낳았는데, 그 아이가 15세가 되자 스스로 견훤이라 칭했다.

견훤이 왕지렁이 직계라는 소문을 들은 왕건은 한술 더 떠서 자신의 할아버지가 용왕의 딸과 결혼한 용손(龍孫)이라고 소문을 냈을 뿐만 아니라, 이를 널리 선전하여 당시 우매한 고려 백성들은 고려가 망할 때까지 정말로 고려의 왕손이 용손이라고 생각했다.

3. 궁예의 후고구려(마진, 태봉. 901~918, 18년 존속)

궁예는 왕건의 전 군주이니만큼 자연히 스토리가 좀 있다.

『삼국사기』에 의하면, 궁예는 신라 제47대 헌안왕과 궁녀 사이에서 출생했다고 기록되어 있고, 또는 제48대 경문왕의 서자라고도 한다. 그러니 별 볼일 없는 집안 출신인 용손 왕건이나 왕지렁이 후예인 견훤과 달리, 아마 왕족임은 틀림없지 싶다.

궁예는 중오일(5가 두 개 겹치는 날, 즉 5월 5일 단오일)에 외가에서 출생했는데, 그가 출생했을 때 외갓집 지붕 위에 긴 무지개와 같은 흰 광채가 일어나 하늘까지 뻗어 있었다고 한다.

일관(日官)이 왕에게 가로되

"이 아이는 나면서부터 이가 있고 또 이상한 광채가 비치므로 장차 국가에 이롭지 못할 것이니 기르지 않는 것이 좋겠다."

라고 하자, 이에 고민하던 왕은 결국 사자를 불러 갓난아이를 죽이도록 했다.

그런데 이 스토리는 8세기 중반 당나라에서 반란을 일으킨 절도사 안녹산의 사적을 보고 베낀 것 같다. 안녹산이 태어날 때도 걔네 집 지붕에 똑같은 현상이 있었다.

웃기는 것이, 애를 낳는 데 서기가 서리면 얘기 안 해도 대길조고, 더구나 낳자마자 이가 있다는 것은 애가 엄청 튼튼하고 숙성하다는 징조인데, 왜 이롭지 못하다고 죽이라고 했을까? 사실은 그래서 죽이라고 한 것이 아닐 것이고, 아마 궁예는 당시 궁궐 내의 권력 쟁탈전에 희생되었을 것이다.

어쨌든 임금의 명을 받은 사자가 야음을 틈타 궁예를 죽이러 와 보니, 아직 젖도 떼지 않은 갓난아기라 차마 찔러 죽일 수가 없어서, 아이를 포대기에 싼 다음 다락 아래로 집어 던졌는데, 사태를 감 잡고 아래서 몰래 기다리고 있던 궁예의 유모가 받는다는 것이 그만 실수하여 손가락으로 아이의 눈을 찌르는 바람에 궁예는 애꾸가 되고 말았다. 궁예의 유모는 아이를 안고 도망하여 숨어서 온갖 고생을 하며 아이를 키웠다.

그런데 이 스토리도 말이 좀 안 되는 것이, 아니 유모가 어떻게 자객이 그날 밤에 올 것을 알았고, 어떻게 죽이는 방식이 아래도 던져서 죽일 것임을 알았으며, 애를 받아서 도망치더라도 뛰는 속도가 아마 쫓아오는 자객 속도의 반도 낼 수 없었을 것인데, 하여간 둘은 살아났다.

어느 정도 성장한 후에 유모의 실토로 신세을 알게 된 궁예는 자신을 죽이려 한 신라 왕실에 깊은 원한을 품은 채 영월 세달사의 중이 되어 스스로 선종이라고 칭했다.

이때 마음잡고 공부를 좀 했는지, 나중에 크게 써먹는다.

신라 제51대 진성여왕 5년인 891년 궁예는 죽주(지금의 안성)의 기훤에게 몸을 의탁했는데, 애꾸라고 왕따를 놓자 보따리를 싸서 다음 해 양길에게로 옮겼다. 양길은 기훤과 달리 궁예를 잘 대해 주었고, 군사를 주어 신라의 영역을 빼앗게 했다.

궁예는 강호(江湖)에 투신한 지 겨우 3년 만인 894년 명주(지금의 강릉)에서 3,500명의 장정을 모집하여 장군으로 추대되었다. 당시 장군이란 신라의 진골 출신들만의 독점 지위였는데, 별 볼일 없는 떠돌이 중 출신이 잠깐 새에 엄청 출세한 것이었다. 사실 궁예는 애꾸눈만 아니었으면 인물도 괜찮았고 풍채가 빼어났으며 담력도 만만치 않았다고 한다. 하기야 난세에 무장으로 뜨려면 기본적인 체구와 깡다구가 있어야 했을 것이다.

궁예가 초창기에 양길 밑에 있을 때는 아주 괜찮은 장수로 소문 났었다. 그는 사졸들과 함께 고생하고 즐거움을 같이했으며, 전리 품의 분배에서도 공평함을 잃지 않았고, 사사로움이 없었다고 한다.

자신이 키운 궁예가 인기를 좀 얻고, 자신이 준 병력으로 세를 불린 다음 독립해서 나가자, 이에 배신감과 위협을 동시에 느낀 양길이 30여 성의 군대를 동원하여 궁예를 쳤으나, 도리어 크게 패하여 전사하고 말았다.

역사상 가장 병사를 사랑한 장군은 아마 춘추전국시대 초나라의 오기일 것이다. 오기는 병사의 몸에 종기가 나서 곪거나 하면, 그 지저분한 종기 부위에 직접 입을 대고 고름을 빨아냈을 정도로 병사를 아꼈다. 항생제가 출현하기 전까지, 즉 조선조까지도 종기는 사람의 목숨을 빼앗아 갈 수 있는 아주 위험한 병이었다. 조선 왕중에서도 여러 명이 종기로 죽었다.

어느 날, 오기가 종기가 난 한 병사의 몸에 입을 대고 고름을 빨고 있을 때, 마침 그 병사의 모친이 면회를 왔다가 그 장면을 보고 크게 울었다. 주위에서 이상하게 생각하고 우는 사연을 물으니, 병사의 모친이 대답하기를

"장군이 내 아들에 대한 정성이 저리 지극하니 아들이 목숨을 바쳐 장군을 따를 것이오. 그러니 어찌 살아서 돌아오기를 기대하겠소."

라고 훌쩍이며 말했다. 백번 맞는 말이다.

이렇게 장수의 병사에 대한 사랑이 지극하면, 그 군대는 죽음을 무릅쓰게 되고 사기가 하늘을 찔러서 아무도 당할 도리가 없게 된다. 조선조 조일전쟁(임진왜란) 때 저만 살겠다고 뒤도 안 돌아보고 튄

소인배 선조(제14대) 생각이 나서 한 마디 했다.

898년 궁예는 패서도와 한산주 관내 30여 성을 장악할 정도로 세력을 키웠다. 궁예가 세를 불리고 영역을 넓혀 나가자, 왕륭 부자를 비롯하여 황해도의 평산 박씨 세력과 청길, 신훤 등의 무리가 귀부했으며, 궁예는 드디어 901년 송악(개성)에 임시 도읍을 정하고 후고구려를 세웠다.

891년 험한 강호에 투신한 지 딱 10년 만이다.

송악군 사찬 왕륭은 금성태수가 되고, 그 아들 왕건은 송악 발어참성의 성주로 임명되었다.

궁예가 세운 후고구려 역시 왕권 국가가 아니고, 왕건이 고려를 세웠을 때와 비슷하게, 호족들의 연합체 국가였는데 그중 가장 강력한 호족이 송악의 왕륭과 패서 지역의 평산 박씨 세력이었다.

후고구려라는 국명은 고구려를 계승한다는 의미였으며, 궁예는 고구려 유민의 결집에 대하여 큰 기대를 가지고 있었고, 신라, 백제에 대항하고 천하를 삼분한다는 의미도 있었다.

궁예는

"전에 신라가 당에 청병하여 고구려를 멸망시켰기에 평양 옛 서울은 풀이 무성하게 자랐으니 내가 그 원수를 갚으리라."

하며, 노골적으로 신라에 대한 적대감을 표출했다. 또 부석사에 갔을 때, 벽에 신라 왕의 초상이 그려져 있자 칼을 뽑아 초상을 쳐서 벽에 그 자취가 남아 있었다 할 정도로 신라에 대한 궁예의 원한은 깊었다.

904년 궁예는 국호를 마진이라고 바꾸고 연호를 무태라고 했다. 마진이란 불교 용어인 '마가진단'의 약자로 '대동방국'이라는 의미이다. 드디어 후삼국시대가 시작되었으나, 이 와중에서도 아무도 신라를 멸망시키려 들지 않았다. 오랜 역사를 지닌 신라는 고대 중국의 주왕실과 비슷한 지위를 가지고 있어서, 군웅들이 백성들의 인심을 잃을까 걱정하여 감히 멸망시킬 엄두를 내지 못했던 것이다..

905년 공주의 장군 홍기와 평양의 성주가 항복했으며, 또한 적의적(赤衣賊)과 황의적(黃衣賊)이 귀순하여 궁예는 크게 세를 떨치게 되었다.

궁예는 그해에 다시 도읍을 철원으로 옮기고, 911년 국호를 태봉, 연호를 수덕만세로 고쳤다. 국호의 '태'는 주역에서 '천지가 어울려 만물을 낳고 상하가 어울려 그 뜻이 같아진다'는 뜻이며, '봉'은 그러한 이상이 실현되는 '봉토'를 의미한다. 이것이 궁예가 건국한 나라의 마지막 이름인데, 태봉국은 918년 왕건의 쿠데타에 의하여 멸망하며, 궁예는 나라를 세운 지 18년 만에 꿈을 접는다.

사실 송악은 수륙 교통이 편리하고 배후에 광활한 농경지를 끼고 있어서 도읍으로 괜찮은 입지를 갖고 있었다. 이런 송악을 놓아두고 궁벽한 철원으로 도읍을 이전한 것은, 궁예가 호족들에게 휘둘리지 않고 자신만의 세력으로 중앙 집권화를 꾀하기 위해서였다.

궁예는 도읍을 철원으로 옮기기 전에 자신을 밀어 주던 청주의 주민 1천여 호를 이주시켜서 자리를 잡은 다음 해에 천도했다.

궁예의 마진국 시절인 907년 중국에서는 세계 제국이었던 당이 망하고 5대10국시대가 개막되었다.

국명을 태봉으로 바꾸고 나서부터 궁예는 조금씩 정신이 상하기 시작하여 스스로 미륵불이라고 칭하고 머리에는 금책을 쓰고 몸에는 가사를 입었다. 하긴 당시 철원 지역에는 미륵불 사상이 광범위하게 퍼져 있기는 했다.

그런데 진짜 상했는지, 안 그러면 촌 무지렁이들에게 의도적으로 구세주인 미륵불 행세를 하여 자신의 나라인 태봉이 미륵 세상이 될 것이라는 사상을 주입시키려고 그랬는지는 잘 모르겠으나, 어쨌든 이렇게 정도를 벗어난 것은 융성의 조짐이 아니라 몰락의 조짐이었다.

궁예는 아예 한술 더 떠서 맏아들은 청광보살, 작은아이는 신광보살이라 불렀으며, 밖으로 나갈 때는 늘 백마를 탔는데, 비단으로 말 머리와 꼬리를 장식했고, 사내아이와 계집아이들에게 깃발과 천개, 향, 꽃을 들고 앞에서 인도하도록 했으며, 비구승 200명으로 범패(부처님 공덕을 찬양하는 게송)를 외며 뒤를 따르게 했다.

게다가 왕년에 세달사에 있을 때 닦아 놓은 실력으로 불교 경전도 20권이나 저술했는데, 그 말이 요망하여 모두 바른말이 아니었다고 한다. 때로는 반듯하게 앉아 설법을 강했는데,

"모두 사악한 설과 괴이한 말로써 교훈이 될 수 없다,"

라고 승려 석청이 평가하자, 열 받은 궁예는 석총을 쇠몽둥이로 때려 죽였다.

궁예가 애호하던 물건이 쇠몽둥이였다. 궁예는 이 쇠몽둥이로 사람을 때려 죽이거나, 아니면 불에 벌겋게 달구어서 간통이 의심되는 여인의 음부를 지져 죽이는 데 주로 썼다.

당시는 신라시대 후반의 승려인 진표의 미륵 사상이 고생에 찌든 백성들에게 크게 어필하고 있을 때였다.

미륵 신앙이란 아직 오지 않은 미래불 미륵이 세상 말세에 출현하여 '고(苦)'가 없는 평등 세상을 만든다는, 말하자면 예수의 구세주 사상 비슷한, 어느 시대에도 조금만 어수선하면 나타나는 수준 낮은 유토피아를 추구하는 사상이었다.

궁예도 이 사상에 심취하여, 종교적 이상 사회 건설을 현실에 그

대로 적응시켜서 미륵 신앙을 중심으로 한 반신라적 이상 국가를 세우려는 꿈에 들떠 있었든지, 아니면 사기꾼 구세주로 행세하려고 했든지, 아마 둘 중의 하나였을 것이다.

그런데 하는 짓이 도가 지나친 괴상한 짓만 골라서 하는지라, 부인 강씨가 보다 못해 이를 간하니, 궁예가 하는 말이

"네가 다른 사람과 간통하니 웬일이냐?"

"어찌 그런 일이 있겠습니까?"

"내가 신통으로 보았다."

하고는, 쇠몽둥이를 달궈 그녀의 음부를 찔러 죽이고, 두 아들까지 죽여 버렸다.

이런 식으로, 신통으로 보았다 하여 터무니없이 반역죄를 뒤집어 씌워서 사람 죽이기를 예사로 하니, 장상(將相 : 장군과 재상 즉 신하)으로 해를 당하는 사람이 열에 일곱 여덟이나 되었다. 피해망상증이 불치의 지경에 이르렀거나, 아니면 왕권 강화를 위하여 미륵 관심법이라는 요상한 술법을 등장시켜서 의도적으로 주변에 거치적거리는 호족들을 제거했을 것이다.

918년 궁예가 주접떠는 꼴을 더 이상 볼 수 없었던 신숭겸(원명은 능산), 복지겸(원명은 복사귀), 홍유(원명은 홍술), 배현경(원명은 백옥삼) 등이 왕건을 왕으로 추대하고 쿠데타를 일으키자, 이에 놀란 궁예는 미복(微服)으로 궁을 빠져나와 도망쳐서 산에서 이틀 밤을 머물렀는데, 배가 너무 고파 인가 근처로 나가 보리 이삭을 몰래 훔쳐 먹다가 동네 사람들에게 맞아 죽었다고 한다.

결국 궁예는 강호에 투신한 지 28년, 나라를 세운 지 겨우 18년만에 제 스스로 무덤을 파고 멸망하고 말았다.

사실 우리는 궁예가 그렇게 포악무도한 군주인지 잘 모른다. 위

의 스토리는 나중에 궁예를 쿠데타로 무너뜨린 왕건의 고려 조정에서 기록한 것이니만큼, 자신들의 쿠데타 정당성을 주장하기 위하여 가능하면 궁예가 아주 악인이었어야 했다. 궁예에 대한 사료(史料)가 매우 빈약해서 더 이상 사실 확인은 불가능하다.

궁예가 천도했던 철원은 첩첩상중이 아니라 지금의 강원도 철원군으로, 배후에 넉넉한 풍천원 평야를 끼고 있다.
조선의 『택리지』에는

땅은 메마르지만 넓은 들과 낮은 산을 가지고 있어 두메 속에 도회지를 이루었다.

라고 기록되어 있다.
또 궁예가 건설한 도성은 원래 남북으로 길다란 직사각형의 형태로, 외성의 길이가 12,300m쯤 되는 괜찮은 규모의 성이었다. 지금은 군사 분계선이 동서로 반을 잘라서, 반은 북한에 있고 반은 남한에 있다. 게다가 경원선 철도가 다시 남북으로 반을 갈라서, 네 쪼가리로 잘린 채 수풀에 덮인 지뢰밭으로 변모하고 말았다.
고고학자 조유전에 따르면, 강원도 평강에서 안변으로 가는 경원선 길목에 삼방협이란 곳이 있는데, 그곳에 궁예의 묘가 있다고 한다. 조선 말기 지도인 「청구도」에도 궁예의 묘가 표시되어 있고, 육당 최남선이 궁예의 묘를 보고 온 느낌을 「풍악기유(楓嶽記遊)」에 기록해 놓았다고 한다.
삼방 지역에도 궁예에 관하여 내려오는 전설이 있다.

궁예왕이 왕건에게 쫓겨 삼방 골짜기로 들어왔다. 먹을 것을

구하고 다시 도약할 땅을 찾는데, 문득 어떤 중이 나타났다. 이에 왕이

　"혹 용잠호장(龍潛豪壯)할 땅이 없겠느냐?"

라고 묻자, 중이

　"이 병목 같은 곳에 들어와서 살길을 찾는 것이 어리석소."

라고 대답하자, 왕은

　"아아, 천지망아(天之亡我:하늘이 나를 망쳤다는 뜻)로다."

하며, 그 봉우리에서 심연을 향해 몸을 던졌다고 한다.

　보신 대로, 궁예는 이삭을 따 먹다 맞아 죽은 것이 아니다. 일세를 풍미했던 영웅의 죽음이 어찌 그럴까 보냐.

4 왕건의 무혈 쿠데타

896년 왕건의 아버지인 송악군의 호족 사찬 왕륭(용건인데 나중에 이름을 바꿨다)이 군을 들어 궁예에게 귀부했 으며, 궁예는 그를 금성태수로 임명했다. 또 궁예는 왕륭의 간언을 들어, 그의 아들 왕건으로 하여금 송악에 발어참성을 쌓게 하고 성주로 삼았다.

왕건은 대략 900년경부터 궁예의 신하로서 용명을 떨치기 시작하여 궁예의 영역을 크게 늘렸으며, 견훤과도 여러 번 싸워 이겼다. 왕건은 궁예의 포학을 두려워하여 외신(外臣 : 밖에서 근무하는 신하)으로 나가서 수군을 통솔했으며, 병사들을 매우 사랑하여 병사들로부터 크게 존경받았다.

왕건의 정벌로 궁예의 영역은 크게 늘어나 삼한 땅의 거의 절반을 장악하게 되었으며, 이에 왕건은 궁예의 신하 중 가장 높은 지위에 올랐다.

점점 포악해 가는 궁예가 하도 사람을 많이 죽여서 왕건도 전전긍긍하고 있는 판인데, 하루는 궁예가 왕건을 불렀다. 궁예가 눈을 부릅뜨고 왕건을 보며 한다는 소리가

"경이 어젯밤 여러 사람을 모아 놓고 반역을 모의함이 무엇 때문이냐?"

라고 생트집을 잡으니, 모골이 송연해진 왕건이 억지로 미소를 띠면서

"어찌 그런 일이 있을 수 있겠습니까"

라고 대답하자, 궁예는

"속이지 말라. 내가 관심법(독심술)으로 말하겠다."

하고는, 한참 동안 눈을 감고 뒷짐을 지고 하늘을 쳐다보고 있었다.

　이때 장주(掌奏) 최응이 곁에 있다가 일부러 붓을 떨어뜨리고 그것을 주우러 가는 척 왕건 곁을 지나가며 귓속말로

　"불복하면 위태롭습니다."

라고 깨우쳐 주니, 왕건이 알아듣고

　"신이 진실로 반역을 꾀하였으니, 그 죄는 죽어 마땅합니다."

라고 말하자, 궁예가 크게 웃으며 말하기를

　"경은 가히 정직하다 하겠다."

하고는, 금은으로 장식된 안장과 고삐를 내려 주면서

　"경은 다시는 나를 속이지 말라."

라고 했다.

　이렇게 왕건이 궁예의 관심법에 의하여 생사의 기로에 놓였을 때 구세주로 등장했던 최응은 어렸을 때부터 신동으로 이름났다. 최응은 고려가 개국한 후 고위 관직인 광평낭중에 서임되었는데, 당시 최응의 나이가 겨우 스무 살이었다.

　"경은 학문이 도저하고 식견이 높은 데다 겸하여 정치를 알고 나라를 위하여 충성을 다하니, 옛적의 이름난 선비도 이보다 더할 수는 없을 것이다."

　왕건이 겨우 스무 살짜리 최응에게 한 멘트다.

　원래 젊은 아이가 낙하산 인사로 고위직에 낙점되니, 당연히 신료들 사이에서 말이 많았다.

　"아니, 어디서 새파란 놈이 성상과 좀 안다고, 어디서 버텨."

　이러던 신료들이 시간이 지나면서 최응의 일 처리를 보고 난 후에는 모두 꿀 먹은 벙어리가 되었다고 하니, 최응의 능력을 알 수 있겠다.

이렇게 최응은 능력이 발군인 데다 공명정대하여 왕건 재위 내내 사랑을 받았다. 이렇게 뛰어난 재사인 최응은 겨우 35세의 나이로 병사했는데, 최응을 너무나 아꼈던 왕건은 크게 슬퍼했으며, 대광 태자태부의 벼슬을 추증하고 유족들에게 곡식을 내림으로써 위로했다.

원래 천재가 오래 살면 빛이 바랜다.

918년 궁예의 흉악함과 포악함이 극도에 이르자, 마군 장군(기병대장) 홍유, 맹장 배현경, 장대한 체구에 무용이 뛰어났으나 후에 팔공전투에서 왕건 대신에 죽는 신숭겸, 나중에 정보부장이 되는 복지겸 등 무신의 주축 네 사람이 비밀리에 논의하여 밤에 왕건의 집으로 가서 다같이 추대할 뜻이 있음을 밝혔다.

깜짝 놀란 왕건이 그들의 요청을 여러 번 고사하자 부인 유씨가 손수 갑옷을 가져와 왕건에게 입혀 주고, 여러 장수가 왕건을 모시고 밖에 나와 쿠데타를 선포하니, 모두 쌍수를 들어 환영했다.

왕건이 쿠데타를 망설일 때 결단을 촉구한 신명순성왕후(태조의 셋째 왕후) 유씨는 충주 사람 태사 내사령 유긍달의 딸로서, 쿠데타 성공 후 가장 큰 덕을 본 여인이다. 그녀의 아들들이 제3대 정종, 제4대 광종이 되었으니 더 이상 무엇을 바라겠는가. 다른 여자 같으면 쿠데타 모의를 듣고 집안이 멸족될까 봐 벌벌 떨었을 텐데, 태연하게 왕건의 갑옷을 들고 나온 유씨는 원래 강단이 있었다.

한때 왕건이 군사를 이끌고 정주를 지나던 중 자색이 괜찮은 유씨를 본 적이 있었다. 그날 밤 유씨의 부친인 유천궁의 집에 유숙한 왕건은 유씨 처녀를 안았고, 그 후로는 그냥 잊어버렸다. 원래 바쁜 데다가 여자가 한둘이래야지.

그로부터 자그마치 10년쯤 지나서 왕건이 정주에 다시 들를 기회가 있었을 때, 잊고 있던 유씨 처녀가 생각나서 몸도 풀 겸 유천궁의 집을 찾아가 그녀를 찾았다.

그간 왕건을 기다리다 지친 유씨 처녀는 절로 출가하여 비구니가 되어서 정절을 지키고 있었으며, 이에 감동을 먹은 왕건은, 그간 약간 늙긴 했지만, 유씨 처녀를 불러다가 부인으로 맞아들였다.

드디어 왕건을 필두로 거사를 시작한 장수들은 새벽에 집에서 나와 곡식 더미 위에 왕건을 앉히고 군신의 예를 행했다. 그리고 사람을 시켜 달리면서 외치게 하기를

"왕공이 이미 의기를 들었다."

하니, 국인(國人)으로 분주히 오는 자들은 셀 수가 없었고, 먼저 궁문에 이르러 북을 치며 기다리는 자들 역시 만여 인이었다.

왕건을 비롯한 핵심 무신들이 쿠데타를 일으켰다는 소식에 접한 궁예는 놀라 도망쳐 버리고, 나인(內人)이 궁을 청소한 다음 왕건을 맞아 왕으로 즉위시켰다.

이로써 왕건의 무혈 쿠데타는 간단히 성공했다. 한 나라를 창업하면서 고려의 왕건이나 조선의 이성계처럼 쉽게 무혈혁명으로 그냥 건진 예는 아주 드물다. 역사적으로 송나라의 조광윤 정도가 있는데, 우리나라에서도 알다시피 석두 전통(石頭全統)도 쿠데타를 일으킨 다음 광주에서 숱한 사람을 죽였다. 피를 흘려야 정상인 것이다.

왕으로 즉위한 왕건은 국호를 고려라 하고 연호를 천수로 정했으며, 이것이 고려의 첫 연호이다. 3성 6상서를 두고 공신들에게 일일이 상을 내렸다. 왕건이 고려를 개국하자, 골암성주 윤선, 명주장군 순식, 진보성주 홍술 등 수많은 군웅들이 귀부했는데, 그중 견훤의 부친인 아자개의 귀순이 눈길을 끈다.

926년 발해가 거란에게 멸망하자 발해 태자 대광현이 수만의 발

해인들을 이끌고 고려로 망명해 왔다. 왕건은 대광현에게 왕계라는 이름을 내려 주고 종적(宗籍)에 부적해 주었다. 이 대광현의 아들이 대도수이고, 나중에 거란의 1차 침공 때 크게 활약한다.

5. 신라의 멸망(BC57~935, 993년 존속)

920년 신라의 대야성을 점령한 견훤은 이어 조물성을 쳤으나 성민들의 완강한 저항으로 점령에 실패했다.

927년 견훤은 다시 신라를 침공했다. 당시 경애왕(제55대)은 포석정에서 비빈들과 함께 잔치를 베풀어서 먹고 마시고 놀고 있다가, 별안간 적병이 들이닥치자 왕과 왕비는 후궁으로 도망가고, 신하들도 모두 뿔뿔이 흩어져 살길을 찾아 도망쳤다.

견훤은 군사를 풀어 왕성을 약탈했으며, 왕비를 능욕하고 경애왕을 자살토록 한 후 헌강왕(제49대)의 외손자이자 경애왕의 고종사촌인 경순왕(제56대) 김부를 자신의 대리 왕으로 세운 다음, 왕제(王弟)를 포로로 하고 백공(百工), 병장(兵仗)과 진보(珍寶)를 빼앗아 돌아갔다. 신라가 후백제의 부용국(附庸國)이 되고 만 것이다.

경애왕은 견훤의 침입 소식을 들은 직후 왕건에게 구원병을 요청했었는데, 고려의 구원병이 도착하기 전에 경주는 함락되어 쑥밭이 되었고, 경애왕은 자살하고 말았다.

그런데 경애왕이 포석정에서 잔치를 베풀고 놀다가 변을 당했다는 설은 사실이 아니고, 경애왕이 포석사에 가서 사당에 국가의 안위를 비는 제사를 드렸다는 설도 있는데, 확인은 되지 않지만, 어느 것이 사실인지는 그리 중요하지 않다. 어쨌든 신라는 망할 때가 되어서 망한 것이니까.

경애왕은 이전의 두 왕과 함께 김씨가 아니고 박씨였다. 그러니 박씨에게 정권을 빼앗기고 절치부심하고 있던 김씨들이 몰래 견훤과 내응하여 후백제의 군사들을 끌어들여 이성(異姓)인 경애왕을 죽이고, 김씨인 경순왕이 권력을 빼앗아 즉위했을 수도 있다.

어쨌든 견훤이 후백제에 적대감을 가진 경애왕을 죽게 하고 말 잘 듣는 김씨 경순왕을 세웠으나, 그 와중에서 왕비를 욕보이고 궁궐을 싹쓸이하는 바람에 신라의 인심은 견훤을 떠나 왕건에게로 쏠리게 되었다.

927년 신라 왕성을 쑥밭을 만들고 철군하던 견훤은 고려에서 파병한 구원병 5천을 맞아 대구 북방 공산에서 크게 싸워 고려군을 대파했으며, 이 전투에서 왕건이 위험에 처하자 장군 신숭겸이 왕건의 옷으로 갈아입고 끝까지 분전하다 대신 전사함으로써 왕건은 겨우 도망칠 수 있었다.

930년 와신상담하던 왕건은 고창(안동)에서 후백제군과 대회전을 벌여 대승함으로써 공산전투의 패배를 설욕했다. 후백제군은 이 전투에서 8천의 전사자를 낼 정도로 대패했으며, 견훤도 겨우 단기로 도망쳤다. 이 고창전투는 왕건이 전국을 통합하여 고려를 굳건히 세우는 최종 전투가 되었고, 이 전투에서 견훤을 꺾음으로써 드디어 왕건은 통일의 선두 주자로 나설 수 있게 되었다.

935년 6월 왕건에게 수가 났다. 손 대지 않고 코를 풀게 된 것이다. 아들들의 쿠데타로 쫓겨난 후백제의 견훤이 항복을 청해 와서 후백제를 그냥 식사하게 된 데다가, 같은 해 11월 신라의 경순왕이 땅을 들어 고려에 항복함으로써 신라는 천년의 역사를 뒤로 한 채 멸망하고 말았다.

사실 신라도 말이 천년 역사이지, 5세기 말까지는 사로, 계림, 서라벌 등으로 불렸던 자그마한 소국이었고, 500년에 제22대 지증왕이 즉위하면서부터 나라 이름을 '신라', 통치자의 명칭도 '왕'이라 칭하면서부터 제대로 된 나라 체제를 갖추기 시작한 것이다. 이후 제24대 진흥왕 때 신라는 최전성기를 맞았고, 제29대 태종무열왕은 당나라와 연합하여 660년 백제를 멸망시켰으며, 668년 제30대 문무왕 때 나당연합군이 고구려를 멸망시킴으로써 삼한을 통일하게 되지만, 당과의 영토 분쟁으로 676년까지 양국은 한반도에서 전쟁을 계속했다.

신라가 국가 체제를 갖추기 시작한 500년부터 삼한 통일까지 약 180년, 삼한 통일 이후 고려에 멸망당할 때까지 약 250여 년 등 천년 역사의 신라도 모두 세 가지 서로 다른 체제로 이루어져 있다.

사실 신라의 삼국 통일은 민족 통일의 의지와는 전혀 상관없는, 단지 신라 자체의 구명도생(苟命圖生)의 방책이었기에 당이라는 외세를 불러들였으며, 또 통일 후 영토도 겨우 황해도 지역까지만 지배 영역이 인정되었고, 그 북쪽의 옛 고구려 영역은 당의 영토로 편입되어 제대로 된 통일이라 부를 수 없는 것이었다.

그러나 고려의 통일은 신라의 통일과 달랐다. 고려의 통일은 순수한 한민족 자체의 역량으로 이루어 낸 통일이었고, 또 고려는 신라와 달리 강한 북진 의지를 가지고 있어서, 고려 말이 되면 현재 한반도 영토의 거의 80% 정도를 지배하게 된다.

왕건은 귀순해 온 경순왕 김부를 낙랑 왕으로 봉하고 딸 낙랑공주를 주었으며, 대신 김부의 사촌누이를 비로 맞았다. 둘의 관계가 사촌 처남 - 매부이자 장인 - 사위라는 망칙한 관계가 된 것이다. 왕건은 신라를 없앤 다음 경주로 이름을 바꾸어 김부에게 식읍으로 내려 주어서 여생을 편히 보내게 했다. 이때부터 신라는 사라지고 경주란 이름이 생겼다.

사실 왕건의 맞수는 견훤이었고, 고창전투의 승리 외에는 계속 견훤에게 밀리는 형편이었는데, 드디어 왕건의 운이 트이기 시작한 것이다. 그러기에 뭔가 큰일을 하는 사람은 제 재주만 가지고는 되는 법이 없고, 운을 타고 나야 한다.

경순왕의 항복 결정에 불복한 태자는 통곡하며 왕에게 하직을 고하고 개골산으로 들어가 바위를 집으로 삼고 마의초식(麻衣草食)하다가 생을 마쳤는데, 이 이가 바로 마의태자이다. 경순왕이 조금만 더 버텨 주면 곧 자기 차례가 왔을 텐데, 항복을 해 버렸으니 얼마나 열 받았겠는가.

신라가 멸망한 것은, 통일 후 역동성을 잃은 데다가 똑똑치 못한 왕들이 계속해서 왕위를 계승해 왔고, 게다가 서로가 죽고 죽이는 왕위 계승 전쟁이 빈발하여 국력을 소진한 것이 결정적인 멸망 원인이 되었다.

또 신분제가 무너진 데다가, 불법(佛法)이 너무 성하여 마을마다 탑과 절이 빽빽이 들어섰으니, 도대체 누가 일하고 누가 세금을 내겠는가. 평민들은 승려가 되어 대우 받기를 원했기 때문에 병사와 농민은 점점 줄어들었고, 이에 따라 국가는 점점 쇠퇴해 갔던 것이다.

6. 후백제의 멸망과 삼한 통일(936)

왕건은 925년 견훤과의 전투 후에 휴전을 하고 인질을 교환했다. 다음 해 고려에서 후백제의 인질이 죽었다는 통보를 받은 견훤은 열 받은 김에 고려에서 보낸 인질을 죽여 버렸으며, 이로써 두 나라 사이의 화평이 깨어지고 다시 긴장 관계가 형성되었다.

이렇게 두 나라가 팽팽히 대치하고 있을 때, 후백제의 견훤이 스스로 무덤을 파는 어리석은 일을 저질렀고, 왕건은 가만히 앉아서 삼한을 거저 주울 기회를 맞이했다.

후백제의 멸망은 견훤이 스스로 자초했다.

견훤은 아내가 많아 아들만 14명을 두었는데, 첩의 아들인 넷째 금강이 키가 크고 지혜가 있어 견훤이 특히 사랑하여 왕위를 물려주려고 했다.

비록 큰아이가 마음에 덜 들어도 대강 뒤를 잇게 해야지, 장자를 폐하고 작은애를 승계시키면서 얼마나 많은 왕들이 그 대가를 혹독하게 치렀는지 모른다. 멀리는 3세기 중국의 삼국시대 때 원소(袁紹)가 그랬고, 뒤에는 이성계가 그랬다. 역사 공부가 짧았던 견훤은 생각이 모자랐던 바람에 총애하던 자식 죽이고 저 자신 몰락하는 수순을 밟은 것이다.

금강의 형들인 신검, 용검, 양검 등은 금강을 염두에 두고 있는 견훤의 뜻을 알고 고민하다가, 935년 책사인 능환의 부추김을 받고 신검이 선수를 쳐서 견훤을 금산사에 유폐시키고 금강을 죽인 다음, 자신을 스스로 대왕이라고 칭했다. 견훤은 금산사에 유폐된 지 3개월여 만에 겨우 탈출하여 금성(나주)으로 도망한 뒤, 비밀리에 사람을 보내 왕건을 만나기를 청했다.

소식을 접한 왕건은 너무 좋아서 가장 신임하는 장군 유금필로 하여금 군선 40척을 보내 견훤을 호위하여 왕성으로 모셨다. 왕건은 견훤이 도착하자 후한 예로 모셨으며, 자신보다 열 살 연상인 견훤을 상부로 모시고 남궁을 객관으로 주었으며, 지위를 백관 위에 두었다.

936년 견훤의 사위이자 후백제에서 막강한 위세를 누리고 있던 장군 박영규가 견훤을 따라 내부함으로써, 후백제는 명분상으로도 큰 타격을 입게 되었다.

왕건에게 귀부한 견훤은, 자신의 귀부 목적은 단지 왕건의 힘을 빌려 반역한 자식을 죽이려는 것이라고 하면서, 고려군의 파병을 요청했다. 왕건은 태자 무(혜종)와 장군 박술희로 하여금 보기 1만을 거느리고 천안부로 가게 하고, 자신이 친히 삼군을 거느리고 뒤를 따라가 군사를 합친 다음 일선군(선산)으로 진군했다.

신검의 후백제군은 일리천에 진을 치고 고려군과 맞섰는데, 왕건군의 총 병력은 기병, 보병 모두 합하여 10만에 달하는 대군이었다. 고려군의 성세가 하늘을 찌를 듯하자, 겁먹은 후백제군의 장군 효봉 등 네 명이 싸움도 안 해 보고 항복했다. 승기를 잡은 왕건이 대장군 공훤에게 명하여 전군으로 공격케 하니, 후백제군이 크게 무너져 전사한 자가 6천이나 되었고, 장군 흔강 등 4천여 명이 포로가 되었다.

대패한 신검은 아우 용검과 양검 그리고 문무 신료들을 데리고 왕건에게 항복하고 말았다. 신검을 부추겨 왕위를 찬탈케 한 능환은 참살당했으며, 양검과 용검은 귀양을 보냈다가 죽였고, 신검만은 협박을 당하여 왕위에 올랐으니 죄가 가볍다 하여 죽음을 면해 주고 관작을 내려 주었다.

　견훤은 왕건이 자신의 자식들을 모두 죽이고 반역자인 신검만 살려 준 것을 분하게 여겨, 등창이 나서 며칠 만에 황산의 절에서 70세를 일기로 죽고 말았다.

　이 과정을 보면, 조선 태조 이성계의 케이스와 어쩌면 그렇게 판박이인지 입이 저절로 벌어진다. 이성계가 정비 소생의 장자 방과나, 건국에 가장 큰 공을 세운 다섯째 방원이 대신, 사랑하는 후비의 자식 방석을 후계자로 세웠다가, 방원의 쿠데타로 귀여워하던 자식들이 모두 살해되고 저 자신은 그냥 찬밥이 되어 함흥으로 낙향하게 되었다.

　속에서 끓어오르는 분을 도저히 참을 수 없었던 이성계는 조사의의 난을 배후 조종했다가 실패하고 쓸쓸히 죽은 것과 견훤의 케이스가 그렇게 똑같을 수가 없다. 이래서 우리는 역사에서 배운다.

　936년 9월 신검과의 일리천전투에서 승리한 왕건은, 드디어 후백제를 멸망시키고 합병함으로써, 900년 나라를 세운 후백제는 개국 37년 만에 멸망했으며, 이로써 후삼국은 50년 간의 혼돈 시대를 접고 고려로 통일되었다.

　삼한이 고려로 통일되기까지, 후백제와 고려 사이에 크고 작은 무수한 전투에서 가장 큰 공을 세운 인물은 고려의 상승장군 유금필이었고, 결국 후삼국 통일의 주역은 왕건과 유금필이 되겠다.

　수십 년 간의 통일 전쟁으로 한반도는 말도 못하게 피폐해졌다. 왕건은 삼한을 통일한 후 백성들에게 3년 간 조세를 면제해 주었다.

　다음은 왕건이 건국 직후 내린 조서이다.

　　궁예가 토목공사를 크게 일으키고 궁궐을 세우니, 백성들이 노역에 시달리고 삼시의 농사철을 놓쳤다. 전쟁으로 기근이 거듭되고 전염병이 뒤이어 일어나므로 집을 버리고 흩어져 길에서 굶어 죽는 자가 잇따랐다. 한 필의 세포(細布)가 겨우 쌀 5되 값이고, 백성은 몸을 팔고 자식을 팔아 남의 노비가 되게 하였으니 짐이 매우 민망히 여긴다. 그 소재지 관리가 모두 등록하여 아뢰어라.

그런 후 노비 된 자 1천여 명을 조사하여 내고(內庫)의 폐백으로 보상하여 돌려보냈다. 언제고 전쟁 후의 참상은 이렇게 참혹하다.

아마 고려 왕 중에서 왕건만큼 검소하게 지낸 왕은 없을 것이다. 물론 그때 형편이 그래서 그랬을 수도 있겠으나, 왕건은 궁궐을 비바람이나 막을 정도로 나지막하게 지었고, 의복은 좋지 못한 것을 입어 다만 추위와 더위를 막을 정도였다는 것은 후손들이 배워야 할 덕목이다.

그런데 조금 지나서 제4대 광종 때가 되면 사치가 넘쳐서 일 년 예산이 제1대 태조 때의 십 년 예산과 맞먹게 되고, 무인시대(武人時代)에 들어서면서 최우나 정숙첨 같은 인간들은 집이 수 채씩 있었는데, 그중 큰 집은 수 리에 달했고, 누각에는 손님 1천 명을 앉힐 수 있었으며, 누각 아래 주차장에는 수백 대의 수레를 주차할 수 있었을 만큼 규모가 어마어마했다.

특히 최이네 집에서는 격구도 하고 사열도 했는데, 격구를 하려면 최소한 면적이 가로 세로 400보(480m)는 되어야 했다고 하니 그 규모가 감이 잡힐 것이다. 그래서 집을 개축하는 데만도 민가를 백 채씩 헐어야 했다.

왕건은 고려라는 국가의 체제를 공고히 하기 위하여 세력 있는 호족들과의 혼인 정책을 펴 나갔고, 호족들의 자제를 개경에서 숙위(宿衛)케 하는 기인제도(其人制度)를 실시했으며, 대신 지방 호족들을 자신들의 지역의 사심관으로 임명함으로써 그들의 기득권을 인정해 주었다.

왕건은 926년부터 중국에 사신을 보내 책봉을 요청했으며, 933년 후당으로부터 고려 왕의 책봉을 받게 되는데, 후당은 그로부터 3년 후에 망한다.

7. 발해의 멸망(926)과 유민의 유입

발해의 멸망과 고려의 건국(918)은 거의 같은 시기에 이루어졌다. 발해가 거란에 의하여 멸망한 직후 후삼국을 통일한 왕건은 거란과의 수교를 거부하고 후진과 연계해서 거란에 대항하려 했으며, 발해의 유민을 적극적으로 받아들였다. 당시 고려는 거란을 대단히 위험한 적국으로 인식했다.

그러나 발해 멸망 후 100년이 지난 1029년 대연림이 거란에 대항하여 반란을 일으켜 흥요국을 세우고 거란에 맞서면서 네 번이나 고려에 구원병을 요청했으나, 고려는 돌아가는 상황만 예의 주시할 뿐 원병을 파견하지 않았다. 결국 거병한 지 1년 만에 흥요국이 멸망하자, 고려는 거란 황제에게 사신을 보내 동경(東京 : 遼陽府)의 수복을 축하했다.

1116년 고영창이 동경에서 다시 반란을 일으켰을 때도 고려는 고영창을 지원하지 않았고, 불시의 사고를 대비해 국경 수비를 강화했을 뿐으로, 이것이 발해 유민이 마지막으로 부흥을 기도한 사례이다.

그러나 고려는 이러한 대란이 일어날 때마다 발생하는 유민들을 적극적으로 받아들였다. 고려가 수용한 유민은 발해인뿐만 아니라 거란인, 해(奚)인, 여진인 등 다양했다.

이는 발해 유민을 받아들여 인구를 늘리고 황무지를 개간하려는 고려의 정책적 배려일 뿐, 발해에 대한 동족 의식의 발로가 전혀 아니었다. 당시 고려의 인구는 겨우 600만~700만 정도로, 인구가 너무 적어 전국 농토의 반 이상이 개발이 되어 있지 않았다. 발해 멸망 후 고려로 망명한 발해인은 모두 10여만 명에 불과하며, 이는 발해 전체 인구의 극히 일부분에 지나지 않았다.

한꺼번에 가장 많은 숫자가 망명한 경우가 태조 17년 발해의 마지막 태자인 대광현이 수만의 무리를 이끌고 고려에 망명한 경우이다. 대광현은 왕건에게서 '왕계'라는 이름을 하사받아 고려에서 편안한 생을 마쳤는데, 그의 후손들 중 여러 인물이 관로(官路)에 나갔거나 고려를 위해서 공을 세웠다.

발해 인구의 대부분은 거란의 동단국(東丹國) 사람으로 변신했거나 동쪽으로 피신하여 정안국에 몸담았고, 또 많은 유민이 거란에 의하여 요서(遼西)로 이주되었다. 발해는 고구려를 계승했다고는 하지만, 처음부터 요동(遼東) 국가로 출현하여 요동 국가로 멸망한 것이다.

8. 정안국(928~1114, 187년 존속)의 멸망

고려와 같은 시대에 60년 또는 187년 정도 존속하다가 멸망한 정안국(定安國)을 보자. 986년 거란 성종의 침공으로 거의 멸망할 뻔했던 정안국이 간신히 그 명맥을 유지해 나가다가 금에 의해 완전히 멸망한 것은 1114년으로, 학자에 따라 멸망 시기를 조금 다르게 본다.

거란은 발해를 멸망시킨 후 발해의 옛 영토를 모두 동경도에 포함시키고, 동단국을 세워 야율아보기의 장자를 인황왕으로 책봉한 다음 제후국으로 삼았다.

그러나 거란은 흑룡강 동쪽 지역에 대한 통치는 포기했다. 그곳은 원래 거란으로부터 거리가 너무 먼 데다, 당시 그 지역을 통치할 만한 여건이 되어 있지 못했기 때문이었다.

926년 발해가 멸망한 직후 거란이 대규모 발해인 이주를 추진하자, 수많은 발해 유민들이 거란의 통치가 미치지 않는 흑룡강 동쪽 말갈의 터전으로 도피하여 정안국을 세웠다.

정안국을 세운 인물의 이름은 알려져 있지 않으나, 발해의 왕족인 대씨가 건국한 것으로 추정되며, 이후 왕실의 성은 오씨로 바뀌었다. 정안국은 5대10국시대가 끝나고 송이 건국하자 송나라의 태조 개보 3년(970)에 여진을 통해 송나라에 조공하여 정안국이 세워졌음을 알렸다. 이때 정안국의 왕은 열만화였으며, 연호를 원흥이라 정한 것은 다음 왕으로 즉위한 오현명 왕 때다.

송은 정안국에 거란 정벌을 협조해 달라는 공문을 보냈으며, 오현명은 송나라의 힘을 빌려 거란에 대한 숙원을 갚으려는 생각으로 송나라의 요청을 받아들였다. 송 태종은 거란 정벌을 즉시 단행할 것이라 했으나, 결국 군대를 출동시키지 않았다.

기대했던 송의 거란 공격이 이루어지지 않자, 정안국은 단독으로 거란 침공에 맞섰다. 986년 거란의 침공에 정안국은 거의 멸망의 타격을 입었으나, 살아남은 유민들은 동쪽으로 나라를 옮겨 12세기 초반까지 명맥을 이었다.

이때를 멸망의 시기로 보는 학자들도 있으나, 실제로 정안국은 그 뒤로도 명맥을 이어 갔다.

995년 거란은 관내에 있는 해국(奚國)의 왕 화삭노를 사령관으로 삼아 다시 정안국을 침공했으나, 오현명의 뒤를 이은 국왕 오소경이 이를 물리쳤다. 이후 정안국의 세가 약해지자, 정안국은 거란에 화의를 요청하여 당분간 서로 간에 평화가 찾아왔다. 이후 거란이 쇠퇴하고 여진의 세력이 강해지자, 정안국의 유민들은 여진과 함께 거란에 투쟁하기 위하여, 1114년 여진족이 세운 금나라에 정안국의 운명을 맡겼다.

928년에 개국한 정안국은 거란이 멸망한 후 여진의 금에게 흡수됨으로써, 거의 200년 간 존속한 후 역사의 무대에서 사라졌다. 발해가 고구려 유민과 말갈족으로 이루어진 나라였고, 금의 여진이 바로 말갈족의 일파였으니만큼, 여진에 대한 발해인의 반감은 없었을 것이고 차라리 일체감을 느꼈을지도 모른다.

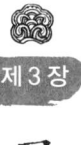

제3장

고려의 제도와 사회

1. 신분제도

고려의 신분제도는 양천제(良賤制 : 양민과 천민으로 구분하는 제도)로 조선과 비슷하기는 했으나, 적서(嫡庶)의 차별이 없어 조선처럼 악랄하지는 않았으며, 중인 신분이 없었다.

실제로 천민은 노비뿐이었으며, 양인은 다시 지배층인 귀족과 하급 관리, 일반 백성, 그리고 부곡, 향, 소에 거주하는 잡척층(준양민층)으로 구분되었다. '척(尺)'이란 말은 도척(刀尺 : 도살을 하는 사람), 수척(水尺 : 배에서 노젓는 사람) 등과 같이, 남이 별로 하고 싶어하지 않는 특정한 일에 종사하는 계층을 가리키는 말이다.

부곡, 향, 소의 주민들은 수렵인, 도기장, 유기장, 종이, 먹, 소금, 기와, 숯, 광물 생산자 등 특수 수공업자들로, 양인이면서도 양인 이하의 대우를 받는 계층이었고, 장, 처에 거주하는 사람들은 왕실이나 사원의 토지를 경작했다. 이렇게 고려 사회에서는 조선 사회와 달리 사람들의 거주지는 당사자의 신분을 의미했다.

이러한 하층민들은 12세기가 되면서 지역 간 발전 격차가 좁혀지고, 무인시대(武人時代)의 개막 등 사회가 변동되면서 신분 차별에 반발하여 본관을 떠나 유랑민이 됨으로써, 고려의 지방제도와 신분제도는 한꺼번에 무너지게 된다.

양민들은 주로 농사를 짓는 계층이었고, 상인과 일반 수공업자도 양민은 양민이었으나 차별을 받아 일반 양민 거주지에 살지 못하고 부곡, 향, 소 등에 모여 살았다.

이러한 부곡민들이나 노비는 신분 상승이 불가능했으나, 무신정권이 들어선 이후 군인으로 출세하는 길이 열림으로써 신분 이동이 가능해졌다.

　양민은 백정(白丁 : 조선시대에 소나 개 잡는 백정과는 다르다)이라 불렸는데, 백정은 조세와 군역, 부역 등을 부담하는 층이었고, 천민은 위의 부담을 지지 않았다.

　같은 양민이지만 백정에 대비되는 정호(丁戶)가 있었다. 정호는 관인, 서리, 군인, 향리 등 조선의 중인 비슷한 계층을 일컫는 말로서, 양민 바로 위의 최하위 지배 계층을 형성했다.

　양민인 백정은 과거시험에서 제술과(製述科)와 명경과(明經科)에는 응시 자격이 주어지지 않았고 단지 잡과(雜科) 응시만 가능했으나, 정호는 과거 응시가 가능한 계층이었다.

　백정들이 신분 상승을 위한 가장 쉬운 방법은 군에 들어가 군공(軍功)을 세우는 것이었다.

　하급 관리란 6품 이하의 문신과 무신 그리고 향리를 일컫는 말로서 주로 행정 실무를 담당하는 계층이었으며, 조선의 아전과 달리 군반전(군인전)이나 향리전을 받았고, 과거에 합격하면 중앙 정계로 진출할 수도 있었다. 고려시대에는 이런 신분 출신으로 재상을 지낸 인물이 수십 명이나 되었다.

　천민은 노비를 지칭했는데, 조선과 마찬가지로 고려에서도 노비는 사고 팔고 상속이 가능한, 이를테면 말하는 짐승이었다.

　노비는 나라에 소속된 관노비와 개인이나 사원에 소속된 사노비로 나뉘며, 다시 주인과 함께 사는 솔거노비와 따로 살면서 농경에 종사하는 의거노비가 있고, 공노비는 궁궐이나 관아에서 사역하는 관역노비와 국유지를 경작하는 의거노비가 있었다.

　공노비는 60세가 지나면 역에서 해방시켜 주었으나, 사노비는 죽을 때까지 일을 해야 했기 때문에 공노비보다 더욱 열악한 신분이었다.

노비는 대개 전쟁 포로, 반역자의 가족이거나 부채, 빈곤 등의 요인으로 발생했으며, 신분은 세습되었고 혼인은 동류끼리만 하도록 허용되었다.

부모 둘 중에 하나가 노비이면 자식은 노비가 되었고, 그 자식은 어머니의 소유주의 소유가 되었으며, 호적 작성 시에도 양천(良賤)이 반드시 분별되었다.

신라 말에 토지제도가 무너지면서 노비로 추락한 수많은 양민들과, 후삼국 통일 후 생겨난 수많은 전쟁 포로들, 그리고 정변, 반란 등을 꾀했다 실패한 집안의 가속들은 관노비나 사노비가 되어, 고려 건국 후 각 지방 호족들의 관할 아래 들어가 농경에 종사하거나 사병(私兵)이 되었다.

제4대 광종은 호족들의 세력을 약화시키고 왕권을 강화하기 위하여 '노비안검법'을 시행해서 노비로 추락한 양민을 일률적으로 구제했었다. 그러나 제6대 성종 때가 되어 최승로의 시무(時務) 28조 개혁안을 시행하는 과정에서, 최승로는 유교적 가치에 입각하여 신분 질서 확립을 명분 삼아 '노비환천법'을 시행함으로써 양민이 되었던 노비들은 도로 노비가 되는 수밖에 없었다. 그동안 도망친 놈들 빼고.

뒤에 조선에서도 이러한 유교적 질서에 입각한 엄격한 신분제도가 지켜지는 바람에, 조선은 세계에서 가장 악랄한 신분 차별을 하는 나라가 되었다.

또 천민으로 취급되는 화척(禾尺)과 재인(才人)이 있었는데 이들은 원래 고려인이 아닌 거란인이나 여진인들로서, 유목민의 습속에 따라 농경에 종사하지 못하고 사냥, 도살, 유기 제조, 기예 등에 종사했다.

이들은 주로 북방 변경 지대 즉 지금으로 말하면 평안북도나 함경도 지방에 살았는데, 서양의 집시와 비슷하여 호적에 등록되지도 않았고 세(稅)나 역(役)도 부담하지 않았다. 조선시대에 들어서서 이들 부류를 양민에 포함시키기 위하여 양민을 지칭하는 호칭인 백정으로 부르도록 했고, 그래서 백정이 도살업을 하는 사람들의 별칭이 된 것이다.

고려는 일부일처제를 지향한 사회였기 때문에 서자(庶子)가 거의 없어 서얼(庶孼) 차별이라는 것이 없었으나, 일부다처제를 고수하던 왕실의 서자는 엄격하게 차별되었다. 왕의 자식이라도 정비가 아닌 후궁이나 궁녀의 신분에서 태어난 자녀는 왕자, 공주로 대접받지 못하고 소군(小君)이라 불렸으며, 대개 머리를 깎아 승려로 만들어서 권력 주변에서 멀리 떼어 놓았다.

백성과 백정

대부분의 성과 본관이라는 것이 생긴 때는 고려 초다. 물론 그전까지 신라에서 쓰던 김, 박, 석, 이, 최, 정, 손, 설, 배 등과 백제의 여, 부여와 고구려의 고씨, 연씨, 대씨 등 수십 개의 성이 있었던 것으로 추정되나, 성의 본격적인 확산은 고려 태조 왕건에 의해 이루어졌다.

왕건은 자신의 영향권에 들어온 호족들에게 자신이 만든 왕(王)씨 성과 중국식 성들을 내렸고, 그 호족들이 지배하는 지역을 본관으로 삼아, 같은 성씨로 다른 지역을 지배하는 가문과 구별하도록 했다.

지금 우리가 '국민' 대신 쓰기도 하는 '백성'이란 말은 그 당시 고려 전국에서 쓰이던 '백 가지 성씨를 쓰던 집단'을 의미하며, 이 말은 성이 없던 양민인 백정에 비하여 구별되는 지배 신분을 지칭하는 용어였다.

백정은 조선시대에 들어서서 도살을 업으로 하거나 푸줏간을 운영하는 사람을 가리키는 용어가 되었으나, 원래는 고려시대의 일반 농민을 의미하는 용어였다.

'흰 백'으로 쓰이는 한자 '白'은 '없다'라는 의미도 가지고 있다. 즉, 특정한 직역(직책)을 맡은 것이 없이 그냥 농사나 짓는 처지라는 말이다. 이것이 백정이다.

백의민족의 '백의'는 '흰옷'을 말하는 것이 아니고, 염료가 비싸서 옷을 염색하지 못하고 그냥 베틀에서 짠 그대로의 자연색 옷을 말한다. 우리 민족이 백의민족이라는 의미는 흰색을 사랑했다는 의미가 아니라, 옛날에는 찢어지게 가난했었다는 의미이다. 흰옷 입고 어디 가서 큰소리 치지 마라.

백정의 '정'이란 뜻은 '정호(丁戶)'를 말하며, 당시 정호란 말직을 맡고 나라로부터 월급 대신 갈아먹을 수 있는 토지를 받은 말단 국가 공무원을 가리키는 말로서, 백정과 대비되는 용어였다.

고려 때는 도살업자나 고리짝을 짜는 사람들은 백정이라 불리지 않았고, '양수척(楊水尺)' 또는 '화척(禾尺)'이라고 불렸다. 그들은 대부분 거란, 여진 등 북방 민족으로서 고려에 귀화한 사람들인데, 일반 양민 즉 백정들과 어울리지 못하고 따로 모여 살았으며, 신분상 천대를 받는 천민이었다. 조선 명종(제13대) 때 대표적인 대도인 임꺽정이 바로 화척 출신이다.

이러한 화척들이 세월이 지나도 동화가 되지 않고 계속 말썽을 부리자, 조선의 세종(제4대)은 이들을 제도권으로 편입시키기 위하여 백정(양민)으로 대우하는 법을 정했다. 그러나 법이 만들어졌어도 일반 양민들은 그들을 백정으로 인정하지 않고 '신백정'이라 부르며 다시 차별했다.

　이후 신백정은 점차 다시 백정으로 불리게 되었으며, 이로써 백정이란 용어는 전의 신분이던 화척들이 해 오던 도살업과 동일시되었다.

　화척들의 신분을 상승시켜 주고 그들을 양민으로 대우하여 군역(軍役)을 지우고 세금을 받으려 했던 조정의 의도는 완전히 빗나가서, '백정=도살업'이라는 새로운 신분 개념을 창출하게 된 것이다. 이것이 도살업자를 백정이라 부르게 된 사유이다.

2. 성씨와 본관제도

고려시대에 시작된 것 중의 하나에 성씨가 있다. 앞에서 보신 대로, 성씨의 확산은 고려 초부터 시작되었으나, 일반인들에게는 성씨라는 것이 없었다.

왕건의 왕씨도, 왕건 자신이 궁예에 대한 쿠데타를 성공시키고 어느 정도 안정이 된 후 제 이름의 첫 자인 '왕(王)' 자로 성을 삼은 것이다. 만약에 궁예 밑에 있을 때 주제 파악도 못하고 '임금 왕(王)' 자를 성으로 썼다가는 목이 열 개라도 붙어나지 못했을 것이다.

전국에서 수십 개의 대호족들이 연합하여 고려를 건국하게 되자, 연맹의 수장격인 왕건은 건국에 힘을 보탠 지방 호족들에게 세력의 근거지를 본관(本貫)으로 삼게 하고 성(姓)을 내려 주었다. 성은 자신의 성인 왕씨를 비롯하여 몇 가지 중국의 성들인 이, 최, 송, 정 등이었다. 즉, 건국 후 지방에 중앙에서 지방관을 파견한 것이 아니라, 전부터 해 오던 것과 마찬가지로 지방 호족들로 하여금 자신의 관할 지역이었던 곳을 그대로 다스리게 한 것이다.

그런데 성을 내려 준 지역은 많은데 성씨라는 것이 몇 가지 없다 보니, 혈연적으로는 아무 상관이 없는데 성이 같은 경우가 생기기 시작했다. 그래서 그들은 서로를 구별하기 위하여 같은 성이라도 다른 본관, 즉 자신의 본토 이름을 성과 같이 쓰기 시작한 것이 본관의 기원이다.

조정은 이들을 통해 주민들을 정착시키고 조세를 거두었으며, 역(役)을 제공받을 수 있었다. 이러한 지방 세력들을 안정적으로 통치하기 위해 왕건은 혼인 정책을 썼고, 성씨를 내려 주었던 것이다.

우리나라의 성씨는 약 300개 정도 되고, 본관은 약 3,400개 정도 된다. 원래 본관은 4,500개 정도 있었는데, 약 1,000개가 줄어서 지금의 3,400개가 되었다.

본관이 줄어든 것은, 본관으로 쓰던 지명이 없어지거나 행정 구역의 변천에 따라 지역이 통폐합되었기 때문이다. 그럼으로써 혈연적으로는 아무 상관이 없는 사람들이 동성동본이 되는 경우가 생기게 되었다.

동성동본은 꼭 피가 섞인 것을 의미하는 것이 아니다. 2000년에 동성동본 간의 결혼을 8촌 이내에만 금지하는 법이 제정되어 동성동본끼리의 결혼이 가능해졌다. 동성동본의 연인들이여, 기죽을 것 하나도 없다. 그대들은 원래부터 완전히 남남인 것이다.

이렇게 호족들에게 성을 하사하기 시작함으로써 가문(家門)이 형성되기 시작했고, 이때부터 족보를 만들어 기록하는 관습이 생기기 시작했다. 왜냐하면 음서(蔭敍: 조상 덕으로 벼슬길에 나아감) 등의 혜택을 받으려면 왕년에 잘나갔던 조상의 정확한 기록이 꼭 필요했기 때문이었다.

게다가 천민이 아니라는 보증을 하려면, 호적의 친가와 외가 8대조에서부터 천민이 끼어들지 않았다는 것을 증명해야 했으니, 지배층에게 호적은 필수였던 것이다.

그러나 일반 백성들에게까지 성씨가 생기기 시작한 것은 고려 후기서부터였고, '언년이', '돌쇠' 등 그때까지도 성이 없었던 사람들은 근대에 들어서서 전 국민이 호적을 만들 때 대거 성을 만들었다. 그때 표가 나지 않도록 하기 위해서 흔한 성과 본관을 취했고, 그래서 가장 흔한 성인 김 · 이 · 박씨가 대폭 증가되었다.

3. 토지제도

　고려의 첫 토지제도 기록은 태조(제1대)가 설정한 역분전(役分田)이다. 태조 23년에 설정된 역분전은 관직으로 차별 지급되는 제도가 아니라, 후삼국 통일전쟁에서 공을 세웠거나 새 나라에 충성을 바친 인물들에게 지급하는 토지제도였다.

　이때까지는 전국의 토지 조사도 제대로 하지 못했고, 호구 조사도 불가능했기 때문에, 조세를 수취할 마땅한 방법이 없었다. 그러다가 광종(제4대) 때 중앙, 지방의 호족들을 싹쓸이하고 난 다음 대강 호적을 만들고, 이에 근거하여 주현(州縣)에 세공액을 결정하고 세를 거두도록 했으며, 제5대 경종 때에 들어서서야 품계에 따라 토지의 수조권(收租權 : 국가 대신 세를 받는 권한)을 주는 전시제(田柴制)가 확립되었다.

　고려 말의 토지는, 문신(文臣) 조준에 의하면 약 50만 결 정도였다. 1결의 넓이가 대략 1,200평 정도이니, 50만 결이면 평수로 약 6억 평쯤 되고, 이걸 보면 당시만 해도 개간된 땅이 전 국토의 절반도 되지 않았다는 것을 알 수 있다.

　고려는 관료에게 녹봉만 지급한 것이 아니라, 전시과(田柴科)제도의 시행에 따라 녹봉과 함께 '수조지(收租地)'라는 명칭의 토지를 지급해서 국가 대신 수확량의 1할을 거두어 갖도록 했다. 녹봉은 연간 두 차례에 걸쳐서 지급했는데, 지급되는 품목은 주로 미(쌀), 속(조), 맥(보리) 등이었고, 견(명주), 포(무명)로도 지급되었다.

　그런데 수조지가 관료에게만 지급되는 것이 아니라, 나라를 위하여 일하는 모든 사람들에게 녹봉 대신 지급되었다. 예를 들면, 중앙 관료 외에도 군인, 향리, 역리 등에게도 수조지를 지급했던 것이다.

수조지의 종류를 간단히 살펴보면, 과전(科田) 외에도 세습이 가능한 공음전(功蔭田), 6품 이하의 하급 관료의 자제로 관로에 나가지 못한 자에게 지급하는 한인전(閑人田), 군반에게 지급하는 군인전(軍人田), 지방 향리에게 지급하는 향리전(鄕吏田), 유가족에게 지급하는 구분전(口分田), 왕실의 경비를 충당키 위한 내장전(內莊田), 지방 관청의 경비를 충당케 하는 공해전(公廨田) 등이 있었다.

조선에서는 초기에만 관료들에게 과전을 지급했으나, 중기에 들어서서 녹봉제로 바꾸어 멸망할 때까지 녹봉제가 유지되었다.

그런데 고려 조정에서 관리들에게 녹봉과 함께 수조지로 주는 땅은 임자가 없는 땅이 아니었다. 그러니 땅의 소유권을 준 것이 아니라, 임자가 있는 땅의 수조권을 준 것이다. 쉽게 말해서, 나라가 그 땅에서 거둘 세금을 대신 받아서 녹봉 대신 챙기라는 것이다. 이렇게 전시과로 지정된 토지의 주인인 농민은 자신의 토지를 매매할 수 없었다.

어쨌거나 농민의 입장에서 보면 똑같이 1할의 세를 내면 되니 마찬가지인 것 같지만 좀 달랐다. 국가에는 세금만 바치면 그만이지만, 그 땅을 수조지로 받은 관료는 더 많은 녹봉을 챙기기 위해서 수확량을 참견하는 등 쓸데없이 이것저것 간섭했던 것이다.

물론 전국의 토지가 모두 수조지로 지정된 것은 아니었고, 당연히 매매, 상속, 임대가 가능한 민전(民田)도 있었다.

원래 수조지는 관료가 관직을 떠나면 반드시 나라에 반납해야 했으나, 관료들은 관직을 그만둔 후에도 수조권(收租權)을 반납하지 않았고, 고려는 중기가 지나면서부터 쇠퇴하기 시작하여 지방에 대한 통제력이 저하됨으로써 이를 통제할 수 없었다.

그러다 보니 관료들은 자신의 대뿐만 아니라 자식들의 대까지 수조권을 상속시켰고, 그런 관행이 몇 대씩 내려오다 보니까 나중에는 땅 임자가 누구인지 아주 헷갈리게 되었다. 이러자 질 나쁜 수조권자는 자신이 땅 주인이라고 우겨서 농민으로부터 토지를 강탈했고, 또 어떤 경우에는 한 토지에 여러 명의 수조권자가 나타나 각자 1할씩 챙기는 일이 벌어지기도 했다.

이렇게 되자, 토지를 빼앗긴 농민이나 농사를 지어도 먹고 살 수 없게 된 농민들은 땅을 버리고 유랑민이 되었고, 초적(산도적)이 되거나 사회 불안 세력이 되었다. 남의 토지의 소작인이 된 양민은 소작료로 수확의 50%를 물어야 했다.

고려가 망한 원인 중의 하나가 바로 이런 토지제도의 문란이었고, 이것을 개혁하려고 정도전 등 조선 개국 세력들이 공양왕(제34대) 때에 전국의 모든 토지대장에 불을 질러 태워 버리고 새로운 토지제도를 시행했던 것이다. 물론 그것도 좀 지나서 도로아미타불이 되고 말았지만.

4. 지방제도

고려의 군현제도(郡縣制度)는 조선이나 신라와 매우 달랐다.

고려의 지방제도는 건국 후 65년쯤 지난 제6대 성종 때에 들어서서 최초로 전국을 12주로 분할하고 주목(州牧)을 파견하면서부터 시작되었다. 그전까지는 지금의 지방자치제도와 비슷하게 해당 지역 호족들이 자신들의 관할 구역을 지배하고 있었다.

이후로 지방제도는 계속 변천하여 갔는데, 후에 확정된 골자는 대개 다음과 같다.

고려는 전국 지방을 5도 양계로 나누었다. 5도란 서해도(황해도 일대), 교주도(경기도, 강원도 일대), 양광도(경기도, 충청도 일대), 경상도, 전라도(이 두 도는 고려시대부터 있었다)이며, 동계의 안변도호부와 북계의 안북도호부의 특수 군사 지역인 양계, 그리고 궁궐이 소재하는 개경의 경기체제와 부, 군현, 속현, 부곡, 향, 소, 장, 처 등으로 구분했다.

고려 때 군현은 500여 개쯤 있었는데, 그중 지방관이 파견된 곳은 130개 정도였고, 나머지 군현은 주현에 속한 속현으로 지방관이 없었다. 그 밖에 부곡, 향, 소, 장, 처 등은 모두 1천 개쯤 있었던 것으로 추정되는데, 이들 역시 군현이나 속현에 소속되어 있었다.

속현은 인구나 토지의 크기, 경제력이 군현이 되지 못할 만큼 빈약해서 개발이 필요하다고 인정된 지역이었고, 부곡, 향, 소 등은 조정에서 필요한 특정 물품들을 생산하는 수공업자들과 광부들이 거주하던 곳이었으며, 장, 처는 특정한 토지를 경작하는 사람들이 살던 곳이었다. 부곡, 향, 소 등에서 생산되던 물품은 금, 은, 동, 철

등의 광산물과 종이, 먹, 칼, 도기, 유기 등의 수공업품, 그리고 소금, 생선 등 수산물 등이었으며, 생산품을 조정에 바쳐야 했다.

말하자면 이들은 장인과 광부들인데 양민 취급을 받지 못했고, 거주 이전의 자유가 없었다. 이러한 군현, 부곡 등 1,500개 정도의 지방 조직은 조선이 건국되면서 통폐합되어 330개로 축소된다.

왕건은 지방제도를 정비하면서 기준을 건국 때 협조했는가 반항했는가, 교통의 요지인가 오지인가, 경제력과 생산력은 어떤가 등을 정비의 기준으로 적용해서 부, 군현, 속현, 부곡 등으로 정했다. 이와 같이, 고려의 지방제도는 어디에 사느냐에 따라 그 사람의 신분과 지위를 구별할 수 있도록 되어 있었다.

이러한 이유 때문에 고려 사회는 조선 사회와 달리 거주 이전의 자유가 없었다. 특수 지역인 부곡, 향, 소, 장, 처 등에 사는 주민은 고위 관직에 진출할 수도 없었고, 승려가 될 수도 없었다. 과거를 보는 자격도 제한이 있었으므로, 이들은 천민은 아니었으나 일반 양민에 비하여 많은 차별을 받았던 준양민층이었다.

이들은 특별한 경우 과거 합격이나 군공 등을 세워서 신분이 바뀌기 전에는 거주지를 떠날 수 없도록 되어 있었기 때문에, 역(役)이 자식들에게 세습되면서 같은 신분을 대대로 유지해야 했다.

그러나 이들이 이런 신분을 벗어나는 길이 없지는 않았다. 예를 들어서, 이들이 사는 곳에서 고관이 배출되었거나, 무인시대(武人時代)에는 흔한 일이었다, 아니면 반란을 고발하여 사전에 진압하는 데 공을 세웠다든지 하면 거주지의 급을 승격시켜 주었다. 반대로, 반란의 진원지로 지목되거나 역적에게 투항이라도 하면 처벌 수단으로 격이 강등되는 경우도 흔히 있었다.

무인시대(武人時代)가 개막되어 정치가 문란해지고 신분제도가 붕괴되기 시작하자, 주민들이 본관을 버리고 떠나는 유랑 현상이 급증하게 된다. 신분제도의 붕괴가 시작된 것이다.

그 뒤 이 제도는 몽골의 침공이 시작된 후 대부분의 본토 백성들이 산성이나 섬으로 피난하게 되면서 자연적으로 붕괴되었다.

5. 관료제도

고려의 관료제도가 정비되기 시작한 때는 과거제도가 시행된 제 4대 광종 때부터였으나, 제6대 성종 때에 들어서서야 정착되었고, 제11대 문종 때에 와서야 완성된다.

고려에서 관료가 되는 길은 음서제와 과거제도가 있었다.

음서제(蔭敍制)는 공신의 자손, 왕실의 인척, 그리고 5품 이상의 고위 관리의 자손 등이 실력과 관계 없이 혈통으로 관로에 진출할 수 있는 제도로, 혜택 범위가 광범위하여 문벌과 귀족 가문이 형성되는 바탕이 되었다.

과거(科擧)는 양민에게도 거의 모두 개방이 되어 있었으나, 실제로 양민이 과거에 등과하는 경우는 거의 없었다. 먹고 살기도 어려운데 공부에 투자할 여유가 없었기 때문이었다. 그래서 과거제 역시 귀족 문벌의 자식이거나, 중소 호족의 자제들, 그리고 지방 향리의 호장이나 부호장의 차례였다.

어쨌거나 과거에 등과하면 홍패를 주었고 등과전(登科田)을 주어 밥 문제는 일단 해결이 되었다. 그러나 후기로 갈수록 과거 합격자가 양산되고 관직은 제한이 있어, 관로에 나갈 때까지 대기하는 시간이 점점 길어졌으며, 따라서 관직을 얻지 못하는 과거 합격자도 나오게 되었다.

이 과거제는 조선이 망할 때까지 이어지는데, 조선 후기로 들어서면서 완전히 썩어서 실력은 실종되고 그저 있는 집 코흘리개들 차지가 된다.

그래도 과거에 등과하여 관직에 나가는 것을, 음서제로 관직에 나가는 것보다 더 명예롭게 여겼다. 음서제란 본인의 능력과는 관계 없이 조상 덕으로 관직에 진출하는 것이지만, 과거에 등과한다는 것은 학문을 닦는 것을 의미했고 또 학문을 닦으면서 덕성이 함양된다고 생각했기 때문이었다.

고려의 관직은 정1품서부터 종9품까지 한 품계에 정·종 두 품계씩 총 18품계로 조선과 같았는데, 공무원 숫자는『고려사』「백관지」에 동서반 합해서 약 4,400명이라는 기록이 있다. 이 기록에는 물론 지방 향리는 포함되지 않았다. 고려에는 조선에 없었던, 문무반이 아닌 남반이라는 직책이 있었다. 남반은 궁중 실무 관리를 의미하는 잡직으로서 최고직은 정7품이었고, 그 이상은 승진할 수 없었다.

관부(官府)로는 최고 행정 기구인 중서문하성과 군기를 담당하는 추밀원이 있었고, 관직의 최상층부에는 중서문하성의 정2품관 이상인 재신(宰臣)과 추밀원의 종2품 이상인 추밀(樞密)이 있었으며, 이들을 합쳐서 재추(宰樞)라고 불렀다.

재추로 구성된 재추회의는 2품 이상인 12명의 재상으로 이루어진 회의로서, 중요한 정책 결정은 재추회의를 거쳤다. 재상들은 6부의 장도 겸직할 수 있어 상당한 권한을 가지고 있었다. 6부란 끗발 순서대로 이부, 병부, 호부, 형부, 예부, 공부를 말하며, 관직 서열 1위인 문하시중이 이부판사를 겸직했다. 이 6부가 나중에 조선에서 6조로 끝 글자만 바뀐다.

중서문하성과 추밀원 외에도 국방·군사에 관한 재추의 합의 기구인 도병마사가 있었고, 법제를 총괄하는 식목도감이 있었다. 도병마사는 말기에 들어서서 도평의사사로 개편되고, 조선조에 들어와서 의정부가 된다.

지금 우리나라의 인구는 5천만 명으로 당시 고려 인구의 약 8배쯤 되는데, 행정 실무 관료가 100만 명이 넘는다니, 당시는 매우 작은 정부를 운영했다는 것을 알 수 있다. 그렇지 않으면, 대한민국에 철밥통이 쓸데없이 많던가.

조선시대도 인구가 약 800만~900만 정도였는데, 공무원이 6천 명이 채 안 되었다니, 지방 서리 빼고, 결국 지금의 공무원 중 없어도 되는 숫자 즉 자리만 차지하고 버티고 있는 숫자가 적지 않다는 것을 알 수 있겠다.

그렇다고 작은 정부가 꼭 좋은 것만은 아니다. 고려시대에 원래 공무원 숫자가 적다 보니, 과거에 합격해도 차례가 돌아오지 않았다. 즉, 공무원 시험에 합격해도 한참 동안 백수로 지내야 했던 것이다.

무인시대(武人時代)를 살았던 문인 이규보의 경우를 보면, 23세에 과거에 합격하여 무신정권의 어용 문인 노릇을 해 가면서 자그마치 17, 18년이나 기다린 끝에 나이 40이 되어서야 겨우 제대로 된 관직에 나갈 수 있었다.

당시 과거에 합격한 후 관로에 진출하려면 보통 10~30년을 기다려야 했다니, 아마 고려 관료들의 평균 재임 기간은 매우 짧았을 것이다. 그 나이에 관료가 되어서 살면 얼마를 더 살았겠는가.

『고려도경』의 기록에 의하면, 녹을 받는 고위 관료는 약 3천 명쯤 되었고, 녹은 없이 전담으로 급여를 받는 사람이 14,000명이라고 했다. 아마 향리를 말하는 것 같다.

국상(國相)의 녹봉은 연 쌀 420섬, 상서, 시랑 이하는 250섬, 경관, 감관, 낭관에게는 150섬이 지급되었고, 퇴임 후에는 원래 받던 녹봉의 절반을 지급했다.

신료들의 봉록이 원래 박해서 평상시에도 고기를 먹는 일이 드물며, 무더운 계절에는 음식이 금방 상해서 냄새가 나는 데도 이를 거리끼지 않고 먹는다고 『고려도경』에 기록되었다. 하긴 고려는 불교 국가였으므로 봉록을 많이 받았어도 고기 먹는 일이 많지는 않았을 것이다.

역시 『고려도경』에, 왕이 궁궐에서 정사를 볼 때 길고 좁은 평상 위에 돗자리를 깔고 앉아서 봤으며, 신하들은 그 곁에 늘어서서 왕의 분부를 받아 차례로 전달했다고 한다.

『고려사』「반역열전」의 신돈편을 보면, 이존오가 신돈을 꾸짖는 장면이 나오는데, 이는 공민왕(제31대)과 같은 높이의 평상을 나란히 썼기 때문이었다.

사실 이 표현만 보면, 정전(正殿)의 호화로움이나 장중함 같은 것은 찾아볼 수 없이 매우 소박하고 검소한 생활을 했다고 보이지만, 당시는 이자겸이 난을 일으키기 겨우 몇 년 전으로 이자겸 일족의 사치함은 왕을 넘어설 정도였다. 그때 이미 고려는 몰락을 시작했을 때로, 그로부터 겨우 수십 년 뒤에 왕권시대가 종말을 고하고 무인시대가 열리게 된다.

관직으로는 정1품 직의 태위와 사공, 사도가 있었는데 이는 실직(實職)이 아니었고, 실직은 종1품 시중, 정2품 중서문하시랑, 평장사, 좌우복야, 그리고 종2품으로는 참지정사와 정당문학이, 정3품으로는 육상서와 어사대부, 판상서이부사, 취밀부사 등이 있었다.

고려의 3성 6부는 당나라의 제도를 본딴 것으로, 중서성과 문하성을 합쳐 문하중서성이라고 했으며, 장관인 문하시중이 실질적인 최고 권력자였다.

고려에는 실직만 있었던 것이 아니라 허직(虛職)도 있었다. 말하자면, 관직은 가지고 있는데 근무할 책상이 없는 것이다. 이런 허직은 상층부에는 관직에 '검교' 자가 붙고, 하층부에는 '동정' 자를 붙이는데, 직명 앞이나 뒤에 붙여서 구별했다(예: 검교장군. 산원동정 등). 다시 말해서, 과거제나 음서제를 통하여 관로에 진출은 했는데, 인원에 비하여 자리가 모자랐기 때문에 이런 허직이 생기게 되었으며, 이들에게도 녹봉이 지급되었다.

관직에서 은퇴하는 나이는 70세였고, 70이 넘었는데도 관직에 남아 있으면 비루하게 여겼다. 은퇴할 나이가 되었어도 남의 눈치 안 보고 버틸 수 있는 실력자에게는 왕이 궤장을 내려 주고 계속 임직케 했다. 궤장이란, 계장이 아니고, 지팡이와 앉을 때 기대 앉는 안석을 말한다.

당시는 물론 아직 일주일이라는 개념이 없을 때였으나, 고려의 관리들은 매월 1, 8, 15, 23일을 쉬었다. 지금과 마찬가지로 거의 일주일마다 하루를 쉰 것이다. 게다가 연말연시에는 거의 보름 간을 쉬었다. 3일 휴가가 있는 명절도 6번이나 있었으며, 하루 휴가를 갖는 날은 거의 20일이나 되었다. 고려시대는 어찌 보면 지금보다 더 많이 놀고 먹고 한 것 같다.

지방에는 조선의 아전과 비슷한 향리가 있었는데, 조선의 아전은 녹봉이 없어 조정의 묵인 하에 백성들의 등을 쳐서 먹고 살았으나, 고려의 향리는 정식 지방의 말단 공무원이었고 이들의 우두머리를 호장, 부호장이라 칭했다. 이들은 대개 지방 호족과 향리의 자제로서 지방에서 행정 실무를 담당하는 층이었는데, 과거를 통해 선발하는 것이 아니라 추천에 의하거나 세습하는 신분층을 통하여 충원되었으며, 부호장 이상은 과거를 통해서 중앙 관직에 진출할 수 있었다.

중앙집권체제가 정비되면서 호족들이 향리로 신분이 격하되었으나, 그들은 여전히 지방에서 국가의 말단 행정을 맡아보는 실무자로 조세를 수취하고 역을 징발하는 등 주어진 역할이 중요했으므로, 나라에서 그 보수로 토지를 지급했다. 향리의 직역은 대개 세습이어서 향리전(鄕吏田)도 자연히 후손들에게 세습되었다.

그리고 군인전(軍人田)도 있었는데, 군인전은 경군 소숙의 병사들에게 군역에 종사하는 대가로 지급되는 토지를 말한다. 경군 즉 중앙군은 대개 군반씨족으로 이루어졌으나, 모두는 아니고, 병농일치제의 병사들도 번갈아 중앙 군역에 파견되었다. 군역 세습자에게 지급되는 토지는 군역의 대가로 녹봉에 해당될 뿐 아니라 무기, 군복 등의 군수품에도 지출되기 위한 것이었고, 이 또한 향리전과 마찬가지로 세습되었다.

고려에서도 황제국에서와 마찬가지로 공, 후, 백 등의 작위가 수여되었으나, 자작, 남작은 없었다. 왕자, 왕의 장인, 부마, 공신 등에게 이런 작위가 수여되었는데, 작위는 세습되지 않았다. 공신 중에서도 작위를 받는 경우가 있어서 이자겸은 조선국공, 최충헌은 '후'작을 봉작받아 진양후였고, 최이는 진양공으로 영공이라고 불렸으며, 김준은 해양후, 신돈은 진평후에 봉해졌었다. 왕족 중에서는 계림공(숙종)이 유명하다.

왕실의 종친은 '실무의 일을 맡지 못한다'고 하여 관직에의 진출이 금지되었으나, 촌수가 먼 종친은 이 규정에 해당되지 않았다.

조선과 마찬가지로, 고려에도 간관(諫官)이 있었다. 어사대 또는 사헌부, 사간원에 속하는 대간들이 왕의 실정을 지적하고 개혁의 논지를 폄으로써 왕의 전횡을 견제했고, 백관의 부정을 감찰했다.

고려의 간관은 조선의 간관 같은 막강한 힘을 갖추지는 못했으나 훌륭히 제 기능을 했다. 이들을 청요직이라고 했는데, 이는 '맑고도 요긴한 직책'이란 말로서, 말 그대로 그들은 명예를 몹시 중시했다. 그래서 간관은 자신이 펼친 논지에 의하여 처벌을 받거나 불이익을 받지 않는 것이 불문율이었다. 간관이 불이익을 받거나 처벌을 받을 때는 자신의 역할을 제대로 수행치 못했을 때였다.

고려에서 관료가 처벌을 받을 때 받은 형은 유배형이거나 참수형이었고, 사약을 내리는 '사사(賜死)'는 없었다. 아마 그때까지는 마시고 고상하게 죽을 수 있는 독약이 개발되지 않아서였을 것이다.

뒤에서 여러 번 보시게 되지만, 고려에서는 처형하는 방법 중에 가장 보편적인 방법이 바다나 강에 처넣어 죽이는 수장(水葬)이었다. 수장은 조선 사회에서는 찾아볼 수 없던 독특한 처형 방식으로, 불교 국가였던 고려는 아마 물고기와 해물 등을 배려했던 것 같다.

조선에서는 유배 중 위리안치(圍籬安置) 정도를 빼면 유배라는 것이 그저 실직을 해직하는 대신

'집이나 딴 동네에 가서 쉬면서 책이나 읽어라.'

라는 뜻이 강한, 벌이라기보다는 유배되는 것이 무슨 훈장 비슷한 것이었으나, 고려에서는 말 그대로 유배였다. 유배를 가면 풀리는 경우도 많지 않았고, 거의 유배지에서 죽었다.

6. 군제와 문치주의

고려에는 10세기 후반 제4대 광종 때 중국 후주(後周)의 쌍기에 의하여 과거제도가 처음 도입되었는데, 무과(武科)가 없고 문과(文科)만 있었다. 이를 계기로 문반, 무반의 양반제도가 우리나라에 최초로 생겼다. 문반은 음서제나 과거제를 통하여 배출되었고, 무반은 음서제나 군반 씨족의 집안에서 나왔다.

송의 영향을 크게 받은 고려는 문치국가로 무인(武人)을 천시했다. 고려에는 실제적으로 무과가 없었으며, 조선과 마찬가지로 군대의 사령관조차도 문관이 맡았다.

거란의 침입 때 서희와 강감찬, 여진족을 정벌하러 북벌에 나섰던 윤관, 묘청의 난 진압군 사령관인 김부식 등이 모두 문관이었다. 무관의 최고 계급인 상장군은 겨우 정3품으로 정2품 이상인 재상이 될 수 없었다.

지방은 5도와 양계로 구분되어 있었는데, 양계란 북계와 동계로서 지금의 평안북도와 함경남도 일대의 특수 군사 행정 구역을 말하며, 위치상으로는 천리장성의 남쪽 지역이었다. 5도는 일반 행정 구역으로 안찰사가 관장했으나, 양계에는 병마사를 두었다.

초기에는 건국에 공을 세운 무인들이 무신 고위직을 맡았고, 이후 이들의 가문들은 군반 씨족이 되어 세습적으로 군역(軍役)을 전담하게 된다. 그러나 무인은 나라의 중요한 결정에 참석할 수 없었으며, 군사령관과 원수는 모두 문신이 도맡았기 때문에 무신은 문신의 뒤치다꺼리나 해야 했고, 결국 이런 전통이 무인들의 반발을 불러와 무인시대가 열리게 된다.

고려의 군체제는 병농일치제로서, 국난이 있을 때 각 지방에서 16세 이상의 장정들을 징집하여 군역에 복무케 하고 평소에는 농사를 짓게 하는 둔전병(屯田兵) 체제였다. 양계에는 수만 명씩의 병력이 상시 배치되었고, 각 주현에는 약간의 경비 군사가 배치되어 있었으며, 속현이나 부곡, 장, 처에는 병력이 배치되지 않았다.

　　중앙군은 2군 6위로 구성되는데, 2군은 왕의 친위대였고 6위는 경군의 주력 부대로, 정원은 8개 부대에 45,000명이었다. 특히 중앙의 상비군 대부분은 군역만을 세습하여 담당하는 군인 가문들이 맡고 있었으며, 이들은 나라에서 지급하는 군인전(軍人田)으로 생활했다. 그런데 무인시대 동안 정권을 잡은 무신들이 군의 정예를 자신의 사병으로 흡수하고 군인전도 챙겼으며, 또 별도로 사병을 양성하여 사병 집단인 도방(都房)을 운영함으로써 고려군 편제는 껍데기만 남게 되었고, 그로써 국왕은 실질적으로 군권과 거리가 멀게 되었다.

　　거란이 침입했을 때는 전국에서 징병한 병력이 30만 정도 되었으며, 윤관의 북벌 때 동원한 별무반도 20만에 육박했다. 그러나 이들은 상비군이 아니고 평소에는 농사를 짓던 농민들로, 외침 등 국가적인 환란이 닥쳤을 때만 징집되었다.

　　무인시대 후기에는 삼별초가 있었으나, 이들은 국가 상비군의 성격보다 정권을 잡고 있는 무신들의 사병의 성격을 띠고 있었다. 삼별초라는 무장 집단은 어떤 특별한 개성을 지니고 있었던 것이 아니라, 그냥 월급 주는 인간이나 자신들에게 잘해 주는 지휘관에게 종속되어 있던 평범한 무장 집단이었다.

7. 학제

우리나라 최초의 교육기관은 고구려 제17대 소수림왕 2년(372)에 설립된 태학(太學)으로, 이 태학은 후에 경당(扃堂)으로 발전했다. 신라에서는 화랑이라는 청소년 단체에서 교육을 시켰으며, 후기에는 신문왕(제31대)이 국학을 세웠고, 발해에서는 주자감이 있었다.

고려에서 대학 교육에 해당되는 교육을 시킨 기관은 국초에 국학이 있었다. 고려 성종(제6대) 12년(992)에 이를 정비·확대 개편하여 종합대학 수준으로 격상시킨 것이 바로 국자감이며, 이 국자감이 고려 말이 되면서 성균관으로 이름이 바뀐다. 국자감에서는 국자학, 태학, 사문학, 잡학 등을 가르쳤고, 전성기 때의 학생 수는 1천 명에 이르렀다. 조선시대 성균관이 정원 200명을 채울 수 없어 100명 미만일 때가 흔했다는 것과 비교하면 엄청난 숫자다.

잡학으로 법학, 산학, 외국어, 천문학 등을 가르쳤으며, 이러한 전통은 조선시대 때 성균관으로 이어진다. 국자감은 문종(제11대) 때 이후 12도 등 사학의 흥기로 쇠락하기 시작했으나, 예종(제16대) 때에 들어서서 다시 옛날의 명성을 회복한다.

이랬던 고려 교육이 붕괴의 위기를 맞은 때는 몽골의 침공 기간이었다. 거의 전 국민이 전화를 피해 산성이나 해도로 들어갔으니 무슨 교육이 되었겠는가.

이렇게 망가진 교육제도를 재건한 인물이 바로 안향이다. 경상도 순흥의 향리 가문 출신인 안향은 충렬왕(제25대) 15년(1289) 유학제거(儒學提舉)로서 세자를 호송하여 원에 갔다가 처음으로 주자학을 접했으며, 이듬해 이를 본국에 소개하면서 한반도에 주자학 즉 성리학이 뿌리를 내리기 시작했다. 고려 주자학의 다른 뿌리는 백이정이다.

안향은 귀국 후 재상의 지위에 오르면서 국학 재건에 총력을 기울였다. 안향은 대강 재원을 마련하고 시설을 갖춘 다음, 은퇴한 문신들과 고승들, 게다가 송에서까지 초빙한 학자들 등 우수한 교수들을 두고 강의를 시작하자, 수백 명의 학생들이 몰려들어 국학의 옛 영광이 잠시 부활되었다. 그러나 안향이 죽고 충숙왕(제27대), 충정왕(제30대) 때가 되자 국학은 도로 침체되었다.

제31대 공민왕 때에 이르러 다시 국학 재건에 힘을 기울여서 성균관을 중건하고 사서오경을 가르치기 시작했으며, 총장에는 이색, 교수에는 정몽주, 김구용, 이숭인 등 당대의 한다 하는 소장 학자들이 강의를 맡음으로써 다시 국학의 전성 시대가 오는 듯했으나, 우왕(제32대) 즉위와 함께 부상한 친원 세력의 대두로 국학은 다시 침체의 늪에 빠지게 된다.

비록 국학이 침체의 늪에 빠지기는 했으나, 안향에 의해서 들어온 성리학의 명맥은 이후 이제현, 이곡, 이색 등으로 이어 나가 조선 개국 세력의 중심 이념이 되며, 조선 왕조 내내 정치 이념이 된다.

이렇게 고려는 성종 대부터 본격적인 유교 교육을 시작함으로써 고려에는 불교와 유교가 공존하게 되었고, 조선시대에 들어서서 숭유억불 정책이 시행되면서 조선은 철저한 유교 국가가 된다. 결국 조선은 숭문천무(崇文賤武), 허례허식의 유교의 폐단으로 역동성을 잃고 개혁을 외면하여 몰락하게 된다.

서양의 대학이 종이가 보급된 후인 12세기에 세워진 것을 감안하면, 혹시 고려의 국자감이 세계 최초의 대학이 아닌지 모르겠다. 국자감이 유럽의 대학보다는 앞서지만, 당시 다른 문명 세계인 이슬람에 대한 정확한 정보가 없어서다.

8. 사회 풍속

고려는 성리학적 가치에 매몰되었던 조선과 달리, 국교인 불교 이외에도 도교, 유교 등 다양한 사상을 받아들였으며, 신앙생활을 핑계로 여자들도 자유롭게 집 밖을 출입할 수 있었다

또 팔관회나 연등회 등 국가적인 행사와 명절 때 야외에서 밤을 새우고 하는 놀이를 즐겼으며, 남녀가 섞여 밤새 음주 가무로 새우는 일도 있었다.

여자들은 거리에서 벌이는 행사를 구경하러 외출하기도 하고, 직접 참여하기도 했으며, 봄·가을에는 꽃놀이와 단풍놀이도 즐겼고, 남녀 간에 내외를 하지 않았기 때문에 사고도 흔했다.

조선과 달리 고려의 여성들은 여가 생활을 즐길 수도 있었다. 상류층 여인들의 여가 생활로는 독서, 그중에서도 불경을 주로 읽었으며 시(詩)도 지었다. 또 일상적으로 차를 마시고, 자수나 바느질 등을 했으며, 악기 연주나 음악 감상을 한 기록도 보인다. 또 꽃도 기르고 애완 동물들도 길렀다.

불교 국가였던 고려의 여인들은 거의 재가(在家) 신자였다. 그녀들은 불교 신앙 속에 살면서 경전을 읽고 수행을 했으며, 법회에 참석하고 염불 결사에 참석해서 남녀가 중들과 함께 염불을 하고 수행을 했으나, 간통 사건 등 말썽이 많이 나서 나라에서 금지하기도 했다.

여인들은 절에 자신의 재산을 기부하기도 했고, 재산이 없으면 자신이 귀중히 여기는 물건을, 그것마저도 없으면 절을 위해 노동력을 제공했다.

그녀들이 부처에게 바란 것은 주로 자식의 잉태, 가족의 안녕, 그

리고 자신의 극락왕생이었으며, 죽은 남편이나 부모의 명복을 빌기도 했다.

고려는 송의 영향을 크게 받긴 했으나, 송 이외에도 요, 금, 원 등 여러 나라의 문화를 받아들여 고유의 문화를 창출했다.

물론 고려 역사도 지배층의 역사로, 백성들의 삶에 대한 상세한 기록은 많지 않으나, 고려 백성들 역시 별로 똑똑하지 못한 왕들의 연속에다가 잦은 외침으로, 조선의 백성들과 별 다를 바 없는 인고의 세월을 보내야 했다.

고려 사회는 우리 역사상 특이하게도 하층민들이 권력의 정상에 올라설 수 있었던 시기였다. 무인시대(武人時代)와 몽골 식민지시대 동안 하층민들의 신분 이동이 활발히 이루어졌다.

서긍의 『고려도경』에 의하면, 고려시대의 백성들의 거주 시설은 매우 열악했다. 『고려도경』의 기록을 보자.

집들이 좁고 누추한 데다 가지런하지 못해서 마치 벌집이나 개미구멍 같다. 풀을 베어다 지붕을 덮어 겨우 비바람을 막는데, 집 크기는 서까래를 양쪽으로 잇대어 놓은 것에 불과하다. 부유한 집에서는 기와를 얹었으나 겨우 열에 한두 집뿐이다.

당시 일반 백성들의 집은 온돌과 마루로 이루어져 있었다. 그러나 부유층이나 귀족층에는 중국식 거주 문화가 유행하여 의자와 침대 등이 사용되기 시작했다. 우리가 의자 생활을 시작한 것이 고려시대인 것이다.

시장의 풍경에 대해서는 이렇게 기록되어 있다.

고려의 풍속에는 사람이 살면서 장사하는 가옥이 없다. 오직 한낮에 시장을 벌여 남녀, 노소, 관리, 기술자들이 각기 자기가 가진 것으로 교역하고 돈을 사용하는 법은 없다. 오직 모시나 은 병으로 그 가치를 재서 교역하고, 일용품 가운데 한 필이나 한 냥에 미치지 못하는 것은 쌀로 무게를 재서 상환한다.

이렇듯 서민들의 경제적인 형편은 좋지 않았다. 소나 말은 많지 않았고, 식용으로 양과 돼지가 있었으나 고위 관리나 귀인들이 아니면 먹지 못했으며, 백성들은 주로 해산물을 많이 먹었다. 미꾸라지, 전복, 조개, 새우, 게, 굴, 거북이, 해초, 다시마 등을 먹었다고 했는데, 거북이가 들어 있는 것이 이채롭다.

고려시대의 길은 좁고 잘 다져져 있지 않은 데다 수레가 보편화되어 있지 않아 운송 사정이 아주 나빴다. 이는 조선시대까지도 이어지는데, 가벼운 것을 운반할 때는 사람이 지고 가고, 무거운 것을 운반할 때는 말을 사용했다.

고려 사람들도 그렇게 술을 좋아했다고 한다. 보통 술 마실 때는 평상 위에 작은 소반을 놓고 구리 그릇에 어포와 육포 또는 생선과 채소를 섞어 내오되 상은 매우 소박하며, 술잔을 돌리는 데 절도가 없고 많이 돌린다고 했다. 이렇게 천여 년이나 내려온 우리 고유의 잔 돌리는 풍습이 요즘 신종 플루인지 뭔가 때문에 사라지고 있다.

또 고려 사람들은 목욕을 매우 좋아했다. 『고려도경』을 보면

그들은 아침에 일어나면 먼저 목욕부터 하고 문을 나서며, 여름에는 날마다 두 번씩 목욕을 하는데 시냇가에서 주로 한다. 남녀 구별 없이 의관을 언덕에 벗어 놓고 물굽이 따라 벌거벗는데,

이를 괴상하게 여기지 않는다.

라고 기록했다.

　여자들이 외출도 마음대로 할 수 없었던 조선시대 같았으면 벼락을 맞았을 혼욕을 태연히 했던 고려시대는, 조선시대에 비하면 훨씬 살맛 나는 사회였을 것이다.

　고려에서는 조선과 달리 공예를 숭상해서, 기술자 중에 뛰어난 자들은 복두소(과거에 급제한 사람이 홍패를 받을 때 쓰는 관인 복두를 만드는 곳)와 장작감(토목과 영선을 맡은 관청)에서 일하게 했고, 그들의 사회적 지위와 수입은 농민들과 비할 바가 아니었다.

　고려 사람들도 조선시대와 마찬가지로 자랄 때 제대로 못 먹어서 키가 작았다. 그들은 키가 커 보이게 하기 위해 높은 모자나 두건을 쓰고 옷을 길게 해 입었다고 한다.

　그중 문라건(文羅巾)을 특히 중히 여겼으나, 두건 하나의 값이 쌀 한 섬 값이나 되어 일반 서민들은 문라건을 쓰지 못하고 대나무로 만든 죽관을 썼다. 죽관은 둥근 것도 있고 네모난 것도 있어 모양이 일정치 않았다. 모자를 쓰거나 관을 쓰면 키가 훨씬 커 보였는데, 요새 키높이구두를 신는 심리와 비슷한 심리를 당시에도 가지고 있었던 것이다.

　상류층 여자들은 외출할 때 주로 검은 비단으로 만든 세 폭으로 된 너울을 썼다. 너울의 길이는 8척이고, 머리서부터 내려뜨려 얼굴만 내놓았다. 너울의 값이 은 한 근과 맞먹어 서민들은 너울이 없었고, 치마는 대개 주름치마를 좋아했다. 복식에서 공경대부의 처와 기생의 복색이 구별이 없다고 했는데, 어째서 구별이 안 되었을까? 그렇다면 머리 모양으로 구별했을까?

9. 가족제도와 혼인제도

고려의 혼인제도는 일부일처제였다. 물론 일부일처제도 하에서도 첩을 둔 고관들도 제법 있었으나, 여러 문헌을 조사해 보면 사회의 근간은 일부일처제였으며, 아들딸 구별을 하지 않아 딸에게도 아들과 마찬가지로 균등 상속을 했다. 고관이나 부호는 첩을 서너 명씩 둔 사람이 흔했고, 그건 요즘도 그렇다, 조금만 마음에 들지 않으면 바로 이혼하곤 했다.

고려 제25대 충렬왕 때에 재상이었던 박유의 상소는 여성계에 엄청난 반발을 불러일으켰다. 어떤 내용인가 한번 보자.

우리나라가 본래 남자가 적고 여자가 많은 것은 여자가 원래 명도 긴 데다가 남자는 뻑하면 전쟁에 나가서 죽기 때문입니다, 지금 신분의 고하를 논하지 않고 처를 하나 두는 데 그치고 있으며, 아들이 없는 자들까지도 감히 첩을 두려고 생각하지 않고 있습니다. 그런데 외국 사람들이 우리나라에 와서 인원수의 제한이 없이 장가를 드는데, 이대로 두었다가는 사람들이 모두 북쪽으로 몰려가게 될까 두렵습니다. 청컨대 여러 신하들로 하여금 첩을 두게 하되, 그 관품에 따라서 그 수효를 줄여서 서인에 이르면 한 명의 처와 한 명의 첩을 얻도록 하고, 그 소생 자녀는 적자와 마찬가지로 벼슬살이를 할 수 있도록 하소서. 만약 이와 같이 되면 원성은 줄어들고 인구는 번성될 뿐만 아니라 백성을 위하는 도리도 됩니다.

옳은 말씀만 골라서 한 이 상소 내용이 알려지자, 여자들이 떼거리로 몰려나와서 박유에게 욕을 퍼부었고 잘못하면 집단 테러라도 가할 상황에 이르렀을 정도로 흥분했다.

결국 재상들 중에서도 공처가가 적지 않아, 이 아까운 논의는 사실상 흐지부지되었다. 이 상소문을 보면 당시 고려 사회가 일부일처제를 유지했음을 알 수 있다.

그러나 고려 말기에 들어서면서 일부다처제의 관습을 가지고 있는 유목 민족인 몽골의 영향으로, 일부일처제가 무너지고 일부다처제가 정착되기 시작했다.

고려 여인들의 혼인 시 평균 연령은 16세 정도였으나, 10세 전후에 조혼하는 경우도 있었고, 25세 전후의 만혼도 볼 수 있었으며, 평균 4명의 자녀를 두었다고 기록되었다.

고려는 말기 이전까지 일부일처제를 고수했다고 했으나, 실제로는 첩을 둔 남자들도 제법 있었고, 조선의 대가족 제도와 달리 대부분의 가정은 평균 5~6명 정도의 소가족 형태였다.

딸, 아들 차별이 본격적으로 시작된 것도 17세기 말인 조선 후기 때부터이며, 그전에는 재산뿐 아니라 지위의 상속에도 차별을 두지 않았다. 즉, 선대의 음덕으로 관직에 나갈 때, 여자는 관직에 나갈 수 없었기 때문에 아들이 없는 집안은 사위 아니면 외손자가 음직을 얻을 수 있었다.

또 지금은 장자의 권리인 제사를 지내는 것도 형제 자매가 돌아가면서 지냈다. 재산을 똑같이 나누어 받았으니 누가 더 우위인가를 따질 수가 없었다. 이 관행은 조선 전기까지도 지속되다가, 차차 장자에게 재산이 상속되기 시작하면서 장자의 몫이 되었다.

고려시대 때 여성들의 지위는 남성에 못지 않았다.

그런 원인 중의 하나가, 유교식 가부장제가 채 정착되지 않아서 유산도 균등하게 배분받은 데다가, 또 많은 여성들이 집의 재정을 책임지고 있었기 때문이라고 생각된다.

여자들은 살림을 하면서 베와 모시를 짰는데, 당시 베와 모시는 바로 화폐로서 여자들은 돈을 생산하고 있었던 것이다. 그리고 많은 여자들이 이자 놀이를 해서 재산을 증식했다. 불교에서는 기독교와 달리 이자 놀이를 금하지 않았다. 이렇게 여자들이 생산 활동과 재산 증식에 직접 참여하고 있었기 때문에 남자와 별 다름 없는 지위를 누릴 수 있었던 것이다.

이렇게 돈 있는 여자들이 제법 있다 보니 요즘과 달리, 아니 하긴 그건 요즘도 그렇지, 다른 조건을 보는 것이 아니라 돈만 보고 혼인을 하는 인간들이 늘어났다.

그 방면에 있어서 대표적인 인물이 공민왕(제31대) 때 사람인 지윤인데, 지윤은 무녀의 아들로 신분은 미천했으나 엄청난 부를 쌓아 재상까지 된 인물이다. 지윤은 무려 30명이나 되는 첩을 거느리고 있었는데, 첩을 들일 때 얼굴은 보지 않고 돈만 보고 들였다.

예를 들어, 그가 문하찬성사로 있을 때 강을성이란 자가 판도사에 금을 바치고 금값을 받기도 전에 죄를 지어 처형당한 일이 있었다. 판판도사사(判版圖司事)를 겸임하여 이 사건의 시종을 잘 알고 있었던 지윤은 재까닥 강을성의 처를 첩으로 삼고, 판도사로부터 금값으로 포목 1,500필을 받았다. 순전히 포목 1,500필 때문에 첩을 들인 것이다.

이런 치사한 케이스가 부지기수였는 데다, 지윤은 자식에게도 자신의 노하우를 전수했다. 아들 지익겸을 사형당한 재신 신순의 딸에게 장가들여, 몰수당했던 신순의 집과 재산을 찾아서 아들에게 주었을 정도로, 돈에는 아주 환장한 자였다.

하지만 고려 사회는 요즘과 달리 돈이 전부인 사회는 아니었다. 당시 할 일이라고는 크게 보면 관직과 농사밖에 없던 시절이었기에, 자신의 영광과 가문의 융성을 위해서는 관직에 올라야 했고, 관직에 오른 다음에는 재산보다도 자신의 이름이나 가문을 더럽히지 않도록 조심했다.

조선 사회와 비교해 볼 때 훨씬 많은 고려의 관료들이 청빈했다. 그들은 돈보다 치세의 경륜과 학문의 성취 즉 지적(知的) 성취를 더 큰 목표로 했던 것이다.

고려의 혼인 관습은 혼인 후 사위가 일정 기간 처가에서 생활하는 것이 보편적이었다. 생활한 기간은 처갓집 형편에 따라서 달랐으나, 대개 몇 년서부터 십여 년, 심지어는 여자가 평생 친정에서 사는 경우도 있었으나, 보통은 자식이 장성할 때까지 사는 경우가 흔했다. 이를 서류부가혼(壻留婦家婚)이라고 했는데, 이런 풍습은 조선 중기까지도 이어졌고, 조선 중기를 지나서야 여자가 남자의 집에 들어가 사는 습속이 널리 퍼지게 되었다.

조선이 중기에 들어서면서 여자가 시집을 간 후에도 친정에 눌러 살던 혼인 관습이 바뀌어 시집에 들어가 살게 됨으로써, 여자의 모진 시집살이가 시작되었다.

이러한 관습이 정착하는 과정에서, 대표적으로 피를 본 인물이 바로 자유분방한 천재 허균의 동생이자 천재 여류 시인인 허난설헌이다. 허난설헌은 당시(제14대 선조) 관습에 따라 시집에 들어가서 생활했는데, 친정에서 살 때는 그렇게 똑똑한 여식으로 귀여움을 독차지했던 그녀가, 낯선 시집살이에다 평생 같이 살아도 자신보다 전혀 더 나아질 것 같지 않았던 시원치 않은 남편 때문에 속을 썩이다가, 20대의 청춘으로 비관 자살을 하고 말았다.

당시에도 모든 사람이 집을 가지고 있었던 것은 아니었다. 형편이 안 되는 사람은 지금과 마찬가지로 세를 들었고, 많은 하급 관리들이 여유가 없어 세를 들었을 뿐만 아니라 일이 끝난 뒤의 여가 시간에는 산에 가서 나무도 해서 팔아 생활에 보탰다.

고려에서는 이혼과 재혼이 자유로웠고, 사회 분위기가 상당히 개방적이어서 연애도 흔했다. 아마 자유분방했던 신라시대의 풍속이 그대로 전해져 내려온 탓일 것이다. 그런데 실상 이혼이 자유로웠다 해도, 막상 이혼을 요구하는 쪽은 거의 남자 쪽이었다. 그들은 이혼을 하고 새로 혼인함으로써 그전에 갖지 못했던 부나 권력을 갖고자 했다.

예를 들어, 무신정권 때 정중부의 사위로 매제 정균과 더불어 악명을 떨쳤던 송유인은 부유한 송상의 딸을 처로 삼아 그 재산을 뇌물로 써서 공직에 나갈 수 있었는데, 당시 권력의 정상에 있던 정중부의 딸과 혼인하기 위하여 본처를 섬에 내다 버렸다.

송유인은 나중에 경대승 패에게 피살당하지만, 좌우간 싸가지라고는 눈꼽만큼도 없는 인간이었다.

『고려도경』에는 고려 사람들이 여색을 좋아하며, 분별 없이 사랑하고, 재물을 중히 여기며, 남녀의 혼인에도 경솔히 합치고 쉽게 헤어진다고 했으니, 혼인과 이혼이 상당히 개방적으로 이루어졌음을 알 수 있다.

사람이 죽으면 여유 있는 집에서는 화장이나 매장을 했지만, 가난한 백성들은 그냥 들 가운데 시체를 버려 두어 짐승이나 새들이 파먹게 놓아 두었다.

고려는 불교 국가였기에 화장이 흔했다. 그러나 유교적 가치에 매몰되어 있던 조선에 들어서면서 화장이 줄어들고 매장이 보편화되기 시작했다. 그런 습속이 현대까지 내려오다 보니, 전국의 온 산이 묘지로 뒤덮이게 되었다.

사람이 죽은 후의 시체는 입다가 철이 자나서 벗어 버린 헌 옷과 같다. 시체를 매장하면 며칠 안 되어 시충(尸蟲)이 온 몸에 기어 다니고 살은 썩어 흘러내려서 눈 뜨고 볼 수 없이 처참하게 변한다. 사체 처리 방법으로는 매장보다는 화장이 훨씬 더 위생적이고 깨끗한데, 반갑게도 지난 2008년도 우리나라의 화장 비율이 60%를 넘어섰다고 한다.

그런데 화장의 문제점은 사체를 태운 재가 무기질로 바뀌어 비료로서의 효능이 많이 떨어진다는 데 있다. 화장보다도 더 유익한 사체 처리법으로, 사체의 수분을 제거하는 탈수장이 있고, 최고로 유익한 처리 방법으로는 사체 기부가 있다.

10. 불교와 기타 다양한 사상들

　고려에는 다양한 사상들이 서로 충돌 없이 존재했으나, 왕실에서부터 가장 밑바닥의 천민들에게까지 가장 큰 영향을 끼친 사상은 역시 불교였다.

　독자들은 간혹 언론에서 어느 종교의 교인이 몇 명이라는 통계를 발표하는 것을 들어 알고 있을 것이다. 그런데 이 통계라는 것이 매우 신빙성이 떨어진다.

　예를 들어, 중남미의 인구는 약 4억쯤 되는데 통계를 낼 때 누구나 이들을 가톨릭 교인에 포함시킨다. 그런데 필자가 오랫동안 이들과 생활하면서 관찰해 보니 이들은 교인이 아니었다. 만약 그들이 교인이라면 그래도 비교인과 뭐라도 약간은 달라야 하는 것 아닌가? 물론 한국에서도 교인이 비교인보다 나은 것은 없지만, 그 점은 앞으로 조금이나마 나아질 것이라고 기대되고 있다.

　그들은 태어날 때 유아세례를 받고, 커서는 견진성사를 받으며, 결혼할 때는 성당에서 결혼하면서 혼배성사를 받고, 가끔 고백성사를 드리며, 죽을 때에는 종부성사를 받는다.

　그런데 문제는 이것이 믿음에 의한 것이 아니라 그냥 오래 전부터 해 내려온 관습인 것이다. 그들은 이런 모든 성사(聖事)를 아무 생각 없이 가톨릭의 예를 따르지만, 하는 짓을 보면 성당이나 교회 모두에 등 돌리는 사람들보다 더하다. 믿음이 무엇인지 통 모르는 것이다.

　고려시대는 한국 불교의 최전성기로 국사와 왕사제도가 있었으며 승과제도도 있었다. 불교 행사에 속하는 연등회, 팔관회 등의 행사도 국가적으로 치러졌으며, 2차에 걸쳐서 대장경이 판각되었다.

사원(寺院)은 막대한 재산을 보유하여 소유한 토지가 전국 토지의 6분의 1이나 될 정도였고, 일반 백성뿐만 아니라 귀족들과 왕족의 많은 자제가 승려가 됨으로써, 승려는 귀족 계급에 해당될 만큼 대접을 받았다.

불교는 4세기부터 한반도에 전래되기 시작했으며, 신앙으로 부족과 부족을 통합하여 강력한 고대국가를 건설하는 사상적인 밑받침이 되었다. 한반도에 처음 불교가 전파된 시기는 고구려 소수림왕(제17대) 2년(372)에 전진의 부견이 순도를 보내서 불상과 불경을 전했을 때였다.

백제에는 침류왕(제15대) 원년(384)에 동진의 고승 마라난타가 전했으며, 신라는 법흥왕(제23대) 14년(527) 이차돈의 순교를 계기로 불교가 공인되었다. 신라는 금관가야가 멸망한 후 가야에서 불교가 전래되어 일찍 불교에 눈을 떴으나 법흥왕 때가 되어서야 공인된 것이다.

고대국가가 성립되면서 왕실은 이전 부족국가의 족장들보다 우월한 지도 이념이 필요했고, 여기에 '왕즉불' 사상을 가진 불교가 새로운 사상으로 적합하여 불교를 수용하게 됨으로써, 부족과 부족을 통합하여 강력한 고대국가를 만들 수 있는 사상 체계로 자리잡았다.

그러나 불교는 고대국가의 이념으로는 기능할 수 있겠으나, 좀더 발달된 국가의 이념으로는 아주 적당치 않다. 불교를 숭상하던 중국의 양나라나 원나라가 불교의 영향 때문에 망한 것을 보면 이를 알 수 있겠다.

고려는 불교를 숭상한 불교 국가였으나, 유교와 도교 그리고 민간 신앙과 도참설, 풍수지리설 또한 크게 유행했다. 그래도 고려를 불교 국가라고 하는 것은, 백성들이 거의 재가(在家) 신자였고, 왕들은 즉위하면 보살계를 받았으며, 또 수시로 불사(佛事)를 열어 수천 명의 중들에게 밥을 먹였으며, 국가적인 행사도 대부분 불교식으로 치렀기 때문이다.

고려에는 광종(제4대) 때부터 승과제도가 있었고, 승과에 합격한 승려의 승진은 국가가 관장했다. 고려의 불교는 교종(敎宗)과 선종(禪宗)이었는데, 교종의 최고 승계는 승통이었고 선종의 최고 승계는 대선사였다.

왕의 자식도 후궁의 소생으로 왕위 계승권이 없으면 강제로 출가시켜 '소군(小君)'이라 불렀고, 제 발로 중이 되는 경우도 흔했다.

거란이 침공했을 때 이를 불력(佛力)으로 물리친다고 초조대장경을 판각했고, 몽골의 침공 기간 중에도 역시 불력으로 이를 물리친다 하여 팔만대장경을 판각할 만큼 고려인들의 불심은 깊었으며, 대부분의 왕들은 열렬한 불교 신자였다.

고려 불교의 유산은 팔만대장경뿐이 아니고, 석불과 마애불(큰 바위나 암벽에 음각 혹은 선으로 그린 불상)도 있다. 석불로 가장 유명한 것은 논산 관촉사의 은진미륵(높이 18m)과 안동 제비원의 석불(높이 12m) 그리고 파주 용미리의 석불(높이 17m) 등이 있으며, 마애불로는 충주 월악산의 마애불과 천원 삼대리의 마애불이 있다. 관촉사의 은진미륵은 고려 제4대 광종 때 혜명이 100여 명의 석공을 데리고 40년 간의 작업 끝에 완성했다고 한다. 거대 불상과 마애불은 세련미 등 정교한 아름다움은 없으나 투박하면서도 힘찬 역동미를 보여 주고 있다.

불교를 숭상하던 고려는 절에 많은 특권을 주었는데, 그중의 하나가 술을 만들어 팔 수 있는 양조권이었다. 아니 아무리 불교가 좋지만 절에다 술을 만들어 팔라고 했으니, 각종 술을 만들려면 도중에 수십 번 맛을 봐야 하고, 맛을 보다 보면 술같이 맛있는 음식이 별로 없는지라, 이 바람에 고려의 중 중에는 중국 원대(元代)의 소설 「수호지」에 나오는 노지심같이 술고래에다 땡중들이 양산되었다.

고려 말기가 되면서 절의 부패는 도를 넘어, 중들이 술과 고기만 먹었을 뿐만 아니라, 재물에 환장해서 고리대금도 했다.

『고려사』에서 중들의 타락을 탄식하는 기록을 보자.

지금 부역을 피하는 무리들이 부처의 이름을 걸고 돈놀이를 하거나 농사와 축산을 직업으로 삼고 장사를 하는 것이 보통이 되었다. 어깨에 걸치는 가사는 술항아리 덮개가 되고, 범패(석가여래의 공덕을 찬미하는 노래)를 부르는 장소는 파, 마늘 밭이 되었다. 장사꾼과 통하여 사고 팔기도 하며 손님과 어울려 술을 먹고 노래를 불러 절간이 떠들썩하다.

특히 마늘, 세파, 김장파, 무릇, 달래는 오신 혹은 오채라 하여 절에서는 금기 식품이다. 말하자면 오채는 일종의 강정 식품으로 인식되어 승려들의 음욕을 일으킨다고 생각했다. 그런데 절 앞마당이 마늘·파밭이 되었다니 더 안 봐도 알 만하다. 이런 훈채를 먹은 중들은 죽은 뒤 지옥에 가서 아귀가 입술을 핥는 형벌을 받게 된다.

게다가 매번 불사에 참석하는 아녀자들이 넘치다 보니, 요즘도 무슨 부흥회가 뭔가 이런 데를 가 보면 온통 여자들뿐이다, 중들과 간통했다는 소문이 넘쳐났고, 하기야 파, 마늘을 늘상 먹어 댔으니, 이런 불교의 타락이 조선 사대부들의 혐오감을 불러일으켜서 조선이 숭유억불 정책을 시행하게 하는 주요 원인이 된다.

원래 어디서나 구세주는 주로 남자지만, 신앙 행위를 주도하는 층은 남자보다 여자들인 것이다.

공민왕(제31대) 때 어사대에서 올린 상소문에

불교는 본래 깨끗한 것을 숭상하는데, 그 무리들이 죄 받고 복 받는다는 말로써 과부와 부모 없는 딸들을 속여 유인하여 머리를 깎고 중이 되게 하여 잡거하고 분별이 없어 그들의 음탕한 욕심을 맘대로 누리며, 심지어는 사대부와 종실의 집까지 다니며 불공하기를 권하고서 산 속에 유숙시켜 추한 소문이 때때로 있어 풍속을 더럽게 물들이오니, 지금부터 이런 짓을 일체 금하여 어기는 자는 죄를 주소서. 향리나 공노와 사비들이 부역을 피하기 위하여 불문에 자취를 숨기고 손에는 불상을 가지고 입으로는 중의 노래를 외며, 여염집에 횡행해서 백성들의 재산만 소모하여 그 죄가 가볍지 않사오니, 이들도 함께 체포하여 모두 그들 본래의 신분으로 돌려보내소서.

하자, 이를 좇았다.

불교는 조선시대 때 탄압을 받아 산으로 들어가 산중 불교가 되었으나, 고려시대에는 대부분의 사찰이 시내에 있었다. 개경 주변에만 70여 개의 절이 있었고, 흥왕사처럼 규모가 큰 절은 2,800칸이나 되었으며, 보통 큰 절들은 1,000명 이상의 승도들을 거느리고 있었다.

숙종(제15대) 때만 해도 개경 주변에 40여 개의 사찰이 있었고, 현종(제8대) 때는 10만 명의 승려들에게 밥을 먹였다는 기록이 있다. 대부분의 왕들은 거의 모두 큰 불사를 열었는데, 『고려사』에만 기록된 큰 불사가 모두 1천 번이 넘을 정도이니, 민간 제의까지 합치면

불사 빼놓고는 별로 할 일이 없었을 것이다.

그런데 이렇게 절도 많고 중도 많으니 농사는 누가 짓고, 군대를 누가 가는가? 이렇게 절도 중도 많아지자 자연히 불교도 부패하여 나라에 큰 해독이 되었다.

물론 고려시대 때 승병이 있었다고는 하지만, 이는 대부분 굶주림이나 부역을 피해 절로 모여드는 백성들을 모아 군대를 만든 것이지, 순수한 중들이라고 보기는 어려웠다.

이자겸의 난 때, 이자겸의 아들 의장이 승군(僧軍) 300명을 거느리고 인종(제17대)의 친위 쿠데타군 하고 붙은 일도 있고, 윤관의 북벌 때도 항마군(降魔軍)이 있었으며, 무인시대에도 승려들이 난을 몇 번씩이나 일으킨 것을 보면, 아마 큰 절마다 절의 재산을 지키기 위하여 승군이 수백 명 정도씩은 있었던 것으로 보인다.

이렇게 융성을 누리던 불교는 부패한 데다 조선의 유교 사상에 밀려 쇠퇴했으나, 산중 불교의 전통이 이어져 내려와서 많은 땅을 소유하게 됨으로써, 지금은 거의 모두 부동산 재벌이 되었다.

원래 사찰의 수입은 시주(施主)에 있다. 그런데 고려 말이 되자, 불자들의 시주가 절의 수입원이 아니라 사원전(寺院田)의 수입이 절의 주된 수입이 되었다.

사원전이란 사찰을 자신의 원당으로 삼은 왕실 족친이나 귀족들이 토지를 절에 기탁함으로써 생긴다. 물론 그 토지의 경작자는 사찰에 예속된 노비들과 인근의 농민들 그리고 하급 승려들이었다.

게다가 죽음에 임박해서 출가를 하는 사람들도 많았다. 그들이 절로 들어오면서 가지고 있던 집이나 재산을 절에 시주하여 절의 소유가 된다. 그래야 죽은 후에 그 절에서 좋은 데 가라고 빌어 주기 때문이다.

그러다 보니, 탁발을 하러 돌아다니지 않아도 절에는 돈이 넘쳐 났다. 돈이 쌓이자 중들은 고기에 술에 여자에 흥청망청 쓰기에 바빴으며, 고리대금업에도 진출하여 소작농들에게 악덕 지주로 떠올랐다.

이렇게 되자 성리학자들은 불교를 비판하게 되었고, 조선이 개국 한 후 된서리를 맞게 되는 것이다.

원래 종교에 돈이 몰리면 썩게 마련이다. 이렇게 불교도 썩었었 고, 중세 때 면죄부를 팔아 돈이 지천이던 가톨릭도 썩었었으며, 지 금은 흥청거리는 개신교가 썩고 있다.

미국 LA에서도 1년에 몇 번씩 교회 송사가 일어나는데, 돈 없는 교회가 연루되는 법은 절대로 없다. 꼭 돈이 남아돌아가는 교회에 서 서로 돈 때문에 싸운다. 이처럼 딱한 인간들이 서로 싸우느라고 교인들이 헌금한 피 같은 돈을 몇십만 달러, 몇백만 달러씩 변호사 비용으로 없애는 미친 짓들을 흔히 하고 있다.

그래서 필자는 학생들에게 가르친다.

"교회나 절에 다니는 것은 좋은 일이지만, 절대로 교회나 절이 운영될 만한 돈 이외에 헌금을 하면 안 된다. 교회가 돈이 없으면 화기애애하기 짝이 없고 서로 도우려 애를 쓰지만, 돈이 넘치면 꼭 싸움이 일어나서 어제까지 친형제 같던 처지가 그냥 성령과 사탄으로 딱 나뉘어서 서로 죽기 살기로 싸움을 시작한다. 그렇기 때문에 예수는 그런 꼴이 지겨워서 가난한 교회만 찾는 것이다. 결국 교회 나 절에 돈을 퍼 주는 것은 바로 사탄이나 마귀를 배양하는 영양분 을 퍼 주는 것과 똑 같다."
라고.

절에 대해서는 특별히 말할 것이 없는 것이, 사람들이 이상하게 교회에 가면 으레 헌금을 하는 것으로 알지만, 절의 불사(佛事)에 참석하면 돈은 안 내고 밥만 먹고 오기 때문에 LA의 절은 거의 모두가 거지다. 절의 이런 입장을 일부 고려하기 바라며, 교회 다니는 독자들은 헌금할 때 필자의 말을 한번씩 상기하기 바란다.

고려시대에는 승과(僧科)가 설치되어 있었고, 승과를 거친 승려들 중에서 왕사(王師)와 국사(國師)가 나왔다. 왕은 새 왕사와 국사가 선임되면 아홉 번 절을 함으로써 제자의 예를 취했다. 이렇게 승려가 과거까지 치르게 됨으로써 승려 계급은 귀족 신분과 별 차이가 없게 되었다. 승려는 면역(免役)의 특권이 있었고, 절에는 면세의 특권이 있었다.

절의 주지는 국왕이 임명하다가 나중에는 종단의 고위직 승려가 임명했고, 승려의 승진은 해당 종단의 추천을 받아 승록사(僧錄司)에서 주관했다.

비록 불교만큼의 영향력은 없었으나, 고려에서는 도교도 유행했다. 고려의 도교는 노자의 철학 사상에 신선 사상과 음양, 제가 등 각종 요소가 혼합된 데다 민간 신앙까지 겹쳐서 '교(敎)'라고 말하기에는 좀 그렇게 되었다.

도교의 최고 신은 옥황상제로 불리는 원시천존이며, 별을 신으로 받들고 기타 성황신, 토지신, 산신 등 수많은 신을 숭배한다. 도교도 다른 종교와 마찬가지로 화를 피하고 복을 기원하기 위하여 초례를 올리는데, 초례는 국가의 안녕과 왕실의 번영 등을 기원하는 목적으로 올렸으며, 도교의 제사 관습은 조선조까지도 이어진다.

한반도의 도교는 고구려 제27대 영류왕 때인 7세기 초반에 당을 통하여 유입되었다. 도교는 고려 중기에 크게 성세를 떨쳐서, 제16대 예종 때에 사원인 복원궁(福源宮)이 건립되었다.

도교의 도사들이 거처하는 곳을 도량(道場)이라고 하는데, 도사들은 주로 수양하는 외에 단약(丹藥)을 만들었다. 단약은 장생불사하여 신선이 될 수 있도록 도움을 주는 약이라지만, 성분이 대부분 중금속이 되어 놔서 장생불사 약으로 착각하고 이를 복용한 수많은 황제들이 중금속 중독으로 죽었는데, 대표적인 황제가 당 태종 이세민이다. 중국 도교의 대표적인 도량이 무당검술의 본산인 무당파의 태극전인 것이다.

불교, 도교 이외에 고려에서 유행되던 사상이 풍수지리설과 도참설이다. 신라 말 승려인 도선이 원조인 풍수지리설은 산수의 형세에 나라나 인간의 성쇠와 길흉이 달려 있다는 설이고, 도참은 원래 징후, 기미, 전조의 의미로 미래에 닥쳐올 길흉화복을 예언하거나 암시한 미신적인 사상이다. 이 풍수지리설과 도참설은 고려 태조 왕건서부터 굳게 믿었고, 나중에 인종(제17대) 때 묘청이 들고 나왔다가 잘 안 되자 난을 일으키기도 했으나, 조선조까지 이어져서 사회 전체에 심대한 영향을 끼쳤다.

도교의 중요한 풍습으로 조선조까지, 아니 어쩌면 20 세기 중반까지 이어진 풍습 중에 수경신(守庚申)이 있다. 이는 경신수야(庚申守夜)라 하여 사람들이 60일마다 돌아오는 경신일에 잠을 자지 않고 밤을 새우는 풍습을 말한다.

도교에서는 사람의 수명을 120세로 보고 있는데, 악행을 저지를 때마다 수명이 줄어든다고 한다. 사람의 몸 속에는 삼시충(三尸蟲)이라는 것이 있어서, 그 사람이 저지르는 악행을 일일이 기억해 두었다가, 웬 벌레가 그렇게 기억력이 좋지?, 경신일이 되면 사람들이 잠든 사이에 옥황상제에게 올라가 그 악행을 보고한다고 한다.

그래서 삼시충이 잠든 사이에 빠져나가지 못하도록 경신일에 밤을 새우는 풍습이 생긴 것이다. 필자의 기억에, 지금도 시골에서 이 풍습을 지키는 사람들이 있는지는 모르겠지만, 이 풍습은 몇십 년 전까지만 해도 남아 있었다.

동양 최고의 명군인 조선의 세종(제4대)은 책만 좋아하고 운동을 싫어해서 상당한 비만이었는데, 그래도 운동 중에서 격방(擊棒 : 擊毬 또는 打毬를 말하며, 오늘날의 골프에 해당된다고 보면 된다) 하나만은 좋아했다.

세종은 경신일이 되기를 기다렸다가, 두 달마다 한 번씩 경신일이 돌아오면 밤새도록 골프를 치면서 그간 신하들에게서 받은 스트레스를 풀곤 했다.

고려의 민중 사상이 불교이다 보니 채식주의자들이 넘쳐났다. 태조 때 충신 최응이 병이 나서 누웠다. 태조가 태자를 보내서 문병하고 고기를 먹으라고 권하면서 말하기를

"자기 손으로 짐승을 죽이지만 않으면 그만이지 고기를 먹는다고 해서 무엇이 나쁘겠는가."

하였으나, 최응은 굳이 사양하고 먹지 않았다.

그래서 태조가 그의 집에 가서 말하기를

"그대가 고기를 먹지 않은 것은 두 가지 잘못이 있다. 첫째로 자기 몸을 보전하지 못하여 종신토록 모친을 봉양할 수 없으니 불효요, 둘째로 자기 수명을 길게 유지하지 못하므로 나로 하여금 좋은 보필을 일찍이 잃게 하니 불충이로다."

하니, 최응이 그제야 비로소 고기를 먹기 시작했고, 과연 건강이 회복되었다. 채식주의자들은 꼭 한번 새겨들을 스토리다. 사실 고기를 먹으나 채소만 먹으나 다를 것은 하나도 없다. 어차피 동물도, 그리고 식물도 의식이 있는 생물이기 때문이다.

재가승촌(在家僧村)

　고려에는 재가화상(在家和尙)들이 모여 사는 재가승촌이 있었다. 재가화상이란 머리를 깎기는 했으나 중도 아니고 속인도 아닌 비승 비속인들을 말한다. 이들은 불교의 관습은 지키지만, 계율은 지키지 않는 무리들이었다. 이들은 아내를 두고 자식을 길렀으며 고기를 씹었다. 말하자면, 땡중과 비슷한 무리들이었던 것이다.

　『고려도경』에 실려 있는 재가화상의 모습을 보자.

　재가화상은 가사를 입지 않고, 계율을 지키지 않으며, 흰 모시의 좁은 옷에 검은색 끈으로 허리를 묶고 맨발로 다니는데, 간혹 신발을 신은 자도 있다. 거처할 집을 자신이 만들며, 아내를 두고 자식을 기른다. 그들은 관청에서 기물을 져 나르고, 도로를 쓸며, 도랑을 내고, 성과 집을 수축하는 일에 종사한다. 변경에 정보가 있으면 단결해서 나가는데, 비록 달리는 데 익숙하지 않기는 하나 자못 씩씩하고 용감하다. 군대에 가게 되면, 스스로 양식을 마련해 가기 때문에 나라의 경비를 소모하지 않고서 전쟁을 할 수 있다. 거란이 고려인에게 패한 것도 바로 이 무리들의 힘 때문이었다고 한다. 그들은 사실 형벌을 받은 복역자들인데, 이족(夷簇 : 고려인) 사람들은 그들이 수염과 머리를 깎아 버린 것을 두고 화상이라고 이름 붙였다.

　단재 신채호(1880~1936)는 이들을 승군(僧軍)이라고 했는데, 일리가 있는 소리다. 그 당시에는 절의 규모 때문에 사전(寺田)을 경작하는 자도 필요했고 또 절의 재산을 지킬 경비도 제법 필요했다. 절에 여유가 있으니 자연히 유랑민들과 부랑배들이 몰려들어 기식(乞食)을 하는 경우가 흔했다. 승군은 모두 중이 아니고 이들이 합세한 병력이었던 것이다.

재가승촌은 주로 북방에 있었는데, 이는 윤관이 북벌을 수행하면서 복속한 여진인들을 모아 살게 한 데서 비롯되었다고 한다. 재가 승촌의 불당에는 승려는 없지만 불교에 조예가 깊은 이를 촌장으로 삼고, 불당에 모여 불경을 외우고 설법을 듣는데, 어쩌면 이런 것을 불교 공동체라고 하는 것은 아닌지 모르겠다.

땡추와 땡중

우리가 보통 말하는 땡추와 땡중은 같은 의미로 쓰이는데, 이들은 비록 중이지만 가사만 걸친 중으로, 술과 고기를 먹고 여자를 안으며 온갖 짓을 다하는 가짜 중을 가리킨다.

그런데 원래 땡추란 그런 뜻이 아니고, 고려 말기에 개혁을 추진했던 공민왕(제31대)이 신돈에게 도움을 요청하여 개혁 성향을 가진 스님들을 규합한 모임의 이름이었다. 각 도에서 1명씩 모두 7명의 스님과 신돈이 모여서 만든 개혁 추진 단체의 명칭이 '당취'였는데, 이 당취가 '땡추'로 변했고, 후에 '땡중'과 동의어가 된 것이다.

신돈이 실각한 후 당취는 없어졌으나, 땡추는 조선조에서 가짜 중들의 조폭 단체로 변질되었다. 부역을 피해서 절로 들어온 부랑자들이 수십 명씩 떼를 지어 다니며 행패를 부렸고, 도적질도 심심치 않게 했다. 이들은 전국적인 조직을 갖추어 서로 상부상조했으며, 조직원이 해를 입었을 때는 반드시 복수를 했다. 지금의 전국 규모의 조폭 조직과 하는 짓이 아주 비슷했던 것이다.

이들의 행패가 심해지자 관이 나서서 이들을 탄압하기 시작했다.

그러자 이들은 사당패가 되어 광대놀이도 벌이고 매음도 하곤 했는데 도통 통제가 되지 않았다. 이 사당패 출신으로 유명한 인물이 바로 조선 제19대 숙종 때의 장길산이다.

11. 팔만대장경(재조본) 판각(고종 39년, 1251)

팔만대장경(국보 제32호)은 우리나라 문화유산 중 가장 중요한 유산의 하나이고, 대장경판을 보관하고 있는 해인사의 판고(版庫)는 1995년 유네스코 세계문화유산으로 지정되어 있다. 대장경판의 중요성이 못해서 판고가 문화유산으로 지정된 것이 아니라, 세계문화유산은 유적지(遺跡地)여야 되기 때문이다.

불경을 집대성한 팔만대장경은 고려 불교 문화의 정수로, 고려 시대에 판각한 대장경의 완성이다. 대장경이 판각된 판목은 모두 81,137장으로 보통 팔만대장경으로 불리며, 각 판목에 새겨진 글자는 대략 650자로 총 5,200만여 자에 총무게는 280톤 정도 되는데, 모두 읽는 데만도 한 30년 걸린다고 한다.

대장경이란 부처님의 설법을 모은 '경(經)'과 그것을 풀이하고 해석한 '논(論)', 불자들의 계율을 담은 '율(律)'을 집대성한 것을 말한다. '장(藏)'이란 '광주리'를 뜻하는 범어(梵語)에서 유래된 말로, 결국 대장경이란 '불교 경전이 담겨 있는 큰 광주리'란 의미이다.

대장경은 10세기 후반 중국 송나라에서 처음 완성했다. 고려는 이의 부본을 입수하여 수정·보완한 후 1010년 거란의 침공을 받던 현종(제8대) 대에 1차 대장경을 완성했는데 이것이 초조대장경으로, 문종(제11대) 대에 대각국사 의천이 간행한 속장경과 함께 1232년 몽골군의 2차 침공 때 모두 소실되었다.

1236년 몽골의 3차 침입 때 고려 조정은 초조대장경을 만들어서 거란군의 침입을 격퇴시킨 예를 본받아, 이번에도 불력(佛力)으로 국난을 극복하자는 백성들의 소원을 결집시킨 대장경을 다시 조판

하기 시작했으며, 연 150여만 명의 인력을 투입하여 15년 만인 1251년에 팔만대장경을 완성했다.

그러나 결국 불력의 도움은커녕 막대한 인력 낭비와 경비만 축냈지만, 그래도 지금 우리의 기록 문화유산 중 한글 다음으로 중요한 것이 직지심경과 팔만대장경이다.

어느 나라의 유산이건, 후세에 남겨진 대부분의 큰 유산에는 당시 백성들의 피와 땀이 서려 있다. 팔만대장경 또한 전란의 와중에서도 숱한 민중의 피와 땀이 서린 결실이었다. 막대한 인력과 경비를 투입하여 판각을 완성하긴 했으나, 도대체 그 엄청난 불사(佛事)가 누구를 위한 것이었는지 알 수가 없다.

팔만대장경 판각에 드는 경비는 당시 무신 정권의 최고 권력자였던 최충헌의 아들 최우(최이)가 거의 다 부담했다. 정권의 정통성도 없고, 온 백성들을 내버리고 저만 살겠다고 강화로 천도한 후 심각한 민심 이반을 경험한 최우로서는, 백성들의 뜻을 한 군데로 결집시키고 흩어진 민심을 수습하는 데 대장경 판각만한 괜찮은 이벤트가 없었을 것이었다. 일단 판각이 완성되는 15년 간은 민심이 잠잠할 것이고, 불력의 효험이야 그 이후에도 한참을 기다려 봐야 되니, 대장경 판각은 최이에게 재산의 일부를 쏟아부을 만큼 아주 쓸 만한 아이디어였던 것이다.

대장경판의 크기는 대략 가로 50cm, 세로22cm, 두께 3cm 정도이고, 수령 50~60년생 자작나무와 단풍나무 그리고 돌배나무가 판목의 주종이었다. 팔만대장경을 판각하기 위해서는 15,000본 이상의 나무를 벌채해야 했고, 이를 규격에 맞도록 자른 다음 비틀림 방지를 위해 여러 해 동안 바닷물에 담갔다 꺼내서 말리기를 번갈아 해야 했으며, 그 후 소금물에 쪄서 진을 뺀 다음 다시 그늘에 말려야 했다.

그렇게 준비된 판목에 글씨를 쓰는 필생(筆生)과 이를 양각하는 데 필요한 각수(刻手) 수백 명을 확보해야 했으며, 또 필생들이 모두 같은 체(體)의 글씨를 쓸 수 있도록 훈련시키는 일에만도 수년이 소요되었다. 불경을 쓰는 것이기 때문에 글씨는 정결하고 우아하면서도 힘이 있어야 했다.

각수 또한 마찬가지였다. 그들은 글씨를 양각(陽刻)하면서 원래의 글씨가 가지고 있는 품위를 손상시키면 안 되었고, 획의 끝 하나라도 비뚤어지면 다시 파야 했다.

그뿐만이 아니었다. 경전을 정리하고 수록 범위를 정한 다음 경전 종류를 결정하고 그 경전들의 내용을 일일이 확인해야 했다. 입장(入藏)이 결정된 불서는 모두 6,500여 권이었는데, 그 함호(函號)의 배열은 천자문 글씨 순서대로 하기로 했다. 또 글씨를 쓴 판목에 양각이 끝나면 한 글자씩 교정을 보는 일만도 큰일이었다. 이렇게 모든 일이 마무리되면 부패를 방지하기 위해서 옻칠을 한 다음 말려서 판고에 보관했다.

대장경 판각을 위한 기구로 진주에 분사대장도감을 설치했으나, 판목을 준비하는 작업은 몽골군의 눈을 피해 대부분 남해의 섬들에서 이루어졌다. 어차피 벌채한 원목을 바닷물에 담갔다 말리는 작업을 3년이나 해야 되었기 때문이었다. 이 모든 일을 끝내는 데는 10만 명 이상이 동원되어 15년이나 걸렸으니, 공사도 대공사지만 고려 백성들이 모두 불자(佛子)였기 때문에 아마 가능했을 것이다.

이렇게 거의 온 고려의 국력을 쏟아부어 만든 팔만대장경이 조선 시대부터 원수의 나라가 되는 일본 것이 될 뻔한 일이 있었다.

15세기 초인 조선의 제4대 세종 5년, 일본이 여러 차례 사신을

보내 대장경을 요구하자, 세종은

"대장경은 우리 조정에서는 무용지물이고 쓸데없이 보관 경비만 많이 나가고 있으니, 일본 애들한테 줘 버리지 뭘."

하자, 대신들이

"경판은 비록 아낄 물건이 아니오나 만약 일본이 계속 청구하는 것을 지금 일일이 쫓다가 뒤에 줄 수 없는 물건을 청구하는 것이 있게 된다면 이는 먼 앞날을 염려하는 것이 못됩니다."

라고 반대하는 바람에 간신히 살아남았다.

그러나 그 대신 밀교대장경판과 조화엄경판, 대장경 1부, 화엄경 1부를 주어 보냈다.

현대에 들어서서도 대장경은 또 한번 사라질 뻔했다. 한국전쟁(6.25전쟁) 때 공비가 출몰하는 지리산에 위치한 해인사에 유엔군에 의한 폭격 명령이 하달되었다. 당시 폭격 명령을 하달 받은 김영환 장군은 상부의 명령을 거부하면서 해인사를 지켰다. 그는 항명을 추궁하는 상부에 해인사의 가치를 조목조목 설명하여

"귀하와 같은 장교를 둔 것은 대한민국의 행운이다."

라는 찬사를 들었다. 해인사에서는 김영환 장군의 공을 기려 지금도 매년 추모제를 지내고 있다.

김영환 장군 말고도, 구례의 화엄사는

"태우는 것은 하루면 족하지만, 다시 세우려면 천년도 부족하다."

라며, 소각령으로부터 화엄사를 지킨 차일혁 총경의 이야기도 작은 감동을 불러일으킨다.

12. 고려의 명절과 연회 그리고 제의

고려시대에 가장 큰 명절은 설날(원정)이었다.

설날에는 7일 간의 휴가가 주어졌고, 그 다음 큰 명절은 상원 즉 대보름날이었다. 이 상원에 연등회가 치러지면서 다양한 불교 행사가 같이 베풀어지며, 그 다음에 오는 불교 명절이 사월 초파일 즉 석가 탄신일이다. 비슷한 시기에 5월 5일 단오절이 있고, 8월 15일 추석이 있는데, 추석은 당일 하루만 놀았다.

대신 12월의 남향일에 농사를 맡은 신에게 감사를 드렸으며, 이날에 관리들은 7일 간의 휴가를 받았다. 상원일(上元日)과 수경신(守庚申)은 도교에서 온 풍속이고, 연등회(燃燈會)와 팔관회(八關會)는 불교와 관련된 풍습이었다.

겨울에 치러지는 행사로는 단연 팔관회가 가장 컸다. 팔관회는 신라 때부터 전래된 풍습으로 전 국민의 축제였는데, 그 기원은 불교의 행사와 고구려의 동맹에서 비롯되었다. 원래 팔관회란 날을 정해 놓고 부처의 가르침인 살생, 음행 등 금계 여덟 가지를 지키면서 수행하는 것을 일컫는다. 그런데 이 행사가 부처를 공양하고 신을 즐겁게 하는 국민적인 축제로 성격이 바뀐 것이다.

팔관회는 매년 11월 개경과 서경 두 곳에서 열리는데, 부처를 공양하고 하늘과 오악 그리고 명산대천과 용신을 섬기는 행사이다. 이 행사에는 각가지 유희와 춤, 노래 그리고 화려하게 장식된 용과 봉황, 코끼리, 마차, 배, 인형 등의 모형이 등장해 퍼레이드를 벌였고, 거리에는 등을 달고 채붕(綵棚)을 연결해서 화려하기 짝이 없었던 축제였다.

팔관회는 1년에 한 번 치르는 데다가 큰 행사이다 보니 격구장을 빌어 예행연습을 했으며, 예행연습 때도 술과 음식이 풍성하게 나왔다.

또 이 행사가 열릴 때면 주변국에서 사신을 보내 공물을 바쳐 고려 왕의 만세를 축수했고, 각 지방관들 역시 표문(表文)을 올려 행사를 축하했다.

송상들이 참여했고, 동서 여진과 탐라국에서도 토산물을 바쳤으며, 행사장 주빈석에는 이들의 좌석이 마련되었다. 이렇게 이 행사는 종교 행사라기보다 고려의 전국민적인 축제 성격을 띠고 있었으며, 주변국에서도 행사에 관심을 기울일 정도의 국가적인 행사였다.

팔관회는 태조 왕건이 훈요십조에서 후손들에게 지키도록 명한 축제였으나, 불교를 억누르고 유교를 정치 이념으로 삼기 시작한 성종(제6대) 때에 번거롭다는 명분하에 폐지되었다가 현종(제8대) 때 부활된다.

연등회는 부처를 섬기는 행사로, 대보름인 정월 보름에 열리는 상원 연등회와 부처 탄신일에 열리는 초파일 연등회가 있었다.

다음은 『용재총화』에 나오는 연등회의 풍경이다.

4월 8일은 등을 단다. 세상에서 말하기를 이 날이 석가의 탄신일이라고 한다. 봄철에 아이들이 종이를 끊어서 기를 만들고 물고기의 껍질을 벗겨서 북을 만들어 가지고 다투어 모여, 떼를 지어서 마을과 거리를 돌면서 연등감을 달라고 조른다. 이날이 되면 집집마다 장대를 세우고 등을 단다. 호부한 집들은 크게 채색 등잔의 층층 사다리를 만들어 단다. 층층으로 달린 수많은 등잔들은 별이 하늘에 벌어 있는 것 같다. 도성의 사람들은 밤새도록 놀며 구경한다.

더 이상 설명 안 해도 당시의 정경이 눈에 선할 것이다.

이 밖에 연등회는 사찰의 창건이나 국왕의 공덕을 위한 제사 때도 열렸다. 흥왕사를 건축한 문종(제11대)은 대궐 뜰에서부터 흥왕사까지 좌우에 연산과 화수를 만들어 빛을 비추게 했는데, 밤이 낮과 같을 정도로 밝았다 하니 얼마나 많은 돈이 깨졌을까.

팔관회는 조선시대에 들어와서 폐지되었고, 연등회도 국가 행사가 아닌 절과 민간의 행사로 축소되었다.

왕의 생일도 국가 행사의 하나였다.

왕의 생일뿐만 아니라 왕이나 태자의 책봉 의례와 혼인, 왕태후 책봉 같은 경우도 마찬가지였다. 그리고 왕은 설날이나 경축일, 절기일, 즉 한식이나 입춘, 동지 등을 맞을 때도 연회를 베풀었다.

연회를 좀 크게 벌이는 데는 엄청난 경비가 들어갔다. 뭐 다 그랬던 것은 아니고, 일부 싸가지 없는 왕들은 연회에 돈을 펑펑 써댔다. 연회장을 치장하는 데만도 막대한 경비가 들어갔는데, 공민왕(제31대) 때 연경궁에서 벌어진 연회 때 사용된 장식용 꽃을 만들기 위해 소요된 베가 자그마치 5,140필이나 되어 시중의 베값이 폭등했다고 한다.

몽골 침공기에 강화로 천도한 최우가 벌였던 파티에는 악사와 기생만도 1,300명 이상이 동원되었다는 기록이 있을 정도다. 파티가 끝나고 나서 악사와 기생들에게 은병을 하나씩 주었다니, 이 인간 정신 나가도 한참 나갔다.

이 최우가 하는 짓이 딱 북한의 김정일과 판박인데, 한번은 석원사에 행차하면서 왕을 대접하느라고 여섯 개의 상을 차렸다. 상에는 모두 칠보로 장식된 그릇들이 놓였으며 반찬이 극히 풍성하고 사치스러웠다.

최우가 한다는 소리가,

"앞으로도 어찌 오늘 이것처럼 하는 자가 있으랴."

라고 하였다니, 어이가 없어 말이 안 나온다.

당시 몽골의 침공으로 전국이 아비규환의 참화에 빠져서 길바닥에는 몽골군에게 살해되고 또 굶어 죽은 시체가 즐비했는데, 강화에 편안히 엎드려서 놀고 처먹으며 한다는 소리가, 좌우간 별 미친 놈 다 보겠다.

이렇게 고려 말이 되면서 있는 놈들 사이에서 사치가 범람하여, 공양왕(제34대) 때가 되면

귀천의 구별 없이 길에는 제왕의 옷차림을 한 남종이 많고, 거리에는 왕후의 장식을 한 여종이 널렸습니다. 원컨대 이제부터 사서, 공상, 천예는 일체 비단옷과 금, 은, 주옥 등으로 장식하는 것을 금하여 사치하는 풍속을 단속함으로써 귀천을 엄격하게 하소서.

라는 상소가 보일 정도다. 보아 하니, 종들이 비단옷을 입고 금, 은으로 치장을 한다는 이야긴데, 고려 말에 무슨 큰 수가 나서 그런 것이 아니고, 아마 한다 하는 권문세가네 종들 중에 그런 놈들이 있었을 것이다.

한편으로는, 가끔 80세 이상 장수한 노인이나 홀아비, 과부, 고아들을 불러서 잔치를 베풀고 쌀 등을 나누어 주곤 했다. 왕들은 이런 행사와 연회를 통한 사회적 통합 및 지지 세력 확보에 힘입어 어려운 중에서도 그나마 통치를 해 나갈 수 있었던 것이다.

고려시대 때 가장 많았던 제의는 기우제(祈雨祭)와 기청제(祈晴祭)였다. 즉, 시도 때도 없이 닥치는 가뭄이나 홍수 등 자연재해와 전쟁이나 민란 등이 일어났을 때 국가적인 제의가 거행되었다. 조선시대도 마찬가지였지만, 고려시대에도 경제적인 주 활동은 농사였으나, 농업 기술이 발달되지 않은 데다가 수리 시설이 거의 없어 농사의 흉풍(凶豊)은 하늘에 달렸었다.

그러니 특히 기우제인 경우 거의 매년 치러졌다. 당시 사람들이 가뭄이나 홍수 등 자연재해를 대했던 마음가짐을 보자. 다음은 제6대 성종의 교서다.

늦은 여름이 이미 지나고 첫 가을도 거의 반이나 되었는데 아직 비가 오지 않으니 대단히 걱정된다. 혹시 나의 정치 교화가 잘못된 탓인지 형벌과 상이 부적당한 탓인지 감옥을 열고 죄수를 석방하며, 정전에서 다른 곳으로 옮기고, 아침 저녁 반찬 수를 줄이며, 하늘과 불당에 기도하고 산천에 두루 제사 지냈으나, 아직 비가 내리지 않고 가뭄이 점점 심해지고 있다. 내가 덕이 없어 이런 가뭄을 만났으니 노인을 존경하는 행사를 거행하며 농사를 걱정하는 내 성의를 표시하려고 한다.

아시다시피 성종은 우리나라 최초로 사직단과 종묘를 세우는 등 유교를 정치 이념으로 받아들이고 불교를 억눌러 팔관회와 연등회 등 불사를 폐지한 왕이었음에도 불구하고, 이와 같이 불당에 기도했다.

고려시대와 조선시대를 포함하여 재위했던 모든 왕들은 위의 성종의 교서에서 밝힌 것과 같은 생각을 가졌었다. 즉, 자연재해는 하늘이 통치자에게 주는 경고로 받아들였던 것이다. 이런 사상은 조선 말까지 이어졌다.

조선의 명군 세종(제4대) 같은 경우에는, 가뭄이 심하자 정전에서 나와 경희루 한쪽에 초가를 짓고 2년이나 생활하면서 농민들의 아픔을 같이 경험했었다.

이렇게 기우제를 지내는 것은 왕의 제의(祭儀) 중에서 가장 중요한 제의였으나, 기우제를 지낸다고 비가 올 리가 만무했다. 역사상 기우제를 지내서 지낼 때마다 비가 온 경우는 중남미의 잉카족이 유일했는데, 왜냐하면 그들은 비가 올 때까지 기우제를 계속 지냈기 때문이었다.

기우제도 기청제도 아무 데서나 지내는 것이 아니었다.

나라에서는 그간의 경험으로 영험이 있는 신사와 절을 몇 군데 선정하여 제사를 지냈다. 특히 송악 신사나 지리산 신사가 바로 그런 곳이었다.

기청제의 예를 보자. 제32대 우왕 9년의 관음포해전에서다. 왜적이 쳐들어오자 고려의 수군 창설자 정지 장군이 전함을 끌고 바다로 나갔는데, 비바람이 몰아쳐서 화약에 불이 붙지 않아 전투를 할 수 없었다. 정지는 지리산 신사로 사람을 보내 기도하기를

"나라의 존망이 여기에 있으니, 음산하게 내리는 비를 걷어 나를 도와서 신의 부끄러움을 당하지 말게 하소서."

했더니, 제사가 끊어질 것을 걱정한 지리산 신의 영험이 나타나 과연 비가 멎었다.

『고려사』「정지열전」에 다음과 같은 기록이 있다.

정지가 함대를 이끌고 적 함대에 접근하자 적의 기치가 하늘을 덮고 창검이 바다에 번뜩이면서 사방을 에워싸고 다가왔다. 이때

정지가 머리를 조아려 하늘에 절하니, 문득 바람이 유리하게 되어 중류에 나가 돛을 달고 나는 듯이 박두양에 이르렀다. 그때 적은 큰 배 20척으로 선봉을 삼고 배마다 강병 140명씩을 실었다. 정지가 공격하여 우선 이것을 격파하니 시체가 바다를 덮었다.

정지 장군은 관음포해전에서 47척의 전함을 이끌고 나가서 쳐들어온 왜구의 배 120척 중 대선 17척을 침몰시키는 대승을 거두었다. 물론 기도를 해서 바람의 방향이 유리하게 바뀐 사례는 이미 중국의 삼국시대에 제갈량이 적벽대전 때 단을 쌓고 기도를 해서, 그 당시가 겨울이었음에도 불구하고, 동남풍을 부른 적이 있었으니 아마 사실일 것이다.

정지 장군은 돈 들여 단도 쌓지 않고 그냥 절 한번으로 바람의 방향을 바꾸었으니, 내공이 제갈량보다 한 수 위로 보여진다. 그런데 정지 장군이 이 해전에서 대승한 것은 사실 바람 때문이 아니라, 당시 고려 전함에 최무선이 개발한 최신형 함포가 장착되어 있었기 때문이었다.

그건 그렇다 치고, 귀신이 전투에 도움을 준 경우는 정지 장군의 경우뿐이 아니었다. 진도에 이어 탐라가 함락됨으로써 삼별초의 난이 진압된 직후 금성산의 산신이 무당에게 임했다.

"야, 너네들이 진도, 탐라를 정벌할 때 힘을 쓴 것은 난데, 장수와 군사들에게는 상을 주면서 어째서 나에게는 아무것도 없냐? 반드시 나를 정녕공으로 봉하라."

이 말을 들은 정가신이 충렬왕(제25대)에게 아뢰어 산신을 정녕공으로 봉하게 하고, 나주읍의 녹미 5섬을 거두어 해마다 사당에 보내 주게 하였다. 당시 귀신이나 산신의 영험은 이 정도가 기본이었다.

이렇게 기우제나 기청제를 드릴 때의 주재자는 대부분 왕이나 고위 관료였고, 제의는 승려나 무당에 의해서 치러졌다. 무당 중 영험 있는 무당은 국가에서 관리했는데, 인종(제17대) 때의 기우제에서는 한번 제사에 무당이 300명씩이나 동원되었을 만큼, 무당도 많았고 무당의 역할을 중요시했다.

　　비가 안 와서 기우제를 지내는 것도 좋고, 무당이 영험하니 효과가 빨리 나타나라고 수백 명씩 동원하는 것도 좋지만, 이렇게 왕창 벌인 제의의 경비를 백성들에게 부담시키는 것이 문제였다.

　　국가적인 제의가 있을 때, 조정에서는 관리들을 시켜서 안 그래도 깡통인 백성들에게 제의에 소요되는 경비 즉 제물과 무당에 대한 사례금 등을 거두었는데, 많이 거둘 때는 백금 1천 냥을 거둔 적이 있으며, 비가 오거나 말거나 경비를 제하고 남는 것은 관리들이 나누어 가졌다.

　　또 기우제 중에는 금주령이 발동되었다. 그런데 무당들이 떼지어 다니면서 나라의 행사라고 핑계 대면서, 큰 거리에 모여 태연자약하게 술들을 마시고 북 치고 피리 불고 노래하고 춤추는 등, 하는 짓들이 제멋대로였다.

　　무당들이 하는 짓이 이렇게 싸가지가 없는 데다가, 수백 명씩 동원되어 기도를 하고 별짓을 다하는 데도 별 볼일이 없자, 유자들 중 도감 함유일이 과감하게 미신 타파에 나섰다.

　　함유일은 우선 신당에 있는 신상들에게 활을 쏘아 이적이 일어나지 않으면 불살라 버렸고, 이적이 일어나면 그냥 놓아 두었다. 용수산사의 신상에다 화살을 쏘았는 데도 별 이적이 없자 역시 불살라 버렸는데, 신사가 불타는 동안 귀신이 외출을 했었는지 불사를 당시에는 아무 이적이 없다가, 밤에 왕의 꿈에 나타나 억울함을 호소했다. 잠깐 나갔다 왔더니 신사가 홀랑 다 타 버렸다는 것이었다.

놀란 왕이 함유일을 불러 신사를 다시 짓게 했다.

이렇게 미신 타파에 앞장섰던 인물로는 함유일 외에도 유학자 안향이 있다.

13. 상업과 화폐

고려는 조선에 비하여 활발한 대외 무역을 펼쳤다.

개성에서 30리쯤 떨어진 곳에 있는 예성강의 벽란도는 송, 일본, 요, 금 그리고 동남아시아, 아라비아 등 세계 각국 상인들이 모이는 고려 최대의 국제 무역항으로, 당시 가장 큰 고려의 교역 상대국은 송이었다. 이때쯤 고려를 찾아왔던 아라비아 상인들에 의하여 고려의 영어 표기인 '코리아(Korea)'가 세계에 알려지기 시작했다.

송의 상인들은 비단, 약재, 차, 서적 등을 가져왔고, 기타 외국의 상인들은 몰약, 향료, 수은, 금은, 악세서리(노리개) 등을 전했다. 고려의 수출품으로는 인삼, 종이, 삼베, 모시 등이 있었는데, 특히 고려 인삼과 고려 종이는 유명했다.

당시 50만 정도의 인구가 살았던 개경 중심가에는 지전, 포목전, 마전 등 상점들이 즐비했고, 수입품인 차와 만두를 파는 쌍화점도 있었다. 노천에는 정기적으로 열리는 장이 있어서, 일반 백성들이 필요한 곡식, 어물, 채소 등 생필품들이 거래되었다.

개경에 시전(市廛)이 처음 설치된 때는 건국 직후였다. 상설 시장인 시전에서는 생필품도 판매했으나, 주로 관수품을 조달하고 국고의 잉여물을 처분하는 기능을 가진, 지금의 조달청 비슷한 역할을 했다. 이러한 시전 외에, 도시의 소시민들을 위한 장시가 있었고, 지방에서는 비상설 장시가 열려 미포(米布)를 화폐 삼아 물물 교환을 했는데, 포 중에서도 질이 중간쯤 되는 오승포가 주로 화폐 대신 쓰였다.

이러한 시전 외에도 조선의 보부상 같은 행상도 많았다. 행상들은 장이 서지 않는 오지 등을 찾아다니며 소금, 농기구, 그릇, 일용품 등을 판매했고 대금으로 곡식이나 베를 받았다.

특이한 것은, 이러한 물자 유통에 사원이 적극 개입했고 많은 물품을 생산했다는 것이다. 사원에서는 베, 모시, 기와, 소금 등 우수한 수공업품을 생산했을 뿐만 아니라, 사원 토지에서 농산물이 생산되었고 양조업까지도 했다.

제6대 성종 15년(996)에 우리나라 최초의 철전인 건원중보를 사용한 일이 있었으나 백성들이 기피하여 곧 사라졌고, 제15대 숙종 7년(1102)에 해동통보, 동국통보 등의 구리돈이 일시 통용되었다. 종이돈은 고려가 원의 식민지가 된 후 원으로부터 들어와 일부 유통되었는데, 왕들이 원에 친조했을 때도 황제들이 용돈으로 내려 주어 고려에 들어왔다.

제34대 공양왕 때 원의 교초(交鈔)를 본떠서 최초의 지폐인 저화(楮貨)가 발행되었으나, 종이 질이 나쁘고 젖으면 못 쓰게 되어 제대로 통용되지 못한 채 사라졌다.

역시 숙종 때인 1101년 고액 화폐로 은병(銀瓶)을 주조했다. 은병은 은 한 근을 주조하여 만든 것으로, 우리나라 반도 모양의 지형을 입체적인 병의 형태로 만들어 겉에 표인을 찍었다. 이 은병의 크기는 어른 주먹만 했고, 주둥이가 넓어 활구(濶口)라고도 했다.

은병 하나의 가치는 시대별 그리고 시기별로 달라서 쌀 10섬에서 20~30섬에 해당되었고, 포(布)로는 대략 100필에 해당되는 큰 액수의 돈이었다. 이 은병은 귀족이나 부호들 그리고 무역상인 사이에서 주로 통용되었고, 집 거래나 군수 물자 구입 등 액수가 큰 거래, 그리고 뇌물이나 상을 주는 데 주로 사용되었으며, 가치가 너무 커서 일반 서민하고는 거리가 멀었다.

고려 후기에 들어서면서 쇄은(碎銀)과 소은병(小銀瓶)이 제조되어 통용되었다. 은은 당시 국제 무역의 결제 수단으로, 이로 인해 많은 은이 원으로 반출되면서 원의 화폐인 '보초(寶鈔)'가 고려로 들어와 통용되었다. 보초는 왕실을 비롯한 상류층에서 사용되었는데, 사실 원(元) 식민지시대에는 화폐뿐만 아니라 원의 풍습과 원나라 말까지 원의 모든 가치가 고려의 지배층에 깊이 스며들었다.

일제 강점기 36년을 경험하고서 60년이나 지난 지금까지 얼마나 많은 식민 잔재가 남아 있는지 모른다. 하다 못해 식민사학(植民史學)이 아직까지도 사학계의 주류로 자리 잡고 있을 정도다.

고려시대는 아직 화폐가 통용될 만한 사회 경제적 여건이 무르익지 못했을 때였고, 우리나라 국민들의 보수성 때문에 화폐에 대한 인식이 쉽게 정착하지 못해서 유통에 실패했다. 이후에도 여러 차례 화폐 유통 시도가 있었으나 역시 정착되지 못했고, 최초의 화폐가 출현한 지 거의 700년이나 지난 17세기 말 조선 제19대 숙종 때에 들어서서야 본격적으로 나라 전체에 화폐가 통용되기 시작했다.

고려에는 서긍이 방문한 12세기 초까지 주판(珠板)이 없었다. 그래서 금이나 비단을 출납할 때면 회계를 맡은 관리는 나무 조각에 칼로 표시하여 출입의 증표로 삼았고 일이 끝나면 그 나무토막을 내버리고 더 이상 쓰지 않았다.

고려는 근본적으로 물물 교환 경제였고, 화폐가 처음 통용하기 시작했던 시대이기도 하다. 당시 화폐는 중국의 화폐와 은병을 의미했으며, 이의 유통은 귀족층과 극소수의 상인에 의해서만 통용되었고 일반에서는 화폐 대신 모시나 무명 그리고 쌀을 썼다.

그런데 화폐에 대하여 쓰면서 필자는 궁금증이 일어나는 것을 금할 길이 없다. 베와 쌀을 화폐 대신 썼다면, 무거운 쌀보다 일단 가지고 다니기 쉬운 베가 더 많이 통용되었을 것이다. 그런데 대포 몇 잔 먹거나 여럿이 가서 회식이라도 한번 한 후 값을 치를 때 베를 원하는 치수만큼 잘라 주어야 했을 것이다. 받은 상인은 다른 물건을 살 때 받은 베를 다시 작게 잘라야 했을 것이고, 또 다른 상인은 어떻게 했을까? 게다가 베가 이 사람 저 사람 손을 거치면서 손때를 타게 되면 빨아서 썼을까? 도무지 감이 잡히지 않는다.

14 고려청자와 차 문화

고려 문화에서 술과 차는 대단히 중요한 요소였다.

술과 차는 나라에서 관리하는 중요한 음료로서 공급과 판매를 국가가 담당했고, 술과 차 문화가 발달하면서 제기(祭器)나 다완(茶碗)으로 쓰이던 고려청자가 같이 발달하게 되었다.

고려청자는 백토로 그릇을 빚고 그 위에 철분이 함유된 푸른색 유약을 칠한 다음, 섭씨 1,200~1,300도 정도에서 구워 낸 자기를 말한다. 고려의 청자는 미의식이 표현된 작품이기 이전에 생활용품이었다.

자기의 탄생지는 중국으로, 당나라 때 이미 자기 기술이 거의 정점에 이르러 완벽한 자기를 생산해 냈다. 8세기경 중국 당나라의 장안과 낙양에는 차관, 차정, 차루라 불리는 찻집이 성행해서 차가 일반의 기호 식품으로 자리 잡기 시작했고, 따라서 우리나라는 삼국시대부터 당의 차 문화를 받아들였다.

초기에 차는 절에서 승려들이 수행할 때 맑은 정신을 유지하기 위하여, 또 부처님께 공양하는 데 사용되어 오다가, 그 뒤 왕실에서 선호하기 시작했고 차차 일반에게 퍼지게 되었다. 우리나라에서 차를 본격적으로 재배하게 된 때는 9세기 신라의 흥덕왕(제42대) 때부터라고 알려져 있다.

이렇게 일반에 조금씩 알려지던 차가, 10세기 송대에 이르면 일상생활의 필수 기호품으로 자리 잡으면서 소비가 급증하게 되었고, 따라서 차를 마시는 데 필요한 찻잔의 수요도 급증하게 되었다. 차는 궁중의 연회에서 사용되었을 뿐만 아니라, 문인들의 교류에서도 매우 중요한 매개체였다.

당시의 기록에,

대개 사람의 집에 하루라도 없어서 안 되는 물품은 땔나무, 쌀, 기름, 소금, 장, 식초, 차이다.

라고 할 정도로, 차는 중요시되었다.

다구(茶具)도 초기에는 중국에서 들여온 수입품을 사용했으나, 차를 마시는 습관이 보편화되고 다구의 수요가 폭증하면서 국내에서 대량으로 생산하게 되어 고려청자의 발달이 가속화되었으며, 당시 생산된 청자의 반 이상이 다구였다.

우리나라에서 청자가 본격적으로 생산되기 시작한 때는 대략 9~10세기 이후이다. 이때는 이미 국내에서 차가 재배되고 있었을 때이고, 개경에도 찻집이 생겨 성황을 이룰 때였다.

우리나라에서 최초로 생산된 자기는 고려청자인데, 이 자기가 만들어진 시기는 11세기 초로 추정되고 있으나, 발해 도요지의 상감청자 파편을 분석한 북한 보고서에 의하면 이미 9세기부터 자기를 만들었다고 한다.

어쨌거나 11세기 중반서부터 고려에서 꽃피우기 시작한 청자 문화는 12세기가 되자 절정기에 이르렀다. 완벽한 품질의 다양한 청자가 생산되기 시작했고, 형태도 눈에 띄게 세련되어졌으며, 색도 은은한 비취색의 아름다움이 중국인들의 감탄을 자아낼 정도가 되었다.

당시 세계 최고의 자기 기술을 보유하고 있던 송의 태평노인은 『수중금(袖中錦)』이란 책에서

건주와 절강의 차, 촉의 비단(촉금), 정요백자와 고려 비색 청
　자는 천하 제일이다.

라고 격찬했을 정도였다.
　이렇게 고려의 비색(비취색) 청자는 중국인들도 격찬해 마지 않
던 자기였으며, 서양의 도자기 전문가들도 고려의 비색 청자에 대
하여
　"지금까지 만들어진 것 중 가장 우아하고 꾸민새가 없는 자기
이다."
라고 격찬했다. 그러나 안타깝게도 현재까지 최신 기술을 동원한 수
많은 도전을 통해서도 고려청자의 비색을 재현해 내지 못하고 있다.

　　고려인들은 이 비색 청자에 나전칠기의 상감 기법을 이용해서 상
감청자를 창조해 냈다. 상감이란 도자기, 금속 등의 겉면에다 각양
각색의 무늬를 파낸 다음, 그 파낸 자리를 다른 빛깔의 재료로 채워
무늬를 표현하는 기술을 말한다.
　　고려에서는 청자만 구운 것이 아니라 백자도 구워 냈다. 조선 백
자가 경질 백자인 데 반해 고려 백자는 연질 백자였다.
　　고려에서는 앞서 언급한 고급 자기만 구워 낸 것은 아니고, 일반
백성들을 위한 싸구려 도자기도 많이 구워 냈다. 백성들이 사용하
는 자기는 재료에 이물질이 섞여 있어 정밀하지 못했고, 완성품도
공기구멍이 많아 치밀하지 못했지만 가격이 저렴했다. 싸구려 자기
는 표면도 거칠고 색도 녹색에 가까운 녹청자였으나, 이 자기가 바
로 고려 백성들의 일상 생활용품이었다.
　　당시 청자의 주된 생산지는 전남 강진과 전북 부안 등 서해안 지
역이었다. 이 지역은 중국과 가장 가까워서 중국의 선진 기술을 쉽

게 받아들일 수 있었고, 또 생산된 도자기를 개경으로 보내거나 중국으로 수출하는 중요한 거점이었다.

2000년엔가 강진 앞바다에서 주꾸미 잡이 어선에 잡힌 주꾸미가 청자를 끌어안고 올라와서, 해저 탐사 끝에 고려자기 운반선을 인양한 적이 있다. 그 국보급 자기 운반선에는 고려자기 28,000점 그리고 자기의 행선지와 물건 소유주를 나타내는 목간(木簡) 등이 함께 인양되었다.

고려청자의 맥은 13세기 고려를 침공한 몽골군이 끊어 놓았다. 몽골군의 침공으로 전국이 초토화되면서 사기장이들이 모두 내륙의 산성으로 들어가거나 섬으로 피신하는 바람에, 협동이 요구되는 청자를 제작하는 기법이 잊혀지고 쇠퇴하기 시작했다.

내륙으로 쫓겨 간 사기장이들은 먹고 살기 위해서 청자보다 질이 떨어지는 서민적인 도자기를 만들어 팔기 시작했다. 이것이 분청사기며, 이때부터 우리나라는 일반 평민들도 도자기를 사용하기 시작했다.

고려 말부터 조선 중기 즉 조일전쟁(임진왜란) 전까지 사용되던 분청사기란 '분을 바른 청자'라는 의미로, 백토로 만드는 백자와 달리 점토로 만든 도자기에 색을 입힌 것이다. 즉, 자기에다 색을 입혀 다양성을 추구한 기법으로 제작된 자기인데, 백자를 선호하는 경향에 따라 쇠퇴하기 시작하여 조일전쟁 이전에 사라졌다.

이후 조선의 자기는 모두 백자였는데, 1876년 개항이 된 후에는 일본 자기(倭沙器라 부르며, 대량 생산 체제로 만들어낸 도자기를 말한다)가 물밀 듯이 밀려와서 조선 자기를 몰아내고 곧 그 맥을 끊어 버리고 만다.

현존하는 고려청자들은 전해 내려오는 것들이 아니라 대부분 무덤에서 나온 부장품들이다.

고려시대에는 제사 때도 녹차를 올렸다. 우리나라 역사상 가장
차 문화가 융성했던 때가 바로 고려시대다. 고려시대에는 종묘 제
사 때 쓸 차와 과일, 채소, 술 등을 관장하는 왕실 소속의 관청을 다
방이라고 했고, 민간에서 차를 파는 즉 요즘의 다방은 차점이라고
했다.

원래 차 문화의 유래는 절의 승려들로부터 시작되었는데, 조선이
개국하면서 불교를 탄압하기 시작했고, 이에 따라 차를 마시는 습
관은 차차 사라지고 개항 후 들어온 커피를 마시는 습관이 대신 자
리 잡았다.

15. 인쇄의 역사와 종이

활자 인쇄는 11세기 중국에서 처음 등장했다.

평민 출신으로 알려진 필승이 점토를 구워 활자를 만들고 밀납으로 판을 짜서 인쇄하는 기술을 개발한 것이 처음이었다. 이를 '교니활자(膠泥活字)', '도활자(陶活字)'라고 불렀는데 별로 실용적이지 못했다. 기술적으로 가장 개선된 중국의 활자는 14세기 초 원의 왕정이 개발했는데, 왕정은 1314년 무렵 6만 자의 목활자를 만들어 지방지 100여 부를 인쇄했다.

고려에도 금속활자가 있었으나 기술 수준이 낮아 활자가 균일하지 못하고 글자체도 아름답지 못했다. 또 밀납으로 활자를 고정했었기 때문에 대량으로 인쇄할 수도 없었다.

그래서 주로 목활자로 인쇄하다가, 1403년 조선 제3대 태종 때 주자소를 설립하여 청동으로 주조한 계미자(癸未字)에 이어, 세종(제4대) 때인 1420년 경자자(庚子字)를 만들었고, 1434년 이천에 의하여 갑인자(甲寅字)가 주조됨으로써 인쇄술 발전은 정점에 이른다.

갑인자는 정교한 청동활자였고, 게다가 질 좋은 먹물 개발, 1000년 이상 보존할 수 있는 한지(韓紙) 등이 조화되어, 갑인자로 인쇄한 서책은 15세기에 만들어진 전 세계의 서책 중에서 가장 아름다운 서적으로 평가받는다.

태종 때 주자소에서 계미자로 『승선직지록』 300부를 인쇄하여 각 도와 지방에 나누어 주었는데, 『승선직지록』은 암행어사의 승선록이었다. 당시 조선의 주자소는 전문직 150여 명이 근무할 정도로 대규모였다. 18세기경 유럽의 한 인쇄 공장에서 일하는 근로자가 평균 40여 명이었던 것에 비교하면 규모가 엄청 컸던 것이다.

갑인자는 20여만 개의 활자를 가졌고, 조판 기술과 주조 기술이 발전한 데다 당시 최상품의 종이를 생산할 수 있어서, 이때부터 본격적으로 서적의 인쇄가 시작되었다. 조선에서 유교 문화가 꽃핀 배경에는 이와 같은 금속활자 인쇄술이 있었던 것이다.

당시에도 책을 원하는 사람은 많았고, 인쇄되는 책은 수량에 제한이 있어 책값이 장난이 아니었다. 아무리 작은 책도 쌀 몇 섬을 주어야 살 수 있었으니, 아마 중세 유럽의 양피지로 만든 책의 가격과 별 차이가 없었을 것이다. 당시 양피지에다 필사한 책 한 권을 만드는 데는 필경사가 한 달 내지 두 달을 베껴 써야 했으니, 책의 가격을 짐작할 수 있을 것이다.

책도 무척 귀해서, 인쇄본 서적이 등장하기 전에 영국에서 가장 많은 장서를 보유하고 있다는 캔터베리 대성당 도서관의 책들이 2,000여 권에 불과했고, 케임브리지 대학교 도서관에 소장된 책은 겨우 300권 정도였다. 그럴 수밖에 없는 것이, 성경인 경우 한 권을 필사하는 데 송아지 500마리를 잡아야 했고, 수 개월 간의 필사가 끝나서 제본을 해 놓으면 무게가 자그마치 35kg 정도나 나가서, 몸이 시원찮은 신부는 들 수도 없었다.

한글을 발명한 조선의 세종(제4대) 때인 1450년경, 구텐베르크가 최초로 인쇄술을 발명하여 전단지나 달력 따위를 찍어 내다가, 1454년에 성서를 인쇄했다.

참으로 희한하게도, 구텐베르크는 1397년생으로 세종과 출생 연도가 같을 뿐만 아니라, 우리나라에서 인쇄술이 가장 찬란하게 꽃피웠던 세종 대에 인쇄술을 발명했다. 동서양에서 각기 역사상 문화에 가장 큰 공헌을 한 두 뛰어난 인물이 동시에 출현한 것이다.

하기야 석가모니(기원전 624년)가 태어난 비슷한 시기에 공자(기원전 551년)가 태어났고, 그 시기 서양에서는 그리스 문명이 개화되기 시작했었다. 이런 영적 도약의 시기가 겹치는 것은 아마 인류를 위해 예비된 것이 아닌가 하는 생각이 들기도 한다.

인쇄술 발명 이후 반 세기 동안, 유럽에서는 4만여 종의 책들이 인쇄되어 총 1천만 권이 넘는 서적이 쏟아져 나왔다. 구텐베르크는 금속활자만 발명한 것이 아니라 인쇄기까지 발명했고, 게다가 인쇄에 적합한 잉크도 개발했으며, 또 인쇄에 적합한 종이까지 찾아냈다니, 인쇄의 제왕이라 불려도 전혀 손색이 없는 인물이다.

이러한 지식의 대량 보급으로 일반 서민들이 무지에서 깨어나 유럽 사회는 급속히 근대화되기 시작했다.

구텐베르크가 인쇄한 책들 중 베스트셀러는 성경이었고, 이로 인해 종교 개혁의 불길이 댕겨졌다. 그런데 그가 처음으로 인쇄를 시작해서 성경을 출판하기 위한 출판 자금을 모으는 데 성공한 아이템이 바로 가톨릭 교회의 면죄부라니, 기가 막힌 아이러니였다.

종이와 한지

종이는 기원 후 1세기 후한의 환관 채륜이 발명한 것으로 알려졌으나, 중국의 고고학 발굴 결과 그에 앞서 종이가 사용된 것이 밝혀졌으며, 우리나라도 고구려 건국 초기부터 종이가 사용되었다. 그러나 이 종이가 중국에서 건너온 것인지 독창적인 것인지는 밝혀지지 않았다.

8세기 중반 고구려 유민인 당의 장군 고선지가 이끄는 당나라군이 중앙아시아의 패권을 놓고 탈라스에서 아랍군과 대회전을 벌였는데, 이 전투에서 당군이 아랍군에게 대패하여 중앙아시아를 잃었다. 이후 중앙아시아는 한자 문화권에서 떨어져 나가 아랍의 영향을 받아 이슬람권이 된 것이다.

　　이 탈라스전투에서 아랍군에게 포로가 된 당의 종이 기술자에 의하여 아라비아에 종이가 처음 전해졌고, 12세기경에는 유럽으로 전파되었다.

　　우리나라의 전통 종이인 한지(韓紙)는 1200여 년 전 신라의 무구정광대다라니경(국보 제126호, 706 제조)이 지금까지 보존되어 있을 정도로 보존 기간이 장기간이며, 당시 종이는 백추지였다. 고려시대에도 백추지(白紙), 경면지(鏡面紙), 견지(繭紙), 아청지(鴉靑紙) 등이 사용되었으며, 직지심경도 630년이나 된 서책이다.

　　당시 고려의 종이는 명성이 자자했다. 송나라의 손목은 『계림지』에서

　　고려의 닥종이는 윤택이 나고 흰빛이 아름다워 백추지라고 부른다.

라고 했고, 또 『고반여사』에는

　　고려 종이는 누에고치 솜으로 만들어 종이 색깔이 희고 질기기가 마치 비단과 같은데, 글자를 쓰면 먹물을 잘 빨아들여 종이에 대한 애착심이 솟구친다. 이런 종이는 중국에는 없는 것이다.

라고 기록되어 있다. 오죽하면 중국 역대 제왕의 진적을 기록하는
데는 고려의 종이만 사용했을까. 이렇게 고려 종이의 질이 좋았으
므로 종이는 진상품에 포함되었고, 송뿐만 아니라 원에서도 불경지
로 쓰기 위하여 막대한 양을 수입해 갔다.

백추지란 '두드려서 만든 하얀 종이'란 의미이며, 경면지는 '두드
려서 거울같이 빛나게 한 종이'라는 뜻이다.

고려의 종이만 우수했던 것이 아니고 먹의 품질도 최상이었다.
송에서는 종이뿐 아니라 막대한 양의 먹도 같이 수입해다 썼다.

이런 고려 종이의 명성은 조선 대까지 이어져서 활자와 인쇄술의
개발을 촉진했으며, 조선 유교 문화의 개화에 지대한 공헌을 했다.
조선시대에는 상화지(霜花紙), 백면지(白綿紙)가 유명했다.

지금도 한지는 닥나무 껍질로 제조하는데, 옷감에서 로봇 신소재
까지 광범위하게 쓰인다. 스피커의 떨림판을 한지로 만든 한지 스
피커는, 4개 채널에 해당하는 소리를 한지 한 장에 담을 수 있다고
한다. 현재 한지를 이용하여 한지 옷감, 한지 스티로폼, 한지 농사
용 비닐, 쌀 포장지, 벽지, 이불, 베개, 한지 뒤주, 담배 필터, 전자
파 차단용 막, 공예품, 액세서리 등이 생산되고 있다.

세계 최초의 목판 인쇄물, 신라의 '무구정광대다라니경'
(신라 제33대 성덕왕 4년, 706)

우리나라 최초의 목판 인쇄본은 1966년 불국사 석가탑 수리 중
에 발견된 '무구정광대다라니경'(국보 제126호)이라는 불서(佛書)로,
8세기 초에 제작된 것으로 추정되며, 이는 세계에서 가장 오래된
목판 인쇄물이다.

이 불서의 발견된 경위가 참으로 희한하다.

1966년 불국사 석가탑(국보 21호) 보수 공사를 하던 중, 한 인부가 옥개석을 들어올리다가 실수로 떨어뜨리는 바람에 국보인 석가탑의 한 귀퉁이가 깨져 나가면서 탑 안에 들어 있던 다라니경이 발견되었다. 즉, 국보가 훼손되면서 세계 최고의 목판 인쇄물이 발견된 것이다.

다라니경은 닥나무 종이로 만든 두루마리에 목판으로 인쇄되었는데, 석가탑이 신라 제35대 경덕왕 10년인 751년에 건립되었으므로, 당연히 그 이전에 인쇄되었다. 이후 학자들의 연구에 의하여 다라니경이 인쇄된 시기가 제33대 성덕왕 때인 706년으로 밝혀졌고, 이는 당시까지 세계 최고본으로 공인되고 있던 중국의 '금강반야바라밀경'의 인쇄 시기인 868년보다 자그마치 162년이나 앞선 것이다.

이를 도저히 받아들일 수 없었던 중국인들은 다라니경이 702년 중국 낙양에서 인쇄되어 신라에 전해졌다고 주장하고 있다.

그러나 이후 학자들에 의하여 다라니경이 씌어진 종이가 신라산 닥종이라는 것이 밝혀짐으로써, 수많은 이설(異說)에도 불구하고 다라니경이 세계 최초의 목판 인쇄본이라는 주장이 힘을 얻게 되었다.

설혹 다라니경이 세계 최초의 목판 인쇄물이라고 공인되더라도, 목판 인쇄술을 꼭 신라에서 개발했다고 주장할 수는 없다. 목판 인쇄술이 신라에서 개발되었는지 혹은 당나라에서 개발되었는지의 논쟁은 아직도 진행 중이다.

그러나 고려 제13대 선종 때인 1091년, 송나라에서 고려에 희귀한 책 5천여 권을 주문했다는 사서(史書)의 기록이 있는 것으로 보아, 당시 모든 서적을 송에서 들여왔다는 선입견은 고쳐져야 한다. 왜냐하면, 당시는 아직 목활자가 개발되기 전이었으므로 모든 인쇄를 목판으로 할 때였고, 송에 수출할 정도의 책을 인쇄할 수 있었던 고려의 목판 인쇄 기술은 신라의 목판 인쇄술에서 비롯되었을 것이기 때문이다.

세계 최초의 금속활자 '직지'와
'백운화상초록불조직지심체요절(직지. 직지심경, 우왕 3년, 1377)'

직지심경은 현존하는 세계 최고의 금속활자 인쇄본 서적으로

선광 7년(고려 제32대 우왕 3년)인 1377년 7월에 청주 교외의 흥덕사에서 인쇄했다.

라는 기록이 책 말미에 있다.

세계 최초의 금속활자본은 고려 제23대 고종 때인 1234년에서 1241년 사이에 간행된 것으로 추정되는 『상정고금예문』이지만 현재 전하지 않는다.

『직지심체요절』 하권은 현재 프랑스 국립 도서관에 보존되어 있는데, 1967년 도서관 촉탁이던 한인 여류학자 박병선 박사가 이를 발견한 후, 고증을 거쳐 1377년에 간행되었다는 것이 확인되었다.

우리나라에서 최초로 금속활자를 사용했다는 기록은 몽골의 침공기인 고려 고종 21년(1234)으로, 독일의 구텐베르크가 금속활자를 발명한 1450년보다 216년이나 앞서 있다. 이 기록은 고려 인종(제17대) 때 재상이었던 최윤희 등이 지은 50권의 '상정고금예문을 주자로 인쇄했다'라는 기록으로 알 수 있다. 그러나 서양 사람들은 기록만 있지 증거가 없다는 이유로 이를 인정하지 않았다.

고려 고종 때 『상정고금예문』을 금속활자로 인쇄했다는 기록은 동시대인 이규보(1168~1241)가 쓴 『동국이상국집』 후집 권11에도 실려 있다. 또 다른 기록으로는, 현재 목판본으로 남아 있는 『남명 천화상종증도가』라는 책이 있는데, 그 권말에 진양공 최우가 오래 전하기 위해 고종 26년에 주자로 책을 만들었다는 기록이 있다. 이렇게 기록으로만 존재하여 신뢰를 얻지 못했던 고려의 금속활자로 인쇄된 인쇄물이 겨우 30여 년 전에 발견된 것이다.

1972년 '세계 도서의 해'를 기념하기 위해서 열린 도서 전시회가 프랑스 파리의 국립 도서관에서 열렸으며, 거기에 출품된 책 중에서 『직지심경』이 발견되었다. 이 책은 우왕 3년인 1377년에 간행되었으며, 이 책의 출간 시기는 『상정고금예문』이 간행된 고려 고종 21년보다 143년이나 뒤진 것이기는 하지만, 구텐베르크의 금속활자 인쇄본보다는 73년이나 빠르다.

이 책이 프랑스 국립 도서관에 있게 된 것은, 대원군 시절 프랑스 함대가 조선을 침입한 병인양요(조선 제26대 고종 3년, 1866년) 때 프랑스 공사였던 빅토르 콜랭 드 플랑시가 약탈해 간 3,000여 권의 장서 중 하나였기 때문이다.

그러나 그 후 국내에서도 충렬왕(제25대) 23년(1297)에 간행된 『청량답순종심요법문』이 발견되어, 최소한 서양보다 153년 먼저 금속활자를 사용하였다는 것이 증명되었다.

금속활자 인쇄는 활자 개발뿐만 아니라 인쇄에 쓰이는 유성 먹도 동시에 개발되었어야 했고, 또 당시 질 좋은 고려 백추지가 있었기에 가능했다.

『직지심경』은 고려의 조계 대선사 백운 경한이 엮은 책으로, 대교과를 마친 학승들이 다음 단계인 수의과에서 배우는 염송과 전등록

등에서 발췌해서 두 권으로 엮은 책이다.

파리에서 발견된 서책은 이 중 '권하 1책'으로 대중들과는 전혀 상관이 없는 불서(佛書)였다.

직지활자는 세계 최초의 금속활자로서 한국 충주의 '고인쇄박물 관'에 전시되어 있다. 『직지심경』은 한국이 아닌 프랑스의 미테랑 도서관에 보관되어 있으며, 직지는 세계적으로 그 가치를 인정받아 2001년 유네스코에 세계 최초의 금속활자로 등록되었다.

우리나라 문화유산 중 유네스코에 등재된 것은 직지활자 말고도 '훈민정음'을 비롯해『조선왕조실록』,『승정원일기』, 고려대장경판 및 제경판,『화성성역의궤』등 여섯 가지가 있다.

한국 청주시에서는 직지를 세계적으로 알리기 위하여 '직지세계 화재단'을 설립하여 활동하고 있으며, 흥덕사 터에 청주고인쇄박물 관을 세우는 등 세계 인쇄 문화지로 발돋움하기 위해 진력하고 있다.

유럽이 15세기 중반까지 필사에 의존해 책을 만들고 있을 때, 동 아시아에서는 이미 8~9세기부터 목판복 서적들이 대량으로 인쇄·간행되고 있었다.

고려가 세계 최초로 금속활자를 발명했으나, 200여 년 뒤 구텐 베르크가 발명한 금속활자보다 세계에 알려지지 않고 또 가치를 인정받지 못하는 이유는, 고려의 금속활자가 한문(漢文)으로 되어 있기 때문이다. 한문은 글자 수가 엄청 많아서, 당시 금속활자로 인쇄된 서적은 대중과 유리된 채 당시 일부 한문을 알고 있는 식자층에게만 보급되어 대중의 문화 혁명을 일으킬 수 있는 사건이 되지 못했고, 또 금속활자를 사용하여 인쇄한 책도 불경으로 절에서나 쓰는 서적이었다.

그러나 구텐베르크의 금속활자는 알파벳으로 되어 있어 쉬우므로 누구나 쉽게 접할 수 있어서, 서양의 문화 혁명과 더불어 종교 개혁 그리고 르네상스의 밑거름이 되어, 서양 역사를 중세에서 근대로 도약시키는 계기가 되었다.

특히 구텐베르크의 금속활자는 당시까지 라틴어로만 씌어져 있어서 일반인이 접근할 수 없었던 성경을, 마틴 루터가 독일어로 번역하여 찍어 배포함으로써, 영주들과 일반인들이 성경을 접한 후 마틴 루터를 지지하여 종교 개혁을 성공시키는 동인(動因)으로도 작용했다.

(이 장은 이종호 저 『한국 7대 불가사의』의 도움을 받았다.)

16. 의료, 한의학의 태동

　13세기 초 몽골 침공기에 강화도로 천도한 후인 고종(제23대) 때에 편찬된 정안의 『향약구급방』(1235)이 최초의 우리 의학서이다. 『향약구급방』은 고려 영토 내에서 쉽게 구할 수 있는 약재로 구성된 처방을 발췌하여 수록함으로써, 그간 전적으로 중국의 의서에 의존해 왔던 고려의 의료 수준을 한 단계 높인 의서이다.

　이 의서가 강화 천도 시에 씌어진 것은, 그간 중국에서 수입된 약재를 사용하여 병을 치료하던 당시 관행이, 강화가 몽골군에게 포위된 상황에서 더 이상 중국 약재를 공급받을 수 없었기에 국내에서 생산되는 약재로 병을 치료하기 위해서였다.

　조선조의 세종(제4대) 때에 편찬된 『향약집성방』은 이 『향약구급방』을 원전으로 하여 씌어진 의료서이며, 현존하는 『향약구급방』은 13세기 중반에 간행된 목판본으로, 일본 궁내청 도서료(圖書寮)에 소장되어 있다.

　우리나라의 한의학은 고려 후기에 태동되었다. 우리나라 의학 사상 최고의 명저로 꼽히는 허준의 『동의보감』은 고려 후기에 편찬된 의서인 『향약구급방』에서 비롯되었다. 『향약구급방』이 편찬되던 비슷한 시기에 최종준의 『어의촬요방』이 역시 편찬되었고, 또 그 이전에도 김영석의 『제중립효방』이 편찬되었으나 지금은 전하지 않는다.

　고려시대까지만 해도, 사람들은 병이 나면 약을 복용하지 않고 귀신을 섬기는 것만 알아 신에게 비는 것을 일로 삼았다.

　특히 돌림병(전염병)이 도는 것은 원한을 품은 귀신의 소행이라 생각하여, 국가적으로 무당을 시켜 택일을 한 다음 귀신에게 제사를 지냈다. 귀신이 원한을 품으면 죽어서 안식을 얻을 수 없어서 원귀가 되어 병을 일으킨다고 생각했던 것이다.

또 왕이 펼친 정치의 좋고 나쁨에 따라 오행에 변화가 생겨서, 그로 인해 나쁜 기운이 발생한 것이 병이라고도 여겨, 이를 하늘의 징계로도 보았다.

하기야 서양에서는 13세기까지도 머리가 많이 아프면 사탄이 머리에 들어갔다고 진단한 다음, 면도칼로 머리 가죽을 일부 벗기고 거기에 소금을 쏟아붓고 사탄이 도망칠 때까지 비벼 대서, 멀쩡한 사람을 죽게 할 정도로 의료 수준이 한심했다.

『고려사』에서 예를 들어 보자. 제17대 인종 때의 일이다.

이영의 자는 대년이니 안성군 사람이다. 이자겸이 한안인을 죽인 후 이영이 한안인의 매부라 하여 공모자로 몰아 진도로 귀양 보냈는데, 어떤 사람이 이영에게 말하기를

"당신의 모친과 아들이 장차 적몰당하여 관청의 노비가 된답니다."

라고 하였더니, 이영이 분이 북받쳐서 술을 한 말이나 마시고 죽으니, 사람들이 애석하게 여겼다.

이 소식을 듣고 이자겸이 술사를 보내 그의 시체를 길가에 묻게 했더니, 지나는 마소들도 감히 밟지 못했으며, 혹 학질이 걸린 사람이 그 무덤에 기도를 드리면 병이 낫곤 했다. 급기야 이자겸이 패망한 후, 이영의 아들이 고쳐 장사 지내기를 청원하고 무덤을 파고 본즉 시체가 변하지 않은 채 그대로 있었다. 그래서 조정에서 그에게 첨서추밀원사 벼슬을 추증하고, 이부에 명령을 내려서 그의 죄명을 장부에서 삭제하게 하였다.

사서(史書)에도 이랬으니, 병이 나면 귀신에게 기도하는 것은 기본이었다.

사실 당시는 병이 나도 의학적 처방을 잘 알지도 못했고, 또 안다고 하더라도 중국 약재가 매우 비싸서 백성들이 구입할 만한 능력이 없어, 결국 민간 요법이나 미신에 의지할 수밖에 없었으며, 이런 관습은 조선 후기까지도 마찬가지였다.

형편이 이렇다 보니, 명종(제19대) 때 지방 수령이 소를 올려,

전주의 승려 일엄이 '눈먼 자를 뜨게 하고, 죽은 자를 살린다.'

고 하자, 백성들뿐만 아니라 대신들도 모두 그를 보러 쏟아져 나왔으며, 여자들은 길에다 머리를 풀어 일엄이 밟고 지나가도록 했다. 또 일엄이 세수를 하거나 목욕을 한 물을 한 방울이라도 마시면 만병이 퇴치된다는, 그전에도 수시로 있었지만 꼭 요즘 어디 사기꾼 사교 교주 같은, 이야기가 돌았으나 그 물을 마시고 괜히 배탈만 나고 아무 효험이 없자, 그제서야 사기꾼인 것을 알고는 내쫓은 일이 있다.

당시 많은 사람들이 부처의 법력(法力)으로 병을 고치려고 했다.

고종 때 지방 수령이었던 임익돈은 역병이 돌자 몸소 승려와 도사를 거느리고 대로로 나와 나발과 경쇠를 치며 대반야경을 외우고 다녔다.

사람들이 나발과 경쇠 소리를 듣고 마치 술이 깨고 꿈이 깨는 듯하였다. 이로 인해 점차 차도가 있으면서 병이 나은 사람들이 매우 많았다.

보시다시피 부처의 법력에 대한 믿음은, 물론 예수가 행했다는

기적에 대한 믿음도 마찬가지지만, 어느 정도 효과가 있었다. 낫는다고 생각하면 낫는 것이다.

고려는 선진 의술을 가지고 있던 송에 의원과 약을 보내 주기를 청하여, 송은 고려에 의원과 약재를 보내 주고 의생들을 교육시켰다. 이로써 고려의 의술도 차츰 발달하기 시작하여, 고려 후기에 오면 토산(土産) 약재를 이용한 우리 한의학이 태동된다.

이런 단계를 거쳐 저명한 의관들도 여럿 배출되었는데, 문제점은 당시 대부분의 의관들이 의술을 생업의 도구로 여겼기 때문에 돈이 많은 사람을 우선적으로 치료했다는 점이다. 즉, 의술은 '인술'이 아니라 요즘처럼 '돈 버는 수단'이라는 사고가 그때도 판쳤던 것이다.

역병 즉 전염병에 대한 과학적 치료가 가능해진 것은 19세기 후반부터이고, 바이러스로 인한 병을 퇴치하기 시작한 것은 요즘인 20세기 후반으로, 아직도 괴상한 독감 하나가 유행하면 이것 하나 감당 못하는 형편이다.

아마 인류에게 질병이 완전히 없어지는 날은 영원히 오지 않을 것이고, 그러는 동안 종교는 맥을 유지할 것이다.

17. 문익점의 의류 혁명(공민왕, 1363년경)

고려가 남긴 귀중한 유산 중에 목면과 화약이 있다.

문익점이 들여온 목면은 의류 혁명을 일으켜서 겨울이면 떨고 살았던 고려인들이 그때부터 따뜻하게 살 수 있게 되었는데, 우리가 알고 있는 대로 문익점이 가져온 목화씨는 정말로 당시 붓뚜껑에 숨겨서 들여올 만한 금수품이었을까?

문익점은 고려 말기인 공민왕(제31대) 때의 인물로, 공민왕 12년 (1363) 사신의 서장관(書狀官)이 되어 원나라에 갔다가, 덕흥군 사건에 연루되어 교지(交趾 : 베트남)에서 3년 간 귀양살이를 하고 돌아오는 길에, 그곳에서 재배되는 목화를 보고 몇 송이를 따서 반출 금지 품목이었는 데도 불구하고 붓대 속에 종자를 숨겨 가지고 귀국했으며, 귀국 후 재배에 성공하여 고려에 의복 혁명을 가져온 인물로 알려져 있다.

몇 군데 사서에 이와 같이 기록되어 있으나, 사실 문익점은 목화씨를 붓뚜껑 속에 감추어서 가져온 것이 아니고 그냥 열 개쯤 따서 주머니에 넣고 왔으며, 원에 갔을 때 덕흥군을 지지하기는 했으나 그것 때문에 귀양살이를 한 적도 없다. 또 그가 따 가지고 온 목면씨는 강남의 다년생 목면씨가 아니라 화북 지방에서 나는 일년생 초면(草綿)이었다. 즉, 위의 이야기는 살이 왕창 덧붙여진 소설인 것이다.

문익점은 충혜왕(제28대) 1년인 1331년 경남 산청에서 태어났다. 문익점의 부친은 과거에 급제한 선비였으나 실직(實職)을 얻지는 못했다. 문익점은 11살 때부터 이색의 부친인 이곡의 문하에서 이색과 같이 공부했고, 20살 때 같이 과거에 급제할 만큼 학문에 취미가 있었으며, 공민왕 때 좌정언을 지냈다.

1363년 문익점은 기황후의 사촌이자 계품사인 이공수의 서장관이 되어 원나라에 가게 되었다. 당시 원에서는 기황후가 자신의 일족을 몰살시킨 공민왕에게 원한을 품고 공민왕을 폐위시킨 다음, 덕흥군을 고려 왕으로 봉해 놓고 있을 때였다.

이공수는 이런 기황후를 설득할 임무를 띠고 원에 파견된 것이다. 원에 도착한 사신단은 공민왕파와 덕흥군파로 갈렸으며, 문익점은 덕흥군파에 줄을 섰다.

이후 덕흥군을 모시고 최유가 원군 1만을 이끌고 고려를 침공했다가 최영, 이성계 군에게 참패를 당함으로써 덕흥군 즉위 계획은 수포로 돌아갔다. 그러니 덕흥군파에 줄을 섰던 신료들의 입장이 거지같이 되었고, 그중에는 문익점도 끼어 있었다. 공민왕은 이러한 입장의 문익점을 죄주지는 않고, 관직을 박탈한 후 낙향시키는 것으로 매듭지었다.

당시 무명은 원에서 수입된 것으로 비단 다음으로 비싼 옷감이었기 때문에 일반 백성들은 입을 수 없었고, 고려에서는 화폐 대신 사용되고 있었다.

무명의 원산지는 인도로, 아라비아 상인들이 수입하여 재배했으며, 중국에서는 장강 남쪽 지방에서 주로 재배했다. 고대 일본은 인도에서 목화씨를 얻어 와 면포 생산을 했고, 당시 고려는 모든 무명을 원에서 수입했다.

서민들은 집에서 짠 베와 모시로 옷을 만들어 입었고, 일반 벼슬아치들도 평상복은 역시 삼베와 모시로 만들어 입어서, 겨울이면 모두 추위에 떨고 지낼 수밖에 없었다.

문익점이 중국에서 목화씨를 가져온 것은 확실한데, 이를 붓대에 숨겨 왔다는 것은 나중에 지어 낸 소설일 뿐, 목화씨는 반출 금지품이 아니었다.

목화씨를 숨겨 들여왔다는 스토리는 『고려사』에도 없고, 더구나 『태조실록』의 「문익점졸기」에

중국에 갔다가 돌아오면서 목화씨 10개를 따서 주머니에 넣고 왔다.

라는 기록이 있을 뿐이다.

사실 목화처럼 전국 각지에서 지천으로 재배되고 있는 나무의 씨를 반출 금지 품목으로 정했다는 것은 말도 안 되는 웃기는 얘기이다. 당시 반출 금지 품목은 화약이나 지도 등 안보에 관련되거나 희귀품이었지, 목화처럼 길바닥에 깔린 것이 금수품이 될 리는 만무했다.

문익점은 가져온 목화씨를 장인 정천익에게 주고 시험 재배를 시켰다. 처음에는 여러 번 실패했으나, 결국 재배에 성공하여 의류 혁명을 일으키게 된다. 그런데 목화 재배를 성공하기는 했으나 목화씨를 제거하고 실을 뽑는 방법을 알 수가 없었다.

당시 고려를 방문 중이던 원나라 승려인 홍원이 이 기술을 정천익에게 알려 주긴 했으나, 전수해 준 기술이 영 시원치 않아 실을 뽑는 데 애로가 많았다. 세월은 가고, 문익점이 나이는 들고, 생각대로 실을 뽑지 못하여 실용화되지 못하자, 문익점은 손자 문래에게 실 뽑는 기계 개발을 부탁했다.

문래는 조부의 간절한 부탁을 받자 밤낮을 잊고 연구에 몰두한

끝에 드디어 '방추거'를 발명했고, 세인들은 문래의 공적을 기리기 위해 방추거를 '문래(물레)'라 부르게 되었다.

이렇게 실 뽑는 기계가 완성된 후, 문래의 동생 문영은 천을 짜는 기술을 개발하여 널리 보급시켰으며, 후세인들은 이렇게 목화실로 천 짜는 기술을 개발한 문영의 이름을 따서 천 이름을 '문영(무명)'이라고 부르게 된 것이다.

면포가 보편화되기 전에 고려 백성들은 삼베와 모시로 옷을 해 입었다. 가장 보편적인 옷감이었던 삼베는 올이 거친 데다 두껍고 뻣뻣하여 매우 불편했고, 겨울에는 춥기가 그지없었다. 그러나 면포는 가볍고 얇은 데다 부드러워서 속옷감으로도 적합하여, 여름에는 홑겹, 봄·가을에는 겹으로 해 입고, 겨울에는 겹 사이에다 솜을 누벼서 사시사철 철에 알맞은 옷을 해 입을 수 있었다.

우리가 이렇게 따뜻한 면옷을 입으며 면이불을 덮고 면요를 깔 수 있게 된 것은 문익점과 정천익의 공일 뿐만 아니라, 또한 그 손자들인 문래와 문영의 공인 것이다.

조선 초인 1401년이 되자 면화는 전국에서 재배되었고, 일반 백성들도 거의 다 무명옷을 입을 수 있게 되었다. 당시까지 베와 모시가 주로 화폐 구실을 해 왔는데, 이후부터는 무명이 베와 모시 대신 화폐로 쓰이게 되었다.

이렇게 고려에서 면포가 생산되기 시작하자, 더 이상 무명을 수입할 필요가 없어져서 막대한 재정을 절약할 수 있었고, 또 비단 수입도 줄일 수 있었으며, 관복과 군복으로도 무명이 쓰이게 되었다. 문익점이 들여온 무명은 실로 대단한 의류 혁명을 일으켰던 것이다.

당시 일반 백성들은 옷에 염색을 하지 않았으며 무늬 있는 비단 옷도 입을 수 없었다. 그래서 농민들을 모아 놓으면 모조리 흰옷을 입고 있는 것같이 보여서, 고려 사람이 백의민족이란 소문이 나게 되었다.

조선이 개국한 후 문익점의 공을 기려 부민후로 추증하고 충선이라는 시호를 내렸으며, 사당을 세워 제사를 지내도록 하였다.

무명옷은 조선시대를 거쳐 20세기 중반이 될 때까지 우리 의복의 주종이었다. 나일론이 언제부터 우리의 의복이 되었는지 생각해 보면, 문익점의 공이 얼마나 큰지 알 수 있겠다.

조선의 학자 이율곡은 문익점에 대하여 다음과 같이 평했다.

"신농은 백성들에게 밭갈이하는 법을 가르쳤고, 후직은 백성들에게 농사일을 가르쳤다. 충선(문익점의 시호)은 우리 백성들의 의복을 해결했으니, 그 공로가 신농이나 후직의 곱이 된다."

18. 최무선의 화약 무기 개발(우왕 3년, 1377)

우리나라의 인물 중에서 나라를 위하여 타의 추종을 불허하는 큰 공훈을 세웠는 데도 불구하고 잊혀진 인물이 있다. 바로 고려 말에 최초로 화약과 화약 무기를 개발한 최무선이다.

화약은 중국에서 처음 발명되어 불꽃놀이 등에 쓰이다가, 10세기 송대에 와서 화전(火箭)과 화구(火具), 질려포(마름쇠가 든 탄환을 내쏘는 화포) 등 화약을 이용한 무기들이 개발되기 시작했다. 13세기 금나라 때인 1231년, 세계 최초의 로켓인 '이화창(梨花槍)'이 개발되어 사용되었으며, 14세기 초에는 유통식 화포가 무기로서 일반화되었다. 이러한 화약 무기들은 칭기스칸의 몽골군에 의해 서양에 전해졌는데, 서양 사람들은 화약 무기를 개발하는 데 온 국력을 기울여 화약 무기의 발전을 주도함으로써 자신들을 정복했던 몽골족을 간단히 보내 버렸다.

원명 교체기가 되자, 고려의 화약 무기 발달 수준은 화포의 경우 중국의 것을 그대로 본떠 제작할 수 있는 수준에 도달했으나, 화약을 만들 방도가 없었다.

1373년 왜구가 한창 극성을 부릴 때, 고려는 명에 사신을 보내 왜구를 섬멸하기 위하여 필요하니 대량의 화약을 보내 주도록 요청했다. 명은 화약, 염초, 유황이 비록 좀 있기는 하지만 쓸 곳이 많아서 많이는 보내 줄 수 없다고 딱 자르면서, 고려가 요청한 양의 극히 일부만 보내 주었다.

고려로서는 명이 보내 준 화약만으로 보유한 화약 무기를 충분히 활용할 수 없었다. 당시 화약 제조 기술은 각 나라에서 유출을 금하는 극비 군사 기밀에 속했다.

화약 무기는 원이 일본을 공격할 때 이미 사용한 바 있어서, 고려는 화약 무기의 위력을 잘 알고 있었다. 당시 고려에도 물론 화약과 화전이 있었지만 모두 수입품이었다. 이렇게 국가적으로 중요한 무기인 화약을 개발한 사람이 바로 최무선이다.

최무선은 고려 말인 14세기 초반에 태어나서 후반까지 살았으며, 최무선의 아버지는 중간 벼슬아치였고, 집안은 그냥 먹고 살 만은 했다.

최무선은 성장하면서 병서를 즐겨 읽고, 중국 말을 익혔으며, 무기에 대한 관심이 특별했다. 그는 무인(武人)이 되어 군에 몸담으면서 화약 무기의 필요성을 절감했다.

당시 최장거리 타격 무기인 손으로 쏘는 활과 대포의 위력의 비교이니, 사실 화약은 세기를 뛰어넘는 발명이었던 것이다.

최무선은 화약 제조에 필요한 원료를 구하여 화약 제조를 시도해 보았으나, 배합 비율을 몰라 매번 실패하자 중국 사람에게서 직접 배우기로 결심했다. 최무선은 당시 중국 사람들이 자주 드나들던 고려의 국제 무역항인 예성강의 벽란도에 자주 나가서 중국 배가 들어올 때마다 화약 제조법을 아는 사람을 찾았다.

어느 날 중국 남방 출신인 이원이라는 장사꾼이 염초 만드는 법을 안다고 했다. 최무선은 이원을 정중히 초대하여 여러 날 동안 극진히 대접했다. 최무선의 열의에 감동한 이원은 화약 제조법을 가르쳐 주었으며, 최무선은 한 달이 못 되어 이원에게서 염초 만드는 방법을 배울 수 있었다.

마루 밑이나 온돌 밑에 쌓인 가는 먼지를 모아서 으깬 흙에 여러 종류의 재와 오줌을 섞어서 염초를 만들고, 유황과 염초와 목탄을 적합한 비율에 따라 배합하여 드디어 화약을 만드는 데 성공한 것이었다.

최무선이 제조한 화약이 바로 오늘날의 유연화약(흑색화약)으로, 질산칼륨 75%, 유황 10%, 목탄 15%를 배합하여 만든 것이다.

최무선이 개발한 화약 무기 실험을 본 고려 조정에서는, 그 성능에 감탄하고, 사실 처음에는 사기친다고 믿지도 않았다. 1377년 10월 마침내 우왕(제32대)의 명으로 화통도감이 설치되었다. 우리나라 최초로 화약과 화약 무기를 전문으로 제조하는 기구가 창설된 것이며, 최무선은 화통도감의 제조(提調)가 되었다.

이후 최무선은 화약 무기 연구에 진력하여 대장군, 이장군, 삼장군, 육화석포란 이름의 화포들과 철탄자, 화전, 유화, 주화 등의 불화살과 화공에 필요한 무기 17종을 만들어 냈다.

대장군포를 예로 들어 보면, 대장군포는 쇠탄두가 달린 나무탄인 '차대전'과 '중전'을 평사로 쏘는 포인데, 탄의 비행 거리는 대략 1km, 최대 고도는 270m로, 주로 적의 성루, 성문, 성벽, 배 등을 파괴하는 데 사용되었다.

또 육화석포는 돌탄을 재었다가 곡사로 발사하는 조립식 곡사포다. 이후 이 화포들을 개량하여 사거리가 더욱 길어지고 파괴력이 강한 천자총통, 지자총통, 완구 등이 개발되었다.

육화석포가 진화하여 완구가 되었는데, 그중 대완구는 70kg이나 나가는 돌탄을 500m나 쏠 수 있었다.

또 화전을 개량하여 주화를 만들었는데, 주화는 화살의 화약통에 불을 달아 자체 추진력으로 나가는 분사 추진식 화살로서, 지금의 로켓과 같은 원리를 가진 무기이다.

이 주화가 나중에 신기전으로 불리며 화차에서 발사할 수 있는 자동화 무기로 변한다. 또 화차가 개량되어 수제 기관총으로 발전했는데, 조일전쟁 때 행주산성 전투에서 수비군 사령관 권율이 화차 300량을 배치하여 방어군의 10배나 되는 일군을 물리쳤다.

최무선이 화약 무기를 개발한 지 6개월 만에 조정은 화약 무기를 다루는 특수 부대를 창설하여 화통교사군이라고 했다. 3년에 걸쳐 화약 무기 다루는 법을 익힌 수백 명의 화통교사군은 1380년 왜구의 배 500척이 진포에 침입하자 처음으로 전투에 투입되었다.

침공해 온 수만의 왜구는 해안 일대의 모든 읍을 불사르고 노략질하여 시체가 산과 들에 덮였고, 약탈한 곡식을 그들의 배로 운반하느라고 땅에 흘린 쌀이 한 자 두께나 되었다.

최무선은 부원수 겸 화통교사군의 지휘관으로 해도원수 나세, 심덕부와 함께 전함에 탑승했다. 드디어 전투가 벌어졌다. 서로 묶여 있어 바다의 요새로 장관을 이루고 있던 왜구의 함선들을 향해서 화통교사군의 화포 사격과 불화살이 무더기로 날았다.

3세기 중국의 삼국시대 때 적벽대전에서 손권의 오나라 수군이 위나라 조조의 함대를 화공으로 궤멸시켰는데, 그때는 조조의 배를 한데 묶도록 하기 위하여 봉추 방통이 조조를 속여 연환계를 쓰도록 했다. 북방 군사들을 이끌고 왔던 조조는 병사들이 뱃멀미로 초죽음이 되고 있는 데다, 이로 인해 돌림병까지 돌아 근심 중에 있다가, 방통의 계책을 받아들여 배를 수십 척씩 한데 묶고 그 위에 판자를 깐 다음 말을 달려 보니, 과연 배에 흔들림이 없고 육지에서 달리는 것과 감이 같은지라, 크게 기뻐하며 방통에게 큰 상을 내렸다.

이렇게 배를 묶어 놓게 되면 당연히 화공을 걱정해야 했는데 당시는 겨울이라 북풍밖에 없었고, 조조군은 북편에 진을 치고 있었기에 화공 걱정을 접고 있다가, 제갈량의 기도로 동남풍이 부는 바람에 깡통을 찬 것이다.

그런데 이건 나관중의 소설 내용이 그렇다는 것이고, 실제로는 위군의 배에 전염병이 창궐하여 조조가 자신의 함대에 불을 질러 태워 버렸다는 주장도 있다.

바로 이 진포해전에서도 적벽대전과 똑같은 상황이 벌어졌다. 누가 시키지도 않았는데, 왜구들은 모든 배를 서로 묶어 놓았고, 설마 고려가 화약 무기로 화공을 쓸 줄이야 꿈에도 모르고 있다가 날벼락을 맞은 것이다.

순식간에 500척의 배들은 화염에 휩싸여서 침몰하기 시작했고, 이에 놀란 왜구들은 바닷길이 막히자 데리고 있던 포로들을 모조리 죽인 다음 육지로 달아났다가 이성계의 육군에게 궤멸되었다.

그 후 다시 왜적이 남원을 침입해 왔다. 이성계가 변안렬 등과 함께 남원에 이르러, 적의 기병과 싸우면서 대우전 20개를 쏘고 다시 유엽전 50여 발이나 쏘아 모두 그 얼굴을 맞히니 죽지 않는 자가 없었다. 사실 이성계의 활 실력 정도면 총을 개발할 필요도 없었다. 쓸데없이 비싸기나 한 것을.

이때 적장 중에서 가장 용맹한 장수가 겨우 15~16세쯤 되는 아지발도였다. 마치 「삼국지」의 금마초같이 미남인 데다 발군의 용맹을 지닌 아지발도는 고려군 사이를 무인지경같이 휘젓고 다니면서 창을 휘둘렀다.

이성계가 보아 하니, 아지발도는 갑옷으로 몸을 감싸고 있고 투구를 쓴 데다 얼굴 가리개까지 하고 있어서 도저히 화살이 들어갈 데가 없었다. 이성계가 곁에 있던 이지란(퉁두란)에게 말했다.

"내가 투구 끈을 쏘아 맞추어 얼굴 가리개를 벗길 테니, 너는 시위를 당기고 있다가 얼굴 가리개가 벗겨지면 즉시 그 얼굴을 쏘아라."

이성계가 말을 타고 무인지경으로 치닫는 적장 아지발도를 신중히 겨냥하여 활을 당기니, 말 그대로 투구 끈이 끊어지며 얼굴 가리개가 벗겨졌다.

순간 이지란이 아지발도의 얼굴을 쏘아 죽이니, 왜적들의 통곡 소리가 마치 수만 마리 소들이 우는 것 같았으며, 모두 말을 버리고 산으로 달아났다.

역사상 전투 중에 활을 쏘아서 투구를 쓰고 있는 적장의 투구 끈을 끊은 경우는, 3세기 삼국시대 때 황충이 관우의 투구 끈을 끊은 경우가 첫 번째고, 이성계가 두 번째다.

말을 타고 달리면서 싸우고 있는 아지발도의 투구 끈을 쏘아 맞추었다는 스토리가 좀 미심쩍긴 하지만, 어쨌든 고려군은 왜구들을 사면으로 공격하여 크게 깨뜨리니, 냇물이 온통 붉어져서 6~7일 간이나 물을 마실 수가 없었다. 왜구를 상대로 가장 크게 이긴 전투가 바로 해전인 진포대첩과 육전인 황산대첩이다.

이성계가 군사를 이끌고 개선하니, 최영이 나가 맞았다. 이성계가 빨리 걸어가서 재배하니 최영 또한 재배하고 이성계의 손을 잡고 눈물을 흘리면서,

"공이 아니면 누가 능히 그렇게 하겠소."

라며 하례했다.

제32대 우왕 9년(1383년) 왜구들이 120척의 배에 나누어 타고 남해현 관음포를 침입했으나, 해도원수 정지 장군이 화포를 장착한 전함 47척으로 왜구의 선박을 크게 깨뜨려 17척을 불태우니, 적의 시체가 바다를 덮었다. 관음포대첩이다. 이후 정지는 지문하부사가 되어 여러 도에 전함을 만들어 왜구를 방비했다.

화약은 최무선이 개발했으나, 고려의 수군을 키운 인물은 정지 장군이다. 당시 얼마나 왜구들이 설쳤는지 조정에서는 천도 논의가

있었을 정도였고, 고려의 섬과 연해안에는 사람이 살지 않아 매우 쓸쓸했다.

왜구를 퇴치한 공으로 최무선은 문하부사가 되었으며, 영성군에 책봉됨으로써 재상 반열에 올랐다.

이후에 왜구들은 화약 무기에 대한 공포로 노략질하러 들어올 엄두를 못 내었다. 당시 왜(倭)에는 화약 무기가 없었던 것이다.

서양에서 화포를 사용한 최초의 해전은 고려의 진포해전보다 거의 200년이나 뒤인 1571년 10월 7일 유럽의 신성동맹함대가 오스만 튀르크의 지중해함대를 격파한 레판토해전이다.

교황과 베니스 그리고 에스파냐 연합함대인 신성동맹함대는 함포로 무장하고 있었고, 오스만 튀르크 해군은 함포 없이 단지 개인화기인 화승총만 보유하고 있었으며, 양군의 함선과 병력은 별 차이가 없었다. 딱 조일전쟁 때 조선 수군과 일본 수군의 무장이 이랬다.

당연히 함포가 장착되어 있지 않은 함선으로 해전에 임했던 오스만 튀르크 해군은 박살이 나서, 사령관이 전사하고 300척의 함선 중 거의 절반인 150여 척이 격침되었으며, 5만이 전사하는 참패를 당했다.

레판토해전의 패전으로, 당시까지 지중해의 제해권을 갖고 있었던 오스만 튀르크는 제해권을 에스파냐(스페인)에 빼앗기고 말았다. 이 전투가 유럽이 오스만 제국에게 거둔 최초의 승리였고, 이후 오스만 제국은 서서히 쇠퇴하기 시작했다.

최무선이 나이가 많아지고 병석에 눕게 되었는데, 아들이 아직 어리자 화약 만드는 법과 사용하는 법을 책으로 만들었다. 『화약수련법』과 『화포법』의 두 권의 책이 완성되자, 최무선은 부인을 불러

아들 최해산이 자라면 책을 주어 익히게 하도록 당부했다. 최무선이 죽자 임금은 크게 슬퍼했으며, 조정에서는 최무선을 의정부 우정승 영성부원군으로 추증하고 후하게 부의(賻儀)했다.

조선 태조(제1대) 때, 최무선이 죽고 아들 최해산이 15세가 되자 부인이 아들에게 책을 물려 주었다.

최해산은 화약 제조법과 화포법을 익혀 조정에 나왔으며, 1417년 태종(제3대)은 화약을 제조하는 화약감조청을 설치하고 그에게 군기시(軍器寺)의 벼슬을 주었다.

최해산은 자신의 책임 아래 화약 6,900근, 화기 13,500정을 제조했고, 화약 무기를 다루는 특수 부대원인 화통군을 1만여 명이나 양성했다. 이후로는 최해산이 아니어도 화약과 무기를 제조할 수 있는 전문가가 여럿 배출되었다.

이때까지 주로 해전에서 사용되던 화약 무기가 더욱 발전되어 육전에서 사용되기 시작하게 되었다. 이렇게 제작된 화포는 북방에 배치되어 여진족의 침공을 막는 데도 결정적인 공헌을 했다.

조선의 제4대 세종 때인 1445년 신무기 개발을 적극 지원하는 세종의 정책에 힘입어 수많은 화약 무기 제조 기술자와 금속 기술자가 배출되었다. 그들은 무기 개량에 진력하여 모든 구식 화약 무기를 한 단계 발전시켜서 조선군은 최신식 무기로 무장하게 되었다.

이때 등장한 무기가 일발다전포(수제 기관총)와 조립식 총통완구로, 완구를 조립식으로 만들어 공격과 수비에 함께 쓸 수 있도록 개량했다. 이러한 무기 개발에 대한 성과는 실전된 세종 때의『총통등록』과 성종(제6대) 때의 기록인『병기도설』에 남아 전한다.

이러한 세종 때의 화약 무기 발달은 조선을 당시 세계 최첨단 무기 국가로 만들었으나, 이후 평화가 길어지고 멍청한 인간들이 줄을 지어 왕이 되면서 예산 문제를 이유로 화통도감은 폐지되고 화약 생산은 중단되었다.

만약 왕들이 조금만 똑똑해서 화약 무기 개발에 계속 힘썼더라면, 조일전쟁 때 쳐들어온 일본 애들을 초장에 간단히 도로 제 나라로 돌려보냈을 것이고, 또 조청전쟁 때 청나라 침공군을 초기에 박살 낼 수 있었을 것이다.

그리고 근대에 들어와서도 세계 열강 중에서 조선의 자리는 앞쪽이었을 것이다. 하여간 멍청한 것들.

그나마 최무선의 화약 무기 개발 덕분에, 조일전쟁 때 이순신 장군이 함포가 장착된 전함으로 함포 없는 일본 함선들을 포격하여 승승장구함으로써 나라를 지키는 데 크게 이바지했다.

최무선은 세계 최초로 화포를 함선에 장착함으로써 해전의 새로운 시대를 열었고, 이를 답습한 서양이 대포가 장착된 함선을 앞세워 세계를 정복한 것이다.

제 4 장

호족연맹시대 (918 ~ 981)

[제1대] 태조 왕건(918~943, 25년 재위)과 명장 유금필

『고려사』「태조」편에는 왕건이, 뭐 다 그렇지만,

> 어려서부터 총명하여 지혜가 있고, 용의 얼굴에 이마의 뼈는
> 해와 같이 둥글며, 턱은 풍만하고 안면은 널찍하였으며, 기상이
> 탁월하고 음성이 우렁차서 세상을 건질 만한 도량이 있었다.

라고 기록되었다.

총명한 건 잘 모르겠지만, 용의 얼굴같이 괴상하게 생긴 데다가,
이마가 너무 튀어나왔고 얼굴도 넓적하다니, 잘생긴 인물 축에는
못 드는 것 같다.

왕건이 삼한을 통일할 당시, 아시아는 수백 년 간 질서의 중심이
었던 당이 멸망하고, 중원의 5대(후량, 후당, 후진, 후한, 후주)와
강남의 10국(오, 오월, 남한, 초, 전촉, 민, 형남, 후촉, 남당, 북한)
이 난립하여 혼란에 빠져 있던 난세의 시기였다.

왕건은 스무 살 되던 해인 896년 부친인 왕륭과 함께 궁예에게
귀부하여 궁예 밑에서 크고 작은 공을 세운 끝에 마진국 최고 직위
인 광평성의 광치나(시중)를 지낸 후, 무혈 쿠데타를 일으켜 궁예를
쫓아내고, 42세 때인 918년 고려를 건국하여 왕위에 즉위했으며,
60세 되던 해인 936년 후삼국을 통일하여 7년을 더 재위하고 67세
로 세상을 떴다.

왕건의 한반도 통일은 신라의 통일과 달리 외세의 개입이 없는
최초의 자주적인 통일이었고, 또 삼국의 경계를 허물기만 했던 신

라의 통일과 달리 삼한의 백성들을 모두 끌어안아서, 바로 그때가 우리 한민족의 원형이 태동하기 시작한 때였기 때문에 상당한 의미를 가지고 있다.

사실 왕건은 전체적으로 볼 때 호적수였던 후백제의 견훤에게 약간 밀리는 형국이었는데, 고창전투의 승리로 주도권을 잡게 되었고, 견훤이 마지막에 후계자를 정할 때 멍청하게 굴어서 그만 다 된 밥에 코를 빠뜨리는 바람에 실상 삼한을 거저 주운 것이다.

견훤의 집안이 안되려니까, 아버지인 상주장군 아자개가 견훤과 사이가 나빠져서 고려가 개국되자마자 왕건에게 항복한 데다가, 견훤도 자식들의 반역으로 왕건에게 귀부할 수밖에 없었다.

고려라는 국호는 왕건이 처음 쓴 것이 아니고, 이미 901년 궁예가 나라를 세울 때 신라, 후백제와 솥발 같은 형세로 천하를 삼분하고 또 아직 무주공산(無主空山)인 고구려 유민들의 결집을 유도하고자 써먹었었다. 그런데 기대만큼 별 볼일이 없자 마진으로 나라 이름을 바꾸었다가 다시 태봉으로 바꾸었기에, 뒤에 왕건이 다시 고려라는 국호를 가져다 쓴 것이다.

실제로 왕건은 고구려를 계승한다는 의식을 가지고 있었고, 그래서 고구려의 수도였던 평양을 송악 못지않게 중요시했다.

삼한을 통일했던 신라는 평양을 영역 내로 포함한 적이 없었다. 신라의 영토는 황해도의 예성강 이남이었고, 이 영토는 왕건이 후삼국 통일 후에도 그대로 계승되었다.

평양은 668년 고구려가 나당연합군에 의하여 멸망한 이후 고려가 건국될 때까지 거의 250년 간 방치되어 잡초로 뒤덮여서 잊혀져 있던 땅으로, 거주하고 있던 주민들은 거의 여진인들이었으나, 이제 왕건에 의하여 비로소 우리나라의 영토로 다시 편입된 것이다.

918년 왕건은 즉위하자마자 사촌동생 왕식렴을 시켜서 북진의 거점이 되는 고구려의 옛 수도 평양의 보수를 명했는데,

태조 원년인 무인년, 평양이 황폐화되어 있으므로 염주, 백주, 해주, 황주, 봉주 등 여러 고을 백성들을 옮겨서 그 땅을 취하게 하여 서경으로 삼고 대도독부를 설치했다.

라는 기사가 『세종실록지리지』에 실려 있다.

928년에 서경의 내성 축조가 완성되었고, 938년에는 나성을 축조해서 서경을 감쌈으로써, 서경은 가장 중요하고 강력한 북방 수호 기지로 변모했다.

또 왕건은 유금필을 골암진(함남 안변)에 파견해서 여진족을 쫓아냈다. 928년(태조 11년)에는 평남 안주에서부터 개천까지 여러 곳에 성을 쌓아 북쪽으로 영토를 넓혔고, 북방 수비를 강화했다. 이렇게 왕건의 적극적인 북방 정책에 힘입어, 왕건 재위 말년에 이르자 고려의 영토는 서북면으로는 청천강 유역의 안주까지 북상했고, 동쪽으로는 안변에서 영흥까지 확장되었다. 왕건의 업적 중 가장 내세울 만한 업적이 바로 북방 영토 개척이다.

이러한 북방 영토 개척으로 수많은 발해의 유민들과 여진인들이 고려에 귀부하여 동화됨으로써, 936년 후백제와의 최종 결승전인 일리천전투 때 여진 기병을 약 만 명이나 동원할 수 있었던 것이다.

서경이 대강 부흥된 후, 왕건은 서경에 학교를 설립하도록 명하고, 수재 정악을 서학박사로 임명하여 학생들을 가르치도록 했다.

후삼국을 통일한 왕건은 수십 년 간의 전쟁으로 나라가 황폐해지고 기근이 덮쳐서, 부부가 헤어지고 자식을 파는 데다 길에서 굶어

죽는 사람이 끊이지 않았으므로, 이를 불쌍하게 여겨 3년 간 조세를 면제해 주었으며, 떠돌아다니는 자들은 전리(田里)에 돌아가 농사를 짓도록 했다.

대강 자리를 잡은 왕건은 개국 공신을 책봉했는데, 제1등은 쿠데타 동지인 배현경 등 네 명이었고, 제2등이 다섯 명, 제3등은 2천여 명이나 되었다.

왕건은 건국 다음 해인 919년 개경을 도읍으로 정했다. 개경은 송악산과 용백산 사이의 분지로 수비에 용이할 뿐만 아니라, 예성강의 벽란도가 가까워 수륙 교통이 편리하고, 배후에 넓은 농경지를 끼고 있어서 한 나라의 도읍으로 모자람이 없는 땅이었다.

930년 울릉도의 백길과 토두가 토산물을 가지고 고려에 항복했다. 이로써 울릉도의 부속 섬인 독도는 6세기 신라의 이사부가 우리나라 영토로 편입시킨 이래 다시 고려의 영토로 재확인되었다.

933년 후당에서 역서(曆書)를 보내오고 왕건을 고려 국왕에 책봉했으며, 이때부터 고려는 후당의 연호인 '장흥'을 쓰다가, 후당이 망하고 후진이 선 938년부터 후진의 연호인 '천복'을 쓰게 된다.

다음 해 왕건은 처음으로 토지제도인 역분전(役分田)을 시행했는데, 역분전은 품계에 따라 지급하는 것이 아니고 그 사람의 성품과 행실을 보고 차등 있게 나누어 주었다고 하니, 이는 아주 막연한(?) 제도였다.

조정의 조직을 대략 정비하고 여러 번의 역모를 겪은 후, 왕건은 국민 통합을 위하여 개경에서 팔관회를 성대하게 개최했다. 팔관회 행사 때는 전국의 남녀노소가 다 참여하여 갖가지 유희와 노래 그리고 윤등(輪燈)을 휘황찬란하게 달아 놓았으며, 준비된 음식도 풍성하여 전 국민 모두가 며칠 간 밤낮으로 먹고 마시며 즐겼다.

또 왕건은 부처의 법력으로 삼한을 통일했다 하여 도성 안에 풍수지리설에 입각한 위치에다 10개의 절을 지었다. 그러나 왕건은 절이 너무 많이 생겨 나라에 해가 될까 우려하여 훈요십조(訓要十條)를 통해 절의 신축을 자제하도록 당부했다.

실제로 후에 불교는 크게 성세를 떨쳐서 하루에 절에 바치는 쌀이 수만 섬에 이르렀고, 왕이 한번 드리는 공양에 참석하는 중이 보통 3만 명씩이나 되었으며, 사원과 불상 그리고 탑은 금은으로 장식되어 국가 재정 낭비에 큰 역할을 했다. 궁전은 염불하는 집으로 바뀌고, 중들은 왕들의 사부(師父)가 되어 불교는 고려에 큰 폐해를 끼쳤던 것이다.

호족연맹시대 개막

왕건이 936년 한반도를 통일하고 고려를 세우기는 했으나, 고려는 왕이 된 왕건을 중심으로 한 강력한 왕권 국가가 아니었다. 왕건은 그저 각 지방 호족들의 구심점으로 그들과 혼인을 매개로 한, 일종의 호족 연합체를 만든 것이었으며, 이러한 호족 연합체가 중앙집권체제의 나라가 되기까지는 먼 길을 가야 했다. 건국에 참여한 호족들은 대부분 중앙에 진출하여 권문세가가 되었고, 일부는 지방의 향리가 되었다.

하나의 예를 들어, 왕건이 개국한 직후 인사 발령을 내면서 구진을 나주 책임자로 발령을 내자, 구진이라는 인간이

"저는 전 임금 때 지방에서 오래 근무를 해서 이번엔 좀 곤란합니다."

라고 버티는 바람에, 다른 사람을 보내야 했다.

구진을 내보낸 왕건이

"왕년에 나도 어려운 고비를 많이 겪었으나 임금의 위엄이 두려워서 찍소리 한번 해 본 적이 없는데, 요즘 애들은 정말 못쓰겠구나."라고 하면서 한숨을 쉬었을 정도로, 초장에는 물이었다.

수를 찾던 왕건은 호족들을 회유하면서 정략적인 혼인 정책을 쓰기로 했다. 이는 꿩 먹고 알 먹는 아주 괜찮은 아이디어였고, 이런 고단수를 써서 막 개국한 엉성한 나라를 안정시킨 인물로는 역사상 왕건이 유일하다.

이로써 수많은 호족들의 딸이 궁으로 들어오는 바람에, 왕건은 자그마치 29명에 이르는 후비와 25명의 왕자 그리고 9명의 공주를 두어 자식이 모두 34명이나 되었다. 하여간 한국 역사상 그 방면으로는 최고의 기록인데, 이 기록은 왕건이 다중 혼인 기록을 세운 지거의 1,100년이 지나도록 그 누구도 깨지 못한 불멸의 기록이 된 채지금도 도전자를 기다리고 있다. .

그런데 왕건이 그 많은 후비들과 자식들 이름이나 모두 제대로 기억했을까. 나라를 세울 때 왕건처럼 혼인 정책을 써서 비를 수십 명씩 두었다는 스토리는 다른 데서는 별로 들어 본 적이 없는 희한한 스토리다.

하여간 이렇게 대기록을 세우면서 나라의 틀을 만들기는 했으나, 그 결과 숱한 자식이 생기다 보니 나중에 후계자 싸움으로 궁중에 피바람을 불게 되는 적지 않은 후유증을 남기게 되었다. 왕건은 왕위에 오르기 전에는 부인이 단지 두 명뿐이었는데, 왕위에 오른 후에 자그마치 27명이나 새로 들인 것이다.

왕건이 정략 혼인으로 이렇게 많은 후비를 두었는 데도 불구하고, 개국하자마자 마군장군 환선길의 반란, 마군대장군 이흔암과 순군리 임춘길의 역모, 청주의 장군 파진찬 진선과 선장의 반란 등 수많은 크고 작은 반란이 잇따랐다.

그럴 수밖에 없었던 것이, 자신들의 주군이었던 궁예에게서 신임과 총애를 받아 오던 인물들이 별안간 어제 저녁까지 같이 대폿집에 다니면서 '야, 자' 하던 처지의 동료였던 왕건에게 그 다음 날부터 '폐하' 소리가 도저히 나오지 않았던 것이다.

그래서 왕건이 연구해 낸 제도가 기인제도(其人制度)다. 기인제도는 지방 호족들의 자제를 교육시킨다는 미명하에 개성에 거주케 하여 인질로 삼은 제도를 말한다.

또 왕건은 왕실의 순수성을 지킨다는 목적으로 자식들에게 극심한 족내혼을 시켰다. 삼촌 간의 결혼은 흔한 경우였고, 심지어는 이복 형제자매들끼리도 혼인을 시켰다. 초창기부터 시작된 이런 악습 때문에 고려 왕들이 대개 멍청하고 명이 짧은 것이나 아닌지 모르겠다.

이런 악습은 유교의 영향으로 후대로 가면서 조금씩 사라지다가, 말기에 들어서서 족내혼을 금하는 몽골의 영향으로 족외혼으로 바뀌었다.

왕건의 뒤를 이어 혜종(제2대)이 후계자가 된 데에는 박술희의 공이 컸다. 혜종이 맏아들이고 건국 전 후삼국 통일 전쟁에서 왕건을 수행하면서 수많은 공을 세워 후계자로 전혀 하자가 없었음에도 불구하고, 후계자를 정해야 하는 왕건의 고민은 깊었다.

혜종의 모친은 제2비 장화왕후 오씨였는데, 오씨는 왕건이 왕이 되기 전에 혼인한 처지로, 아버지의 이름도 알려지지 않은 아주 별볼일 없는 집안 출신이었기 때문이었다. 이러니 다른 빽 좋고 힘 좋은 호족들을 배후에 둔 왕후들의 자식들이 눈에 불을 켜고 왕건의 후계자 결정을 지켜보고 있는 마당에, 자신이 죽고 난 이후가 영 찜찜했던 것이다.

그중에서도 제3대 정종과 제4대 광종을 낳은 제3비 신명순성왕후 유씨와 제4비인 신정왕후 황보씨네 집안은 막강한 배경을 가지고 있었다.

궁리 끝에 왕건은 자신이 입던 곤룡포를 상자에 담아 혜종의 모친인 장화왕후 오씨에게 보냈고, 장화왕후는 이를 공신인 대광 박술희에게 보이고 왕건의 속뜻을 내보임으로써, 박술희가 혜종의 후견자를 자처하여 혜종은 겨우 후계자가 될 수 있었다.

왕건은 죽기 전에 공신 박술희를 불러서 지금도 고쳤느니 아니라느니 말이 많은 훈요십조를 내렸다. 훈요십조는 왕건이 후손들에게 내린 통치 철학으로, 불교의 지나친 확장을 경계하고 있으며, 서경을 중시토록 했고, 후계자를 정할 때 만약 자식이 시원치 않으면 능력 있는 형제 중에서 택할 것을 명했으며, 후백제 지역이었던 곳의 주민을 등용치 못하게 했다. 이 맨 마지막 조항 때문에 지금까지도 호남 차별의 백미라느니 조작한 것이라느니 말들이 많은 것이다.

왕건이 혼인 동맹으로 호족 연합체를 만들면서 잉태된 문제는 후계자의 난립과 수많은 외척들의 권력 투쟁이었다. 왕건 사후 혜종, 정종을 거쳐서 광종에 이르는 동안 왕들의 의혹에 싸인 죽음이 잇따랐고, 광종 때가 되어서야 겨우 후계자 상속이 자리 잡았으며, 건국 후 70여 년이 지난 제6대 성종 때가 되어서야 중앙 집권이 확립되기 시작했다.

943년 병이 위중하게 되자 왕건은 유언을 쓰도록 했으며, 백관이 슬피 통곡하자

"덧없는 생명이란 원래 그런 것이다. 천하 만물의 목숨이 있는 자는 죽지 않는 것이 없으니, 죽음은 천지 만물의 자연스러운 이치인 것이다. 나는 이미 병든 지 20일이 지났으며, 죽음을 고향으로

돌아감과 같이 보거늘, 무슨 근심이 있겠는가."

라고 말한 다음, 재위 25년 후삼국을 통일한 지 7년 만에 67세로 세상을 떴다.

왕건에 대한 사관(史官)의 평이다.

태조는 아랫사람에게 너그럽게 대하여 어질고 지혜 있는 사람이 힘을 다하였고, 사람들에게 성심으로 대접하여 모두가 그를 따랐으니 살리기를 좋아하는 인덕은 천성에서 나왔고, 백성을 사랑하는 마음은 지극한 정성에서 나왔다.

왕업을 처음 창건하여 모든 것을 고쳐 시작하였으니, 비록 예악은 미처 제정하지 못했으나 그 큰 규모와 원대한 계책이며 깊은 인덕과 후한 은택은 진실로 이미 500년의 국맥을 배양했던 것이다.

실제로 왕건은 운이 좋았는 데다 『삼국지』에 나오는 촉의 유비와 같은 덕도 있었으며, 능력을 비교해 봐도 울보 유비보다는 한층 윗길인 인물이었다.

왕건의 조상과 용손 왕씨

왕건의 조상에 대하여 『고려사』에서는 김관의의 『편년통록』에 실려 있는 기사를 실어 놓았다. 김관의는 의종(제18대) 때 검교군기감을 지냈는데, 태조 왕건의 족보와 설화를 채집해서 『편년통록』을 썼다.

전체적으로 말이 좀 안 되지만 간략히 살펴보자.

옛적에 성골장군이라고 자칭하는, 기골이 장대하고 호담한 호경이란 인물이 있었다. 그는 부소산 근처의 산골 마을에 장가를 들어서 정착했고, 사냥을 생업으로 했다.

그러던 어느 날 호경은 마을 사람 아홉 명과 함께 뒷산으로 매를 잡으러 갔다가 너무 늦는 바람에 모두들 한 굴을 찾아 들어가 잠을 청했다.

밤이 깊어졌을 때 별안간 집채만한 호랑이 한 마리가 나타나더니 굴 입구를 막고 울부짖었다. 두려움에 휩싸인 마을 사람들은 천상 자기네들 중에서 제비를 뽑아 한 사람이 호랑이의 밥이 되기로 했다.

제비를 뽑은 결과 재수 없이 호경이 뽑히는 바람에, 호경은
"어차피 죽을 것…."
하면서 굴 밖으로 뛰쳐나와 호랑이와 한판 붙을 준비를 했다.

그런데 밖에 있던 호랑이가 호경이 뛰어나오자마자 그대로 도망치는 것이 아닌가.

"아니, 쟤가 왜 저래?"
라고 호경이 고개를 갸웃거리고 있는데, 뒤에서 굴이 무너지는 소리가 들렸다. 그제야 호경은 그 호랑이가 사람을 해치러 온 것이 아니라 자신을 살리기 위해서 누가 보냈을 것이라는 감을 잡았다.

호경은 마을에 내려가 사람을 불러다가 죽은 아홉 사람을 장사 지내 주었고, 겸하여 산신에게도 제사를 지냈는데, 이때 홀연 산신이 나타났다.

대개 산에 살고 있는 산신들은 대머리에 허연 수염이 가슴을 덮은, 팍삭 늙은 노인네들이 대부분인데, 이 산의 산신은 희한하게도 미모의 과부였다. 아마 이 과부 산신이 호랑이를 보내서 멀

쩡하게 생긴 호경을 살렸을 것이다.

과부 산신은 호경에게 자신과 부부의 인연을 맺을 것을 청했고, 산신의 미모에 혹한 호경이 이를 쾌히 응락함으로써 호경은 산의 대왕이 되었고, 이후 사람들은 더 이상 호경을 볼 수 없었다.

산신과 혼인한 후에도 의리의 사나이 호경은 옛 처를 잊을 수 없어 뻑하면 옛집에 들러 동침을 하다 보니, 처가 임신하여 아들을 낳았고, 이름을 강충이라고 했다.

강충이 장성하여 개성의 부잣집 딸 구치의에게 장가들어 부소산 근처에서 살았는데, 하루는 신라에서 풍수에 해박한 팔원이라는 사람이 와서 부소산에 나무를 심어 바위가 보이지 않게 하면 이곳에서 삼한을 통일할 왕이 태어날 것이라고 했다.

강충은 팔원의 말을 믿고 마을 사람들의 도움을 얻어 온 산에 나무를 심은 다음 지명을 송악군으로 고쳤다.

이후 강충은 많은 재산을 모았고, 이제건과 손호술이라는 두 아들을 낳았는데, 둘 중 손호술이 출가하여 중이 되었으며, 조카딸 덕주와 혼인하여 대처승이 되어 마가갑에 암자를 짓고 살았다.

보육으로 이름을 고친 손호술은 두 딸을 두었는데, 그중 둘째 딸 진의는 매우 아름답고 지혜가 있는 처녀였다.

어느 날 진의의 언니가 이상한 꿈을 꾸었다고 하면서 진의에게 꿈 이야기를 했다. 꿈에서 언니는 오관산 마루턱에 앉아 오줌을 누었는데, 그 오줌이 천하에 가득 차더라는 얘기를 들은 진의는, 얼른 언니에게 비단치마를 주고 그 꿈을 샀다.(이 이야기는 김유신의 딸 문희가 언니 보희에게서 꿈을 산 후 김춘추의 처가 되는 스토리를 그대로 베낀 것이다.)

당 현종 12년(753년으로 안녹산의 반란이 일어나기 직전이다) 아직 왕자였던 현종의 아들 숙종이 당을 두루 유람하다가 고려의 예성강 나루로 들어오게 되었고, 송악에 도착했다. 우연히 숙종은 보육의 집을 찾아들게 되었는데, 참으로 우연 중에 우연이다. 여행 중 옷이 터졌으니 옷을 좀 꿰매 달라고 했다. 감 잡은 보육은 큰딸을 숙종의 방으로 들여보냈는데, 큰딸은 문지방을 넘자마자 코피가 터져서 화장실로 달려갔고, 언니 대신 진의가 들어가게 되었다.

뒤는 안 봐도 알 만하다. 숙종은 약 한 달 가량 보육의 집에 묵었고, 진의는 임신을 하게 되었다.

숙종은 떠나면서 자신의 신분을 밝혔고, 활과 화살을 주면서 아들이 태어나면 전해 주라는 당부를 하고 당으로 돌아갔다.

좀 길긴 하지만, 이렇게 해서 태어난 아들이 왕건의 조부 작제건이란다. 옛날 이야기라 그런지, 구성도 엉성하고 스토리도 「전설 따라 삼천리」 수준이다.

고려시대 내내 왕건의 자손은 용손(龍孫)으로 여겨졌다. 하기야 어느 나라고 건국자는 대부분 오색구름에 싸이거나 천손(天孫) 내지는 용손이라고 미화된다. 안 그러면 박스나 알에서 튀어나오거나.

하여간 왕건의 조부 작제건은 어려서부터 활을 잘 쏘아 신궁 소리를 들었다고 한다. 당나라에서 만든 활이 신라에서 만든 활보다 성능이 우수했나 보다.

성장하여 자신의 출생 비밀을 모친에게서 들은 작제건은 아버지를 찾으러 가기 위해 중국행 배를 탔다가 심한 풍랑을 만났다. 배에 타고 있던 한 점쟁이가 산가지를 뽑아 보니, '배에서 고려 사람을 제거해야 풍랑이 멈출 것'이라는 점괘가 나와서, 할 수 없이 작제건은 활과 화살을 지닌 채 바다로 뛰어들었다. 아마 수영에는 자신이 있었나 보다. 물에 뛰어들어 조금 헤엄을 치다 보니 돌출된 바위가 보여 기어 올라갔는데, 바로 이때 늙그수레한 서해 용왕이 짙은 안개를 몰고 나타나더니 작제건에게 부탁할 일이 있다고 했다.

부탁을 들어 보니 별것 아니고, 매일 저녁 부처 형상을 한 인물이 나타나 북을 치고 불경을 읽으면 머리가 깨질 듯이 아프니 그를 좀 없애 달라는 것이었다. '활' 하면 작제건이니 무엇이 겁나랴. 용궁으로 간 작제건은 몸을 숨기고 밤이 오기를 기다렸다가, 요사한 인물이 출현하여 불경을 읽기 시작하자, 신중히 활을 겨냥하여 그 인물의 목줄기를 쏘았다. 화살이 정확히 괴인의 목줄기를 꿰뚫자, 그 괴상한 인물은 펄쩍 뛰어오르더니 쓰러져 죽었다. 죽은 다음 곁에 가서 자세히 보니, 이건 사람이 아니고 긴 꼬리가 달린 늙은 여우였다.

용왕은 매우 기뻐하며 크게 잔치를 베풀고 딸로 하여금 작제건의 곁에 앉아 술을 따르게 하고, 소원을 말하라 하니 작제건은 용왕의 딸과 혼인하겠다고 하여, 혼인을 허락 받고 보물을 잔뜩 챙긴 후 바다에서 나와 고려로 돌아왔다.

아니, 어떻게 아버지를 찾겠다고 수만 리 떨어진 중국으로 정처도 없이 여행길에 나선 작제건이, 용왕이 소원을 말하라고 하면 당연히 아버지를 찾게 해 달라고 부탁할 일이지, 어떻게 괜찮게 생겼다고 용왕 딸을 달라고 하나? 스토리를 읽어 보니, 왕건의 할아버지 작제건이라는 인물은 아주 싸가지가 없다.

하여간 용왕의 딸과 함께 용궁에서 나온 작제건은 용녀와 30년을 같이 살며 네 아들을 낳았다. 그동안 용녀는 집 앞에 우물을 깊이 파고 우물 속을 통하여 용궁 즉 친정을 왕래했다. 그때마다 그녀는 작제건에게 주의를 주었다.

"제가 용궁에 가는 것을 절대로 엿보지 마십시오. 그렇지 않으면 다시는 돌아오지 않을 것입니다."

하지만 호기심을 참을 수 없었던 작제건은 어느 날 용녀가 우물 속으로 들어가자 뒤따라가서 몰래 보았다. 순간 우물을 덮는 오색 구름이 일어나며 거대한 용으로 변신한 용녀는 순식간에 자취를 감추었으며, 작제건이 자신이 변신하는 모습을 본 데 열 받은 용녀는 이후 다시는 돌아오지 않았다.

　오거나 말거나, 하여간 이렇게 낳은 자식들은 용손이었고, 걔네들 몸에는 비늘이 있었다지?

　이런 연유로 해서, 고려에 반란을 일으켜서 조선을 개국한 무리들이 쿠데타의 정당성을 확보하기 위하여 제32대 우왕과 그 아들 제33대 창왕이 왕씨가 아니라 신돈이 낳은 신씨라고 우기자, 우왕은 죽음에 당면하여 윗옷을 벗어 겨드랑이의 비늘 자국을 주변 사람들에게 보이며 눈물지었다고 한다.

　사실 이 스토리는 왕건이 성조차 없는 별 볼일 없는 집안 출신이라 왕창 보태서 소설을 쓴 것이다. 그렇지만 이 스토리에서 알 수 있는 것은 왕건의 할아버지 작제건이 일찌감치 해상에 진출하여 국제 해상 무역으로 부의 기반을 닦았다는 것이다.

　그런데 앞의 스토리를 자세히 읽다 보니까, 왕건의 부친은 용건(나중에 왕륭으로 개명했다)이고 조부는 작제건이다. 보아 하니 모두 성이 없는 대신 무슨 깊은 뜻이 있는지 3대 모두 이름의 맨 끝 자가 '건(建)' 자 돌림이다.

　사실 여기에는 다음과 같은 깊은 뜻이 있다.

　옛날부터 왕건의 집안에 전해 내려오는 주문이 있었다.

　"'건' 자 돌림 3대가 되면 왕이 배출된다."

는 밀언(密言)이었다. 그러나 그간 하도 째지게 가난해서 '왕' 같은

건 엄두도 못 내다가, 작제건 때부터 형편이 좀 피게 되니까 '건' 자 돌림의 이름자를 지었다고 한다.

어쨌거나 그래서 그런지, 그 집안에서 왕이 수도 없이 배출되었다. 왕건이 즉위한 후 증조모 진의는 정화왕후, 조부 작제건은 의조 경강대왕, 용왕의 딸 용녀는 원창왕후, 부친 용건은 세조 위무대왕, 그리고 모친 몽녀는 위숙왕후에 봉했으니, 도대체 왕이 몇 명이냐.

왕건도 선조들을 추증(追贈)할 때, 증조모 진의의 남편이 당의 천자 숙종이라는 이야기가 영 미심쩍어서 추증을 미루다가 나중에 할 수 없이 왕으로 추증했다고 한다.

용건의 처는 몽녀 한씨인데, 그녀를 얻은 이야기도 범상치 않다. 용건이 어느 날 꿈에 한 미인을 만나 부부가 될 것을 약속했다. 용건이 꿈에서 깨어난 뒤 송악산으로 가는 길에 한 여자를 만났는데, 그녀가 바로 꿈에서 본 그 여자였다. 용건은 그녀와 혼인했으며, 사람들은 용건의 처를 꿈에서 보았다 하여 '몽부인'이라고 불렀다. 좌우간 왕씨 집안에는 꿈도 흔하고 미인도 많다.

왕건(877~943)의 출생 설화와 도참

왕건이라고 출생 설화가 없을까 보냐.

왕건은 877년 송악에서 태어났는데, 어느 날 신라 말 풍수가로 유명한 승려 도선(827~898)이 마침 집 부근을 지나가다가 쉬고 있었다. 이상하게 이 동네엔 유명한 사람들이 많이 들른다.

우리나라 풍수지리학의 조종(祖宗)인 도선은 신라 제42대 흥덕왕 2년 전남 영암에서 태어나, 15세에 출가하여 동리산파(桐裏山派)의 시조 혜철 밑에서 불도를 닦은 뒤, 광양 백계산의 옥룡사 주지로

35년 간이나 있다가 신라 제52대 효공왕 2년인 898년 72세로 입적한 인물이다. 즉, 도선은 신라 말기와 후삼국시대를 살다 간 인물인 것이다.

하여간 도선과 왕건과의 보통이 넘는 관계에다가, 고려 사회가 풍수지리설을 숭상하면서 도선은 세월이 갈수록 뜨게 된다. 도선은 제8대 현종 때 대선사(大禪師)에 추증되고, 제15대 숙종 때는 왕사(王師)에, 제17대 인종 때는 국사(國師)에 추증되면서 왕창 뜨기 시작한다.

이 정도가 도선에 대해서 알려진 것이지, 실제로 그의 생애는 명성에 비해 알려진 것이 거의 없다. 『삼국사기』에도 언급이 없고, 같은 중 출신인 일연이 쓴 『삼국유사』에서도 아무런 언급이 없는 것을 보면, 생각처럼 별 볼일 있는 인물은 아닌 것 같다.

어쨌든 도선은 후에 풍수지리학의 원조로 받들어지게 된 데다가, 풍수에다 도참설까지 접목시켰고, 길흉화복까지 예언하여 미신의 본좌(本座)가 된다.

풍수설의 기본은 명당(明堂)이다. 또 땅의 기운을 살피는 '지기쇠왕설(地氣衰旺說)'은 풍수의 꽃이다.

고려 사회의 중심 사상 중의 하나가 되었던 풍수와 도참은 여기서 이야기하는 왕건의 설화뿐만 아니라, 후에 땡중 묘청이 들고 나와 묘청의 난의 단초가 되기도 한다.

어느 날 여행을 하던 도선이 목이 말라 우연히 용건의 집에 들러서 물 한 그릇을 청했다. 그런데 용건의 집에서 내뿜는 강한 서기(瑞氣)를 느낀 도선은 물을 마시다 말고 한 마디 던졌다.

"허허, 마땅히 이 집에서 성인(聖人)이 날 것이로고."

왕건이 성인 축에 드는지는 잘 모르겠으나, 도선이 얻어먹은 물값으로 한 말을 가지고 왕건의 아버지 용건은 신이 나서 도선에게 수십 번 절을 한 다음, 차비를 왕창 찔러 주었다.

차비에다 용돈까지 넉넉히 챙긴 도선이 한 마디 더 안 할 수 없다.

"공은 다음 해에 반드시 귀한 아들을 얻을 것이요."

그런 다음 말만 한 것이 아니고 책까지 한 권 주었다. 책의 이름은 『도선비기』인데,

'천하를 통일하는 방책이 수록되어 있으나 도가 트이지 않은 사람 눈에는 단 한 글자도 보이지 않는다.'

라는 비서(秘書) 중의 비서였다. 옛날 한나라의 장량도 황석공에게서 이런 책을 받은 일이 있고, 또 삼국시대 때 황건적의 수령인 장각도 태평노인에게서 『태평요술』이라는 천서(天書)를 받은 일이 있으니, 위 스토리는 아마 사실일 것이다.

어쨌거나 도선의 예언대로 용건의 부인 한씨는 다음 해에 왕건을 낳았다. 왕건이 나이 17세가 되었을 때 도선이 다시 왕건의 집을 찾아와 왕건에게 병법과 천문지리의 이치를 전수해 주었다.

아니, 비기(秘記) 중의 비기인 천서를 읽었고, 도사 도선에게서 천문지리와 병법을 배웠으면 최소한 한의 장량이나 촉의 제갈량하고 맞먹는 실력을 가졌을 텐데, 견훤하고 붙을 때 왜 뻑하면 깨졌는지 이유를 모르겠다. 그렇다면 혹 견훤도 천서를 가지고 있지 않았나 하는 생각이 든다.

하여간 이 바람에 왕건 이하 고려는 풍수 사상에 깊이 매몰되었고, 불교는 고려의 국교가 되었다. 왕건이 877년생이고 도선은 827년생이라고 하니 둘은 딱 50살 차이가 난다. 도선이 50살 때 왕건의 출생을 예언했을 수도 있고, 왕건이 17세면 도선이 67세였을 테니 천문지리와 병법을 가르쳤을 수도 있다. 지금 비록 천서가 전해오지는 않지만, 위의 이야기들이 설마 몽땅 소설은 아니겠지.

권지국사(權知國事)

왕건과 이성계는 고려와 조선을 건국했으나 왕으로 칭하지 못했다. 당시 한반도는 신라 제29대 태종무열왕 김춘추 때부터 당의 속국이었기 때문에, 왕의 호칭을 쓰려면 본토인 중국에서 책봉을 받아야 했다.

그러니 왕위를 계승했거나 정권을 잡은 다음 날부터 중국에서 책봉을 받을 때까지 자신을 호칭할 말이 필요했다. 그것이 바로 권지국사이며, 이는 왕으로 책봉 받을 때까지 국사를 맡아보는 '왕 권한 대행'이란 의미이다. 신라의 마지막 왕인 경순왕(제56대) 김부도 견훤이 책봉한 권지국사였다.

왕건이 나라를 세운 후 중국의 책봉 절차를 거쳐야 왕으로서의 정통성을 갖게 되는데, 하필 당시 중국은 당이 망하고 50년 간의 혼란기인 5대10국시대였다. 즉, 50년 간 거의 20개의 소국들이 섰다가 금세 망하는 극심한 혼란기였고, 왕조의 수명도 몇 년에서부터 길어 봐야 10여 년까지로, 사실 제대로 된 왕조라고 볼 수 있는 나라는 하나도 없어서, 도대체 어느 나라에 책봉을 요청해야 될지 아주 애매모호할 때였다.

그렇지만 어쨌든 책봉은 받아야 권위가 서니까, 왕건은 920년 중국에 사신을 보내 책봉을 요청했다. 어느 나라에서 책봉을 받게 될른지는 가 봐야 알 수 있었다.

당시 중국은 14년짜리 왕조인 후당시대였는데, 후당은 제 앞가림도 못하는 주제에 무슨 다른 나라 왕을 책봉한다는 말이냐? 그래서 아마 책봉 요청 서류를 책상 서랍 한 구석에 넣어 두고 잊어버린 모양이었다.

시간이 꽤 지났는 데도 후당에서 소식이 없자, 애가 탄 왕건은

926년 다시 사신을 보냈으며, 933년에야 후당의 명종으로부터 고려 국왕의 책봉을 받아 비로소 '왕' 소리를 할 수 있었다. 920년 책봉 요청차 첫 사신을 보낸 지 자그마치 13년 만이다.

권지국사라는 용어는 조선조에서도 계속 사용되었는데, 조선을 창건한 이성계는 자신을 '고려권지국사'라 칭하면서 명에 책봉을 요청했으나, 원래 골수 친원파였던 이성계의 쿠데타를 곱게 보지 않았던 명은 이를 승인하지 않고 마냥 미루면서 받아먹을 것 다 받아먹은 후 제3대 태종 때가 되어서야 겨우 승인을 해 주었기 때문에, 이성계는 살아 생전 왕 소리를 한번도 못하고 죽었다.

조선 중기에 연산군(제10대)을 내쫓고 왕이 된 중종(제11대)도 명에서 왕 책봉을 받지 못하다가 한참 후에야 승인을 받았는데, 이는 당시 쿠데타도 중국의 재가가 있어야 정당성을 갖출 수 있다는 얘기다.

명장 유금필(유검필, ?~941)

후삼국을 통일하고 고려 창건을 말하면서 그 과정에서 누가 뭐래도 가장 큰 공을 세운 인물은 장군 유금필이다.

유금필은 평주 사람으로 용맹이 뛰어났을 뿐만 아니라 지략을 겸비한 드문 명장이었다. 매양 왕명을 받아 출정할 때는 즉시 출발하여 집에 들른 적이 없었고, 개선할 때마다 왕이 반드시 맞이하여 위로했다.

평생토록 이렇게 왕에게 또는 주군에게 은총으로 대우 받은 장수는 아마 한 승상 조조에게 3일 소연, 5일 대연의 극진한 대우를 받은 유비의 의동생 관우를 빼고는, 유금필이 유일할 것이다.

후삼국을 통일한 왕건은 고구려의 옛 영토였던 북쪽의 영토 회복에 굳은 의지를 가지고 있었는데, 이는 개국 공신이자 당대의 명장인 유금필로 하여금 북방 국경에 위치한 골암진을 자주 침범해 오는 야인들을 격퇴하라고 명한 데서도 찾아볼 수 있다.

태조 3년인 920년 왕건은 유금필로 하여금 3천 명의 정예병을 이끌고 골암진으로 출정하여 야인들을 평정케 했다. 왕건의 명으로 병력을 이끌고 골암진에 도착한 유금필은 우선 성대한 연회를 연 다음 앞으로 잘 지내자는 핑계로 야인들의 추장들을 모조리 초대했다.

야인 추장들이 파티에 참석해서, 잘 빠진 무희들이 춤을 추고 노래하는 것을 구경하면서 먹고 마시고 한창 흥이 무르익어 가는 도중, 유금필은 매복시켜 놓았던 군사들로 하여금 야인 추장들을 모조리 결박하게 한 다음 위협을 가하여 고려의 정책 노선을 따르도록 했다.

어이없이 포박된 추장들은 내키지는 않았으나 어쩔 수 없이 유금필의 명에 복종하겠다는 맹세를 했으며, 이후 야인들을 상대로 펼치는 유금필의 대장부다운 선무 공작에 회유되어 귀순자가 늘어나면서 북방은 차차 안정되었다.

나중에 윤관이 이 수법을 본떠서 여진족을 정벌하고 9성을 쌓을 때 써먹게 된다.

유금필은 왕건의 수하에서 기병대장을 지내다가 대광(大匡)이 된 인물로, 통일 전쟁을 성공적으로 수행하여 고려 창건에 가장 크게 기여한 개국 공신이다.

그는 전투 때마다 일선에서 활약하여 전투를 승리로 이끈 명장이었고, 어떤 어려운 전투도 마다 않고 계책을 세워 승리한 상승 장군이었다. 유금필은 수십 차례의 크고 작은 전투에 참전하여 승리를 거두면서 단 한번도 뒤로 물러서거나 도망친 적이 없는, 완벽한 승리를 이끈 후삼국 전쟁의 주역이었다.

유금필이 치른 전투 중 큰 전투만 언급해도 정서대장군으로 참전했던 후백제와의 연산진전투, 백제군 8천을 궤멸시킨 고창전투, 백제군 3천을 죽이고 견훤의 모사 종훈을 생금한 운주전투, 수십 명의 병력으로 수천의 백제군을 패퇴시킨 경주전투 등 그의 전장에서의 활약은 가히 신화(神話)였다. 이러한 유금필의 활약에 힘입어 수많은 성주들이 왕건에게 귀부했으며, 결국 왕건이 고려를 건국할 수 있게 된 것이다.

이렇게 한창 잘 나가던 유금필이 한때 참소를 당해 백령도로 유배된 적이 있었다. 마침 그때 견훤의 수하인 일길찬 상귀와 해군장군 상애가 개경 근처를 유린하여 배 100척을 불사르고, 저산도 목장에서 키우고 있던 군마 300필을 약탈해 갔으며, 대우도를 약탈해서 고려를 혼란 속에 빠뜨린 일이 일어났다. 대광 만세가 이들을 격퇴하러 출전했으나 패전하여 왕건은 근심에 싸여 있었다.

이때 귀양 중이던 유금필이 백령도의 어선들로 함대를 조직하고 장정들을 모은 다음, 왕건에게 소를 올리고 백제 수군을 격퇴시켰다.

이 소식을 들은 왕건은 유금필을 유배에서 풀어 주며

"그대는 실로 죄 없이 귀양을 갔지만, 나를 원망하지 않고 오직 나라를 생각하였으니 내가 심히 부끄럽고 후회된다."

라고 하며, 유금필을 정남대장군에 기용했다.

유금필에 대한 『고려사』의 평이다.

유금필은 장령으로서의 전략을 가졌으며, 병사들에게는 늘 신망이 있었다. 출정할 때마다 명령을 받으면 즉각 출발했고, 집에 들러 잔 적이 없었다. 개선할 때면 태조는 반드시 마중을 나가 위로하여 시종일관 다른 장수들이 받지 못하는 대우를 했다.

　비록 왕건이 고려 왕이 되긴 했으나, 후삼국 통일은 왕건과 유금필 두 사람의 힘으로 이룩한 것이나 마찬가지일 정도로, 삼한 통일에서 유금필의 공은 절대적이었다.

　유금필은 왕건 재위 24년째 그리고 왕건이 죽기 2년 전인 941년에 세상을 떴고, 죽은 후 '충절'이라는 시호를 받았다.

[제2대] 돗자리 주름살 혜종(943~945, 2년 재위)과 왕규

혜종 무는 왕건의 25명의 아들 중 맏아들로서, 형제끼리 왕권 경쟁이 치열한 와중에서 대광(大匡) 박술희가 왕건의 조명(유명)을 받아 후견인 역할을 자임함으로써 32세에 제2대 왕으로 즉위했다.

박술희는 왕건과 함께 후삼국 통일 전쟁을 치르면서 전장을 함께 누빈 전우였고, 천성이 용감하고 거칠어서 두꺼비나 개미까지도 먹어 치웠다는 기록이 있는 험한 인물로, 당시 군의 원로였다.

혜종의 모친은 장화왕후 오씨였는데, 오씨는 원래 별 볼일 없는 집안 출신이었기 때문에, 한다 하는 집안의 배경을 가진 다른 왕비들 사이에서 기를 못 펴고 살았다.

이렇게 혜종이 한미한 집안 출신인 모친을 두고 있었음에도 불구하고 왕위에 즉위할 수 있었던 것은, 왕건이 나라를 세우기 전 삼한 통일을 위하여 수많은 전투를 치를 때 왕건을 도와 여러 번 큰 공을 세웠기에 가능했다.

혜종은 통일 후 1등 공신에 책봉될 정도로 후삼국 통일 전쟁에서 크게 활약한, 아주 기개 있고 용감한 무장이었다. 또 혜종은 뒤에 '불천지주(不遷之主)'로 추앙 받았는데, 불천지주란 왕이 죽은 후 종묘에 모셔졌던 그 왕의 위패를 다른 곳에 옮기지 않고 그냥 두어진 위패의 주인공을 뜻한다.

즉, 선대 왕들의 위패를 모시는 종묘에는 시간이 지나면서 새 위패가 계속 들어오기 때문에 먼저 위패를 다른 곳으로 옮기는 것이 관례였는데, 나라를 위해 큰 공을 세웠거나 후대에 큰 영향을 끼친 왕들의 경우에는 위패를 옮기지 않고 그대로 두었다. 혜종은 겨우 재위 2년 만에 죽었으나, 불천지주가 된 것을 보면 왕이 되기 전에라도 많은 공을 세웠을 것이라고 짐작할 수 있다.

왕건은 후계자를 세울 때 많은 고민을 했다. 당시 잘나가던 지방 호족들과 혼인 정책으로 동맹을 맺어 나라를 세우기는 했으나 왕권을 내세우지 못할 만큼 왕은 힘이 없었고, 그 호족들의 딸들로부터 출생한 왕자가 궁에 가득 했다. 혜종은 그중에서도 가장 처지는 집안 출신이었으니, 혜종을 후계자를 삼으려면 특단의 대책이 필요했다. 그래서 건국에 공이 많았던 심복 무장 박술희로 하여금 후견인이 되게 한 후 후계자로 정했던 것이다.

혜종이 왕위에 즉위한 지 겨우 2년 만에 병사하고, 혜종의 아우인 정종이 제3대 왕으로 뒤를 이었으나 역시 4년 만에 요절하는 바람에, 둘 다 재위 기간 동안 아무것도 한 것이 없다.

혜종은 얼굴에 돗자리 무늬가 있어 돗자리 주름살 임금이라 불렸고, 항상 자리에다 물을 뿌리고 큰 병에 물을 담아 팔꿈치 씻기를 좋아해서 '용의 아들'이라는 별명으로도 불렸다. 이 돗자리 무늬는 주름살이 아마 돗자리와 비슷한 무늬를 가진 데 연유했을 것이나, 사실은 다음과 같은 일화에서 비롯되었다.

왕건이 궁예 밑에 있으면서 나주에 수군 사령관으로 재임하고 있을 때 목포에 들른 일이 있었다. 그때 냇가에 신비한 오색구름이 서려 있는 것을 보고, 아마 아지랑이를 잘못 본 거겠지, 가까이 갔더니 한 처녀가 빨래를 하고 있었다.

왕건은 그녀에게 물을 청했고, 그녀는 바가지에 물을 떠서 버들잎 두셋을 띄운 다음 왕건에게 주었다. 물에 뜬 버들잎을 천천히 불어 가면서 마셔서 사래가 들지 말라는 의미였다.

처녀의 총명함과 미모에 반한 왕건은 그날 밤 그녀와 동침했
으나 미천한 출신의 그녀가 임신하기를 원치 않아 돗자리에다 사
정했다. 이를 본 오씨 처녀가

"아니, 이 아까운 것."

하더니, 얼른 쓸어 담아 거기다 넣은 후 임신해서 자식을 낳으니,
낳은 자식의 얼굴에 돗자리 무늬가 있게 되었다.

사실 오씨 처녀는 왕건과 잠자리를 하기 하루 전날 용이 자신의
뱃속으로 들어오는 꿈을 꾸어서 뭔가 감을 잡고 있었는데, 그걸 어
떻게 버리겠어. 이렇게 해서 혜종을 낳게 되었는데, 그래서 혜종이
매일 자기 전 잠자리에다 물을 뿌렸던 것이다.

이 여인이 장화왕후 오씨인데, 오색구름이니 뭐니 하는 이야기는
오씨가 하도 별 볼일 없는 집안 출신이다 보니 좀 나아 보이라고 갖
다 붙인 것이다.

왕규의 난(945)

제2대 혜종 치세 시 광주 사람 왕규의 반란이 있었다.

대개 반역자에 대한 기록은, 죽은 자의 변명은 한 마디도 없이,
사서(史書)에서 아주 간략하게 취급하기 때문에 왕규에 대한 기록
도 많지 않아서 사실 어떤 것이 맞는지 의문투성이다.

왕규는 왕건의 장인이자 혜종의 장인이었다. 왕규는 두 딸을 왕
건에게도 주고 왕건의 아들인 혜종에게도 주어 겹부원군이 되었으
며, 이에 따라 막강한 권세를 누리고 있었다. 그러다가 왕건에게 바
친 딸이 아들을 낳았다. 즉, 외손자가 생긴 것이다. 왕규는 병으로

비실비실하는 혜종의 뒤를 자신의 외손자가 잇기를 바랐는데, 그러려면 막강한 혜종의 형제들을 먼저 제거할 필요가 있었다.

왕규는 신명왕후 유씨의 아들들로 막강한 외가의 배경을 갖고 있던 요(제3대 정종)와 소(제4대 광종) 형제가 반역을 꾀하고 있다고 혜종에게 참소했다.

요는 태조의 둘째 아들로 어머니는 충주의 대호족인 유씨 가의 신명왕후였고, 장인인 박영규는 견훤의 사위로 후백제 지역에 막강한 영향력을 가지고 있는 대호족이었다.

왕규의 무고임을 감 잡은 혜종은 왕규의 간언을 물리치고 더욱더 두 동생에게 잘 대해 주었으며, 더구나 그 이야기를 듣고 나서 소에게는 자신의 맏딸을 주어 사위로 삼았다. 어쩌면 이 행위는 요와 소를 떼어 놓고 각개 격파할 의도가 아니었는지도 모르겠다.

일이 엉뚱한 방향으로 진행되자, 바로 갈 길을 돌아간 것이 아닌가 하는 생각이 든 왕규는, 곧바로 혜종 암살에 착수했다.

어느 날 밤 왕규가 보낸 자객들이 왕의 침소를 덮쳤는데, 미리 대비하고 있던 왕은 자객들을 잡아 죽였다. 그러나 심증만 있지 왕규가 시켰다는 마땅한 증거도 없는 데다, 당시 병권을 왕규가 쥐고 있어 함부로 건드릴 수도 없었다.

사실 혜종은 병이 있기는 했으나, 타고난 체질은 아마 천하장사였을 것이다. 왕건을 따라다니며 무훈을 세운 것도 그렇고, 또 사서를 보면 왕규가 보낸 자객이 침입했을 때 한 주먹으로 때려 죽였다고 했으니, 그가 타고난 장사임을 알겠다. 세상에 자객을, 더구나 왕을 죽여야 할 암살자를 시원치 않은 인간을 보냈을 리가 없는데 한 주먹에 맞아 죽었다고 하니, 그 정도 주먹이면 아마 호랑이도 때려 죽일 수 있었을 것이다.

이후 왕규는 다시 한번 암살을 시도했고, 역시 실패로 끝났으나 혜종이 죽을 때까지 아무런 처벌도 받지 않았다.

이 두 번째 암살 사건에 당시 천문 담당관이자 술사인 최지몽이 등장한다. 원래 최지몽은 왕건에게 삼한을 통일할 인물은 바로 당신이라고 귀뜀을 해 준 적도 있는, 뭘 좀 아는, 고려 왕실과는 관계가 꽤 깊은 인물이다.

최지몽의 본 이름은 최총진이었는데, 워낙 천문지리에 밝고 점성술과 해몽에 일가견이 있어서 왕건이 '지몽'이라는 이름을 내려 준 것이다. 이미 혜종 시해 모의가 있기 전에 최지몽은 혜종에게

"유성이 자미성을 범했으니 나라에 반드시 역적이 있을 것입니다."

라고 경고를 한 일이 있었다.

첫 번째 암살 사건이 있은 후, 어느 날 최지몽이 다시 혜종을 찾아와 별자리가 어쩌구 하면서 신변에 변이 있을 운이니 거처를 옮기라고 충고를 했고, 혜종은 아버지의 일도 칼같이 맞춘 술사가 자신의 거처가 불안하다는 소리를 하자 재깍 침소를 다른 방으로 옮기게 했다. 바로 그날 밤 왕규가 보낸 자객이 원래 혜종의 침실이었던 방의 벽을 뜯고 들어왔으나, 혜종이 이미 방을 옮겼기에 화를 면할 수 있었다.

분명히 왕의 침전의 위치를 알고 자객을 보냈던 왕규는 왕이 없어서 허탕을 쳤다는 자객의 말을 듣자, 대번에 최지몽의 농간임을 눈치챘다. 왕규는 당장 최지몽을 찾아가서 칼로 위협하면서

"네가 왕에게 침실을 옮기도록 했지?"

라고 윽박질렀으나, 최지몽은 끝까지 그런 적이 없다고 오리발을 내미는 바람에 사건은 흐지부지되고 말았다.

그런데 실록이 애매한 것이, 왕규가 죽이려 했던 인물이 실제로

혜종인지 혜종의 동생인 소나 요인지가 도무지 헷갈린다. 왕에 대한 암살 음모가 두 번이나 실패했는 데도 멀쩡히 살아 있다는 것이 말이 잘 안 되기 때문이다.

더구나 왕규는 왕건의 신임을 받아 왕씨 성을 하사 받았고, 박술희 등과 함께 혜종의 보필을 부탁 받았던 고명대신(顧命大臣)이었다. 또 혜종은 자신의 사위로 자신이 외척이므로 뒤를 받쳐야 하는 처지였다. 그런데 이런 인물이 왕위 계승 순번을 바닥에서 세어야 훨씬 빠른 자신의 외손자를 억지로 왕위에 올리려는 작업을 했다는 것이 여러 모로 말아 잘 안 되는 것이다.

어쨌거나 혜종은 암살을 모면하고 막강한 동생들이 있는데도 불구하고 후계자를 지명하지 않은 채 2년 만에 병사하고 말았는데, 혹시 자기 자식으로 하여금 왕위를 계승기키고 싶었었는지도 모른다. 혜종의 아들은 뒷날 경종(제5대) 치세 시에 복수법(復讐法)에 걸려서 처형된다.

왕규는 혜종을 이은 요, 즉 정종(제3대) 때가 되어서야 난을 일으키려 한다는 혐의를 받고 정종이 동원한 서경의 왕식렴의 군대에게 포박되어 귀양 보내진 다음 살해되었으며, 그 일당 수백 명이 함께 처형되었다.

혜종의 후견인이었던 박술희도 역시 정종에 의하여 역모 혐의를 받아 귀양을 갔다가, 왕명을 빙자한 왕규에게 이미 제거되었다는데, 이는 결국 개경 세력과 서경 세력과의 싸움에서 개경 세력이 패하여 세력이 약화되고 서경 세력이 득세하기 시작한 것을 의미한다.

이 사건이 이처럼 헷갈리는 것은, 주인공 왕규를 살해한 정종 대에 들어서서 사서가 기록되었기 때문이고, 또 의심을 지울 수 없는 것이 왕규에 의하여 왕으로 추대될 뻔했던 광주원군에 대한 생사에 대해 아무 언급이 없기 때문이다. 역모에 의하여 왕으로 추대되었던 인물은 역모가 실패로 돌아가면 으레 처형되게 마련인데, 사서에 광주원군에 대한 얘기가 전혀 없는 것이다.

뭐 좀 오래된 이야기라서 그러니, 독자들의 해량이 있기 바란다.

[제3대] 명 짧았던 정종(945~949, 4년 재위)

젊은 혜종(제2대)이 후계자를 지명하지 않고 죽자, 이복동생 중 집안 배경이 가장 막강했던 요가 왕건의 외삼촌인 서경 진수사령관 왕식렴을 불러들여 추대 형식을 취한 뒤 당일로 즉위했다.

정종의 기습적인 즉위에 '닭 쫓던 개' 꼴이 된 왕규는 왕년에 정종을 무고한 일도 있어 뒤가 꺼림직하자 즉위 바로 다음 날 반란을 일으켰다가 왕식렴의 서경군에게 패하여 강화로 유배되었다. 후에 왕규는 유배지에서 죽임을 당했고, 그 일파 300여 명이 처형되었다.

정종 대에 들어서서 거란의 움직임이 수상하자 전국의 호족 연합 병력 본부인 광군사가 설치되었는데, 광군사에 소속된 병력이 자그마치 30만이나 되었다. 즉, 이는 당시 전국의 호족들이 동원할 수 있었던 병력이 모두 30만에 달한다는 것을 의미한다. 당시 전국의 대호족이 약 30명 정도였으니, 호족 1인당 대략 1만 내외의 병력을 보유하고 있었다는 계산이 나온다. 광군사는 잠시 존속했다가 거란의 침공 조짐이 없자 해산되고 만다.

948년 후진이 망하고 후한이 서자 정종은 후한의 연호를 사용하기 시작했다.

개경의 강대한 호족 세력이 불안했던 정종은 서경으로 천도할 생각으로 947년부터 서경에 궁궐 공사를 시작했다. 그런데 말이 천도지, 천도라는 것이 장난이 아니다. 막대한 경비와 수많은 인원이 장기간 공사에 투입되어야 했고, 게다가 기존 개경의 토호들이나 권신들의 반발은 말도 못했다.

먹고 살기 힘든 판이라 부역에 동원된 백성들의 원망이 하늘을 찔렀는데, 공사를 그냥저냥 해 가는 도중에 정종이 병사하자, 정종의 사망 소식을 들은 백성들은 만세를 불렀다고 한다.

정종은 즉위한 지 얼마 되지도 않아 가장 의지할 수 있었던 서경 진수사령관 왕식렴이 병사한데다, 자신도 병이 깊어져서 아우 소에게 선양하고 겨우 27세로 죽었다.

정종의 죽은 원인이 천둥과 벼락에 놀라서 생긴 병 때문이라는데, 앞서 병사한 혜종은 그렇다 치고, 27살이면 겁이 없을 때고 한창 팔팔한 나이로 쇠를 먹어도 소화가 될 때인데 천둥과 벼락 소리에 놀라 병들어 죽었다니 정종의 사망 원인도 미심쩍기 그지없다.

성종(제6대) 때의 최승로는 정종의 치세를 다음과 같이 평했다.

정종은 도참(圖讖)을 그릇되게 믿고 도성을 옮길 것을 결정했고, 어려운 형편에 처한 백성들을 끌어모아 공사를 진행하여 백성들의 원성이 일어났으며, 이러자 재앙이 나타나 서경으로 옮기지도 못한 채 왕위를 떠났다.

고려 말기의 문신 이제현의 평을 보자.

정종은 존귀한 왕의 신분으로 10리나 떨어진 사원까지 걸어가서 부처의 사리를 봉안하고 7만 섬의 곡식을 하루 만에 중들에게 나누어 주었는데, 한번 하늘의 견책을 받자 정신을 잃고 병환이 났으니, 이른바
"군자는 간사한 짓으로 복을 구하지 않는다."
라는 옛 글을 들은 적이 없었던가.

라며, 정종의 불심을 비난했다.

　서경 진수사령관으로 정종의 즉위에 결정적인 공을 세운 왕식렴은 삼중대왕 왕평달의 아들로 왕건의 사촌동생이다.

　918년 후삼국을 통일한 왕건은 고구려의 옛 수도 평양을 중시하여 북방 민족 방어와 북방 영토 회복의 전진 기지로 삼고자 사촌동생 왕식렴을 서경 진수사령관으로 임명하여 서경을 부흥시키도록 명했다. 왕식렴은 그간 서경에 살고 있었던 여진족들을 몰아내고, 수십 년 간 서경 부흥에 진력하여 부흥된 서경 세력의 중심 인물이 되었으나, 정종이 병사하기 직전 세상을 떴다.

[제4대] 피의 군주 광종(949~975, 26년 재위)파 씽기

　왕건 이후의 두 왕은 너무 일찍 죽어 버려서 치적이라고 이야기 할 만한 것이 별로 없으나, 태조의 3남으로 즉위한 광종 소에게는 약간의 스토리가 있다.

　제2대 혜종 때부터 제4대 광종에 이르기까지 왕위 쟁탈전이 벌어져서 수많은 사람이 죽었다. 그럴 수밖에 없는 것이, 후계자 가능성이 있는 왕자들 뒤에는 외척으로 뒤를 받치는 막강한 호족 세력들이 있었고, 그들 간의 권력 다툼이 하루도 쉴 날이 없었기 때문이었다.

　광종은 왕위에 오른 직후부터 당 태종이 신하들과 토론한 내용을 기록한 『정관정요』를 치세의 교과서로 알고 열심히 숙독했다. 다 아시겠지만, 당 태종 이세민은 중국 역대 황제 중 가장 위대한 황제로 꼽히는 인물이고, 『정관정요』는 제왕의 필독서로서, 아주 괜찮은 책이다.

　그래서 그랬는지 피의 후계자 쟁탈전은 광종 때가 되면서 1막이 내리고 자식에게 세습이 시작된다.

　광종은 야망도 큰 인물이었지만 성격이 치밀하고 인내심이 대단했다. 그랬기에 그 막강했던 공신들을 거의 싹쓸이하고 왕권을 대폭 강화했으며, 물갈이를 위해 과거제도를 도입했던 것이다.

　광종은 26년 간 재위했는데, 즉위한 다음 해인 950년부터 독자적으로 '광덕'이라는 연호를 사용했고, 자신이 황제라고 선포했다. 그러나 다음 해 후주가 건국하자 자신의 연호를 포기하고 후주의 연호인 '광순'을 사용했으며, 후주가 멸망하고 송이 건국한 후인

963년(광종 14년)부터는 송의 연호를 사용하기 시작했다. 의관도 중국 풍습을 따라 관복을 중국식으로 하고, 위계를 색깔로 구분케 한 것이 이후 문반, 무반을 구별하는 시초가 된다.

후주(後周)는 5대의 마지막 왕조였다. 이들 나라 앞에 붙은 '후(後)' 자는 나중에 사가(史家)들이 구별하기 쉽도록 갖다 붙인 것이다. 중국의 강남북에서 고만고만한 나라들이 10~20년 사이에 흥망을 거듭하면서 명멸하다가, 960년 조광윤에 의하여 중국은 송으로 다시 통일된다.

왕건이 고려를 개국하면서 잠깐 '천수'라는 연호를 독자적으로 사용한 것이나, 광종이 '준풍', '광덕'이라는 연호를 잠깐 쓴 것을 두고 고려가 황제국이었다느니 자주성을 지켰다느니 하면서 침 튀기는 사람들이 꽤 되는데, 그 일로 너무 흥분할 것 없다.

왕건이 개국하면서 '천수'라는 연호를 잠깐 쓰긴 했으나 이내 포기하고 후량, 후당, 후진의 연호를 번갈아 썼으며, 정종(제3대) 때에는 후한의 연호를 썼고, 광종 때도 그저 잠깐 독자적인 연호를 썼을 뿐 후주와 송의 연호를 썼다.

이렇게 잠깐이나마 왕건이나 광종이 독자적인 연호를 쓸 수 있었던 배경은, 당시 중국에서 아시아 질서의 구심점이던 당이 망한 후 분열 시대인 5대10국시대가 개막되어 아시아의 신 질서를 세울 만한 힘 있고 통일된 정권이 없어 사대(事大)할 대상이 없었기 때문이었다.

나라라는 것들이 생기자마자 몇 년 간격으로 내리 망하다 보니, 중간에 공백이 생길 수밖에 없어서 그간 잠깐 자체 연호를 썼다가 이후로는 송, 요, 금, 원, 명으로부터 책봉을 받으면서 그들의 연호를 썼으며, 조공 책봉의 관계를 유지했으나 내부적으로 황제체제를 유지한 적은 있었다.

광종이 섬겼던 후주라는 나라는 5대10국시대의 마지막 나라로서 951년부터 960년까지 겨우 10년을 버틴 나라지만, 그래도 후주도 중국이라고, 그들의 연호를 쓰고 사대를 하여 왕으로 책봉 받은 것은 국내에서 왕권의 권위를 높이는 데 도움이 되었기 때문이었다.

중국에서 5대10국이 명멸하는 동안 황제 같은 황제는 후주의 세종이 유일했다. 세종은 후주의 태조인 곽위의 양자 시영을 말하는데, 세종은 즉위한 후 단기간에 중앙집권화를 이룩한 인물이다. 그래서 그 밑에 있던 귀화인 쌍기가 그 계통에는 빠삭했던 것이다.

광종 14년 빈민 구제를 목적으로 하는 제위보(濟危寶)를 설치했다. 태조 때 흑창(黑倉)을 설치하여 춘궁기 때 백성들에게 싼 이자로 곡식을 빌려 주고 가을에 거두어들이는 제도를 운용했으나 기대만큼 성과가 없었고, 더구나 빈민들은 거기에 해당되지 않아 대책이 없었는데, 나라 체제가 잡히면서 제위보가 설치된 것이다.

광종 또한 왕건과 마찬가지로 북진 정책을 추구했다. 태조 때 대동강을 북상하여 청천강 이남에까지 성을 쌓고 진을 설치했는데, 광종은 청천강 이북 지역에 성을 쌓고 진을 설치하기 시작하여 모두 50여 개소의 성과 진이 설치되었으며, 이 요새들은 이후 거란의 침공 시 훌륭한 방어 기지가 된다.

최초의 과거제도 시행(958)

광종 7년에 즉위 축하 사절로 후주에서 설문우가 이끄는 사신단이 왔는데, 일행 중 대리평사인 쌍기는 사신이 돌아갈 때 병을 얻어서 귀국하지 못했다. 쌍기와 대화를 해 본 광종은 서로 코드가 맞자, 후주의 세종에게 서신을 보내 쌍기를 고려 조정에 출사하도록 요청하여 허락을 받은 후, 쌍기를 귀화시키고 한림학사로 임명했다.

광종 7년부터 시작된 개혁의 대부분은 귀화인 쌍기의 조언을 바탕으로 했기 때문에, 쌍기는 공신 세력들한테 원망의 타깃이 되었다.

이러한 쌍기의 구상으로 광종은 공신 세력의 후손들인 귀족 세력을 약화시키고 왕권을 강화하고자 956년 '노비안검법'을 시행했으며, 958년 우리나라 역사상 최초로 과거제도를 실시했다. 노비안검법이란 당시 귀족들의 사유 재산이던 노비의 신분을 조사하여 전에 양민이었으면 면천을 해 주는 획기적인 제도였다.

당시는 삼한 통일 전쟁이 끝난 지가 얼마 안 되었을 때로, 전쟁 포로나 왕건 편에 서지 않았던 집단이나 유랑민 등 노비가 넘쳐났다. 호족들은 이러한 노비들을 수백에서 수천 명씩 거두어 농사도 짓게 하고, 체격 좋은 놈은 골라서 사병으로 편입시키는 등, 노비는 호족 성세의 기반이었다.

이런 판에 광종이 노비안검법을 시행한다고 하자 호족들은 아우성을 쳤고, 오죽했으면 친정의 세 몰락을 우려한 광종의 비 대목왕후까지 나서서 재고를 요청했으나 광종은 그냥 밀고 나갔다. 이렇게 해서 수많은 노비가 해방되어 호족 세력은 열세를 면치 못하게 되었으나, 제6대 성종 때에 들어서서 최승로가 유교 정치를 펴면서 신분제도의 엄격한 확립을 주장하는 바람에 '노비환천법'이 생겨서, 광종 대에 시행되었던 노비 해방은 도로아미타불이 되고 말았다.

우리나라 역사상 최초의 국가 공무원 시험인 과거제도 실시 역시 국가 운영의 혁명적인 조치였다. 그때까지만 해도 벼슬길에 나가는 방법은 시험이 아닌, 선조(先祖)의 명성이나 가문의 힘으로 음서의 혜택을 받는 것이 유일했기 때문에, 즉 혈통이 모든 것을 좌우했기 때문에, 모든 관직은 당연히 호족들과 공신의 후손들이 꽉 쥐고 있었다. 구체적으로 왕실의 종친이나 공신의 후손 그리고 5품 이상의 고위 관료의 후손은 음서의 혜택으로 관직을 세습하거나 새롭게 관직에 진출할 수 있었다.

과거제도는 이렇게 고려 건국 때부터 세력을 굳혀 온 호족 명문가의 집안들이 독점하고 있던 관직에 일반 양민들이 진출할 수 있는 길을 열어 놓았고, 지방 향리들과 유교적 교양을 갖춘 문사들에게 관직에 진출할 기회를 부여해서 귀족, 신진 사대부의 공존 시대를 열어 놓았다.

과거제도는 후삼국의 난세에 칼로 입신했던 무신들의 입지를 크게 좁혀 놓았고, 이는 칼싸움할 때는 경전이 별로 필요 없었기 때문이었다, 문(文)의 시대를 개막했을 뿐만 아니라, 그전까지는 할애비나 애비만 잘 두면 되었던 것을, 이때부터 공부 못하는 놈은 그냥 깡통이 되는 시대가 도래했다는 것을 알리는 신호탄이 되었다.

이렇게 사상 최초로 과거제도가 실시되고, 그러다 보니 자연히 과거에 경험이 많은 쌍기가 지공거(시험관)가 되었으며, 쌍기의 마음에 들어야 관직에 진출할 수 있게 되었다. 이렇게 쌍기가 잘나가자 쌍기의 부친인 쌍철은 쌍기를 뒤따라 고려에 귀화해서 좌승이 되었고, 쌍기와 함께 귀화한 후주의 귀화인들과 과거 합격자 중 쌍기가 추천한 인물들이 조정을 메우게 되었으며, 이는 기존 관료들의 심한 반발을 초래했다.

이렇게 정계에 진출하기 시작한 신진 유학자들은 성종(제6대) 때에 이르러서 밥값을 하게 되는데, 그중 대표적인 인물이 바로 최승로다.

당시 과거제도에는 무과(武科)가 없었다. 예종(제16대) 때 북벌을 준비하면서 무과를 과거 시험에 넣었다가 문신들의 격렬한 반대로 도로 뺐고, 이렇게 무과 시험 없이 과거제도가 유지되다가, 고려가 망하기 직전인 공양왕(제34대) 때 무과가 설치되었으나, 금세 나라가 망하는 바람에 실제적으로 고려시대에는 무과가 없었던 것이나 마찬가지였다.

고려시대에 무관의 최고 직위는 상장군이었고, 상장군은 겨우 정3품으로 2품 이상인 재상이 될 수 없었다. 원래 재상은 문무를 초월한 지위였지만, 무인시대(武人時代)가 올 때까지 무관은 재상이 될 수 없었고, 무관이 재상이 되기 위해서는 문관을 겸해야 했다.

고려 건국 초기에는 문무의 구별이 없었으나, 광종 대에 과거제도가 시행되면서 문무의 구별이 생긴 연후에도 출정군의 사령관은 문신이 맡았다. 예를 들면 서희, 강감찬, 김부식, 윤관 등의 경우다. 그러나 이렇게 문신이 세력을 떨치던 시대는 무신정변 때까지 약 200년 간이었고, 이후 무인시대와 원(元) 식민지시대를 거치는 동안 무신의 입지는 크게 향상된다.

우리는 조선시대를 양반 사회라고 하지만 사실 조선은 문반 사회였으며, 오히려 고려가 양반 사회였다. 이렇게 문(文)의 시대가 시작되고 문신이 우위를 차지하게 됨으로써 문에 의한 폐해가 조금씩 나타나기 시작했다. 기술을 천하게 보기 시작했고, 상무(尚武) 정신이 사라지기 시작했으며, 질박과 검소 대신에 퇴폐와 사치 풍조가 조금씩 살아나기 시작한 것이다.

더구나 목종(제7대) 때 전시과(田柴科)를 손보면서 무관들의 품계를 전보다 낮추는 바람에 수조권(收租權)이 줄어들었다. 이러한 무신 천대에 대한 반발은 의종(제18대) 때가 되어서 폭발하여 우리나라 최초의 무인시대를 열게 된다.

이렇게 중국의 유교 시험인 과거제도가 고려에서 시행되기 시작함으로써 중국의 문화가 우리나라에 뿌리를 내리는 계기가 되었으며, 이때부터 사대 사상이 싹트기 시작했다.

조선시대에 들어서서는 고리타분하기 짝이 없고 허례허식에 치우친 데다 말만 많은 성리학이 모든 가치의 기준이 되는 바람에, 조선의 지배층이 중국에 사대하는 것이 당연시되었으며, 나라는 진취성을 잃고 폐쇄적인 사회에 자족하게 됨으로써 개혁을 외면하여 조선은 멸망하게 된다.

그래도 고려에서 과거로 인한 폐해가 조선만큼 심하지 않았던 것은, 고려는 불교, 도교, 풍수지리설, 도참, 민간 신앙 등 다양성의 사회였고, 사대부들 또한 불교 신자가 대부분이어서, 진부한 유교의 교리에 목매지 않았기 때문이었다.

과거 시험은 제술과(製述科), 명경과(明經科), 잡과(雜科)로 나뉘어 있었는데, 제술과는 문학적 재능과 정책에 대한 안목 시험이었고, 명경과는 유교 경전에 대한 이해 능력 시험이었으며, 잡과는 법률, 회계, 지리 등 실용 기술학 시험이었다.

960년 광종은 신라시대부터 사용되어 오던 관복의 색깔을 과감히 바꾸어 버림으로써 신진 관료들에게 새로운 관복을 하사하여 측근 세력을 강화했다.

그전까지는 천이나 관복 색깔의 구분이 없어서, 여유 있는 집안의 관료들은 제 마음대로 비싼 옷감에다 튀는 색깔로 옷을 해 입었고, 한미한 집안의 관료는 허름한 베나 모시로 옷을 해 입은 데다 물감도 제대로 못 들여 입어서 형편이 한눈에 구분이 되었으나, 이후에는 같은 천에 색으로 위계를 구분함으로써 질서가 잡히게 되었다.

원윤 이상은 자삼(자색), 중단경 이상은 단삼(붉은색), 도항경 이상은 비삼(진홍색), 소주부 이상은 녹삼(녹색)을 입도록 했다. 이 관복의 구별로 인하여 제5대 경종 때에 이르러 문·무 양반의 품계가 확고해졌으며, 경종 원년 전시과를 시행하면서 본격적으로 문반, 무반의 구별이 시작된다.

공신 숙청(960)

노비안검법과 과거제 시행 이후, 귀화파와 신진 세력이 부상하기 시작하면서 호족파(豪族派)가 찬밥이 되자, 호족파 쪽에서 반격을 가해 왔다. 960년 호족파들의 참소가 난무하자, 광종은 이 기회를 이용하여 호족들의 세력을 약화시키고 왕권을 강화하기 위하여 숙청을 결심하고 공포 정치를 펴기 시작했다.

숙청의 시작은 평농서사 권신이 고발한 대상 준홍과 좌승 왕동의 역모였다. 잡혀 들어온 준홍과 왕동의 고백으로 연루자 수십 명이 처형되면서 숙청의 신호탄이 올랐다.

수많은 신료들이 죽임을 당했고, 왕실의 외척들도 칼날을 피할 수 없어 죽어 갔으며, 오죽하면 혜종(제2대)의 아들 흥화군과 정종(제3대)의 자식인 경춘원군까지 죽어 갔다.

광종은 하나뿐인 아들 태자 주(제5대 경종)까지 의심해서 멀리했을 정도였고, 건국 일등 공신 중에서도 타의 추종을 불허하는 유금필의 외손이자 태조의 친손자인 효은태자마저도 역모를 모의했다 하여 처형당했다.

이 공신 숙청 과정에서 가장 열 받고 죽은 인물이 박수경이다. 박수경은 통일 전쟁에서 수차례 크고 작은 공을 세워 후삼국 통일에 지대한 공을 세운 인물이다. 조물성전투에서 고려군이 계속 밀릴 때 박수경의 휘하 병력만 분투하여 패배를 막았고, 발성전투에서도 위기에 처한 왕건을 구해 내는 등 눈부신 활약을 했다.

건국 후 박수경은 공을 인정 받아 누이와 친딸 그리고 조카딸까지 왕건의 부인이 된, 외척 중에서도 왕외척이었는데, 그만 광종의 숙청 바람에 자식 셋이 모두 혐의를 받고 투옥되자 뚜껑이 열려 분사한 것이다.

이렇게 고발과 음모가 난무하면서 역모 관여자가 수천 명이나 되었고, 그에 따라 감옥마다 죄인이 넘쳤으며 감옥이 모자라는 바람에 임시 감옥을 지어야 했다.

혜종, 정종, 광종 대로 이어지는 거의 15년 간에 걸친 숙청으로 인하여 원로 신하 중에서 겨우 40여 명만 목숨을 부지했다. 초창기 공신에 책봉된 인물이 모두 2천여 명이었는데, 40여 명만 남았다니 어느 정도 쓸었는지 짐작이 갈 것이다.

이 광종의 공신 숙청을 빼닮은 것이 조선 태종(제3대) 때의 공신 숙청이고, 이는 필시 광종의 수법을 보고 배웠을 것이다. 이 숙청의 배후에는 광종의 왕권 강화 아이디어를 제공한 쌍기가 버티고 있다는 소문이 돌았다.

960년 후주가 멸망하고 송이 건국하자 광종은 후주의 연호를 버리고 '준풍'이란 자체 연호를 잠깐 사용하다가, 963년 송에 사신을 보내고 송의 연호를 사용하기 시작했다. 이렇게 본격적으로 중국에 사대를 시작한 광종은 26년 간 재위하고 51세로 병사했다.

광종 또한 열렬한 불교 신자였다. 광종은 즉위하자마자 봉은사, 불일사, 숭선사 등을 건축하여 태조와 어머니 유씨의 원당으로 삼았고, 곡식 7만 섬을 절에 기부해서 불명경보(佛名經寶)와 광학보(廣學寶)를 설치하게 했다. 불명경보는 불경의 수집과 보급을 담당하는 기관이며, 광학보는 불경을 공부하는 불자들을 위한 장학 재단이다.

또 광종은 죽기 직전 혜거를 국사로 삼고 탄문을 왕사로 삼았으며, 이로 인해 고려에 국사와 왕사제도가 정착되게 되었다. 독자들도 다 아는 논산 관촉사의 은진미륵도 광종 때 만들어진 것이다. 높이 18m나 되는 이 거대한 석불은 승려 해명이 석공 100여 명을 데리고 거의 40년 간의 작업 끝에 완성했다고 하며, 자재(資材)에 수백 톤의 돌이 사용되었다.

어쨌거나 고려는 광종의 치세를 거치면서 안정을 찾기 시작했다. 나라가 슬슬 자리를 잡기 시작하자, 광종도 남들과 같이 사치에 빠져들었다.

이에 대해 최승로는 다음과 같이 지적했다.

궁실은 반드시 제도를 넘고, 의복과 음식은 사치를 극하였으며, 토목 공사는 때를 가리지 않았고, 공예품의 제작은 화려함을 추구하여 휴일이 없었다. 대략 계산해도 평상시 1년의 경비가 태조 10년의 경비가 되었다.

광종의 치세에 대하여, 최승로 역시 초기의 정치에 대해서는 태평성대라 칭송했으나, 즉위 11년 이후 공신들을 대거 숙청한 것에 대하여는 신랄히 비판을 가했다. 쌍기를 등용한 것이 화근이었다는 것이다.

사관(史官)의 평이다.

왕이 즉위한 처음에는 신하를 예로써 대하고, 정사를 행함에 공정하게 하며, 가난하고 약한 자를 돌보아 살피고, 선비들을 존중하여 밤낮으로 힘써 세상을 다스림에 태평함을 바랐다. 그러나 중반 이후로는 참소를 믿고 사람 죽이기를 좋아했으며, 불법을 지나치게 신봉하고 사치하여 절제함이 없었다.

당시의 형편에서 노비안검법은 백번 잘한 것이기는 하나, 과거제도의 공과(功過)는 쉽게 판단하기 어렵다. 분명히 혁명적인 제도로 나라의 기틀을 잡고 유교 국가를 건설한 것은 결정적인 공이지만, 중국을 사대(事大)케 하고 무(武)를 천시하는 풍조를 만연케 했으며, 그 바람에 나라의 역동성과 진취성을 잃게 한 것은 작지 않은 과(過)이기 때문이다.

[제5대] 요절한 경종(975~981, 6년 재위)과 전시과

광종의 맏아들인 21세의 주가 경종으로 왕위를 계승했으나, 재위 6년 만인 981년에 27세로 요절하고 말았다. 경종은 태자 시절 광종의 숙청 바람에 휩싸여 죽을 뻔한 일이 있어서 태자로 있는 동안 내내 숨죽이고 살아온 바람에, 총명하긴 했으나 기개가 약했다.

경종은 즉위하자마자 평소에

'너무 심하지 않았나.'

라고 생각되던 부왕 광종의 정책을 뒤집고 대사령을 내렸다. 이에 따라 귀양 갔던 자들이 도성으로 다시 돌아오고, 옥에 있던 자들은 방면되었으며, 관직에서 내쫓겼던 공신들은 도로 제자리를 차고 앉았다.

그런데 경종이 너무 풀어 주다 보니, 호족인 왕선이 집정이 되었는데 이 인간이 아주 웃기는 인간이었다. 왕선이 경종에게 청하기를,

광종 시절에 억울하게 죽은 사람들의 원한을 풀도록 죽은 사람들과 유배 갔던 사람들을 밀고하거나 모함한 사람들, 즉 반대파를 합법적으로 작살낼 수 있도록 법적으로 보장해 달라.

는, 정말 말도 안되는 청원을 낸 것이다.

글쎄 경종 자신도 죽을 뻔했고 또 제 사촌들이 죽어서 그랬는지 어쨌는지, 하여간 경종의 허가를 받은 왕선 이하 호족들은 그때부터 무차별로 사람을 죽이기 시작했고, 그 와중에서 태조의 아들 둘이 죽자, 깜짝 놀란 경종은 왕선을 잡아 귀양 보내고 복수극을 엄금

함으로써 희비극은 겨우 막을 내렸다.

하도 피를 봐서 그랬는지는 몰라도, 경종은 정치에 염증을 냈다. 경종은 그때부터 주색과 바둑에 빠져 지냈는데, 바둑을 엄청 좋아했다고 한다.

요즘 바둑 잘 둬서 프로가 되려면 확률이 수십만 내지 수백만 분의 1이다. 그렇게 해서 프로가 된 사람 말고, 프로가 되어서도 밥 못 먹는 기사(棋士)들도 천지지만, 바둑 둬서 팔자 고친 사람은 역대에 없고 거의 다 거지가 되었다. 바둑 배우는 사람들은 필자의 말을 귀담아 두기 바란다. 필자도 왕년에는 아마 6단이었고, 바둑으로 팔자 고쳐 볼까 했다가 잘 안 되어서 글을 쓰는 것이다.

이 경종 때까지도 최지몽이 활약한다. 어느 날 대광 최지몽이 경종에게 말하기를

"객성(客星)이 제좌성(帝座星)을 범했으니 왕께서는 숙위(宿衛)를 거듭 경계하시어 뜻밖의 변고에 대비하소서."

라고 한 직후, 왕승의 역모가 발각되어 일당이 처형되었다. 최지몽은 장수하여 성종 때에 들어서서 81세로 세상을 뜬다.

경종이 병이 위중하자, 아이들은 아직 너무 어렸고, 처남인 개령군 치를 불러 양위하고 세상을 뜨니 치가 바로 제6대 성종이다. 경종의 부인으로는 제7대 목종 때에 떠서 최근까지 명성을 떨치고 있는 헌애왕후(천추태후)와 제8대 현종의 모친이자 헌애왕후의 동생인 헌정왕후가 있다.

경종에 대한 사신의 평이다.

경종은 성품이 온량하고 인후하며 놀이를 좋아하지 않았는데, 말년에 와서는 정사를 게을리하여 날마다 오락을 일삼고, 음악과

여색에 빠지며, 바둑 두기를 좋아하고, 소인을 가까이하고 군자를 멀리하니, 이로 말미암아 정치와 교화가 쇠퇴하였다.

전시과 시행(976)

경종은 재위 기간이 짧아 치적이라고 할 만한 것이 없으나, 즉위하던 976년에 역시 관료들의 직급에 따른 것이 아니라 인품에 따라 토지를 지급하는 전시과(田柴科)가 제정되었다. 그런데 여기서 말하는 인품이라는 것이 도대체 어디다 기준을 두었는지 도무지 감이 잡히지 않는다.

전시과란 농사를 짓는 '전지(田地)'와 땔나무를 충당할 수 있는 임야인 '시지(柴地)'를 함께 일컫는 말로, 관료들에게 토지의 소유권을 준 것이 아니고 토지의 임자가 수확에 따라 나라에 바치던 세를 관리가 대신 받도록 '수조권'을 준 것이었으며, 이 제도가 고려 후기에 들어서면서 문란해져서 조선 건국의 빌미가 된다.

전시과가 생기기 전에는 공신에게만 지급하던 역분전(役分田)이 있었고, 역분전은 공신들의 건국 공헌도에 따라서 지급되었었다.

당시 토지의 면적을 정하는 단위는 '결(結)'이었는데, 결이란 면적 단위가 아니고 소출 단위였다. 그래서 상전(上田)은 면적이 작아도 1결이 되었고, 하전(下田)은 상전의 두세 배는 되어야 1결이 되었다. 즉, 1결이란 풍작일 경우 20섬 정도를 수확할 수 있는 땅을 가리키는 용어였으니, 자연히 토지의 위치나 비옥도에 따라 1결의 크기가 달랐고, 당연히 비옥한 땅일수록 1결의 면적은 작았다.

이는 조선 때도 그랬다. 1결을 대략 현재의 평수로 환산하면 약 1,200평 즉 6마지기 정도로 보면 된다.

제 5 장

왕권시대(981~1170)와 고려의 융성

[제6대] 유교 정치를 실현한 성종(981~997, 16년 재위)과 명신 최승로

경종이 요절하자 22세의 처남 개령군 치가 성종으로 즉위했다. 원래 성종이란 묘호는 나라의 기틀을 다지는 데 혁혁한 공을 세운 왕에게 붙인다고 한다. 그래서 그런지 고려와 조선의 성종도 밥값은 했고, 거란의 2차 침공 시 거란의 황제였던 성종 때가 거란의 최전성기였다. 고려의 성종과 조선의 성종의 '성' 자는 '이룰 성(成)' 자를 쓰지만, 거란 성종의 '성' 자는 거룩할 '성(聖)' 자를 쓴다.

성종은 유학에 밝고 인품이 뛰어났다. 그는 자신의 치세 시에 유교적 정치 이념을 실현하여, 국내 최대 행사인 불교풍의 팔관회와 연등회를 폐지하는 등 숭유억불 정책을 추진했으며, 이렇게 성종 때 폐지된 팔관회와 연등회는 1018년 제8대 현종 때가 되어서야 부활된다.

성종은 즉위하자마자 5품 이상의 관료들에게 의무적으로 시정의 득실을 논하는 봉사, 즉 국가 경영에 있어서 지금까지의 폐단과 앞으로의 비전을 제시할 것을 명했다. 이렇게 올려진 봉사 중 성종의 마음에 들어 채택된 봉사가 바로 최승로의 시무(時務) 28조다.

최승로가 올린 봉사는 그간의 왕의 치적에 대한 평가인 '5조 치적평'과 향후 정치 개혁안인 '시무 28조'로 구성되어 있는데, 그 내용을 간단히 살펴보면 불교의 억압 그리고 정치, 사회 전반에 대한 쇄신과 비전을 담고 있다.

재미있는 것은 바둑과 장기에 너무들 몰두하니 이를 경계하라는 고언(苦言)이 있을 정도로, 당시 고려에는 바둑과 장기 두기가 만연했다. 아마 틀림없이 내기꾼들이 넘쳐났을 것이고, 또 내기하다 깡통 찬 인간들도 넘쳐났을 것이다.

최승로의 시무 28조는 경술년 병란 때 6조가 분실되고 22조만 전해 오는데, 어쨌든 성종은 시무 28조에 의거하여 새로운 정치 실험에 들어갔다.

이렇게 광종(제4대) 때에 과거제도를 통하여 뿌리내리기 시작한 유교를 정치 이념으로 내세움으로써 이때부터 문신 우위의 정치체제가 굳어지기 시작했고, 불교 문화 위에 건국된 고려의 전통이 흔들리기 시작했다. 이러한 유교 정치 이념은 조선조에 와서 만개하다가, 결국은 그 유교의 폐단으로 조선은 망국으로 치닫게 된다.

성종이 얼마나 유교를 숭상했는지, 다음 멘트를 보자.

간절히 유교를 숭상하여 주공과 공자의 풍을 일으키기를 바라며 당(요)과 우(순)의 정치를 이루기를 원한다.

성종이 제일 먼저 시작한 일은 중앙집권체제 구축이었다. 성종의 이러한 정책을 뒷받침한 인물이 명신 최승로다.

신라 경주 출신인 최승로는 신라가 오늘 내일 하게 되자 경주를 떠나기로 결심한, 신라 귀족이었던 부친을 따라 송도로 이주했다. 최승로는 어릴 때부터 비범한 아이였다. 최승로는 겨우 12살 때 태조 왕건에게 불려 가 테스트를 받은 적이 있었다. 왕건은 왕 앞에서도 위축되지 않고 논어를 줄줄 꿰는 꼬마에게 넋이 나가 상을 왕창 내리고 특별히 영재 교육을 받도록 주선해 주었다.

그러나 세월이 지나는데도 천재 최승로에게 좋은 시절은 오지 않았다. 혜종(제2대), 정종(제3대) 때가 지나고 광종 때에 들어서서도 조정에는 귀화인들과 훈신들이 판을 쳤으나, 과거제도가 실시됨으로써 과거를 통해서 관로에 들어서는 신진 유자들이 나타나기 시작했다. 최승로를 비롯하여 최량, 서희, 이지백, 한언공 등이 과거제도를 통해서 등장한 신진들이다.

최승로가 빛을 본 때는 성종 즉위 직후 55세가 되었을 때다. 최승로의 능력을 알아본 성종은 당장 최승로를 종2품 정광 행선관어사 상주국에 임명하여 조정의 인사권을 담당케 했다.

관로에 나간 그 다음 해인 982년 최승로는 시무 28조를 성종에게 올렸다. 시무 28조에서 전해 오는 22조의 내용을 간단히 설명하면, 태조에서 경종까지 5대의 치적에 대한 평가와, 서북 변경의 수비 강화, 불교의 폐해 지적과 유교 국가의 건설, 지방 정책, 복식제도의 정비와 양천의 엄격한 구분 등 정치, 경제, 문화 등 사회 전반에 걸친 대안이 제시되어 있다. 결국 성종은 최승로의 시무 28조의 시행에 진력하게 되었고, 최승로는 다음 해 정2품 문하시랑 평장사가 되어 개혁의 선봉이 된다.

최승로의 건의에 따라 성종은 강력한 유교 정치를 펴 나갔으며, 이때부터 유교가 우리나라에 정착하기 시작해서, 우리 귀에 너무 익숙해진 '사직(社稷 : 토지신과 곡식신에게 하는 제사)', '종묘(宗廟 : 역대 왕들의 위패를 모시는 사당)', 문묘(文廟 : 공자에게 제사하는 곳) 등의 유교식 의례가 도입되었다. 그러나 최승로는 유교에 너무나 깊이 빠져서 신분 차별을 당연한 것으로 받아들임으로써 노비안검법에 부정적이었고, 국교인 불교를 억압했으며, 불교 행사를 폐지하거나 축소시켰다.

이렇게 유교적 정치 이념이 정착되기 시작한 성종 때부터 고려는 송을 진짜 상국으로 모시기 시작했으며, 이후 우리나라에 자주성을 크게 훼손한, 중국을 사대(事大)하는 사상이 자리 잡게 되었고, 요나라나 금나라 등 북방 민족을 짐승으로 취급하는 어리석은 생각이 뿌리내리기 시작했다.

최승로는 교육 정책에도 힘을 기울었다. 국자감 설치를 건의하여 992년 고려 최초의 국립 대학인 국자감이 개경에 설치되었다. 일설에는 국자감이 세계 최초의 대학이라고 한다. 하긴 유럽 최초의 대학인 이탈리아의 불로냐 대학이 12세기 초에 건립되었으니 그럴 만도 하지만, 10세기 당시 중국과 함께 세계 문명의 한 축이던 이슬람의 대학에 대한 정확한 정보가 없어 우기기는 좀 그렇다.

국자감에서는 학생들에게 사서오경 등 유교의 경전을 강론했으며, 이는 성종의 유교 지향 취향과 잘 맞아떨어져서 유교적 정치 이념을 교육받은 신진 학자들이 대거 배출되기 시작했고, 이때 강감찬이 과거를 통해서 등장한다.

또 지방에는 향교를 세우게 하는 한편, 경학박사를 파견하여 유교 교육을 담당케 했고, 의학박사 또한 파견했다. 이 성종 대를 전후로 유교의 융성이 시작되어 불교와 맞짱 뜰 수 있는 힘을 갖게 된다.

993년 개경과 서경 그리고 12도에 상평창(常平倉)이 설치되었다. 상평창은 물가가 쌀 때 상품을 구입해서 비축했다가 물가가 오르면 비축했던 상품을 풀어서 물가를 조절하는 기구였다.

이런 성종과 최승로의 밀월 관계는 약 10년 간 지속되었다. 988년에 최승로는 문하시중에 임명되고 청하후(淸河侯)에 봉작되면서 최고의 지위에 올랐다가, 성종 8년 63세로 세상을 떴다.

최승로는 죽은 후 제7대 목종 때 성종의 묘에 합사되는 영광을 입었으며, 대광, 내사령으로 추증되었고, 그의 손자 최제안도 최승로 못지않은 학자로 문하시중을 지내고 역사 편찬에 공을 세우게 된다.

사실 그때까지 고려는 말만 왕국이지 실제로는 느슨한 호족 연합체였는데, 성종 때가 되어서야 겨우 '도' 단위의 지방제도를 마련하여 지방관을 파견할 수 있었고, 주현제를 실시하여 전국에 외관을 내보내기 시작했다.

이것이 우리나라의 구역이 처음으로 '도'라는 단위로 구분된 시점이며, 중앙에서 파견된 지방관이 임지에 내려가게 됨으로써 지방관청의 운영 경비와 지방관의 녹봉의 재원을 마련하기 위하여 공해전(公廨田)이 지급되었다.

또 성종은 중국의 제도를 본받아 3성 6부를 설치하여 중앙관제를 완성한다. 3성이란 중서성, 문하성, 상서성을 말하고, 6부란 이·병·호·형·예·공부를 말한다.

성종은 926년에 발해를 멸망시키고 북중국을 차지한 거란의 요를 상국으로 섬기면서, 송나라의 연호를 포기하고 요나라의 연호를 쓰기 시작했기에, 다음 대인 제7대 목종부터 송 대신 요의 책봉을 받게 된다.

성종 6년 전국에 무기 회수령이 내려져서, 지방의 호족들과 그들의 사병이 지니고 있던 무기를 조정에서 모두 회수하여 농기구를 만든 후 농민들에게 배급했다. 광종 때 피의 숙청으로 이미 지방 호족들의 힘은 약해져 있을 때였고, 지방관을 파견하고 무기를 회수하는 조치는 당연히 중앙집권제를 더욱 확고히 하려는 데 목적이 있었다.

990년 송에 사신으로 갔던 한언공이 우리나라 최초의 대장경을 들여왔다. 대장경은 모두 1,076부 5,050권으로 480개의 상자에 담아서 가져왔다. 이후 고려에서는 이를 참조로 대경경을 간행하게 된다.

성종 15년인 996년 우리나라 최초의 화폐인 건원중보가 출현했는데, 건원중보는 철전과 동전 두 가지로 주조되었다. 건원중보라는 이름의 동전은 이미 8세기 중반 중국의 당나라 숙종 때 발행되었었는데, 고려는 이를 모방하여 건원중보를 주조하고 차별을 위하여 뒷면에 '동국'이라고 표기했다.

그런데 당시 베를 화폐 대신에 쓰고 있던 백성들의 쇳조각에 대한 거부감과, 또 아직 고려의 농업 생산성이나 상공업 발달이 화폐 경제를 받아들일 정도로 활성화되지 않았던 시기였기 때문에, 화폐 유통 시도는 극히 일부에서만 통용되다가 결국 실패로 끝났다.

성종 대에 거란의 1차 침공이 있었는데, 서희가 크게 활약하여 고려는 아무런 피해를 입지 않고도 강동 6주를 얻었고, 거란군은 고려를 복속시켰다는 명분을 얻고 철군했다. 이와 같이 성종 대에는 최승로와 서희 같은 명신이 있어서 성종의 성공적인 치세를 뒷받침했던 것이다.

딸만 있고 아들이 없었던 성종은 조카인 개령군 송을 후계자로 선포했으며, 성종에 이어 즉위한 개령군 송이 제7대 목종이다.

성종은 38세의 한창 장년의 나이에 죽었는데, 고려 말 명신이었던 이제현은

"성종이 종묘와 사직을 세우고, 학교와 학술을 장려해 선비를 길렀으며, 과거 시험을 친히 주관해 현자를 얻고, 수령을 권장해 민을 구휼하고, 효도와 절의를 표창해 풍속을 아름답게 했다."

라고 평가했다. 유교를 고려에 정착시킨 성종을 골수 유학자인 이제현이 나쁘게 평할 리는 없는 것이다. 그런데 이 평가를 자세히 분석하면 '그저 밥값 하나는 확실히 했다'라는 소리가 된다.

그래도 성종은 괜찮은 임금이었다.

성종이 병을 얻어 위독해지자, 평장사 왕융이 대사령을 내리자고 건의했다. 성종은

"사람의 명은 하늘에 달렸으니, 어찌 죄 있는 자를 용서함으로써 억지로 연명을 구하겠느냐. 만일 내가 대사령을 내리고 죽으면, 나를 계승하여 왕이 된 사람은 무엇으로써 은혜를 베풀 수 있겠느냐."

하고는 세상을 떴다.

사신의 평이다.

왕은 타고난 자품이 엄정하며, 기품이 너그럽고 넓었다. 법과 제도를 제정하고, 절의를 숭상 장려하며, 어진 이를 구하고, 백성을 사랑하여 정치가 볼 만한 것이 있었다.

왕이 죽음에 다다라 사면령 내리기를 아꼈던 일은 생사의 이치에 밝게 통달하였던 것이니, 이른바

'뜻이 있어 함께 훌륭한 일을 할 수가 있다.'

는 것이 아닌가. 아아! 어지셨도다.

거란의 1차 침공(993)

고려시대는 우리 역사상 가장 많은 외침을 받은 시대다. 제6대 성종 때부터 고려를 침입하기 시작한 대표적인 외세는 거란, 몽골, 홍건적, 왜구 등 4개 종족이었으며, 그중 몽골의 침공 기간이 30년 간으로 가장 길었고, 그 당시를 살았던 백성들은 가장 참혹한 시대를 견뎌야 했다

그나마 그 많던 외침 중에서 가장 성공적으로 물리친 경우가 바로 27년 간 십여 차례의 크고 작은 거란의 침공을 막아 낸 것이고,

그때가 고려 중흥기에 해당된다고 볼 수 있다.

당이 망한 직후인 916년 거란의 추장 야율아보기는 부족을 통일하고 거란제국을 수립했으며, 연호를 '신책'이라 했다. 거란의 태종은 고려와 화친하기 위하여 태조 25년(942년) 사신을 보내면서 낙타 50두를 선물로 보냈다.

거란 건국 초기에는 고려와 거란 사이에 별 문제가 없었다. 그러나 거란이 발흥하여 926년 요동의 발해를 멸망시키자, 침략의 위협이 증가한 데다 동족의 나라인 발해의 멸망에 분개해 있던 왕건은 요의 사신 30명을 섬으로 유배 보내고, 낙타는 먹이를 안 줘서 굶어 죽게 했다. 아까워라, 잡아먹지. 아라비아 지방에서는 낙타 요리가 일품 요리라는데.

이렇게 해서 고려와 요의 국교는 단절되었다.

언제고 고려를 한번 손봐야 되겠다고 작심한 거란은 947년 대요로 국호를 바꾸고 중국 북동부의 연운 16주를 장악한 다음, 중국 전체를 위협하는 강대한 세력으로 성장했다.

960년 조광윤이 창건한 송을 노리고 있던 거란은 배후의 고려 문제부터 처리하지 않으면 안되었다. 당시 압록강 중류 유역에는 발해 유민들이 세운 정안국이 있었다.

멸망한 발해의 주민이었던 여진족의 유민들이 세운 소국인 정안국 또한 거란과 원수지간으로, 송과 연합하여 거란을 공격하려 시도했으나 무위로 끝났고, 이에 분노한 거란은 여진족을 추격하여 고려의 서북쪽 국경으로 접근했다.

985년 거란의 성종이 정안국을 멸망 직전까지 밀어붙이자, 망국을 눈앞에 두게 된 정안국의 유민들은 거란의 영향력이 미치지 않는 동해안 쪽으로 쫓겨갔고, 이로써 거란과 고려의 국경이 맞닿게 되자 일촉즉발의 위기가 조성되었다. 간단히 말하면, 고려 서북방에서 발흥한 거란의 팽창과 고려의 북방 정책이 충돌한 것이다.

드디어 성종 12년인 993년 거란의 부마이자 동경유수인 소손녕이 고려의 국경을 넘어 남하하기 시작했다.

성종은 시중 박양유를 상군사, 내사시랑 서희를 중군사, 문하시랑 최량을 하군사로 임명하여, 3군을 편성한 후 거란을 막도록 했으나 고려군은 거란군에게 패하여 청천강 이북 땅을 빼앗겼다. 실제 소손녕이 이끌고 온 거란군은 대군이 아니었으나, 80만 대군을 이끌고 왔다고 허풍을 치면서 무조건 항복하라고 협박했다.

우리 사서(史書)에는 거란의 1차 침공 시 거란의 병력에 관한 상세한 자료 없이 거란군 사령관 소손녕이 80만 대군을 이끌고 왔다고 큰소리를 치면서 무조건 항복을 요구했다는 기사만 실려 있어서 양국의 병력 비교가 상당히 애매하지만, 당시 침공군의 규모를 추정할 수 있는 자료가 없는 것은 아니다.

거란의 원정 형태로는, 첫 번째가 황제의 친정(親征)인 2차 침공의 경우가 있고, 두 번째가 도통(원정군 사령관)이 이끄는 원정인 3차 침공의 경우가 있으며, 세 번째가 도통을 임명하지 않은, 동경(요양)유수 소손녕의 1차 침공의 경우가 있다. 즉, 해당 지구 책임자로 하여금 군사를 이끌고 출정케 하는 경우를 말하는 것이다.

보통 황제가 친정할 때는 최소한 40만의 병력이 동원되고, 도통을 임명하는 경우는 10~15만, 해당 지역 책임자로 하여금 침공을 시킬 때는 5~6만 정도가 동원된다. 이렇게 해당 지역 책임자가 침공하는 경우에는 피침공국 내부 깊숙이 진입하는 것이 금지되어 있다. 왜냐하면 적은 병력으로 적진 깊숙이 들어갔다가 낭패를 볼 수가 있기 때문이었다.

거란의 1차 침공 시 침공군 사령관이었던 소손녕(이름은 항덕,

손녕은 자)은 동경(요양)유수로 도통이 아니었고, 단지 해당 지역 책임자였기에 그가 이끌고 온 병력은 5~6만 정도에 불과했고, 그래서 깊숙이 남하하지 않고 북쪽 국경 근처에 머물면서 항복하라고 호통만 쳐 댔던 것이었으며, 양국의 충돌 기간도 겨우 2개월 정도였다.

즉, 세 차례의 침공 중 가장 적은 병력을 거느리고 와서 가장 많은 병력을 거느리고 온 것처럼 큰소리를 쳤던 것이다. 요의 전 병력을 동원해 봐야 100만 정도인데, 주적인 송과 대치하고 있는 상태에서 어떻게 80만 군을 동원할 수 있었겠는가.

그러면 반격에 나선 고려군 병력은 어느 정도였을까. 고려의 북계 주진군은 약 4만이었고, 예비대가 약 7만 정도로, 11만 정도의 병력 동원이 가능했으며, 또 이들을 지원하기 위하여 중앙군이 출동했으니, 총 13~14만에 달하는 대군을 편성할 수 있었을 것이다.

그러나 강대한 거란이 1차 침공에 얼마의 병력을 동원했는지도 정확한 정보가 없는 상태에서, 소손녕의 호통에 겁먹고 있던 차에 출정했던 방어군까지 봉산성전투에서 깨졌다는 소식에 놀란 조정에서는 항복하자는 파와 서경 이북의 땅을 떼어 주고 화친하자는 파로 나뉘어, '너 잘났다', '내가 잘났다' 하고 한심한 소리들을 주고받고 있었다.

당시 침공한 병력 자체는 대군이 아니었으나, 유목민족인 거란은 실제로 고려가 겁을 먹을 정도의 막강한 기병 군단을 보유하고 있는 군사 강국이었다.

투항론이 대세를 이루자, 성종도 겁을 먹어 서경 이북의 땅을 거란에 떼어 주고 화친하기로 결정했다. 어차피 당시까지 서경 이북은 여진족과 고려인이 혼거하고 있어서 딱 누구네 땅이라고 잘라서 얘기할 수 없을 때였다. 그래서 골치 아프게 되자, 주어 버리자는 얘기가 나온 것이다.

성종은 서경 창고에 보관되어 있던 비축용 쌀을 모두 백성들에게 나누어 주고 남는 것은 대동강에 버리라고 명했다. 이를 듣고 서희가 분연히 일어섰다.

"먹을 것이 충분하면 얼마든지 지킬 수 있고, 싸움에도 이길 수 있습니다. 더구나 양식은 백성의 생명을 지키는 것으로 비록 적에게 이용된다 하더라도 강물에 버릴 수는 없습니다. 항복하더라도 싸워 보고 깨지면 그때 가서 항복해도 늦지 않습니다."

백번 옳은 말씀이었다.

어쨌든 서희가 우기는 통에 쌀을 버리라는 명령은 취소되었다. 그 많은 대신들이 설왕설래하는 동안, 서희 편을 든 인물은 이지백 하나뿐이었다.

결론이 나자, 성종이 대신들을 둘러 보며 거란 진영에 강화 대표로 갈 인물이 나서기를 기다렸으나, 아무도 나서지 않고 서로 얼굴만 두리번거리는 중에, 용약 서희가 나섰다.

"제가 가지요."

사실 서희는 자신이 싸우자고 해 놓고 뒤로 빠질 수도 없는 입장이었다.

문관인 서희는 아버지가 재상인 아주 좋은 집안에서 태어났으며, 19살에 과거에 급제할 만큼 머리도 좋았다.

관로에 들어선 서희는 내리 승진하여 993년 거란이 침입했을 때 정2품 내사시랑으로 있었으며, 당시 52세였다.

사신으로 소손녕의 진중에 간 서희는 소손녕과 서로 급을 정하는 기싸움 끝에 결국 소손녕이 서희의 고집에 밀려서 양보하고 둘은 마주 앉게 되었다.

소손녕이 주장하는 것은, 고려가 신라의 뒤를 이었고 거란은 고

구려 땅을 점유하고 있으므로, 고려가 옛 고구려 땅을 거란에게 할
양해야 한다는 것이었고, 게다가 송나라하고 외교 관계를 맺고 거
란과 국교를 단절한 것이 매우 기분 나쁘다는 것이었다.

　이 이야기를 듣고 서희는 감을 잡았다. 서희의 반박은, 고려가 옛
고구려 땅에 나라를 세웠고 이름도 고려라고 했으니 옛 고구려 땅
은 당연히 고려의 것이며, 거란에 조공을 못한 것은 여진이 길을 막
고 있기 때문이라고 했다. 지금이라도 여진을 몰아내 주고 그 땅에
성을 쌓는다면 어찌 조공을 미루겠는가 하는 것이었다.

　원래 거란은 고려를 침공하여 땅을 빼앗으려는 목적이 아니었다.
그들은 고려와 전쟁을 벌일 생각은 추호도 없었다.

　그들의 대적은 남송으로, 남송과 적대적인 판국에 배후에 있는
고려가 송과 연합하여 배후를 치게 되면 전선을 양쪽으로 유지해야
하는데, 이것은 거란에게는 큰 부담이었다. 단지 그들은 고려를 위
협하여 송과 단교토록 한 다음 자신들을 송 대신 상국으로 받들게
하여 배후를 안정시키는 것이 목적이었다.

　그런데 일이 될려니까 소손녕과 서희의 담판이 있기 바로 직전에
그동안 거란군과 붙으면 깨지던 고려군이 안융진(안주)전투에서 승
리했다는 소식이 들어왔다.

　발해 왕족 출신인 중낭장 대도수(대광현의 아들)와 낭장 유방이
검차를 이용하여 거란군 기병을 대파한 것이다. 검차란, 보지 않아
서 자세히는 모르겠지만, 아마 기병 격파를 전문으로 하는 수레로,
수레 주변에 빙 돌아 장창이나 칼을 꽂아 기병이 접근하지 못하도
록 하고 안에서 활이나 쇠뇌를 쏘는 장치로 짐작된다.

　서희가 거란군의 진영을 찾은 때가 바로 그때로, 그간 연방 터지
는 고려군을 아주 우습게 보고 기고만장해 있던 소손녕의 기세가
그 정보를 들은 후 한풀 꺾였을 때여서, 서희의 말이 쉽게 씨가 먹

혔던 것이다. 게다가 둘이 논리를 내세우고 토론을 하면 당연히 소손녕이 백전백패다. 서희는 시, 서, 경에 달통한 문관이고, 소손녕은 전장만 누빈 무식한 무장이니, 서희와의 토론에서 이길 수 없었던 것이다.

거란의 침공 목적을 꿰뚫어 본 서희의 합리적인 제안에 소손녕은 흡족해 하면서 서희에게 낙타 10마리, 말 100필, 양 1,000마리, 금기라환(고급 비단) 500필을 선물로 주고 철군했다.

여기서도 보시다시피, 만약에 소손녕이 80만 대군을 이끌고 고려를 침공했다가, 승리는커녕 땅을 떼어 주고 선물까지 왕창 준 다음 빈 손으로 돌아갔다가는 아마 거란 임금에게 그대로 목이 잘렸을 것이다. 이 괜찮은 강화를 성사시키기 위하여 서희가 거란 진영에 머문 기간이 딱 7일이었다.

이때부터 고려는 송과 단교하고 거란을 상국으로 섬기면서 그들의 연호인 '통화'를 사용하기 시작하고 조공키로 했다.

이렇게 요를 상국으로 섬기기로 하고 연호를 사용하게 되자, 그간 잘 지냈던 송과 단교해야 할 명분이 필요했던 고려는 송에 파병을 요청했다. 송이 뻔히 제 앞가림도 못하고 있는 것을 알고서 한 조처였다. 당연한 송에서는 난처하다는 답변이 왔고 이를 기화로 고려는 송과 단교했으나, 민간 무역은 별 문제 없이 계속되었다. 또 역관들의 자제들을 뽑아서 앞으로 거란과의 관계 개선에 필요한 거란어를 배우도록 했다.

소국 고려가 여기저기 붙어 사는 것은 어쩔 수 없었으나, 서희의 외교 성과로 아무런 피해 없이 거란군을 철수시켰고, 게다가 서희는 군사를 이끌고 거란과 협력하여 북쪽의 여진을 몰아낸 후 강동 6주에 성을 쌓았다.

강동 6주란 청천강 이북에서 압록강변에 이르는 약 280리에 달하는 지역에 설치된 장흥진, 귀화진, 곽주, 귀주, 안의진, 흥화진을 말한다. 그런데 당시 거란에게는 별로 쓸모가 없어 보이던 땅에 고려가 성을 쌓으면서 그곳은 고려의 강력한 북방 방어 기지가 되었고, 거란은 침공할 때마다 땅을 양보한 것에 대하여 땅을 치며 후회를 하게 된다.

강동 6주를 확보하면서 고려는 드디어 입록강 하구까지 영토가 확장되었다. 그러나 압록강 하류의 보주(의주)는 거란이 차지함으로써 아직까지는 압록강 이남의 영토를 확고히 한 것은 아니었고, 거란이 멸망하고 금이 선 후에 금이 보주를 고려의 영토로 인정해주면서, 드디어 한반도 영토의 서북면이 압록강 이남으로 확정된 것이다.

보주는 지정학적으로 고려 서북면 국경에서 가장 중요한 위치에 있었다. 중국이나 북방의 야만족들이 고려를 침공하는 입구가 바로 보주였는데, 이는 보주 일대에서 압록강이 여러 개의 지류로 갈라져 수심이 얕아 쉽게 건널 수 있기 때문이었다. 이후 보주는 거란이 멸망할 때까지 거란의 고려 침공로가 된다.

이렇게 고려가 서북면 일대에 방어체제를 구축하면서 양국의 국경 지대에 긴장이 증대되자, 거란은 고려를 침공할 다른 구실을 찾기 시작한다.

거란의 1차 침공 시 서희가 보여 준 외교적 성과는 우리 역사에서 아주 드문 케이스로, 서희는 지금까지도 우리나라 역사상 최고의 외교관으로 꼽히고 있다.

17세기의 학자 유계의 평이다.

세상은 한갖 송에 구준과 부필이 있었다는 사실은 알고 있으나,

고려에 서희가 있었다는 사실은 알지 못한다. 만약 당시 서희의
계책이 아니었더라면 절령 이북의 땅을 어찌 보존이나 했겠는가.

구준과 부필은 거란의 침략을 받았을 때 송을 위기로부터 구해
낸 인물들이다.

사상 최고의 외교관 서희의 집안

인물 이야기를 하다 보면 시작은 대개 비슷비슷하다. 어렸을 때
부터 매우 총명했고 학문을 좋아하던 서희는 광종(제4대) 때에 19세
의 나이로 과거에 장원급제한 다음, 고속 승진해서 차관급인 광평원
외랑이 되었다.

광종 22년 끊어졌던 송과의 관계 회복을 위하여 송에 사신으로
파견되었던 서희는 외교 재개 임무를 훌륭히 완수했고, 송 태조로
부터 검교병부상서의 벼슬까지 받았다.

서희의 집안은 대대로 청렴결백하기로 소문난 집안이었고, 서희
의 아버지서부터 서희의 아들까지 내리 3대가 정승을 지낸 아주 쟁
쟁한 집안이었다.

광종 대에 대광 내의령이었던 서희의 아버지 서필은 말단 관리에
서 정승까지 된 입지전적인 인물인데, 그에 대한 일화가 전해 온다.

하루는 광종이 여러 신하들의 공로를 치하하는 자리에서 특별
히 금으로 만든 술잔을 내렸다.
모두들 감사히 받는데 서필만 금술잔을 거절했다.
광종이 연유를 묻자, 서필은

"지금까지 왕께 입은 은혜만도 백골난망입니다. 그런 데다가 금으로 만든 술잔을 받는다는 것은 참으로 분수에 넘칩니다. 더욱이 군주와 신하는 그릇을 쓰는 데도 의당 차등이 있어야 하는데, 신하인 제가 금그릇을 사용하면, 전하는 대체 무엇으로 음식을 담아 드시겠습니까?"

하나 더 있다.

광종 대에 조정에 귀화인들이 넘치고 광종이 그들을 극진히 대해 주면서 백성들의 집을 몰수하여 주는 경우가 간혹 있었다. 이를 가슴 아프게 생각해 온 서필은 어느 날 왕을 알현한 자리에서 자신의 집을 내놓겠다고 선언했다.

놀란 광종이 물었다.

"아니, 집을 내놓으면 어디서 산단 말인가?"

서필이 대답했다.

"저는 재상의 자리에 올라 지금까지 아무런 불편 없이 잘살았습니다. 그런데 어찌 제 자식까지 재상의 집에서 살게 할 수 있겠습니까? 나라에서 받은 녹봉으로 작은 집이나마 새로 마련하여 거처하도록 하겠습니다."

결국 재상인 서필은 자신의 집을 귀화인에게 주도록 나라에 바치고, 가족을 데리고 허름한 초가에 들어가 살았다. 이를 보고 깨달은 광종은 이후로는 더 이상 백성들의 집을 빼앗지 않았다.

이러한 부친의 영향으로 서희도 성실하고 강직하기 그지없었으며 매우 청렴했다. 서희가 장원급제한 것과 마찬가지로 서희의 아들인 서눌도 문과에 장원급제하고 관로에 들어선다. 서눌은 뒤에 문하시중까지 승진하여, 이후 서씨는 고려의 대표적인 명문가가 된다.

그런데 이게 다 그냥 된 것이 아니다. 서희 가문에 전해 내려오는 이야기가 있다.

시골 사람이던 서필의 아버지 서신일은 어느 날 사슴 한 마리가 자신을 향해 달려오는 것을 보았다. 사슴의 몸에는 화살이 꽂혀 있어서 신일은 화살을 빼고 상처를 싸매어 준 다음 사슴을 집안에 숨겨 놓았다. 잠시 후 사냥꾼이 들이닥쳤지만, 신일은 모른다고 오리발을 내밀었다. 사냥꾼이 간 다음 신일은 사슴을 숲으로 돌려보냈다.

그날 밤 꿈에 신인이 나타나서

"사슴은 나의 아들이었는데 그대 덕택에 목숨을 구했다. 앞으로 당신 자손들은 대대로 경이나 상의 높은 벼슬을 하게 되리라."

이렇게 되어서 순풍에 돛 단 것이지, 이 세상에 그냥 되는 일은 원래 없다.

명외교관이었던 서희는 성종이 죽은 다음 해인 998년 56세로 세상을 떴다. 이 서희의 현손이 바로 무신(武臣)의 난 때 문신(文臣)을 학살하는 와중에서 무신들로부터 보호받아 살아난 서공인데, 가만 보니 모두 사슴 덕이다.

거란제국(916~1125, 210년 존속, 대요. 키타이. 카타이)

거란은 '철'의 의미이고, '요'는 요하의 강 이름에서 따왔다. 거란족은 퉁구스계로 흉노족의 일파이기도 하고 선비족의 일파이기도

하다. 이렇게 딱 부러지게 자를 수 없는 것은, 비슷한 종족끼리 서로 같은 지역에 오래 살면 자연히 서로 섞이기 때문이다. 쉽게 말해서, 거란은 흉노의 일파로 선비산에서 살았다.

열하(熱河) 지역에 많이 살고 있던 거란은 7세기 중국 북부를 침입했었으나 당과 동돌궐의 연합군에게 참패하여 거의 3세기 동안 팽창을 정지하고 죽은 듯이 지냈다.

10세기 초 야율아보기 치세 시 여러 부족이 통일되자, 거란은 발흥을 시작하여 916년 거란제국을 창건하여 천황왕으로 즉위했으며, 947년 요(遼)로 개칭했다.

야율아보기는 926년 퉁구스 - 고구려계 왕국인 발해를 멸망시키고 몽골고원을 정복하여 세력을 떨치기 시작했다.

사서(史書)에 의하면 야율아보기는 키가 9척(9척이면 요즘 이종격투기 선수인 최홍만이하고 맞먹는 키인데, 좀 보탰겠지)에다가 300근짜리 강궁을 당길 수 있는 역사(力士)였다고 한다.

9세기 말부터 당이 혼란에 빠지자 이를 틈탄 거란이 당의 군현을 잠식하기 시작했고, 우후죽순처럼 고개를 드는 중국 내의 여러 세력들에게 군사적 영향력을 미치게 되었다.

10세기 들어 당이 망하고 5대10국시대가 시작되자, 중원에서 일어난 군벌들이 각기 나라를 세우고 거란을 원병으로 끌어들이기 시작했는데, 거란의 본격적인 중국 진출은 야율아보기의 아들인 야율덕광 시대에 적극적으로 추진되었다.

936년 후진의 고조 석경당은 장경달의 공격을 받고 위기에 처하자, 거란에 사신을 보내 청병하면서 거란의 신자가 되기를 자청했다. 거란의 태종 야율덕광은 경기병 5만 기를 이끌고 진양에 이르러 장경달의 무리를 대파하고 석경당을 구원했으며, 이에 석경당은 야율덕광을 부친으로 모시기로 하고 아들이 되었다.

석경당은 거란에 유주와 여러 주의 땅을 떼어 바치고 매년 비단 30만 필을 조공키로 했으며, 야율덕광은 석경당을 책봉하여 대진 황제로 삼고 부자지국(父子之國)의 관계를 유지키로 했다.

그런데 어떻게 줄곧 잘난 척하던 중원의 황제가 오랑캐인 거란족에게 책봉을 받고 자식 노릇을 한단 말이냐? 어쨌든 중국의 황제가 남의 나라 아들 노릇 한 것은 이것이 최초이자 마지막이었고, 이게 5대10국시대 나라들의 형편이었다.

어쨌거나 아들이 되기로 맹세한 석경당은 자신보다 나이가 10살이나 어린데도 불구하고 아버지인 야율덕광을 극진히 모셨으며, 그러는 동안 야율덕광은 야금야금 땅을 넓혀 중국 북부 연운(燕雲) 16주를 점거하고 유주를 연경(북경)으로 삼았다. 여기서 중국집 이름인 연경이 생겨났다.

석경당이 죽은 후, 뒤를 계승한 석경당의 조카인 출제 석중귀는 오기가 있는 인물로 야율덕광의 영향력에서 벗어나려 했는데, 이는 오히려 거란의 중국 침입을 불러오는 계기가 되었다.

946년 노한 야율덕광은 개봉을 점령하여 후진을 멸망시켰으며, 다음 해 요를 세워 중국 정복의 계기를 잡았으나, 947년 예기치 않은 죽음을 맞아 거란이 중국을 정복할 수 있는 기회를 상실하고 말았다.

요 그리고 후에 금이 차지했던 연운 16주는 중국의 동북쪽, 북경 이북에서 요동반도 사이에 있는 지역을 말한다. 북경은 야율덕광에게 정복된 뒤 거란에서 여진으로, 여진에서 몽골의 칭기스칸에게로 넘어가, 938년부터 한족의 나라인 명이 서는 1368년까지 400년 이상 북방 유목민의 지배하에 들어가게 된다.

중원 정복의 기회가 오긴 했으나, 실상 당시 거란은 힘만 좋을 뿐이지 중원을 정복하여 지배하기에는 역량이 한참 모자랐고, 문화적인 수준도 매우 낮을 때여서, 중원 동북부인 연운 16주를 차지하는 것으로 만족했다.

거란은 문자도 없었고, 커다란 공동체를 지배해 본 일도 없어, 정치체제라는 것이 존재하지 않아 중국 같은 대국을 다스릴 능력이 없었다.

요, 금, 원 그리고 청에서 보시다시피, 유목 민족들이 분열되어 있을 때는 아무것도 아니지만, 일단 단결을 하면 아무도 당할 수 없다. 모든 유목 민족들은 전투에 임할 때 당시 최강 병과인 기병에 배속되는데, 기병을 따로 선발해서 배속시키는 것이 아니라, 종족 모두가 그대로 기병이기 때문에 막강한 기병 군단을 금세 편성할 수 있었다.

유목 국가인 요도 유목 국가인 금에게 망했고, 금도 유목 국가인 몽골에게 망한 것이지 농경 국가에게 망한 것이 아니었다. 말하자면 저희끼리 치고받고 한 것이지 농경 국가가 끼어들 자리가 없었던 것이다.

몽골만 나중에 대포(大砲)에 망했다. 그들은 이렇게 힘만 좋았지 대국을 운영해 본 경험이나 이끌어 나갈 경륜 같은 것을 가지고 있지 않았던 것이다.

거란이 연운 16주를 지배한 것도 자신들의 지배체제에 동참한 한족들의 지혜를 빌린 결과였고, 또 그들로부터 물리적·경제적으로 힘입은 바 적지 않았다.

960년 조광윤에 의하여 건국된 송의 중국을 통일하려는 야망과 거란의 중국 정벌의 야망이 충돌하여, 양국은 수십 년 동안 전투를 계속했으나 승부가 나지 않아, 송은 거란이 북경과 대동을 점유하

는 것을 인정하고 화평을 맺어 양국 간에 약 100년 간 평화가 지속
되었다.

거란은 10세기 말서부터 11세기 초까지 고려를 작게는 10여 차례,
크게는 세 차례에 걸쳐 침공했으나 성공하지 못했고, 3차 침공 이
후 고려와 강화를 맺어 평화로운 관계를 유지했다. 거란이 국세를
떨치면서 같은 동호족(東胡族)인 해(奚: 내몽골 지역), 습(霫), 실위
(室韋: 몽골 지역) 등이 모두 거란에 통합되었으나, 세월이 흐르면
서 차츰 한족에 동화되다가 200여 년을 존속한 뒤인 1125년 금에
의해 멸망했다.

[제7대] 동성애자 목종(997~1009, 11년 재위)과 천추태후

성종이 후사 없이 죽자, 성종의 조카이자 경종(제5대)의 아들인 18세의 송이 뒤를 이어 목종으로 즉위했다. 송은 아버지 경종이 죽었을 때 겨우 두 살이었기 때문에 숙부인 성종에게 차례가 갔었고, 성종이 죽자 뒤를 이은 것이다.

목종 치세 시 있었던 중요한 사건은 천추태후(헌애왕후)의 섭정과 강조의 난이다. 유약했고 심약했던 목종이 즉위했을 때는 이미 성인이었는 데도 불구하고, 목종의 모친인 헌애왕후는 그냥 우겨서 허수아비 아들을 깔고 앉아 섭정을 했다.

고려 사회는 16세부터 성인으로 여겼기 때문에, 18살이나 된 다 큰 아들을 제칠 이유가 전혀 없었으나 무조건 깔고 앉았는데, 결국 그건 목종이 원래 시원치 않은 데다 효자이기에 가능했다.

경종이 청년 시절에 죽어서 일찍 과부가 된 목종의 모친인 헌애왕후는 천추궁에서 살아서 천추태후로 불렸는데, 섭정을 시작할 당시는 34세의 한창 물오른 나이였다. 헌애왕후는 14세 때 9살 연상의 사촌오빠 경종과 혼인을 해서 세 번째 왕비가 되었는데, 혼인할 때 혼자 한 것이 아니라 동생인 헌정왕후까지 같이 궁에 들어가서 동생은 네 번째 왕비가 되었다.

헌애왕후가 일이 잘 풀릴려니까 네 왕비 중 경종이 죽기 전에 유일하게 아들인 송을 낳았다. 경종이 27세로 요절했을 때 아들 송이 두 살로 너무 어려서 헌애왕후의 친오빠이자 경종의 사촌동생인 성종이 뒤를 이었다.

남편인 경종이 죽었을 때, 헌애왕후는 겨우 17살 아니면 18살이었다. 혼인한 지 3~4년이나 되어 사내도 알고 애도 낳고 했으니, 사실 17살짜리더러 앞으로 최소한 50년 정도를 혼자 살라고 할 수는 없었다. 그러다 보니 밤마다 몸이 뜨거웠던 헌애왕후는 몰래 외척인 승려 김치양과 정을 통했다. 헌애왕후뿐만 아니라 동생인 헌정왕후도 같이 과부가 되었는데, 헌정왕후는 당연히 더 어렸다.

언니 얼굴에 화색이 돌고 살맛 나는 듯한 표정으로 바뀌는 것을 본 헌정왕후도 그냥 있을 수 없어서 어찌어찌하다가 한동네에 사는 태조의 8남이자 삼촌뻘이 되는 왕욱의 아이를 임신하여 훗날 목종에 이어 제8대 현종이 되는 대량원군을 낳게 되었는데, 그녀는 그만 출산 시 난산으로 죽고 말았다.

헌애왕후와 김치양과의 불륜을 알게 된 오빠 성종은 대로하여 김치양을 귀양 보냈다. 성종이 후사 없이 죽고 자신의 아들인 목종이 즉위한 다음 헌애왕후가 섭정을 하게 되자, 귀양 가 있던 김치양을 재깍 불러들여 우복야 겸 삼사사(정2품)로 임명했으며, 이에 김치양이 전권을 농단하면서 백관의 임면을 좌우하게 되었다.

땡중 출신인 김치양은 정권을 잡은 후 부패와 사치에 빠져들어 집이 300칸이나 되었고, 도처에 누대와 정자 그리고 동산과 연못 등이 극도로 화려하여 궁궐을 뺨쳤으며, 거기서 천추태후와 둘이서 신나게 놀아났다.

천추태후와 김치양이 설치는 바람에 할 일이 없어진 목종은 향락에 빠진 데다 유행간, 유충정 등을 불러들여 남색에 몰두했다. 하여간 모자지간에 노는 꼴이 막상막하다.

인물 하나만 볼 것이 있었던 유행간이라는 별 볼일 없었던 불량소년은 목종의 총애를 받아 합문사인(조회 때 의례를 관장하는 벼슬)

이 되어 막강한 위세를 부렸고, 온갖 비리를 저질렀다. 그것도 혼자 하기 심심했는지, 발해 출신으로 용모가 뛰어났던 유충정이란 애까지 불러들여 쌍으로 싸가지 없이 놀았다.

목종이 30살까지도 후사가 없었던 것을 보면, 그는 틀림없는 동성애자였다. 목종의 남색 대상인 함문사인 유행간과 좌사낭중 유충정은 목종의 총애를 믿고 제 맘대로 거들먹거렸고, 국정은 김치양 일파와 동성애자들이 설치는 바람에 완전 개판이 되어 버렸다.

이러는 동안에 김치양과 천추태후 사이에서 자식이 태어났고, 남색에 빠져 향락만 즐기던 목종은 원인 모를 불이 일어나서 천추궁의 전각과 부고가 타는 것을 보고 너무 애석해 한 나머지 병석에 눕게 되었다. 그러자 때가 왔다고 생각한 천추태후와 김치양은 불륜의 씨앗인 자신들의 자식을 왕위에 옹립하기 위한 작전에 들어갔다.

말하자면 왕씨 왕조를 단절시키고 김씨 왕조를 세우려는 욕심이 발동한 것이다. 당시 왕위 계승 0순위는 왕건의 피를 받은, 경종의 왕비이자 헌애왕후의 동생인 헌정왕후가 삼촌 왕욱과의 불륜으로 얻은 아들인 12살짜리 대량원군이 유일했다. 불륜이거나 어쨌거나 대량원군은 왕건의 피를 받았기 때문이었다.

천추태후와 김치양은 대량원군을 절로 보내 중을 만들어 버리고, 그래도 마음이 안 놓여서 사람을 보내 여러 번 죽이려 시도했지만, 절의 늙은 주지 중이 숨겨 주고 지켜 주어서 대량원군은 간신히 목숨을 부지할 수 있었다.

김치양 일당이 계속 대량원군을 노리자, 주지 진관 스님은 방 침대 밑에다 굴을 파고 대량원군을 숨겼는데, 강조의 명으로 파견된 사신인 김응인과 황보유의에 의하여 궁으로 돌아가서 즉위할 때까지 대량원군은 자그마치 3년 동안이나 굴 속에서 두더쥐 생활을 해야 했다.

　대량원군이 몸을 의탁한 신혈사의 주지는 진관 스님이었다. 진관
스님 덕분에 목숨을 부지한 대량원군은 훗날 즉위한 뒤 감사의 표
시로 신혈사를 증축하고 절의 이름을 주지의 이름을 따서 진관사라
고 부르도록 했다.

강조의 난(목종 12년, 1009)

　목종 12년 김치양은 목종이 상정전의 관등에 나갔을 때 기름 창
고에 불을 질렀고, 난리가 난 틈을 이용하여 목종을 살해하려 했으
나 좌사낭중 유충정의 방해로 그만 실패로 돌아가고, 그 바람에 불
이 번져 전각 여럿과 애매한 천추궁만 잿더미가 되어 버렸다.
　유충정의 고변으로 김치양 일파의 역모 논의와 대량원군 살해 기
도를 알게 된 목종은, 아무리 자신이 등신 같지만 왕통을 단절시켜
다른 성에게 줄 수는 없다고 생각하고, 이 음모를 막고 대량원군을
보호하기 위하여 서북면 도순검사로 있던 강조를 개경으로 불러올
렸다.
　다시 재추(宰樞) 채충순을 부른 목종은 주위를 물리치고 유충정
이 올린 김치양 일파의 반란 음모를 적은 봉서를 보이고, 다시 대량
원군 순이 삼각산에서 보낸 서신을 내보였다. 거기에는

　　간악한 무리들이 사람을 보내 둘러싸고 핍박하면서 술과 밥까
　지 주었는데, 신은 독약이 들었는가 의심하여 먹지 않고 까마귀
　를 주었더니 까마귀가 죽었습니다. 음모의 위급함이 이와 같으니,
　성상께서는 신을 불쌍히 여겨 구원해 주소서.

라는 내용이었다.

채충순이 형세가 위급한 것을 알고, 선휘판관 황보유의와 낭장 문연 등 10여 명에게 왕명을 전하고, 신혈사로 가서 대량원군을 데려오게 했다.

한편 왕명을 받고 개경을 향하여 진군을 개시한 강조는 오는 도중 동주에 이르렀을 때 김치양의 수하들의 말을 듣고 오해를 하게 되었다. 즉, 강조를 소환한 사람은 왕이 아니고 김치양과 태후로, 개경에 가면 살아남기 힘드니 서경에서 군사를 돌보고 몸을 보전하라는 거짓말이었다.

강조가 병력을 이끌고 개경에 입성하면 골치 아프게 되는 김치양 일파가, 중간에 사람을 시켜서 거짓말을 하게 한 것이었다.

그러나 그 말을 곧이곧대로 믿은 강조는 군사를 돌이켜 서경으로 돌아가고 말았다. 안 그래도 백성들 사이에서 목종이 시해당했다는 이야기가 떠돌고 있었기 때문이었다.

서경으로 돌아간 강조에게 개경에 있던 그의 부친에게서

목종이 이미 죽고 간신들이 설치고 있으니 급히 군사를 이끌고 와서 국난을 수습해라.

라는 편지가 도착했다. 실상 목종은 죽은 것이 아니었는데, 강조의 아버지도 소문만 믿고 그런 편지를 보낸 것이었다.

부친의 편지를 받은 강조가 5천의 정예 병력을 이끌고 다시 개경으로 오는 도중에, 목종이 아직 죽지 않았다는 것을 알게 되었다. 왕명도 없이 병력을 이끌고 개경 근처까지 왔으니 갈데없는 반역이 되어 버렸다. 내친 길이라고 생각한 강조는, 시원찮은 목종을 아예 폐위시켜 버릴 생각으로 그냥 개경으로 진군을 계속했다.

개경에 입성한 강조는 목종을 폐위시키고 황보유의와 김응인 등이 모시고 온 대량원군을 세워 왕위에 오르게 하니, 그가 바로 제8대 현종이다. 반역이 아니라 반정(反正)이 되어 버린 것이다.

강조는 30세의 목종을 폐위시켜서 양국공으로 삽고 법왕사에 유폐했다가 사람을 보내 죽였으며, 유행간, 유충정 등 왕 곁에서 밤시중을 들던 인간들을 모조리 살해한 다음, 김치양 부자와 그 집안의 추종 세력들을 죄다 죽이고 천추태후와 친족 등 30여 명을 섬으로 귀양 보냈다.

뒤에 공부시랑 유품렴을 비롯한 140여 명이 다시 처벌을 받았으니, 당시 조정에서 천추태후의 세력은 거의 200여 명에 이르렀던 것이다.

결국 천추태후는 자신의 간부 김치양과 또 김치양과의 사이에서 생긴 일곱 살짜리 애지중지하던 아들이 눈앞에서 죽는 꼴을 지켜본 데다, 서른 살짜리 장성한 아들의 죽음까지 지켜봐야 했으니, 어미로서 그 심정이 어땠을까? TV 드라마에는 천추태후의 이때 표정이 어떻게 나오는지 매우 궁금하다.

목종은 별로 똑똑하지는 못했지만 매우 효자였다고 한다.

귀양을 가던 목종은 강조가 보낸 군사들에 의하여 살해를 당한 후에 자살로 처리되어 화장되었다.

애인과 두 아들의 죽음을 지켜본 천추태후는 쓸쓸히 섬에서 연명하다가 유배 생활 21년 만인 현종 20년 66세 때 병세가 위독해지자 궁궐로 옮겨진 다음 거기서 숨을 거두었다.

천추태후가 비록 난신인 김치양과 놀아났다고는 하지만, 당시 고려는 마음대로 재혼을 할 수 있었을 때인데, 단지 왕비라는 굴레 때문에 욕을 바가지로 먹은 데다, 그 대가가 너무나 혹독했다.

　천추태후의 화려하고도 자유분방했던 젊은 시절의 행적을 회상하니 격세지감이 드는 죽음이다. 후에 천추태후의 애인이었던 김치양은 목종을 죽인 강조와 함께 나란히 조선조에서 편찬된 『고려사』「반역전」에 실리게 된다.

　목종에 대한 『고려사』의 평이다.

　　왕은 성품이 침착하고 굳세어 어려서는 임금의 도량이 있었으나, 활쏘기와 말타기를 잘하고 술을 즐기며 사냥을 좋아하여, 정사에 마음을 두지 않고 아첨꾼들과 가까이 지내다가 화를 당했다. 경부는 노나라의 예법을 지키지 않았고, 불위는 진나라의 화근을 빚어냈으며, 제환공은 자신의 시체에서 벌레가 생기도록 거두는 자가 없었고, 진시황은 모래톱에서 객사했으니, 이런 사람들이 어찌 만대의 모욕을 모면할 수 있겠는가. 목종은 이런 실패를 교훈으로 삼지 않아, 결국 모자가 함께 화를 입고 왕실을 거의 망칠 뻔했으니, 목종의 불행은 오히려 불행이 아니로다.

　목종 때인 1007년 제주도 근처에 섬이 하나 솟아나왔다. 필자는 제주도에 가 본 지가 하도 오래되어서 근처에 무슨 섬이 있는지 알 수 없으나, 기록을 보면 틀림없이 새 섬이 하나 생긴 듯하다. 설마 한라산이 그때 솟아나오지는 않았을 테고.

　탐라에서 아뢰기를

　"상서로운 산이 바다 가운데서 솟아나왔습니다. 산이 처음 솟아나올 때에 구름과 안개가 끼어 어두컴컴하고, 땅이 움직여 우레 소리가 나는 듯하더니, 모두 7일 밤낮이 지나고 나서야 비로소 구름과 안개가 걷혔습니다. 산의 높이는 100여 장(300여 m)이나 되고,

둘레는 40여 리나 되며, 풀과 나무는 없고, 연기가 산 위에 덮여 있었으며, 이를 바라보면 석류황과 같아 사람들이 두려워 감히 가까이 갈 수 없었습니다."
라고 했다.

조정에서는 태학박사 전공지를 보내서 이를 확인토록 했고, 전공지는 몸소 산 밑에 가서 그 형상을 그림으로 그려서 올렸다. 아마 지진이나 물 밑의 화산에서 용암이 분출하여 생긴 섬일 것이다.

TV 드라마의 주인공 천추태후(헌애왕후, 숭덕왕비)

TV 드라마 수십 회 분으로 편성된 「천추태후」의 스토리는, 실상 사서(史書)에서는 그저 반 내지 1페이지 정도 분량의 기록이 있을 뿐이다.

겨우 6년을 재위하고 27세로 요절한 선왕 경종(제5대)에게는 왕건의 손녀이자 세 번째 비였던 헌애황후(천추태후)와 그녀의 동생인 네 번째 비 헌정왕후가 있었다.

둘 다 사촌오빠이자 남편인 경종이 죽었을 때 겨우 10대 후반이었으니, 사내를 알고 난 청상과부의 일탈을 비난할 수만도 없는 일이다.

헌애왕후는 정부 김치양과 함께 11년 간이나 자신의 아들인 제7대 왕 목종을 바보로 만들어 놓고 권력을 휘둘렀고, 동생 헌정왕후는 왕건의 아들이자 자신의 삼촌인 왕욱과 사통하여 대량원군을 낳고 난산으로 죽었다.

하긴 당시 고려 사회는 조선과 달리 과부의 수절을 강요하지 않았으니 그녀들의 바람은 백번 있을 수 있는 일이었지만, 그녀들이 왕비 출신이기 때문에 품위를 지키지 못했다고 해서 후세의 유자(儒者)들로부터 혹독한 비난을 받은 것이다.

누이동생의 간통 사실을 알게 된 성종은 왕욱을 사수현(사천)으로 유배 보냈으며, 결국 왕욱은 유배지에서 죽었다.

갓난아이인 대량원군이 말을 시작하면서

"아빠, 아빠."

하고 성종을 따르자, 이를 불쌍하게 생각한 성종은 아이를 그 아비인 왕욱에게 보내서 기르도록 했으나, 대량원군이 5살 때 왕욱이 죽어서 대량원군은 천애 고아가 되고 말았다. 대량원군은 나중에 목종을 이어 제8대 현종이 되는데, 아마 그후에 만들어졌을 스토리가 웃긴다.

모친인 헌정왕후가 어느 날 송악산에 올라 오줌을 누었는데, 개경에 가득 차 넘치더니 은빛 바다로 변한 꿈을 꾸었다. 또 누었어? 왕건의 할머니가 오줌 눈 스토리와 어쩌면 그렇게 똑같으냐.

헌정왕후가 꿈을 의아하게 여겨 점을 치자, 장차 아들을 낳으면 왕이 될 조짐이란다. 헌정왕후가 어이가 없어서

"나는 이미 과부가 되었는데 어떻게 아들을 낳냐? 야, 애 복채 반만 줘라."

라고 했는데, 결국 나중에 유부남인 삼촌 왕욱의 아들을 낳았고, 그 아들이 왕이 되었다는 스토리다.

제6대 왕 성종은 전왕 경종의 사촌동생이자 헌애·헌정왕후의 친오빠였다. 헌애왕후와 김치양과의 관계를 알게 된 성종은 크게 노하여 김치양을 잡아 곤장을 치고 멀리 유배를 보냈다.

성종이 죽고 자신의 아들인 송이 목종으로 즉위하자, 제 세상을

만난 헌애왕후는 재깍 김치양을 도로 불러들이고 자신들만의 세상을 열어 간다. 헌애왕후의 연인 김치양은 헌애왕후의 먼 외척으로 황해도 사람이었다. 그는 머리를 깎고 중 행세를 하면서 천추궁에 무시로 출입하더니, 드디어 둘 사이에서 사고가 난 것이다.

김치양을 다시 불러들인 헌애왕후는 김치양에게 엄청 잘해 주었다. 아름답고 화려하기 그지없는 300칸이나 되는 어마어마한 규모의 집을 내려 준 다음, 거기서 둘은 거리낌 없이 즐겼으며, 더구나 둘의 내세까지 기원하는 절까지 국고를 써 가며 지었다.

김치양은 졸지에 우복야 겸 삼사사가 되어 모든 권력을 수중에 넣었고, 백관의 임면을 좌지우지하게 되었다. 그는 자신들의 도당과 친척들을 요직에 앉혔고, 뇌물을 공공연히 받아 먹었다.

헌애왕후는 천추궁에 거처하여 천추태후란 이름을 얻었는데, 이 천추태후에 대한 후세의 시각은 두 가지이다.

하나는 권력욕만 많고 음탕하기 짝이 없었던 요부가 김치양이라는 난신과 어울려 권력을 농단했다는 시각이고, 다른 하나는 성종에 의해서 억눌렸던 불교와 전통 신앙을 회복시키고 팔관회와 연등회 등을 부활시켰으며, 당의 측천무후와 마찬가지로 자주적이고 강국인 고려를 만드는 데 진력한 여걸이라는 것이다.

바람피운 것이야, 남자들도 뻑하면 영웅호색을 찾고, 더구나 측천무후나 선덕여왕 같은 이는 식성에 따라 사내를 수시로 갈아들였는데, 천추태후쯤 되는 여자가 사내 한둘 둔 것이 뭐가 문제냐는 것이다.

하긴 그녀는 군사력을 증강시켜 북방을 개척할 의지를 가지고 있어서 흥화진, 등주 등 서북쪽 국경 지역에 성을 쌓도록 했고, 신흥 강국인 거란이 내리는 책봉을 받기는 했으나 목종 재위 12년 동안 한 번도 거란에 조공하지 않았을 만큼 자주적 사상을 가진 여인이었다.

원래 역사라는 것이 쓰는 사람의 시각에 따라 달리지게 마련인데, 천추태후의 경우 현종 때 거란의 침입으로 개경이 함락되면서 태조에서 목종에까지 이르는 사초(史草)가 모두 소실되어 뒤에 다시 쓰는 바람에 왜곡을 피할 수 없게 되었다.

후에 7대 실록을 다시 쓴 사관들은 신라계 유학자들로, 그들은 감히 여자가 권력을 휘두른 것과 더구나 왕후로서 품위를 잃은 일을 용서할 수 없었던 것이다.

더구나 조선이 개국한 후 씌어진 『고려사』는 조선의 정통 유학자들이 썼으니, 천추태후에 대한 호평을 기대하기에는 애시당초 틀린 일이었다.

어쨌거나 김치양과 신나게 놀아나던 천추태후가 40줄에 들어선 목종 6년에 김치양의 아들을 낳았다. 큰아들인 목종이 자식이 없는데, 목종의 어머니가 동생을 낳았으니 문제가 생기지 않을 수 없었다. 김치양과 천추태후는 당연히 둘 사이에서 태어난 자식으로 목종의 뒤를 잇게 하기 위하여 작업을 시작했다.

목종 12년 연등회 때 김치양이 불을 질러 대부의 기름 창고에서 일어난 불이 근처에 있던 천추궁에 옮겨붙어 전소되었다. 왕은 이 일이 너무나 슬프고 낙심하여 이로 인해 병석에 눕게 되었다.

이렇게 병을 얻은 목종이 후계자로 대량원군을 지목하고, 강조가 서경군을 이끌고 개성에 입경하면서 목종이 폐위되어 살해되고, 자신의 간부 김치양과 둘 사이의 자식이 죽임을 당하는 꼴을 본 천추태후는 21년 간의 귀양살이를 한 후, 60대 후반의 팍삭 늙은 노인네가 되어서 궁에 들어와 죽었다.

보셔, 얼마 전 TV 드라마로 방영된 천추태후하고는 영 딴판이시지? 절대로 연속극을 보고 역사로 착각하지 마시기 바란다. 재미를 위해서 만들어진 대부분의 사극은 80~90%가 허구다. 단지 시대 배경과 이름만 빌린 것이고, 전개되는 스토리는 거의 모두 허구인 것이다.

독자들이 역사를 잘못 알도록 기여하는 매체는 연속극 말고도 역사소설이 있다. 역사소설에는 '픽션(fiction)'과 '팩션(fact+fiction)'이 있는데, 아마추어들은 이 둘을 구분하기가 쉽지 않다. 둘 다 역사적인 사실에 바탕을 두고는 있으나, 내용에 역사적 사실이 얼마만큼이나 반영되어 있는지가 관건이기 때문이다.

대개 팩션은 절반 이상이 역사적 사실이어야 하지만, 픽션은 그냥 역사적인 무대와 인물 이름만 빌린 것으로, 대략 10~20% 정도가 사실에 입각해 있고 나머지는 모두 허구다. 연속극 수준인 것이다. 대표적인 팩션으로는 「삼국지연의」가 있고, 픽션으로는 「대조영」이나 「임꺽정」, 「장길산」 등이 있다.

[제8대] 고려를 군사 강국으로 만든 현종
(1009~1031, 22년 재위)

대량원군 순이 목종을 이어 18세로 즉위하니, 이가 곧 현종이다. 현종은 즉위하자마자 조정을 일신하여 연등회를 부활시켰고, 변방으로 이주시켰던 수만 호의 남도 백성들을 고향으로 돌아가도록 했으며, 궁의 궁녀도 많다고 대폭 줄이는 등 아주 싹수 있게 일을 시작했다.

또 목종이 남색 대상들과 술 마시고 놀기 위하여 지어 놓았던 전각을 헐어 버리고, 진기한 새들, 기이한 짐승들, 물고기, 거북 등을 산과 물에 놓아 주었다.

현종 즉위의 최대 공신인 강조는 최대 권력 기구인 중대성의 장관이 되었고 이부상서 참지정사를 겸했다. 다음 권력 서열이 중대부사인데 강조의 부관인 이현운이 중대부사였으니, 말할 것도 없이 당시 고려의 모든 권력은 강조가 쥐게 되었다.

1차 침공 때 얼떨결에 고려에 강동 6주를 주어 놓고 나서 후회가 막심하던 거란은 여진족의 고변으로 강조가 정변을 일으켜서 자신들이 책봉한 목종을 죽이고 현종을 옹립했다는 소식을 접하자, 회심의 미소를 지었다.

"너네들 이번엔 깔축없이 작살났다."

거란은 성종(成宗, 제6대) 때 서희와의 외교로 국교를 맺은 이후 목종을 책봉하는 등 고려의 상국(上國) 행세를 해 왔는데, 일개 무신에 불과한 강조가 자신들이 책봉한 왕을 내쫓았다는 소식을 듣자, 사신을 보내 진상을 조사하게 했다.

거란은 성종 때 국세가 가장 흥왕했다. 당시 거란은 송을 굴복시키고 '전연의 맹(1004)'을 맺는 등 한창 뜨고 있을 때였다. '전연의 맹'이란 송이 거란과의 전쟁에서 크게 패한 후 강화를 맺으면서 거란을 형제의 나라로 대우하고 매년 막대한 공물을 보내기로 한 굴욕적인 강화조약을 말한다.

사실 그동안 고려는 거란 몰래 송과 다시 국교를 맺고 무역도 하는 등 빈번한 왕래가 있었는데, 이것이 거란에 들통이 나서 거란은 대단히 기분이 안 좋은 상태였다.

거란의 침공이 임박하자 고려 조정에서는 또다시 항복론이 고개를 들었는데, 강감찬이 조정의 항복 공론에 반발하여 싸울 것을 주장했고, 이 건의가 현종에게 받아들여졌다. 거란군이 고려 영내로 들어오기 시작하자, 현종은 일단 개경을 버리고 광주로 피난했다가 나주로 도망갔다. 거란의 성종은 치세 시 고려를 세 번 침공했는데, 친정(親征)을 한 것은 이 2차 침공 때뿐이었다.

현종이 나주로 도망치면서 백성들로부터 어떤 대우를 받았나 잠시 보도록 하자. 조선의 조일전쟁(임진왜란) 때 저만 살겠다고 뒤도 안 돌아보고 도망치다가 백성들에게 개꼴을 당한 등신 선조(제14대)가 생각나서다.

현종이 나주를 향해 도망치는 도중에 백성들과 지방 관리들에게서 받은 괄시는 이루 말로 다할 수 없을 정도였다. 이는 당연한 것이, '어떻게 비상시국에 나라를 책임져야 할 왕이 백성들을 적의 침공 앞에 방치한 채 저만 살겠다고 도망칠 수 있느냐'는 배신감 때문이었다.

현종이 지방 관아에 도착하면 이를 귀찮게 생각한 지방 관리들은 코빼기도 내비치지 않았고, 어떤 데서는

"진짜 왕이 맞긴 맞소? 신분증 좀 봅시다."
라는 작자도 있을 정도였으며, 수종 드는 자들도 왕 알기를 우습게 알아 태반이 중간에 도망쳐 버렸고, 남은 자들도
"후비들은 데리고 가기 힘들고 귀찮으니 두고 갑시다."
라고 버티는 놈들도 있었다.

조일전쟁 때 도망치던 선조에게도 백성들이 돌을 던지고 했는데, 난국을 당해 왕이 도망치는 행위는 군사들과 백성들의 사기를 땅에 떨어뜨리는 행위로 결코 있어서는 안되며, 차라리 그들과 생사를 같이하면 죽을 곳에서도 사는 수가 나는 법이다. 명량해전 때 이순신 장군 봐라.

그런데 그건 사실 말이 그렇다는 것이지, 위정자들은 급하게 되면 제일 먼저 도망친다. 한국전쟁 때 이승만 봐라.

그래도 현종이 이런 아사리판에서 보신할 수 있었던 것은 순전히 중랑장 지채문의 공이었다. 현종이 나주로 도망가는 와중에 별놈들이 다 시비를 걸어 왔고, 별놈들이 다 공격해 왔다. 이때마다 지채문은 적절히 변고에 대처하여 왕을 성심으로 지켰다.

개경으로 돌아온 현종은 지채문의 공을 기려 전지 30결을 하사하고 교서를 내렸다.

짐이 적을 피하여 먼 길에 낭패를 당했는데, 따라온 신하 중에 도망해 흩어지지 않은 사람이 없었으나, 오직 지채문만이 풍상을 무릅쓰고 산천을 지나며 말고삐를 잡는 노고를 아끼지 않고 끝내 송죽 같은 절개를 보전하였다. 진실로 남다른 공이 많으니, 어찌 특별한 은전을 아끼리오.

또 전란의 와중이라고 다 거지 된 것이 아니라 그 판에서도 팔자

를 고친 인물이 있었다. 거란이 고려의 반격으로 북으로 쫓겨 간 후, 현종이 다시 개경으로 돌아오는 길에 공주에 들르게 되었는데, 절도사 김은부가 왕을 맞이하고는 관아에 들어가 하룻밤 쉬어 가기를 청했다. 피곤하기도 하고 다리가 아프다는 신하들도 많아 현종은 공주에서 쉬어 가기로 했다.

현종이 따듯하게 불을 땐 방에서 쉬고 있는데, 김은부가 자신의 맏딸을 시켜 옷을 한 벌 지은 다음 왕께 바쳤다. 하여간 고려는 왕건의 조상 때부터, 어딜 가건 옷 로비가 판을 쳤던 시대였다. 어쨌거나 이런 정성을 본 현종은 그간 괄시만 받아 오던 생각이 나서 눈물이 핑 돌았다. 어쨌든 그렇게 되어서 그날 밤 김은부의 맏딸이 왕의 잠자리 시중을 들었고, 공주를 떠날 때 현종은 그녀를 데리고 개경으로 왔다.

나중에 김은부의 두 딸까지 궁중으로 불러서 왕비로 책봉했으니, 김은부는 졸지에 세 딸이 모두 왕비가 되면서 지중추사로 승진하여 막강한 위치가 되었다.

게다가 김은부의 세 딸 중 둘째였던 원성왕후가 제9대 덕종과 제10대 정종을 낳았고, 동생인 원혜왕후는 제11대 문종을 낳았으니, 별 볼일 없던 김은부네 집안은 공주에서의 자그마한 인연으로 잠깐 새에 고려 최고 명문으로 뜬 것이다. 좌우지간에 옷 한 벌의 위력이 이토록 대단하다.

이렇게 현종이 한 집안에서 세 딸을 왕비로 들이는 바람에 그 집 외손자 셋이 왕이 되었는데, 그 외손자들 중 문종도 현종과 마찬가지로 한 집안에서 세 딸을 왕비로 들인다.

그 왕비들이 바로 인주 이씨 가문 출신으로서, 그중 현종 때 과거에 급제한 이자연의 맏딸인 인예왕후가 제12대 순종, 제13대 선종, 제15대 숙종을 낳아, 인주 이씨 집안은 김은부의 집안과 마찬가지로 진기록을 세워 가며 떴으며, 이후 약 100년 간 왕실의 외척으로서 막강한 권세를 누리게 된다.

말하자면 고려 왕 6대가 거의 내리 김은부와 이자연의 외손자들이었으니, 이 두 집안 사람들은 모두 왕의 친척이 되었고, 그러니 그들의 목에 모두 깁스를 두르게 된 것은 당연했다. 또 이자연의 할아버지 소성백 이허겸은 김은부의 장인으로, 김은부와 이자연은 사돈 간이었으니 두 집안의 위세가 어떠했으랴.

이렇게 보이는 것이 없게 된 인주 이씨 가문의 욕심이 후에 이자의와 이자겸의 난을 불러오게 된다.

현종 22년 왕의 병세가 위중했다. 현종은 태자 흠에게 후사를 맡기고 40세로 세상을 떴다. 현종의 뒤를 이은 이가 덕종인데, 겨우 재위 3년 만에 19세로 병사하고, 동생인 평양군 형이 정종으로 즉위하게 된다.

현종은 총명하고 인자한 데다 배움에 능하고, 서예와 문장을 좋아했으며 기억력이 비상했다고 한다. 현종은 치세 내내 거란의 침공에 시달렸으나, 이를 잘 막아 내 고려의 위상을 높인 괜찮은 군주였다.

어쨌거나 고려는 이때부터 약 100여 년 간 평화시대를 누리다가, 평화의 모순이 누적되어 100년 간의 무인시대(武人時代)가 개막되고, 무인시대가 종말을 맞은 후 다시 100년 간의 원(元) 식민지시대가 도래한다.

현종도 골수 불교 신자였다. 재위 중 신하들의 반대에도 불구하고 현화사에 땅 1,240결(약 150만 평)을 시주했는데, 당시 여러 절에서 술을 만들어 팔면서 폐해가 빈번하자 술 제조를 금했다. 그런데도 불구하고 절에서는 왕명을 우습게 알고 계속 술을 담가 팔자,

단속에 나서서 장의, 삼천의 절 중들이 술을 빚은 쌀이 360섬이나 되는 것을 적발한 적도 있었다. 이렇게 당시 중들의 밀조 규모가 만만치 않았다.

현종 대에 거란의 침입을 불력(佛力)으로 물리치기 위하여 장경을 제작하기 시작했는데, 이것이 초조대장경으로 뒤에 몽골의 2차 침공 시 소실된다. 초조대장경은 현종 대서부터 문종 대까지 장장 30여 년에 걸쳐서 5,048권의 불경을 판각했으며, 몽골군이 몰려오자 수많은 승려들이 이를 지키기 위하여 운집했으나 막대한 희생만 치른 채 모두 불타 버리고 말았다.

또 현종은 최항과 김심언에게 명하여 거란 침공 시 타 버린 7대 실록을 다시 편찬케 했다.

현종 대에 대식국(아라비아)의 열라자 등 100여 명이 고려를 방문하여 토산물을 바쳤다는 기록이 있고, 그 다음 해인 1025년에도 다시 대식국 사람 하선과 나자 등 100여 명이 와서 토산물을 바쳤다는데, 당시는 동양의 중국 문명과 함께 중동에서 이슬람 문명이 만개했던 시대였고, 아직 유럽은 어둠 속에 있을 때였다.

고려는 아라비아와 직접적인 교역은 없었으나, 송을 매개로 간접 교역을 하여 아라비아에서는 고려를 잘 알고 있었으며, 양국의 교역은 11세기 초부터 이루어졌다.

『고려사』의 평이다.

왕은 천성이 총명하고 어질었으며, 학문에 통달하고 문필을 잘하였다. 처음에 머리를 깎고 숭교사에 우거했는데, 그 절의 중이 일찍이 꿈을 꾸기를 큰 별이 절 뜰에 떨어져 용으로 변했다가 또 사람으로 변하니 곧 왕이었다. 신혈사로 옮겨 거처하였는데,

또 꿈에 닭 소리와 다듬이 소리를 듣고 술사(術士)에게 물으니, 우리 말로 해석하기를

"닭의 울음소리는 꼬끼오라는 소리와 비슷하고, 다듬이 소리는 어근당이니 이는 즉위할 징조입니다."

라고 했다. 군자는 나라를 잘 다스릴 때에도 환란에 대한 경각심을 잊지 말아야 하며, 편안할 때도 위태로움을 생각하여 시종일관 삼가는 마음을 늦추지 않음으로써 천도를 받든다. 이러한 면에서 볼 때 현종에게서는 아무런 흠도 찾을 수 없구나.

거란의 2차 침공(현종 1년, 1010), 용장 양규와 김숙홍

드디어 1010년 11월 거란의 성종(982~1031)은 40만 대군을 이끌고 친정(親征)에 나섰으며, 이 2차 침공에 동원된 병력은 1차 침공과는 비교가 안되는 대군이었다.

고려 조정도 강조를 행영도통사, 이현운, 장연우를 부통사로 삼고, 안소광, 최현민, 이방, 박충숙 등을 병마사로 삼아 30만 대군을 이끌고 청천강 이북의 군사 요충지 통주(평북 선천)에 주둔하여 거란군의 침입을 막도록 했다. 당시까지만 해도 고려군은 이렇게 막강했다.

강조는 병력을 요소요소에 배치해 놓고 거란군을 방어토록 했다. 거란군은 압록강을 건너 순검사 양규가 방어하고 있는 흥화진(의주)을 공격했으나, 양규와 장군 정성, 이수화가 관민을 이끌고 방어하는 흥화진은 끄떡도 하지 않았다. 이 흥화진이 바로 거란의 1차 침공 이후 서희가 쌓은 강동 6주 중의 하나였으니, 성종이 얼마나 분통이 터졌겠는가.

홍화진 공격에 실패한 성종은 병력의 절반을 홍화진 남쪽의 무로대에 남겨 놓고 나머지 20만의 병력으로 남하를 계속했으나, 통주성전투에서 다시 고려군의 검차 공격에 패하고 말았다. 이 통주 또한 서희가 쌓은 강동 6주 중의 하나이다.

　　홍화진 방어 성공과 통주성전투의 승전보를 받고 느긋해진 고려군 총사령관 강조는 방비도 허술히 하고 부하들과 술을 마시고 내기 바둑이나 두면서 척후병의 보고도 무시하는 등 거란군을 우습게 보고 있다가, 불시에 쳐들어온 거란군 지휘관 유율분노의 별동대의 기습을 받아 강조군은 패퇴하고 강조는 포로가 되고 말았다.

　　경적필패(輕敵必敗)의 좋은 본보기다. 아무리 약한 적도 방심해서는 화를 부르는 법이다. 사자가 토끼를 잡아챌 때도 전력을 다한다.

　　강조가 얼마나 거란군을 우습게 보았는고 하니, 외곽의 수비가 무너졌다고 보고를 받았는데도 불구하고 이를 믿지 않고

　　"거란군은 입 안의 음식 같아서 적으면 씹기가 불편하니 마땅히 많이 들어오도록 해라."

라고 거들먹거리는 와중에, 홀연히 목종(제7대)이 강조 앞에 나타나서 꾸짖기를

　　"네놈은 끝장이 났다. 천벌을 어찌 피할 수 있겠느냐."

하자, 놀란 강조가 즉시 무릎을 꿇고

　　"죽을 죄를 지었습니다. 죽을 죄를 지었습니다."

라고 진땀을 흘리면서 절을 하고 있는데, 이때 거란군이 쇄도하여 강조 이하 지휘관들이 모조리 포로가 되었다 한다.

　　포로가 된 강조는 거란 왕 성종의 회유를 거부하고 기개를 지켜서 참수를 당했으나, 부사령관이었던 이현운은 항복하여 명을 보존했다. 지휘관들을 모두 잃고 혼란에 빠진 고려군은 거의 3만의 전사자를 내고 궤멸되고 말았으며, 이들이 버린 군량과 무기가 길을

가득 메웠다.

남하하면서 곽주와 안북부를 함락시킨 성종은 친히 거란군을 지휘하여 서경을 공격했다. 서경은 서북방 경영의 총본부이자 개경 방어의 최후 거점이었다. 서경이 함락되면 개경까지 그대로 남하할 수 있기 때문이었다.

이때 서경 방어군의 지휘관은 통군녹사 조원과 강민첨이었다. 성종은 이들의 완강한 저항에 부딪혀 서경 공략을 포기하고 남으로 진군했다.

서경을 우회한 거란군이 남으로 밀고 내려오자, 현종은 개경을 버리고 나주로 도망갔고, 개경을 함락한 거란군은 궁궐과 종묘, 민가에 모조리 불을 질러 개경은 폐허가 되고 말았으며, 이때 사초(史草)가 다 탔다.

할 수 없이 현종은 좌사낭중 하공진을 성종에게 보내서 입조하겠다는 조건으로 강화를 요청했다.

강조를 치죄한다는 명분으로 침입을 시작했으니 이미 목적은 이룬 셈이고, 또 너무 깊숙이 들어온 데다가 장마에다 홍수까지 겹쳐 보급에 문제가 생기면서 거란군의 사기가 떨어지자, 성종은 강화를 받아들여 하공진을 인질로 잡고 철수하기 시작했다.

그러나 현종은 결국 거란에 입조를 하지 않았고, 그 바람에 인질로 잡혀 간 애꿎은 하공진만 성종에게 죽임을 당하고 말았다. 성종은 하공진을 회유할 생각으로 아내도 얻어 주고 집도 내려 주고 했는데도 불구하고 하공진의 마음을 바꿀 수 없었다. 드디어 하공진이 처형을 당하면서,

"나는 우리나라에 대하여 딴 마음을 품을 수 없으니 만번 죽더라도 살아서 귀국의 신하가 되기를 원치 않는다."

라고 기개를 보이자, 열 받은 거란 군사들이 하공진을 죽인 후 그의

간과 염통을 꺼내서 씹었다고 한다.

거란의 침공군이 남하할 때 그리고 철군하는 동안 추격전을 벌여 수많은 거란군을 불귀의 객으로 만든 인물이 흥화진 방어군 사령관인 서북면 도순검사 양규와 귀주 별장 김숙흥이다.

양규와 김숙흥은 수차례 거란군의 진지를 습격하여 막대한 손실을 입혔으며, 특히 양규는 한 달 동안에 일곱 차례의 전투에서 모두 승리하여 거란군 수만의 목을 베었으나, 결국 거란의 대공세에 밀려 병기와 화살이 다함으로써 장렬히 전사한 고려의 명장이다.

양규는 거란군에게 함락된 곽주성을 수복하기 위하여 겨우 2천 명의 결사대를 이끌고 곽주성을 공격하여 거란 수비군 6천 명을 궤멸시키고, 포로로 잡혀 있던 수천 명의 고려 백성들을 구해서 통주로 귀환했다.

양규의 곽주성 승리로 거란군은 중간 기지를 상실하고 고려군의 포위망에 갇히게 되었고, 거란군의 회군로를 장악한 고려군은 철군하는 거란군에게 유리한 입지에서 공격을 퍼부어 대승할 수 있었다.

또 양규는 적의 본영인 무로대를 급습하여 거란군 수천 명을 죽이고 수천 명의 아군 포로를 구해 냈으며, 이후 여러 크고 작은 전투에서 승리를 거두었다. 이렇게 양규가 거란군과의 전투를 승리로 이끌면서 구해 낸 고려 백성은 무려 3만 명에 달했다.

김숙흥은 중랑장 보량과 함께 거란군 진지를 기습하여 적병 1만여 명을 죽였으며, 이후 여러 전투를 승리로 이끌었다. 양규와 김숙흥은 합세하여 애전(艾田)에서 거란군과 전투를 벌이던 중 개경에서 후퇴한 거란군 대군의 협공에 몰려서 장렬히 전사하고 말았다.

흥화진을 수비하던 장군 정성 또한 북으로 퇴각하는 거란군을 추격하여 압록강전투에서 수많은 거란군을 수장시켰다. 결국 거란군은 철군하는 과정에서 숱한 병마를 잃은 데다 압록강에 숱하게 수장되어 겨우 일부만 본국으로 생환했다. 거란의 2차 침입은 두 달간 끌었으며, 침공은 실패로 끝나 거란은 아무것도 건지지 못한 채 수많은 인마를 잃고 철군했으며, 고려는 강동 6성을 회복할 수 있었다.

현종은 교서를 내려 양규와 김숙흥의 공을 기렸다.

병사들을 지휘하여 사기를 높였고, 원수들을 추격하니 그 위력은 강토를 편케 하였다. 정의의 칼이 빛나는 곳마다 만인(蠻人)이 다투어 도망쳤고, 활을 당길 때마다 적들이 모조리 투항했다. 이로써 성과 진이 보전되고 사기 또한 높았다.

현종은 양규의 아들 양대춘을 교서랑에 임명했으며, 양규의 집에는 평생토록 1년에 벼 100섬씩을 내려 주도록 했다. 또 김숙흥에게도 교서를 내렸는데,

장군 김숙흥이 스스로 변성을 지키면서 적군과 싸우는 데 용감하여 이미 파죽지세로 공을 이루었으나 마침내 진중에서 목숨을 바쳤다. 옛 공로를 생각하니 마땅히 상을 후하게 주어야 하리라.

김숙흥의 집에는 평생 벼 50섬씩을 내려 주도록 했다.

후에 현종은 양규와 김숙흥의 공을 기려 삼한후벽상공신 칭호를 내려서 후삼국을 통일한 공신들과 같은 지위를 부여했으며, 공신당에 초상화를 안치해 기리도록 했다.

거란의 2차 침입에서 가장 큰 공을 세운 인물은 두말할 것도 없

이 장군 양규와 김숙흥이다. 또 서경을 훌륭히 지켜 낸 명장 강민첨은 거란의 3차 침공 때 상원수 강감찬 수하의 부원수로 출정하게 되며, 강감찬은 현종 9년에 서북면 행영도통사가 되어 군권을 장악함으로써 거란의 재침을 대비하게 된다.

1013년 현종의 명으로 거란의 침입 와중에서 불타 버린 7대 실록이 다시 편찬되었으나, 이후 조일전쟁(임진왜란) 때 다시 소실되어 전하지 않는다.

또 태조의 원본 훈요십조도 전쟁 중에 없어졌는데, 후에 최승로의 손자인 최제안이 사본 한 부를 간직하고 있다가 바치는 바람에 훈요십조가 세상에 전해지게 되었다. 그래서 손을 댔느니 안 댔느니 하고 조작설이 떠도는 것이다.

당시 전쟁 중인 데도 농사가 풍년이었다. 그러다 보니 쌀값이 떨어져서 추포(발이 굵은 베) 한 필에 쌀이 8말이나 되었다. 이렇게 쌀값이 개값이 되어서 그랬는지, 『현종실록』을 보면 5월에 중 10만 명에게 음식을 대접했다는 기록이 있다.

아니 고려에 중이 도대체 몇 명이나 되길래 한번 밥 먹일 때 10만 명씩이나 모여든다는 말인가. 이후에도 왕들은 뻑하면 중들을 대접하는데, 보통 한번 대접에 자리를 깔고 앉는 중이 평균 3만 명이었다.

심심해서 계산을 해 보니, 3만 명이 앉으려면 1인당 60cm씩 차지한다고 쳐도, 뚱뚱한 놈 빼고, 좌석 길이가 18km나 된다. 물론 한 줄로 앉는 것은 아니겠지만.

그 다음에 먹어 치우는 양이 한 사람 앞에 반 kg만 쳐도 모두 15,000kg이 되니, 한 끼에 먹어 치우는 양이 15톤이다. 좌우간 대단하다.

거란의 3차 침공(1018)과 강감찬의 귀주대첩

거란의 침공 기간 중인 1011년 현종의 명으로 고려 최초의 대장경 간행이 시작되었다. 고려인들의 불력으로 국난을 극복하려는 의지가 대장경 간행으로 나타난 것이다.

팔만대장경도 몽골의 침공 기간 중에 완성된 것을 보면, 당시 고려인들에게 불교가 얼마나 큰 영향력을 가지고 있었는지 알 수 있다. 하긴 지금도 불교 신자가 천만 명이 넘는댄다.

1014년 거란은 고려에 현종의 친조(親朝)를 요구했으나 고려가 병을 핑계로 이를 거절하자, 노한 성종은 현종 5년 10월 국구(임금의 장인)인 상온 소적렬을 시켜 고려를 침공케 했다.

본격적인 3차 침공 이전, 거란은 2차 침공 이후인 1012년부터 1017년까지 5년 동안 10여 차례나 크고 작은 도발을 해 왔다. 공격지점은 주로 강동 6주였고, 1016년 야율세량이 곽주를 침입해 왔을 때는 고려군 수만 명이 전사할 정도로 양국은 초긴장 상태를 유지했다.

이렇듯 여러 번 도발했으나 전투마다 별 성과가 없자, 성종은 야율행평을 고려에 보내 6성 반환을 요구했고, 고려는 거란과 국교를 단절하고 사신 야율행평을 억류했다.

계속되는 거란군의 파상 공세에 고려는 송에 구원을 청했으나, 송은 구원은커녕 제 앞가림도 하기 바쁜 형편이었고, 거란과의 사이가 더욱 악화되자 고려는 거란의 연호를 폐하고 다시 송의 연호를 쓰기 시작했다.

드디어 현종 9년인 1018년 12월 요의 성종은 사위이자 1차 침공 시 총사령관이었던 소손녕의 형 동평군왕 소배압을 도통으로 임명하고 10만 대군을 주어 고려를 정벌토록 했다. 거란은 지난 두 번의 침공과 다른 전략을 구사했다. 즉, 남하하는 동안 지나치는 성들에 대한 공격을 피하고 개경으로 바로 진군하여 개경을 함락해서 왕의 항복을 받아 내려 했던 것이다.

고려도 이미 거란의 재침에 대비하여 방어 태세를 갖추고 있었던 터라, 당시 서경 유수 겸 내사문하사 평장사인 71세의 노장 상원수 강감찬과 부원수인 대장군 강민첨이 21만의 대군을 이끌고 홍화진(의주)에서 거란군과 맞섰다.

홍화진은 북쪽에서 볼 때 압록강을 건너자마자 만나는 첫 번째 요새에 해당한다. 강감찬은 홍화진 일대를 흐르는 삽교천 상류를 쇠가죽을 연결하여 막게 한 다음, 기병 1만2천 명을 매복시키고 거란군을 기다리고 있었다.

거란의 대군이 강으로 진입하여 반쯤 건넜을 때 강감찬은 즉각 영을 내려 쇠가죽 둑을 터뜨리도록 했고, 이에 고려군은 강 속에서 대혼란에 빠진 거란군을 공격하여 첫 전투에서 대승을 거두었다. 강감찬이 수공(水攻)을 쓴 곳은 귀주가 아니고 첫 접전지인 홍화진이었다.

고려군과의 첫 접전에서 적지 않은 병력을 잃은 소배압은 홍화진을 우회하여 개경 근처까지 밀고 내려오면서 내구산전투에서 강민첨의 고려군에 패하고, 다시 마탄에서 조원의 부대에 깨졌으나, 희생을 감수하고 그대로 남진했다. 드디어 소배압의 거란군은 개경 40km 지점까지 육박했으나, 고려 수성군에 막혀 더 이상 진격이 불가능한 데다가 맹추위가 엄습하기 시작했다.

게다가 고려 관민의 철저한 청야(淸野 : 농작물이나 건물 등 지상에 있는 것들을 말끔히 없애는 것) 전술로 보급에 심각한 문제가 생기자, 남하했던 거란군은 도로 북쪽으로 퇴각하기 시작했다. 퇴각하던 소배압군이 강감찬군과 다시 조우한 곳이 바로 귀주(평북 구성시)였는데, 이 귀주전투에서 거란군은 거의 궤멸되고 만다.

양군이 진을 친 후 여러 번 작은 충돌이 있었으나 승패 없이 대치하고 있었다. 그럴 때 개경으로부터 김종현이 이끄는 증원군이 도착하여 고려군이 협공 작전을 짜고 있을 때 이변이 일어났다.

당시는 한겨울로 남풍이 있을 수 없을 때였는데, 별안간 심한 비바람을 동반한 동남풍이 거세게 불면서 모든 기가 거란군이 주둔하고 있는 북쪽을 향하여 나부끼기 시작하는 것이 아닌가. 제갈량이 부활을 했나?

때를 놓치지 않고 강감찬은 총공격의 명을 내렸고, 비바람에 눈을 뜰 수 없었던 거란군은 고려군의 공격에 거의 전멸의 타격을 입어서, 살아 돌아간 거란군은 십만 중 겨우 수천뿐이었고, 총사령관인 소배압도 갑옷을 벗어던지고 병사들 틈에 끼어서 겨우 단신으로 도망쳤다.

죽어 넘어진 거란군의 시체가 들판을 덮었고, 그들이 버리고 달아난 군량과 군기, 말과 낙타 등이 이루 헤아릴 수 없었다.

성종은 소배압의 대패 소식을 접하자, 펄펄 뛰면서

"네가 적을 가벼이 여겨 깊이 들어갔다가 이 지경이 되었으니 무슨 면목으로 나를 보겠느냐. 짐이 너의 얼굴 가죽을 벗긴 후에 죽이리라."

하면서 격노했다.

이와는 반대로, 승전 장군인 강감찬은 왕과 왕이 이끌고 나온 군악대의 환영을 받았으며, 왕은 친히 강감찬의 머리에 여덟 송이의 금꽃을 꽂아 주며 칭찬과 위로하기를 마지않았다.

거란의 대규모 침공은 세 번에 걸쳐 거의 27년 간이나 끌었으나, 거란 내부의 사정이 불안해짐에 따라 현종 13년 거란이 사신을 파견해서 형식적이나마 현종을 고려 국왕에 책봉하고 고려가 송의 연호를 버리고 다시 거란의 연호를 쓰기로 합의함으로써, 양국은 거란이 멸망할 때까지 더 이상 충돌 없이 평화로운 관계를 유지하게 되었다.

거란의 세 번에 걸친 침공을 막아 낸 일등 공신은 1차 침공 때의 서희, 2차 침공 때의 양규와 김숙흥, 그리고 3차 침공 때의 강감찬인데, 1차 침공 시 서희는 외교로 승리했고, 3차 침공 시 강감찬은 21만의 대군으로 10만의 거란군을 막아 승리를 이끌었으나, 2차 침공 시의 양규는 겨우 수천의 병력을 지휘하여 수만의 거란군을 살해하고 일곱 차례나 승리를 거두었으니, 거란의 침공을 격퇴한 일등 공신은 서희나 강감찬이라기보다 양규가 되어야 옳다고 본다.

또 강민첨의 공도 잊을 수 없는데, 강민첨은 진주 사람으로 문관이었으나 의지와 기개가 굳세고 과감하여 여러 번 전공을 세웠는데, 전쟁이 끝난 직후 죽었다.

이때가 고려 역사상 가장 강한 국력을 보유하고 있었던 때로, 이후 개경의 외성을 쌓고 천리장성을 축조했으며, 쇠뇌와 공성기를 개발하는 등, 국방력 증강에 더욱 힘을 기울였다.

고려가 중국 북방의 강국인 거란의 수차례에 걸친 침공을 성공적으로 막아 내자 국제적으로 위상이 크게 높아졌으며, 주변 나라에서 귀부하는 사람들이 늘어났고, 현종 2년에 탐라국과 우산국이 고려에 복속하기를 청해 와서 고려에 속하게 되었다.

현종 때인 1029년 거란의 동경에서 대조영의 7대 손인 대연림이 반란을 일으켜 흥요국을 설립하고, 대부승 고길덕을 보내서 건국을 알리면서 수차례 고려에 지원을 요청했으나, 고려에서 지원을 거절해서 발해의 부흥을 꾀했던 흥요국은 결국 거란에 망하고 말았다.

사실 고려는 전 병력을 동원하면 30만 이상의 병력을 동원할 수 있는 막강한 나라였다. 게다가 침공이 있을 때 청야 전술을 쓰면서 산성에서 방어하고 싸우면 어느 외세와도 붙을 만했다. 이랬던 고려가 흥요국과 힘을 합쳐서 거란에 대항했으면 충분히 승산이 있었고, 잘하면 요동도 손에 넣을 찬스가 되었을 텐데, 결국 몸을 사리는 바람에 요동은 영원히 남의 땅으로 남게 되었다.

명장 강감찬(948~1031)

강감찬은 무신(武臣)이 아니고 문신(文臣)이었다. 거란군의 1차 침입 때 활약했던 서희도 문관이어서, 고려에서는 조선과 마찬가지로 문신이 군사령관을 맡았다.

강감찬은 금주 사람으로 성종 2년에 과거에 장원 급제하여 관로에 진출했고, 거란의 2차 침공 당시 이미 62세나 된 노인네였다. 강감찬은 항전을 주장함으로써 거란을 물리치고 고려의 국위를 떨치게 한 인물로, 3차 침공 시에는 정2품 서경유수 겸 내사문하사 평장사로 있다가, 상원수로 직접 대군을 지휘하여 거란을 물리친 명장이다.

강감찬에 대한 『고려사』의 기록이다.

강감찬은 성품이 청렴하고 검소하여 산업을 경영하지 않았으며, 젊어서부터 학문을 좋아하고 기이한 계략이 많았다. 형체가 작고 못생겼으며, 옷은 때가 묻고 해어져서 볼품은 보통 사람에 지나지 않았으나, 조정에 서서 큰일을 만나면 큰 계책을 결정하여 국가의 기둥과 주춧돌이 되었다. 1030년에는 문하시중이 되었으며, 현종 11년에 은퇴한 후 84세로 세상을 떴다.

기록에 의하면 강감찬은 키가 아주 작은 데다 매우 추남이었다고 한다. 어느 해 송의 사신이 강감찬을 만나러 왔다. 강감찬은 사저에서 그의 시종과 함께 사신을 기다리고 있었다. 송의 사신이 강감찬의 집에 도착하여 문에서 기다리고 있는 사람을 보니, 한 사람은 키가 큰 데다 풍채가 당당했고, 다른 한 사람은 키가 작은 데다 추레한 외모를 지니고 있어 전혀 볼품이 없었다.

이윽고 두 사람을 번갈아 쳐다보던 사신은 풍채가 당당한 인물을 제쳐 두고 뒤에 서 있던 키 작은 추남에게 절을 했다.

"아니. 제게 절을 하시다니 이게 무슨 망발이십니까?"

"문곡성께서 중국 땅에서 오래 보이시지 않더니 언제 고려로 돌아오셨습니까?"

그러자 추남은 사신의 말을 듣고 크게 웃었다.

"공의 안목이 보통이 넘는구려. 그렇소, 내가 바로 강감찬이오. 공의 안목을 시험해 보고자 내 일부러 시종과 옷을 바꾸어 입었소. 너그러이 이해하시고 어서 안으로 드시지요."

사신의 평을 보자.

경술, 기유의 해에 강조가 난을 꾸미고 강한 적이 쳐들어와서 내부의 분쟁과 외적의 화란으로 국운이 위급하게 되었으니, 이때에 강공이 없었더라면 어떻게 나라를 다스렸을지 알 수 없는 일이다. 공이 조정에 들어와서는 국가의 모의에 참가하고, 밖에 나가서는 정벌을 맞아 화란을 평정하여 삼한을 회복하여 종사와 생민이 길이 힘입게 되었으니, 하늘이 낳아서 이 세상의 화란과 패망을 대비한 이가 아니라면 그 누가 능히 이에 참여하리오. 아아!
성대하도다.

　독자들은 성형외과에 가기 전에 이 글을 꼭 한번 읽고 가시기를
바란다.

[제9대] 천리장성을 쌓은 덕종(1031~1034, 3년 재위)

현종이 죽고 맏아들인 16세의 흠이 덕종으로 뒤를 이었으며, 덕종이 왕위에 오른 지 얼마 안되어 명장 강감찬이 죽었다. 덕종 대부터 김은부의 외손자들이 3대를 내리 왕위를 잇게 되는데, 덕종이 첫 번째 주자다.

3차에 걸쳐 거란의 침공을 받았는 데다가 이후에도 크고 작은 침입이 끊이지 않자, 고려는 북방 국경의 불안을 해소하기 위해 1033년 천리장성을 쌓기 시작했다.

덕종은 서쪽의 압록강 하구에서 동해안의 화주(함흥 이남)에 이르는 천리장성을 쌓을 것을 평장사 유소에게 명했으며, 유소는 10년을 공기로 잡고 장성 건설에 착수했다. 당시는 화주가 고려의 동북면 국경이자 동여진과의 경계로, 동여진이 고려와 교섭을 벌이던 창구였다.

수많은 인원이 투입되어 고된 공사 끝에 장성은 1044년 정종(제10대) 때에 들어서서 12년 만에 완공되었으나, 실상 이후 여진이나 몽골의 침입 때 제구실을 못하여 별 쓸모가 없어 공연히 공사비만 날렸다. 하기야 장성을 쌓는 목적이 꼭 외침을 막기 위한 것이 아니라 내부 백성의 유출을 막고 타국과의 국경을 정한다는 의미도 있기는 하다.

천리장성을 쌓은 것 외에도 고려는 무기 전문가인 박원작으로 하여금 무기 개발에 진력케 하여, 강력한 쇠뇌인 '수질구궁노'와 '천군노', '팔우노' 등을 개발했으며, 또 공격용 차량인 '혁차'와 수성 장비인 '뇌등석포'를 제작해 고려의 전력은 한층 더 증강되었다.

2차 거란족의 침공 때 불타 버린 7대 실록이 현종 대부터 편찬되기 시작하여 덕종 대에 이르러 완성되었다.

원래 몸이 약했던 덕종이 3년 만에 19세로 병사하자, 17세 난 덕종의 아우 평양군 형이 정종(제10대)으로 즉위했다.

이제현(『역옹패설』을 지은 고려 말의 문신)의 평이다.

덕종은 부모상을 당해서는 자식으로서 효를 다하였고, 정치를 함에 있어서는 부친이 하던 일을 고치지 않았으며, 원로인 서눌 등을 신임하여 조정에는 서로 기만하는 일이 없었다. 그 덕분에 백성들은 편안한 삶을 누렸으니, 비록 봉황이 날아들지 않았다 하더라도 그의 시호에 '덕(德)' 자를 붙인 것은 당연하다.

[제10대] 요절한 정종(1034~1046, 12년 재위))

덕종이 겨우 19세로 요절하자, 현종의 차남이자 덕종의 동생인 형이 17세로 뒤를 이었다. 정종 역시 김은부의 외손자로 두 번째 주 자다.

정종 대에 들어서서 거란과의 국교를 다시 회복하여 재차 거란 연호를 사용하게 되었으며, 이후 거란이 1125년 멸망할 때까지 약 80년 간 고려에 평화가 찾아왔다.

정종은 매우 검소했다. 선대에 사용하던 의자와 침상의 발판은 모두 금은못으로 되어 있었고, 자리의 깔개 또한 금은실로 짠 모직 비단을 썼으나, 정종은 유사에게 명하여 모두 철과 구리 그리고 능 (비단)과 견(명주)으로 바꾸게 했다.

당시 강에는 다리가 없어서 나룻배로 건넜다. 임진강에 배다리가 없어서 지나는 사람들이 서로 먼저 건너려 하다가 빠져 죽는 일이 빈번하자, 왕이 근심하여 특별히 유사를 시켜 배다리를 놓게 하니, 이때부터 사람과 말이 평지를 걸어다니는 듯했다. 한강의 배다리는 조선 정조(제22대) 때 정약용이 설치했다.

정종은 거란과의 국교를 회복시키고 천리장성을 완성했으나, 재 위 12년 만에 28세로 병사하고, 이복동생 낙랑군 휘가 뒤를 이었다.

정종에 대한 사신의 평이다.

왕은 어질고 효성스러우며, 너그럽고 마음이 넓으며, 영특하고 슬기롭고 과단성이 있었으며, 작은 절개에 구애(拘礙)되지 않았다.

[제11대] 태평성대를 연 문종(1046~1083, 37년 재위), 의천과 최충

　　정종이 죽고 제8대 현종의 셋째 아들인 28세의 휘가 문종으로 즉위했다. 문종 또한 김은부의 외손자로 그 집안의 마지막 주자이며, 이후 왕들은 이자연의 외손자들이 잇게 된다.

　　문종이 37년이라는 긴 세월을 재위하는 동안, 고려는 외침이나 반란이 없었던 태평성대였고, 정치, 외교, 문화, 학문 등 모든 분야에서 괄목할 만한 성취를 이루었다.

　　문종 대에 이르러 고려의 왕권은 확고해졌고, 문종은 왕다운 왕 노릇을 제대로 했다. 문종은 절에 퍼 준 것 말고는 검소하고 근면했으며, 법치주의를 신봉해 삼심제를 실시했고, 백성들의 생활 안정과 빈민 구호에 힘씀으로써 태평 시절을 구가했다. 당시가 고려의 최전성기였다.

　　문종은 환관과 내시의 수를 대폭 줄여서 왕실의 경비를 절약했고, 공을 세운 병사들을 표창해 사기를 높였다. 최충을 시켜 형법을 정비했으며, 교육 정책에 진력하여 국력을 크게 신장시켰다.

　　고려는 거란을 물리친 뒤로 약 70~80년 간 태평성대를 누렸는데, 이러한 문종의 성공적인 치세를 뒷받침한 인물이 최승로의 손자인 시중 최제안과 평장사 최충이다. 그런데 최제안은 당시 너무 늙어서 문종이 즉위한 후 얼마 안되어 세상을 떠났고, 이후 정치를 주도한 인물은 최충이었으나, 최충 또한 문종과 함께한 기간은 7년에 불과했다.

　　문종 대에 5품 이상에게 주어서 세습할 수 있는 토지인 공음전시법과 흉풍(凶豊)에 따른 변동 세제인 답험손실법이 제정되었으며, 이는 14세기 초반인 조선조의 제4대 세종 때까지 시행되다가, 세종 대에 들어서서 정액 세제인 공법으로 바뀌게 된다.

이 문종 대에 고려시대를 통해서 가장 막강한 가문으로 군림하게 되는 인주 이씨 가문이 부상한다. 인주 이씨 가문을 이러한 명문으로 부상시킨 사람은 현종 대에 급제한 이자연으로, 이자연은 문종 대에 이부상서 참지정사로 임명되었다가 내사시랑 평장사를 지낸 다음 문하시중이 된다.

문종도 불교에 심취하여 수차례에 걸쳐서 수만 명의 중들에게 밥을 퍼 먹이고, 신료들이 강력히 반대하는 데도 불구하고 2,800칸이나 되는 고려 최대 규모의 절인 흥왕사(흥국사)를 건축하고, 금 144근, 은 427근을 들여 금탑을 만드는 등, 국가 재정을 펑펑 써 대서 문무 관료들의 비난을 받았으며, 흥왕사에는 승려가 1천 명이나 되었다.

이 거대한 호화 사찰을 건축하는 데 12년이나 걸리는 바람에, 수많은 백성들이 오랜 기간 부역에 동원되어 고통을 겪었고, 천문학적인 비용이 공사비로 투입되었다.

문종의 명으로 이 흥왕사 공사를 진척시킨 사람이 바로 이자연이다. 이때부터 이씨 집안은 불교계와 인연을 맺고 자식들을 출가시키기 시작하여, 이자연의 아들이 금산사의 혜덕왕사가 되었고, 손자가 현화사에 출가했다.

사실 이때 말이 태평성대지, 『고려사』의 기록을 보면 외침이 없고 국고가 풍족하여 살 만하게 되긴 했으나, 문종의 교서 중에

여러 도, 주, 군의 백성들이 대부분 굶주리며 생업을 잃고 떠

돌아다니니, 모든 주의 통관 이상 관리들이 순시하여 위로하고 창고를 열어 구제하라.

라는 명을 내린 것이 있고, 패서도(浿西道)가 굶주려서 안란창(安瀾 倉 : 漕倉의 하나)을 풀어 구제했다는 기록이 있다.

또 서울 북쪽에 흉년이 들어서 굶주리는 백성들이 많다는 기록이 있는 것을 보면, 비록 태평성대라 하나 다른 때보다 좀 나아서 필요할 때 구제할 수 있었다는 말이지, 당시 모든 백성들이 잘산다는 것을 의미하지는 않았다.

그래도 전쟁이 없고 형편이 나아지자, 북쪽의 거란과 여진이 수천 호씩 고려로 귀화해 왔다.

이 문종 대가 바로 개국한 지 약 100여 년이 지난 때로, 어느 나라고 건국하고 대략 50~100년 사이에 번영기가 시작된다. 단지 고려에서 불교가 너무 흥하다 보니, 이미 이때부터 망국의 병폐가 나타나기 시작했다.

문종이 명했다.

"석가가 가르침을 밝힌 것은, 청정을 우선으로 삼아서 더러운 것을 멀리하며 탐욕을 버리는 것이다. 그런데 지금 요역을 피하는 무리들이 사문에 이름을 붙이고 돈을 벌어 생활을 하며 농사짓고 가축 기르기를 직업으로 삼고 장사가 풍습이 되었으니, 나아가서는 계율의 법문을 어기고 물러나서는 청정의 규약이 없다.

어깨에 걸치는 가사는 함부로 술 항아리의 덮개로 삼고, 범패를 부르는 마당은 갈라서 파, 마늘 밭이 되었으며, 장사꾼과 통하여 사고 팔고, 손님과 어울려 술 먹고 즐기며, 절간이 떠들썩하고 난분에서 더러운 냄새가 나며, 속인의 갓을 쓰고 속인의 옷을 입고서 절을 짓는다 핑계하고 기와 북, 악사를 갖추고서 마을을 드나들고, 시정에 함부로 왔다갔다하며, 남과 싸워 피흘리며 다치기까지 한다. 짐은 선악을 구분하고 기강을 맑게 하려 하니, 중외의 사원을 가려서 계행을 알뜰히 닦은 자는 모두 편안히 머물러 있게 하고, 계행을 범한 자는 법으로 다스려라."

엄청난 돈을 들여서 흥왕사를 건축할 정도로 불심이 깊었던 문종이니 웬만하면 봐주었을 텐데, 고려의 불교는 너무 일찍 썩기 시작했다.

문종 대에 서머 타임(일광 절약 시간)이 시작되었는데, 아마 세계 최초일 것이다. 혹 기네스북에 올라 있는지 시간 있는 독자는 알아보기 바란다.

> 모든 관청이 사시(오전 9~11시) 초에 출근하고 유시(오후 5~7시) 초에 퇴근하는 것은 이미 정해 놓은 법규인데, 사철 해의 길이가 같지 않으니, 이제부터는 해가 길 때까지 진시(오전 7~9시) 초에 출근하고 해가 짧을 때에는 사시(오전 9~11시) 초에 출근하라.

보시는 대로. 지금으로부터 천년 전인 당시도 여덟 시간 근무였고, 출근 시간이나 퇴근 시간이 지금과 별 차이가 없었으며, 단지 서머 타임 시차가 두 시간이었다.

1078년 문종은 오랫동안 국교를 단절해 왔던 송과 국교를 텄으나, 이미 힘 빠진 늑대가 된 거란은 이를 구경만 할 수밖에 없었다. 이는 994년 거란의 1차 침공 때 고려가 요청한 원군을 송이 거절함으로써 양국 간의 국교가 단절된 지 84년 만에 재개된 것이다.

정식 국교 재개 전에도 문종의 풍비증(풍으로 몸이 뒤틀리는 병)

증세를 알게 된 송의 신종이 명의(名醫) 마안세와 수백 가지의 약재를 보내 와서 양국 간에 화해 무드가 조성되었었다.

이 시기에 유학과 불교도 크게 발전했으며, 해동공자 최충이 출현하여 사립학교를 설립해서 인재 양성에 진력함으로써 유학이 꽃피웠으나, 불교와 풍수지리설에 심취해 있던 고려 사회를 바꾸지는 못했다.

또 상업이 융성하여 송과의 무역이 빈번했는데, 문종이 큰 배를 만들어 송과 본격적으로 통하려 하니, 신하들이 반대하면서 올린 글이 이렇다.

우리나라는 문물과 예악이 흥행한 지가 이미 오래 되었으며, 장삿배가 연이어 내왕하여서 값진 보배가 날마다 들어오니 송과 교통하여도 실제로 소득이 없을 것입니다. 거란과 영구히 절교하지 않을 터이면 송나라와 교통함은 마땅하지 않습니다.

이렇게 큰소리를 치고 있고 있는 것을 보니, 당시 잘나갔던 것은 분명하다.

하지만 송과의 무역은 빈번했다. 송에서는 비단, 약재, 서적, 자기 등이 들어왔고, 고려에서는 인삼, 면포, 종이, 먹 등이 수출되었다. 수입품들은 대부분 왕실과 귀족들을 위한 것이었고, 일반 백성들은 외래품을 구경하기 힘들었다.

양국 간의 무역이 활발하게 되자, 송의 상인 수백 명이 개경에 있는 외국인 객관인 영빈관, 회선관에 거주하면서 교역 활동을 벌일 정도였고, 송에서도 고려 상인들이 묵을 고려관을 지어 편의를 제공했다.

이렇게 송과 고려의 무역이 성황을 이루자, 송의 접대 부담이 커

지면서 고려와의 무역을 중단해야 한다는 논의가 불거졌다. 송의 유명한 문인인 소식(소동파)은 상소문을 통해

우리는 조그마한 이익이 없는 데도 고려는 큰 이익을 얻고 있습니다. 만일, 우리 편에서 대접을 조금 후하게 하면, 탐욕스러운 마음이 일어나 조공(朝貢)을 번거롭게 하여 무궁한 후환이 될 것입니다.

라고, 고려와의 무역 단절을 주장했다.

송뿐만 아니라 일본과 아라비아와의 무역도 점차 증대되었다. 일본에서는 향료, 진주, 수은, 칼 등이 들어왔고, 고려에서는 곡식과 면포를 수출했다.

1020년부터 아라비아의 상인들이 몇 차례 고려에 왔었는데, 이미 그들의 상품은 송을 매개로 하여 고려에 들어오고 있었으나, 고려라는 시장을 작게 보았는지 이후의 무역 활동은 눈에 뜨이지 않는다.

이제현의 평이다.

왕은 어려서는 총명하고 현철하였으며, 자라서는 학문을 좋아하고 활을 잘 쏘았다. 포부가 넓고 원대하였으며, 너그럽고 어질어서 남을 포용하였고, 모든 정사를 한번 처결한 것은 모두 기억하여 다시는 잊지 않았다. 쓸모 없는 관원들을 줄여 사업은 간편하게 되었고, 경비가 절약되어 나라가 부유해졌으며, 창고에는 해마다 묵은 곡식이 쌓이고 집집마다 살림이 넉넉하여, 사람들은 이때를 태평성대라 일컬었다.

역사를 공부하다 보면 누구나 알 수 있지만, 참으로 우리나라에

는 태평성대로 불릴 만한 때가 없었다. 원래 땅이 좁고 산이 많아 농토가 적은 나라인 데다가, 그나마 그 땅이 한번도 백성들에게 공평하게 분배된 적이 없어서, 현대 이전의 우리나라는 운명적으로 가난을 지고 살 수밖에 없었다.

우리나라 역사상 최고의 명군인 조선 세종(제4대)의 애민(愛民)을 따라갈 왕은 아무도 없었는데, 세종 때도 흙을 퍼먹는 사람이 있었을 정도로 백성들의 살림은 피폐했기에 태평성대라는 소리를 듣지 못했다. 아 참, 세종 때에 그 흔했던 흙 요리의 전승이 끊어져서 매우 아쉬워하고 있었는데, 요즘 보니까 그게 단절되지 않고, 이번에 큰 지진이 있었던 아이티(Haiti)에서 맥을 잇고 있었다.

바로 고려 문종 때가 우리 사서(史書)에서 태평성대라고 평한 유일한 시기이다. 비록 여기저기 흉년이 들어 구휼이 필요하긴 했으나, 일반 백성들의 집에 곡식이 쌓였다는 표현은 우리 역사상 아마 고려 문종 대가 유일할 것이다.

중국 최고의 명군으로 꼽히는 당 태종의 치세를 '정관지치(貞觀之治)'라고 하는데, 고려 문종 대의 치세를, 남의 연호를 쓸 수는 없고, '문종지치'라고 하면 어떨까?

대각국사 의천(1055~1101)과 속대장경

대각국사 의천은 문종(제11대)의 넷째 아들이자 숙종(제15대)의 친동생으로, 이름이 후고 자가 의천이다. 의천은 전국에서 천여 명의 승려를 모은 다음 대불사인 국청사를 모태로 해동천태종을 창립했는데, 천태종은 교종(敎宗)의 입장에서 선종(禪宗)을 통합한 것이다.

당시 고려에는 불교가 증흥을 이루고 있어서, 승려는 특권층이 되었고 또 남다른 대우를 받을 수 있게 되자 너도나도 승려가 되려고 했다.

그런데 멀쩡한 사내들이 모두 중이 되면 일은 누가 하고, 병역이나 부역은 누가 지는가. 이렇게 출가하겠다는 사람들이 줄을 서자, 조정에서는 이러한 폐단을 막기 위해서 한 집에 아들이 셋을 넘을 경우 그중 한 명만 승려로 출가할 수 있도록 출가 자격을 제한했다.

문종은 아들이 많았는데, 하루는 그 아들들을 모아 놓고 출가 의향을 물은 결과 의천이 출가하기를 원하여 의천의 승려 생활이 시작되었다.

의천은 국내에서 불교 경전을 공부한 끝에 송나라에 가서 불법을 더 깊이 연구하기로 작정하고, 문종에게 유학을 허락해 줄 것을 요청했으나 안전을 이유로 허락을 받지 못하자 몰래 밀항을 결행했다.

송에 무사히 도착한 의천은 교류가 있던 항주의 정원법사를 찾아갔다. 당시 정원법사는 이미 70여 세의 노승이었으나 의천을 따뜻이 맞이했다.

의천은 약 1년 반 정도 송나라에 머물면서 화엄경을 깊이 연구했고, 각지의 고승들을 찾아 불법을 배웠으며, 돌아올 때 수천 권의 장서를 가지고 왔다. 의천은 귀국한 후 국청사의 주지가 되어 천태종의 부흥에 진력했다.

고려에서 대장경이 간행되기 시작한 것은 현종(제8대) 때였고, 이후 수십 년의 작업을 거쳐 문종 때에 와서 6천여 권의 장경이 완성되었다. 의천은 이를 수정하고 보충하여 5년 만에 '속대장경'을 완성했다.

의천은 숙종 때 47세로 세상을 떴는데, 숙종은 의천에게 대각국사라는 칭호를 내렸다. 의천의 저서로는 문집 20권과 외집 15권이 있는데, 그중 일부가 지금도 전해지고 있다.

최초의 사학을 연 해동공자 최충(984~1068)

최충은 문종 대의 문신이자 학자이다. 최충은 22세 때인 목종(제 7대) 때에 문과에 장원 급제하여 관로에 진출한 후, 문종 대에 들어서서 문하시중이 되었다.

고려 때 과거에서 장원 급제한 서희나 강감찬, 최충 등의 예에서 보시다시피, 어떤 분야에서라도 역사에 희미하게나마 발자취를 남긴 인물들을 보면 대개 공부를 잘했다.

물론 문신들은 나라를 창업하거나 전쟁의 영웅이 되기는 어려웠으나, 건국 후 나라를 이끌어 나간 인물들을 보면 대부분 열심히 학문을 닦은 사람들이었다. 책 좀 보고 공부 좀 해라.

최충은 약 40년 간 조정에 있으면서 훌륭히 왕을 보필했고, 7대 실록과 『현종실록』도 그의 손을 거쳤다.

최충은 국사수찬관(國史修撰官)이 되어 최항, 황주량 등과 함께 거란의 침입 때 소실된 7대 실록을 다시 편찬했는데, 19년이나 걸려서 7대 실록 36권을 찬술했다.

문종 대에 들어서서 명신(名臣)인 최제안이 세상을 뜨자, 문종은 모든 정사를 문하시중 최충에게 맡겼다. 최충은 백성 편에 서서 개혁을 추진하여, 광범위하게 악법을 뜯어고침으로써 문종 대의 안정과 번영에 크게 기여했다. 아마 이렇게 좋았던 시절은 고려, 조선 천년 동안의 역사상 100년이 넘지 않을 것이다.

나이 70이 되자, 내사령을 마지막으로 7년 간의 관료 생활을 은퇴한 최충은 '구재학당(九齋學堂)'을 열어 후진 양성에 힘썼으며, 공자와 맞먹는 대유학자라 하여 '해동공자'란 칭호를 들었다.

당시 음서로 관직에 진출할 수 없는 별 볼일 없는 집안 출신들이 출세하려면 과거에 등과하는 수밖에 없었다. 그런데 전쟁이 오래 계속되다 보니 관학인 국자감이나 향교가 유명무실해져서 마땅히 과거 공부할 곳이 없었다.

대학자인 최충이 사학(私學)을 열었다는 소문이 나자, 과거 준비생들이 꾸역꾸역 모여들어 수용할 수 없을 정도가 되었다.

과거를 준비하는 학도들이 모여들어 거리를 채우게 되었다.

『고려사』의 기록이다.

최충은 모여든 학생들의 실력과 전공을 고려하여 수업 과목을 아홉 단계로 나누고 아홉 개의 서재에서 순차적으로 교육을 받게 했는데, 이것이 '구재학당'이고, 그곳의 사학 생도들은 최충헌의 시호를 따서 '문헌공도'라고 불렸다.

다음은 구재학당의 수업 장면이다.

매년 여름이면 귀법사 승방에서 공부를 하는데, 대개는 과거에 급제하고 벼슬을 얻지 못한 사람들이 학도들을 가르쳤다. 간혹 뛰어난 선비가 찾아오면 촛불에 금을 긋고 불꽃이 타들어가기 전까지 시를 짓게 한다. 그중에서 우수한 자를 뽑아 시를 읽게 하고 술자리를 마련했는데, 술자리에는 미혼자와 기혼자가 마주 앉아 술잔을 돌렸으며, 그 오고감에 예의가 있고, 윗사람과 아랫사람에 대한 질서가 있었다. 또 문장과 시를 읊으며 자리를 파하니, 지켜보는 사람마다 감탄을 금치 못했다.

필자가 딱 참여하고 싶은 자리가 바로 이런 자리다.

이렇게 최충의 사학이 최초의 명문 사학이 되면서 큰 인기를 끌고 과거 합격자를 무더기로 배출하게 되자, 여기저기에서 사학이 생겨났다. 시중 출신 장배걸의 '홍군공도', 좨주(祭酒) 김상빈의 '남산도' 등 모두 11곳의 사학이 생겨났고, 이를 구재학당과 합쳐서 '12도'라 불렀는데, 이 중에서 구재학당이 압도적으로 많은 학생 수를 자랑하면서 당대 최고의 사학으로 인정받았다.

이렇게 최충은 노후를 후진 양성에 진력하다가, 85세로 세상을 떴다. 최충의 유언이 또 쓸 만하다.

　　선비가 권세에 빌붙어 자리에 오르면 끝맺음을 잘하기 어렵지만, 문(文)으로 출세하면 반드시 끝에 복이 따른다. 다행히도 나는 글을 알고 입신하였으니 깨끗한 지조로서 세상을 끝마치려 하노라.

이 최충의 뒤를 이어 시중 자리를 꿰찬 인물이 바로 인주 이씨의 대부 이자연이다.

이렇게 고려 최초로 최충에 의하여 확립되기 시작한 사학의 전통은 후에 안향이 잇게 된다.

[제12대] 최단기 재위한 순종(1083, 3개월 재위))

문종이 67세로 천수를 누리고 죽은 뒤, 태자 훈이 순종으로 즉위했다. 이 순종서부터 인주 이씨 집안인 이자연의 외손자들이 내리 왕위를 잇는다.

문종이 오래 사는 바람에 순종은 37세나 되어 왕이 되었으나, 즉위 3개월 만에 병사함으로써 고려 왕 중 가장 재위 기간이 짧은 왕이 되었고, 동생인 국원공 운이 선종(제13대)으로 뒤를 이었다. 순종은 선왕인 문종의 죽음을 너무 슬퍼하다가 생긴 병으로 병사했다고 한다.

이제현의 평이다.

순종이 문종의 상을 당해 애통해 하다가 병이 되어 넉 달 만에 서거하였으니, 성인이 만든 예제로 보아서는 비록 너무 지나침이 있었으나 그 친애하는 정성만은 지극하였다.

옛날에는 잘 몰랐겠지만, 사람이 죽는다는 것은 소멸을 의미하는 것이 아니다. 죽음은 도약이다. 증거는 많은데 아직 결정적인 증인이 없을 뿐이다.

벌써 지금부터 2,300년 전쯤에 이 진리를 꿰뚫고 있었던 장자(BC369~289)는 부인이 죽자 상을 왕창 잘 차려 놓고 풍악을 울려가면서 먹고 마셔 가며 부인의 도약을 축하했다는 고사(故事)가 있다. 이런 장자가 죽음을 앞두고 제자들에게 한 말이다.

"땅으로 관을 삼고 하늘로 관 뚜껑을 삼겠다. 해와 달과 별이 내

장식품이 되리라. 내 장례는 이미 준비가 되었으니 무엇을 더 준비하랴."

자그마치 2,300년 전에 한 말이다.

그런데 지금까지도 아무것도 깨닫지 못한 채, 왜 살아가는지도 모르면서 아등바등하는 불쌍한 인생들이 주위에 널렸다.

조선의 제12대 왕이었던 인종도 부왕인 얼뜨기 중종(제11대)이 죽은 후 너무나 상심해서 몸을 버리는 바람에, 고려의 순종과 마찬가지로 즉위 겨우 8개월 만에 병사했는데, 바로 죽음에 대한 통찰이 깊지 못해서 모두 젊은 나이에 속절없이 요절하고 말았으니 안타까울 뿐이다.

장자처럼 먹고 마시지는 못할망정, 아프기는 왜 아프다는 말인가. 더구나 중종 같은 멍청이가 죽었는데. 물론 인종은 병사한 것이 아니고 독살되었을 가능성이 크다.

[제13대] 유언만 괜찮았던 선종(1083~1094, 10년 재위)과 인주 이씨 가문의 부상

순종이 즉위 직후 병사하자, 35세의 동복동생 운이 뒤를 이어 선종으로 즉위했다. 선종은 어려서부터 총명하고, 하기야 지금까지 어려서 총명하지 않은 왕은 단 하나도 없었다. 언제나 다 커서가 문제였지, 슬기로웠으며 성장해서 효도, 공경, 공손, 검소하고 식견과 도량이 넓으며, 경사(經史)를 두루 읽었고 제술(製述)을 더욱 잘했다.

인주 이씨 가문의 이자연의 외손자인 선종은 다시 그 가문의 딸 셋과 혼인했는데, 바로 원신궁주와 사숙태후 그리고 정신현비이다. 이렇게 한 집안에서 왕에다 왕비에다 떼거리로 쏟아져 나왔으니, 이때가 이자의, 이자겸 집안의 최전성기다.

선종 대에 들어서서 승과(僧科)가 정기 과거가 된다. 승과는 제4대 광종 때에 과거제가 시행되면서 함께 시행되었었으나 그간은 정기 승과가 아니었고, 선종 대에 들어서서 비로소 정기적인 승과로 정착되었다.

선종도 불교 하면 누구한테도 빠지지 않는 인물이었다. 선종은 재위 중 비가 오지 않아 기우제를 지내거나 장마가 너무 크게 져서 기청제를 지내는 형편이었는데도 불구하고 홍호사라는 엄청 큰 절을 짓고 불사를 크게 베풀었으며, 중 3만 명에게 밥을 퍼 먹인 것이 세 차례나 된다. 가뭄이 극심하여 길가에 굶어 죽은 해골들이 굴러다녀 묻어 주어야 하는 형편에 중에게만 퍼 먹였으니, 선종도 복 받기는 다 틀린 인물이다.

하여간 선종 대에 이르러, 고려는 송과 거란, 일본과의 교류와 무역이 폭증하며 동북아의 중요한 국가로 발돋움하게 된다.

거란과의 몇 번의 전쟁을 성공적으로 치러서 국제적인 위상도 만만치 않은 데다가, 주도적으로 외교 및 교역에 나서서 고려는 부강한 나라의 면모를 보여 준다.

대략 제8대 현종 대서부터 제16대 예종 대까지 11세기 100년 정도가 고려의 전성기라 할 수 있다.

송과 거란 두 나라를 모두 상국으로 모시니 분쟁이 없고 나라가 편안해지자, 왕도 할 일이 없어 공연히 불사에 돈을 처들이고 놀러나 다니곤 하다가, 재위 10년 만에 46세로 죽고 11세의 장남이 헌종(제14대)으로 즉위했다.

선종의 유언이 되새길 만하다.

약효가 있고 없음이야 무엇을 염려하랴. 덧없는 인생, 시작이 있었으니 어찌 끝이 없으랴. 오직 원하는 것은 많은 선행을 닦아 청정한 곳에 올라 부처에게 예를 드림이네.

마지막 줄만 빼고는, 아주 괜찮은 유언 축에 든다.

고려 최고의 명문 인주 이씨 가문

도대체 인주 이씨네 가문에서 쏟아 낸 왕과 왕비가 몇 명인지 헷갈릴 정도이다.

인주 이씨(경원 이씨) 집안은 이자연 때부터 뜨기 시작했다. 거란의 침공을 받아 나주까지 피난 갔던 제8대 현종이 공주 절도사 김은

부녜 집에 우연히 유숙하다가 김은부의 딸과 관계하게 되어, 한 집의 자매 셋을 모조리 왕비로 맞은 일이 있었다. 그 김은부의 장인이 되는 이허겸의 손자가 바로 이자연이다. 즉, 서로 사돈 간이 되는데, 이자연은 김은부의 자식들과 비슷한 항렬이 되겠다.

이자연은 현종 때 과거에 급제한 후, 문종(제11대) 때에 들어서서 최충의 뒤를 이어 문하시중이 되면서, 자신의 세 딸을 모조리 문종비로 들였다.

이들에게서 난 자식이 제12대 순종, 제13대 선종, 제15대 숙종이며, 이들은 모두 이자연에게는 외손자들이다. 또 손자 중 순종, 선종도 왕비를 모두 이씨 가문에서 데려옴으로써, 인주 이씨 가문은 사상 가장 막강한 외척이 되어 거의 100년 간 위세를 떨쳤다.

당시 고려의 유력한 가문은 인주 이씨 말고도, 최충을 배출한 해주 최씨와, 윤관, 윤인첨을 배출한 파평 윤씨 등 대략 10여 개 정도 되었는데, 이자연의 가문 10여 대에서 5명의 시중과 20여 명의 재상이 나왔으며, 왕실 및 귀족 가문들과 맺어진 거미줄 같은 혼맥으로, 좌우간 당시 이 가문을 따라갈 가문이 아무도 없었다.

이러다 보니, 후손들 중에서 간이 배 밖으로 나오는 경향이 나타나기 시작하여, 외척인 이자의, 이자겸 등이 역모를 모의하거나 반란을 일으켜서 고려 중기를 어수선하게 만든다.

[제14대] 단종의 대선배 헌종(1094~1095, 1년 재위)과 이자의의 역모(1095)

선종이 죽고 아들 꼬마 욱이 11세로 뒤를 잇자, 모후인 사숙태후가 섭정을 하게 되었는데, 정치 경험이 없다 보니 사촌오빠인 이자의를 끌어들여 정치를 맡겼다.

이렇게 나이 어린 왕이 즉위하게 되면 자연히 태후가 섭정을 하게 되고, 태후가 정면에 나서면서 자연히 그 집 식구들 즉 외척들이 권력을 쥐게 된다.

우리나라는 역사적으로 환관의 폐해가 별로 크지 않았으나, 중국의 경우에는 부왕이 젊은 나이에 요절하고 뒤를 이은 자식이 어려서 즉위하는 경우가 흔했다. 이렇게 어려서 즉위하여 태후가 섭정을 하게 되면서 외척에게 권력을 빼앗긴 황제들이 성장한 후 권력을 되찾기 위해서, 가까이 있는 환관들을 중용하는 바람에 환관의 폐해로 나라를 망친 경우가 여러 번 있었다. 후한, 당, 명 등이 모두 환관의 폐해로 나라가 망했다 해도 과언이 아닐 정도다.

헌종은 나이가 어린 데다가 선천성 당뇨병이 있어 원래 몸이 약했다. 꼬마 헌종이 계속 비실거리자, 문종의 셋째 아들로 헌종의 숙부가 되는 계림공 희와 외척인 인주 이씨 가문이 다음 왕위를 노리게 되었다.

상황이 이렇게 되자, 중추원사 이자의는 자신의 조카이자 동생인 선종의 후비 원신궁주의 아들 한산후 윤을 왕으로 옹립하려는 작전에 착수했다. 헌종 때에 이르면서 외척인 이씨 가문의 힘이 드디어 왕권을 위협할 정도로 성장한 것이다.

이자의가 평소에 문객(門客)들에게 한 말이다.

"지금 왕의 병이 깊어져 아침 저녁으로 일이 어떻게 될지 모르는데, 밖에서 기회를 엿보는 자가 있다. 너희가 한산후를 받들어 다른 사람이 보위를 차지하지 못하도록 하라."

마침내 헌종이 즉위한 지 1년 뒤인 1095년 이자의가 그간 은밀히 양성해 오던 사병들을 모아 거사를 일으키려 한다는 첩보를 접한 계림공 희는, 급히 당시 조정의 실세인 상장군 왕국모와 문하시랑 평장사 소태보에게 구원을 요청했고, 왕국모는 장군 고의화에게 이자의의 음모를 분쇄하도록 했다.

고의화는 병력을 이끌고 기습하여 이자의와 합문지후 장중 등을 죽인 다음, 이자의의 집으로 쳐들어가서 아들 이작과 대사 지소 등을 죽였으며, 다시 이자의 일당 수십 명을 죽이고 유배 보냄으로써 이자의네 집안은 잠깐 새에 쑥밭이 되고 말았다.

고의화는 용맹이 뛰어난 장사였고, 이때 고의화 밑에 있던 척준경은 후에 여러 전투에서 발군의 용맹을 발휘하게 되는 맹장 중의 맹장이다. 아마 고려의 장수 중 가장 뛰어난 명장은, 개국 공신 유금필과 거란 침공 시의 영웅 양규와 강감찬 그리고 몽골 침공 시의 영웅 김윤후 등 넷 정도이고, 「삼국지」에 나오는 허저나 여포와 맞먹는 맹장은 단연 척준경이다.

고의화군에게 기습을 당한 이자의가 힘 한번 못 써 보고 어이없게 패해 살해됨으로써 인주 이씨 세력은 큰 타격을 입게 되었다. 이자의의 집안 식구들은 모조리 살해당했고, 원신궁주와 한산후를 포함한 수십 명의 측근들이 귀양에 처해졌다. 이 이자의가 뒤에 인종 때 난을 일으키는 이자겸의 할아버지가 된다. 이렇게 할아버지와 손자가 대를 건너뛰며 역모를 꾸몄어도, 원래 집안이 빵빵해서 세를 잃지 않고 잘만 살았다.

그때는 조선시대와 같지 않아, 모반을 꾸몄어도 관계자만 죽였지 삼족이나 구족을 멸한다는 관례가 없었기에, 그 집구석을 위해서는 백번 다행이었다. 더구나 이씨 집안을 싹쓸이한다는 것이 말도 안 되는 것이, 이자의를 박살 내고 즉위한 숙종(제15대)의 어머니 또한 이자연의 딸일 정도로, 인주 이씨 가문의 혼맥은 왕실과 거미줄같이 얽혀 있었다.

사람들은
"선종은 사랑하는 아우가 5명이나 있었는데도 어린 아들에게 왕위를 전하여 이런 변란이 일어났다."
라고들 말했으며, 사신은
"후세에도 불행히 강보 속에 있는 어린 아들에게 벅차고 어려운 왕업을 전하게 되는 이는 이것으로 경계를 삼아야 할 것이다."
라고 했다.
바로 태조 이성계가 활은 잘 쏘았으나 공부가 짧아서 이 『고려왕조실록』에 기록된 사신의 평을 읽지 않은 탓에, 방석이를 후계자로 정했다가 방원이한테 박살이 난 것이다.
이자의의 난이 일어난 직후, 겁먹은 꼬마 헌종은 숙부인 계림공에게 양위하고 물러났는데, 이 사건은 실제 계림공이 헌종을 윽박질러 왕위를 빼앗은 것으로, 이를 판박은 것이 조선조에서 세조(제7대)가 단종(제6대)을 쥐어박고 왕위를 찬탈한 사건이다. 역사란 이렇게 돌고 돈다.
왕위에서 물러난 헌종은 공포에 시달리다가 1년이 지난 뒤 14세로 죽었는데, 병으로 죽었는지 살해되었는지는 확실치 않다.
헌종에 대한 사신의 평이다.

왕은 성품이 총명하고 슬기로워서, 9세에 서화(書畵)를 좋아하였으며, 보고 들은 것은 잊어버리는 법이 없었다.

짧게 산 인생만큼 평도 짧다.

[제15대] 고려의 수양대군 숙종(1095~1105, 10년 재위)과 여진 정벌

　문종(제11대)의 셋째 아들이자 선종(제13대)의 동복동생인 계림공 옹(희)이 헌종(제14대)의 양위로 42세에 즉위하니 그가 곧 숙종이다.

　헌종이 양위하고 숙종이 즉위한 사건은 후에 조선조 「단종애사」의 원판인데, 꼬마 헌종도 단종(조선 제6대)과 붕어빵이고, 숙종의 성격도 수양대군과 아주 비슷했다.

　치세도 마찬가지이다. 비록 숙종이 어린 조카를 윽박지르고 왕위를 찬탈했으나, 이런 일이 일어나지 않고 헌종이 계속 왕위를 보전했으면 숙종보다 더 나은 정치를 펼쳤을까. 수양대군 때도 똑같았다. 역사에서 가정(假定)은 부질없지만, 역사가 꼭 나쁜 쪽으로 흘러가는 것은 아닌 것이다.

　숙종은 기질이 굳세고 결단력이 있었으며, 매우 부지런한 데다 검소했고 통이 큰 인물이었다고 한다. 꼭 수양대군을 평하고 있는 것 같다.

　어려서부터 총명한 데다 오경, 제자서와 사서 등 책도 많이 읽어 문종의 귀여움을 받았다. 생시 문종은 어린 숙종에게

　"후일에 왕실을 부흥시킬 사람은 아마도 네가 될 것 같구나."

라고 했을 정도였다.

　조선의 수양대군도 문무를 겸비하고 결단력과 추진력이 있어 세종(제4대)의 귀여움을 독차지했었다. 세종은 치세 시 왕으로서 더 이상 잘할 수 없는 명군(名君)이었는데, 바로 수양대군이 주제 파악

을 못하도록 너무 띄워 준 것이 유일한 잘못이었다. 결국 자신의 아들인 수양에 의해서 자식 둘이 죽임을 당하고, 그렇게 예뻐하던 손자 단종도 살해되었으니, 세종의 맹목적인 자식 사랑은 비난 받아 마땅했던 것이다.

아이들을 야단치지 않고 기를 살린다고 하자는 대로 내버려 두면서 자식을 키우는 명한 부모들은 반면교사로 삼기 바란다.

즉위한 후 숙종은 자식 중에서도 가장 총애하던 아들인 둘째 필을 잃는다. 이는 조선조에서 세조(제7대)가 즉위한 후 맏아들인 의경세자가 요절하고, 둘째인 예종(제8대)도 즉위하여 겨우 1년여 만에 병사해서 사람들이 세조의 인과응보라고 했는데, 필이 죽은 것도 그런 일과 무관하다고 단정 지을 수는 없다. 천라지망(天羅地網)은 엉성해도 놓치는 법이 없는 것이다.

즉위하기 전 이자의의 난을 진압하면서 일족을 싹쓸이해 버린 숙종은 즉위한 후 공을 세운 인물들을 대거 승진시킨 다음, 죄수를 방면하는 등 화해의 메시지를 보내며 정치에 진력한다. 이 숙종 때 기자 묘를 처음 세웠으며, 기자와 공자는 그때부터 뜨게 된다.

숙종은 1097년 '주전도감'을 설치하여, 당시 통용되던 쌀이나 베 대신, 은병과 주화를 만들어 통용하도록 했다. 이는 숙종 즉위 후 이를 요나라에 보고하러 갔던 사신 윤관과 송에 유학했던 의천의 조언에 따른 것이었다.

대각국사 의천은 송나라 유학 때 화폐 유통의 편리함을 경험하고 와서, 물물 경제 대신에 화폐 경제로 바꾸면 유통에 소요되는 막대한 노동력과 경비를 절감할 수 있고, 또 중간에 새는 물량을 방지할수 있으며, 수취 행정의 편의성이 제고된다고 숙종에게 화폐 주조를 건의했으며, 숙종이 의천의 건의를 받아들여서 우리나라에 최초로 본격적인 화폐가 등장하게 된 것이다. 드디어 여러 사람의 손을 거쳐서 들어온, 때 탄 베 쪼가리를 안 받아도 되게 되었다.

숙종은 1101년 해동통보 1만5천 관과 은병을 주조해서 유통시켰다. 은병은 은 1근으로 나라의 지형을 본떠서 만들었는데, 주둥이가 넓어 '활구(闊口)'라고도 불렸으며, 당시 가치가 지방에 따라 대략 쌀 10~15섬 정도였다.

숙종은 화폐 유통을 위하여 돈을 재추(宰樞)와 문무 양반, 군인들에게 나누어 주고, 다방, 대폿집, 점포 등을 설치한 다음 돈만 받도록 했는데, 그게 생각처럼 잘 유통이 안 되었다. 그나마 은병만은 이후 오랫동안 사용되면서 무역 등 큰 거래와 군사 경비 또는 상이나 뇌물로 주로 쓰였으나, 너무 큰 가치 때문에 민간에서는 집 거래 외에는 잘 통용되지 않았다.

당시 고려는 인구도 많지 않고 화폐 경제가 정착할 만한 여건이 되지 않은 데다, 은병 또한 당장 구리를 섞은 위조 은병이 출현하는 등 여러 가지 문제들로 인하여, 결국 은병을 제외한 화폐 유통 노력은 수포로 돌아가고 말았다.

그런데 희한하게도 17세기 말 조선시대에 상평통보를 주조하여 조선에 본격적인 화폐 경제 시대를 연 왕이 바로 숙종(제19대)인데, 어째 둘이 묘호까지 똑같은지 모르겠다. 청으로부터 조선 숙종의 묘호를 받을 때 최초의 화폐를 주조한 고려 숙종의 묘호를 참고로 했는지도 모르겠다.

1101년 숙종은 동정 김위제가 풍수지리서인 『도선기』에 의하여 남경(한양)에 도성을 건설할 것을 주청함으로써 남경 건설을 결정하고, 문하시랑 평장사 최사추에게 궁궐 축성을 명하여 1104년 궁궐이 완공되었으며, 남경은 개경, 서경과 함께 삼경의 하나가 되었다.

김위제가 숙종에게 도성 건설을 주청하면서 『도선기』에 의한 '36국이 조회한다'라는 구절을 내세웠는데, 제17대 인종 때에 묘청의 난이 일어났을 때에도 묘청이 인종에게 똑같은 구절을 인용하면서 서경으로 천도하기를 주장했으니, 당시 고려 사회에 허망하기 그지없는 풍수와 도참이 얼마나 깊숙이 스며들었었는지 알 만할 것이다.

숙종 때부터 토지제도의 문란이 이미 시작되어, 귀족 문벌과 사원들의 토지 탈점이 빈번해지면서 대지주가 출현하기 시작했고, 사원은 소유한 토지가 방대해지자 각 토지의 모서리에 표지를 세워 다른 땅과 경계를 구분할 정도가 되었다.

또 관리들의 탐학과 수탈이 점점 심해지자, 먹고 살기 힘들게 된 백성들은 관리들의 수탈에서 벗어나고자 사원에 토지를 기증한 다음, 자신의 토지 소작자로 들어가는 경우도 흔해졌다.

연세가 좀 드신 독자들은 옛날 초등학교 시절 수업 대신 산으로 송충이를 잡으러 갔던 기억이 있을 것이다.

숙종 때 송충이가 그렇게 성했다. 숙종은 군졸 수백 명을 풀어 송충이를 잡게 했으며, 또 옥황상제와 5방의 산신, 해신들에게 제사를 지내 송충이가 박멸되기를 기원했는데, 제사 후 효험이 있었는지에 대해서는 사서에 기록이 없다.

숙종 또한 열렬한 불교 신자로, 수만 명의 중에게 밥을 먹였으며, 불사를 크게 벌여 막대한 비용을 탕진했다. 그런데 송충이가 그렇게 성할 때 어째서 옥황상제에게만 제사를 지내고, 그간 엄청나게 투자한 부처에게는 왜 빌지 않았는지 모르겠다.

미완의 여진 정벌(1차 1104. 2, 2차 1107. 12)

고려는 동북쪽 변방의 여진을 정벌하기 위하여, 1104년과 1107 년 두 차례 군사를 일으켜서 여진을 몰아내고 동북 9성을 쌓았다. 그러나 이후 계속된 여진의 거센 공세를 감당할 수 없어 결국 1년 반 만에 힘들여 쌓은 9성을 여진에게 되돌려 줌으로써 정벌은 실패로 돌아가고, 막대한 경비와 희생에 대한 인책론이 불거지게 된다.

9성을 돌려받은 여진은 그로부터 겨우 6년 뒤 금을 건국했고, 다시 10년 후 강대했던 유목제국 요를 멸망시켰으며, 다시 2년 후인 1127년 북송까지 멸망시킴으로써, 이후 100여 년 간 북방의 최강자로 군림하게 된다.

1104년 북쪽 국경에서 준동하는 여진족을 정벌하기 위하여 문하시랑 평장사 임간이 대병을 이끌고 올라갔다가 대패했다. 임간은 원래 경솔하여 장재(將材)가 못 되는 인물로, 잘 알지도 못하면서 대병을 이끌고 적진 깊숙이 들어갔다가 기습을 당해 박살이 난 것이었다.

패전으로 파직된 임간의 뒤를 이은 추밀원사 윤관이 동북면 행영병마도통사가 되어 군사를 이끌고 출정하여 다시 여진을 쳤으나, 그 역시 대패하여 막대한 희생자가 났다. 주로 보병으로 편성되었던 고려군은 기병이 주축인 막강한 여진군을 당해 낼 수 없었던 것이다.

평소에 별 볼일 없다고 무시해 오던 오랑캐에게 두 번씩이나 내리 깨지자, 엄청 열 받은 숙종은 천지신명에게 고해서 신령의 도움으로 적을 소탕할 것을 결의했다.

패해 돌아와 면목이 없어진 윤관이 숙종에게

"춘추대의에 이르기를, 임금이 욕을 보면 신하는 죽어야 한다고 했는데, 신은 성상께 씻을 수 없는 죄를 짓고도 이렇게 살아왔습니다."

라고 했을 정도였으니, 고려군의 피해는 안 봐도 알 수 있을 것이다.

결국 숙종은 윤관의 건의를 받아, 1104년 12월 국민 총동원령을 내려 별무반을 설치하고 기병을 집중 양성하기 시작했다. 말을 가진 자는 모두 무조건 신기반(神騎班)에 배속시켜 기병으로 삼았고, 말이 없는 자로 현직 관료와 과거 응시자를 뺀 20살 이상의 장정은 모두 신보군(神步軍 : 보병)에 편입시켰다.

이렇게 전 국력을 기울여 별무반을 편성한 다음, 엄격한 훈련을 시켜서 재차 여진 정벌에 채 나서기 전에 숙종은 세상을 떴고, 제16대인 예종 때에 들어서서 북벌은 성공적으로 완수할 뻔하게 된다.

숙종 대에 김부식의 동생 김부철이 과거에 합격했는데, 그 집안에서는 벌써 형들인 김부필, 김부일, 김부식 등이 이미 과거에 합격했다. 한 집안에서 네 명이나 과거에 합격했고 후에 재상이 몇 명이나 나왔으니, 가문의 영광은 둘째 치고 김씨 가문의 권세가 어떠했겠는가.

이렇게 한 집에서 세 아들 이상이 과거에 급제하면 그 어미에게 상으로 해마다 벼 30섬씩을 내렸었는데, 이때부터 10섬을 더 주기로 하여 김부식의 집안은 평생토록 벼 40섬씩 받게 되었다.

숙종이 서경에 원행했다가 병이 들었다. 개경으로 귀성하면서 황해도 금천군을 지나서 수레 안에서 죽으니 향년 52세다.

[제16대] 여진 정벌에 실패한 예종(1105~1122, 16년 재위)과 윤관의 9성 축조

숙종이 죽자 맏아들 우가 27세로 뒤를 이으니, 그가 곧 예종이다. 예종은 유학에 밝고 학문을 좋아했으며 성격은 매우 침착했다고 한다. 예종은 선왕 시절에 이루지 못한 여진 정벌에 강한 의욕을 갖고 윤관을 시켜 이를 추진하지만, 결국 실패로 끝나고 만다.

예종의 재위 동안 송나라에서 아악이 들어왔고, 각 지방에 감사를 파견해서 탐관오리들을 가려 냈으며, 혜민국(惠民局)을 설치하여 가난한 자들의 질병을 치료토록 했다.

또 경연(經筵)을 위한 청연각과 왕실 도서관인 보문각을 설치했으며, 국학을 부흥시키기 위해 장학 재단인 양현고를 설치하고, 벌을 가볍게 하여 많은 죄수를 놓아 주는 등 여러 면에서 선정(善政)을 펼쳤다.

그간 고려에서는 향악(鄕樂)을 썼었는데, 예종 때 송으로부터 대성악(大晟樂)이 전해지고 송의 휘종이 중국 악기들을 보내옴에 따라 고려에서도 아악(雅樂)이 쓰이기 시작했다. 이때부터 고려에서는 향악과 아악이 같이 쓰인 것으로 보이며, 조선이 건국된 후 그간 전란 때문에 소실되었던 악보와 악기를 세종 때 박연이 재현해 냄으로써 조선의 아악이 정립된다.

이전부터 자행되기 시작한 토지 탈점은 예종 때가 되면서 더욱 심해져서

"유리(流離)하여 도망하는 백성이 잇따라, 열 집에 아홉은 비었다." 라는 기록이 있는데, 아무리 과대 포장했다고 쳐도, 토지 탈점은 심

각한 상황으로 접어들고 있었다.

예종 대인 1116년, 발해 유민들이 반란을 일으켜서 동경 유수 소보선을 죽이고 공봉관(供奉官) 고영창을 세워 대원국을 건국하고 연호를 '융기'라고 했다.

건국 초기에 대원국은 성세를 떨쳐 요동의 50여 개 주를 휩쓸었으나, 거란의 진압군에 대항하기 위하여 금에게 원병을 청했다가 고영창의 의도를 의심한 금군에게 멸망하고 말았으며, 이 고영창의 봉기가 발해 유민의 마지막 저항이 되었다.

윤관의 여진 정벌 실패의 진상

윤관 하면 독자들은 무엇이 생각나시는가?

한국 사람 누구든지 윤관 하면 여진 정벌과 9성 축조를 떠올리게 된다. 그 이야기는 윤관이 여진을 정벌하고, 정벌한 지역에 9성을 쌓아서 고려의 동북쪽 영토를 넓혔다는 이미지와 직결되는데, 과연 윤관이 9성을 쌓아서 영토를 넓혔을까?

결론부터 말하면, 윤관의 동북 방면 여진 정벌은 완전히 실패했다. 막대한 인력과 경비를 투입하여 편성된 17만 대군인 별무반을 투입하고도 완전 실패한 것이다. 이후 윤관은 여진과의 전투에서 숱한 병력을 잃고 아무 성과도 이루지 못하고 철수했다.

2009년 판 고등학교 국사 교과서를 보면, 여진과 윤관의 9성 축조에 대하여 4분의 1페이지쯤 할애했는데, 윤관이 여진을 북쪽으로 밀어내고 9성을 쌓았다고만 기록되어 있다. 그 9성을 쌓고 나서 겨우 1년 반 만에 여진의 공세를 감당 못해서 도로 돌려주고, 여진 정벌의 영웅 윤관은 집에 가서 푹 쉬었다는 이야기는 뺀 것이다.

한심한 고과서 편찬위원들. 무슨 얼굴로 월급을 받아먹는지 궁금하다. 언제 얼굴 한번 봤으면 좋겠다.

대부분의 독자들은 알고 계시겠으나, 고려시대에는 지금 남북한을 포함한 우리나라 영토를 지배한 것이 아니었다. 현재의 한반도 영토는 조선 세종 때 확정된 것이다.

668년 고구려가 멸망한 후 신라의 영역에는 서경(평양)이 포함되지 않았었고, 이후 약 250여 년이 지난 태조 왕건이 폐허가 되어 있던 서경을 새로 개척함으로써 비로소 서경이 고려의 영토가 된 것이다.

두만강 유역인 동북면도 마찬가지였다. 그 지역 역시 고구려가 망한 후 1107년 윤관이 북벌을 시작할 때까지 자그마치 440년 간이나 발해 유민인 여진족의 생활 터전이었다. 고구려가 망한 후 발해가 일어서서 고구려의 옛 영역을 차지했으며, 발해의 주민들 대부분이 바로 말갈이라고 불렸던 여진족이었다.

자연히 서경 이북은 발해의 영토였으며, 발해가 멸망한 후에도 여진족은 거란족과 섞여서 한반도의 약 3분의 1 정도를 차지하는 북녘 땅에서 살았다.

이렇게 15대나 살던 땅에 윤관이 대군을 이끌고 들어와서 여진족을 내쫓고 그 터전에 새로 성을 쌓고 고려인을 이주시킨 것이다.

당시 북방의 여진족은 압록강 유역의 서여진과 동북면의 동여진으로 나뉘어 있었는데, 통일 국가를 건설하지 못하고 부족별로 고려나 거란에 복속되어 있었다.

거란에 복속된 여진은, 해동청(海東靑 : 매)과 말 등 기타 토산물의 가혹한 공납으로 거란에 깊은 원망을 품고 있었다. 그런 판에 여진 지역에 파견된 거란의 관리들이 여진 여성의 수청(守廳)을 요구하는 일이 잦아지자, 여진인들이 품은 한은 점점 깊어졌다. 거란이 내정의 혼란으로 휘청거리기 시작하자 여진은 부족을 연합하고 힘을 모으기 시작했다.

이런 상황에서, 여진이 가끔 국경을 넘어와서 약탈을 자행하는 바람에 고려에서는 이들을 진압하느라 군을 몇만 명씩 동원하는 경우도 심심찮게 있었다. 그러나 원래 고려에 복속되어 있던 여진은 고려를 부모의 나라로 받들어 섬겼다.

1080년 정주성 부근에서 여진의 침탈이 자주 일어나자, 조정은 중서시랑 평장사 문정에게 3만 군을 주어 여진을 정벌토록 했다. 압도적인 병력으로 10여 개의 여진 부락을 기습한 문정은 수백 명의 여진군의 수급(首級)을 베고, 수십 명의 추장을 사로잡았으며, 수백 필의 우마(牛馬)를 획득하는 전과를 올렸다.

여진의 부락 중 완안부는 추장 영가(잉거) 때에 이르러 주위 부족을 통합하고 급격히 세력을 뻗어 나갔다. 1103년 영가가 죽고 그의 조카 우야소가 뒤를 이으면서 여진족 내에 분열의 위기가 찾아왔다. 우야소는 부족 내의 분열 위기를 극복하기 위하여 군사를 이끌고 정주 지역에 진을 쳤는데, 이것이 고려에 대한 침공으로 인식된 것이다.

1104년 1월 조정에서는 문하시랑 평장사인 임간을 총사령관인 판동북면 행영병마사, 이위를 서북면 행영병마사, 김덕진을 동북면 행영병마사로 삼아 군사를 이끌고 여진을 치게 했다. 여진을 치러 갔던 임간은 정벌은커녕 병력의 절반을 잃을 정도로 참패했고, 같은 해 3월 뒤를 이어 출정한 동북면 행영병마도통 윤관 역시 병력의 절반 이상이 전사하는 대패를 기록했다. 임간의 첫 번 출정 때 종군한 중추원 별가 척준경이 이때 최초로 공을 세운다.

임간이나 윤관이나 모두 문신(文臣)들이었는데, 윤관은 젊어서부터 학문을 좋아하여 손에서 책을 놓지 않았고, 장상(將相)이 되어 군중에 있으면서도 오경을 휴대했으며, 어진 이를 좋아하고 착한 것을 즐거워함이 그때 으뜸이었다(「윤관열전」). 이 표현은 문관의 전형적인 모습을 그린 것인데, 도대체 이런 인물이 어떻게 시산혈해의 전쟁을 지휘하는 군총사령관을 할 수 있었겠는가. 윤관은 천상 문관이었다.

당시 고려는 여진의 실력을 과소평가하고 있었다.

여진이 각개 부락일 때는 무서울 것이 없었으나, 그 부족들이 통합하여 막강한 기병 집단이 편성되면 고려의 실력 가지고는 당할 수가 없었는데, 너무 사전 정보에 소홀했던 것이다. 거란의 초창기나 몽골 등 유목 민족들이 나라를 개국해 가는 과정을 보면 알 수 있을 것이다. 유목 민족이 통합되면, 농경 민족들 실력 가지고는 감당키 어렵다.

패하고 돌아온 윤관은 숙종에게 별무반 편성을 진언했다. 별무반은 기병으로 구성된 신기군, 보병으로 구성된 신보군, 특수 병과인 도탕군(돌격대), 경궁군(활부대), 정노군(쇠뇌 부대), 발화군(화공 부대)과 승병으로 구성된 항마군으로 편성되었으며, 귀족이고 노비고 가릴 것 없이 20살 이상이면 모두 입대해야 하는 전 국민 의무 징병제였다.

이로 인해 전국에 소동이 일면서

"군사 조련에 비용이 많이 들어 중앙과 지방이 소란할 뿐 아니라, 유행병까지 겹쳐 백성의 원망이 일어났다."

라고 했을 정도였다.

드디어 온 국력을 기울여 현 관직에 있는 관료를 제외한 문무 양반은 물론이고 아전, 농민, 장사치, 노비, 승려 등 전 국민에게 총동원령이 내려져 별무반이 편성되었다.

이렇게 야심찬 여진 정벌을 준비하는 동안, 숙종이 죽고 아들 예종이 즉위했다.

1107년 윤10월 예종은 부왕의 숙원을 받들어 여진 정벌에 착수했다. 온 국력을 쏟아부은 정벌의 효과에 대하여 중신들이 말이 많자, 예종은 중광전(重光殿) 불감(불상을 모셔 두는 방)에 간직해 두었던 숙종의 맹세한 글을 꺼내어 양부 대신들에게 보이니, 대신들이 받들어 읽고 눈물을 흘리며 아뢰기를

"성고의 유지가 깊고 간절함이 이와 같은데 어찌 잊을 수 있겠습니까."

라고들 했다.

예종은 즉시 중서시랑 평장사 윤관을 원수로 삼고, 부원수에 지추밀원사 오연총, 좌군병마사에 문관, 중군병마사에 김한충, 우군병마사에 김덕진을 임명하고, 별무반 병사들을 1년이 넘게 훈련을 시키게 했으며, 이렇게 해서 여진 정벌에 투입된 고려군 총 병력은 자그마치 17만 대군이었다. 육군 외에도 수군을 동원하여 병선별감 양유송으로 하여금 수군 2,600명을 이끌고 도련포로 상륙하도록 했다.

예종으로부터 부월(斧鉞)을 받은 윤관은

"제가 일찍이 선왕의 밀지를 받았고, 이제 또 전하의 엄명을 받았으니, 어찌 감히 적의 보루를 격파해 우리 강토를 개척하고 지난날의 국치를 씻지 않겠습니까."

라면서 결의를 다졌다.

윤관이 목표로 한 곳은 완안부 여진의 영향력 하에 있는 가란전 지역의 병목인데, 가란전은 현재의 함흥평야에서 두만강 유역으로

비정(比定)되고 있다. 동북 지방으로 영토를 확장해 나가려는 고려의 야망과, 그 지역을 삶의 터전으로 삼고 세를 뻗치던 여진이 드디어 충돌한 것이다.

대군을 이끌고 국경에 도착한 윤관은 국경 수비관들을 불러 현재 포로로 잡혀 있는 여진 추장들을 풀어 줄 테니 모든 추장들은 직접 와서 그들을 데리고 가라고 일렀다.

여러 곳의 여진 추장들과 그 일행 약 400여 명이 모이자, 윤관은 잔치를 베풀어 그들을 대접하다가, 모두 술이 취해서 퍼지기 시작하자 매복시켜 놓았던 도부수들에게 명하여 싸그리 죽여 버리고 말았다. 수상하다고 생각하여 들어오지 않고 밖에서 어정대던 50~60명 역시 매복해 있던 김부필과 척준경에게 모조리 죽임을 당했다.

국초(國初)에 유금필이 써먹은 작전을 본뜬 것인데, 좀 치사하긴 하지만, 어차피 전쟁에서 그런 거 따지면 촌놈 소리 듣는다.

하루 저녁에 추장들을 몽땅 잃어 지리멸렬된 여진족들은 고려 대군의 총공세에 패해서 뿔뿔이 흩어지는 바람에 요동에 있던 100여 개의 여진촌은 쑥밭이 되었고, 숱한 여진인들이 몰사했다.

이 여진족과의 전투에서 발군의 용맹을 떨친 인물이 바로 척준경이다. 이자의의 난 진압 때도 활약했고, 또 뒤에 이자의의 손자 이자겸의 난에서도 활약하게 되는 척준경은 거구에다 만부부당지용(萬夫不當之勇)을 지닌 보기 드문 용사였다.

척준경은 원래 검교대장군 위공의 아들로, 어려서부터 용력이 뛰어났으나 공부에 취미가 없어 동네 건달들과 어울려 지내며 성장했다. 딱 무인시대(武人時代)의 양아치 이의민과 성장한 과정이 판박이다. 그런데 머리는 별로 좋지 않아, 나중에 「삼국지」에 나오는 여포 짝이 되어 허무하게 죽는다.

이후 척준경은 계림공 밑에서 추밀원 별가를 지내다가, 평장사 임간의 여진 정벌 때 공을 세워 중군병마녹사로 승진했으며, 윤관의 여진 정벌에 종군하게 되었다.

이처럼 윤관의 유인책과 척준경의 용맹에 힘입어 여진족을 몰아 낸 윤관은 1108년 3월 요동에 6성을 쌓고 후에 다시 3성을 더 쌓아 9성의 축조를 완성했으니, 이것이 바로 윤관의 동북 9성으로, 이는 실질적으로 고려 영토의 확장을 의미했으며, 남쪽에서 약 7만 호를 이주시켜 9성에 옮겨 살게 했다.

9성은 함주, 영주, 웅주, 길주, 복주, 공험진, 의주, 통태진, 평융진을 말하며, 한민족은 고구려 멸망 이후 400여 년 만에 다시 요동에 영토를 확보한 것이다.

이때 9성을 쌓아 확정된 경계는, 동쪽으로 화곶령(웅주), 북으로 궁한이령(길주), 서쪽으로 몽라골령(영주)이며, 오립금촌(복주)에도 성을 쌓았다.

윤관은 9성이 완성된 후 가장 북쪽에 있는 공험진의 선춘령에 영토경계비를 세웠는데, 그 정확한 위치를 두고 지금도 말이 많다.

사실 9성을 쌓을 때 모든 지휘관들이 찬성한 것은 아니었다. 중군병마사 김한충은 무리하게 성곽을 쌓는 것에 반대했고, 병마부사 박경인 역시

"적지 깊숙이 성지를 쌓는 것은 지금은 성공한다고 하더라도 앞으로 지키기가 어렵다."

라고 하며 반대한 것을, 총사령관 윤관이 밀고 나간 것이다.

1108년 4월 출정한 지 5개월 만에 윤관과 오연총이 개선하고 돌아오자, 예종은 군악대를 동원하고 병사들을 사열시키는 등 모든 예우를 다하여 정벌을 성공하고 귀환한 윤관을 맞이했다. 얼마나

좋았으면 원정군의 접반사가 왕의 동생 대방후 왕보였을 정도였고, 곧바로 윤관은 문하시중으로 승진했다.

그런데 문제는 윤관이 북방 정벌를 완전히 끝내고 개선한 것이 아니라, 1108년 1월 즉 개선하기 약 석 달 전부터 여진이 본격적인 공세를 취하기 시작한 마당에 철군하여 개선식을 한 것이었다. 당시는 여진군에게 웅주가 포위되어 있었고, 도처에서 산발적인 전투가 그치지 않고 있을 때였다. 결국 웅주가 위급해지자 오연총이 원군을 거느리고 가서 겨우 구했고, 여타 전투에서도 고려군은 여진에게 계속 밀리고 있었다.

윤관의 정벌 성과를 구체적으로 살펴보면, 고려군은 135개 여진 부락을 점령하고, 그 과정에서 5천의 여진군을 살해했으며 5천을 포로로 잡았다.

윤관이 여진족을 치러 이끌고 간 병력은 전 고려 병력의 거의 3분의 2 정도였으며, 이는 전 국민 총동원령으로 충당된 병력이었다. 17만의 병력이 출정하여 겨우 5천을 죽이고 5천을 포로로 잡았으니, 당시 여진의 병력은 다 합쳐 봐야 그저 2~3만 정도였을 것이다.

이런 여진의 병력을 제압하기 위하여 고려는 거의 20만에 가까운 병력을 동원해야 했을 정도로 여진은 막강한 기마군단이었다. 그 후 계속해서 살던 땅을 되찾으려는 여진족의 잦은 공격이 있었으나, 고려군은 척준경의 용맹에 힘입어 어렵게나마 방어할 수 있었다.

추운 겨울이 오고 갈 곳이 없어진 여진족들이 일부 항복하기도 했으나, 여진의 주력은 계속 9성을 침공하면서 화친을 청해 왔으며, 이 침공은 9성을 돌려줄 때까지 계속되었다. 그런데 화친이라는 것이, 윤관의 북벌이 있기 전과 마찬가지로 자신들이 살던 곳에 쌓은 9성을 돌려주면 고려를 대대로 상국으로 모시고 살겠다는 것이었다.

그러나 그간 투자한 막대한 경비와 희생이 아까웠던 고려는 화친을 거절하고 9성을 지키기로 결정했으나, 이후 고려군은 여진군과의 전투에서 별로 이롭지 못했고, 모든 전선이 교착 상태에 빠져들었다.

또 요동의 점령지가 원래 광대하여 성끼리의 거리가 먼 데다, 골짜기가 거칠고 깊어서 길도 잘 통해 있지 않아 서로 구원하기가 쉽지 않았다. 게다가 이주시킨 농민들도 날씨가 워낙 추운 지역이라 농사가 잘 되지 않아서 군량과 군수품의 조달 또한 용이치 않았으며, 병사들의 사기도 매우 떨어진 상태였다.

1108년 7월 개선한 지 3개월 만에 왕명을 받은 윤관과 오연총은 다시 9성 지역으로 출정했다. 윤관은 부원수 오연총을 대동하고 8천의 고려군을 이끈 채 가한촌의 협곡을 지나가고 있었다.

매복해서 노리고 있던 여진족에게 기습당한 고려군은 철저하게 무너져서 겨우 10여 명만이 생존하고 전멸되는 대패를 당했으며, 부원수 오연총은 화살을 맞아 부상했다.

고려군이 거의 전멸되어 가는 상황에서 척준경이 결사대를 이끌고 혈로를 뚫겠다고 떨쳐 일어나자, 오죽하면 같이 종군했던 동생 척준신이 형에게

"무엇하러 헛되이 죽음을 자초하는 거야."

라면서 말렸다. 그러자 척준경은

"너는 돌아가 늙은 아버지를 봉양해라. 나는 몸을 나라에 바쳤으니 의리상 가만히 있을 수 없다."

라고 대답한 후, 큰소리로 부르짖으며 적진으로 쇄도하여 수십 명을 쳐 죽이니 적들이 분분히 물러섰고, 마침 최총정 등이 이끈 구원군이 오는 바람에 윤관과 오연총은 간신이 살아날 수 있었다.

윤관이 겨우 목숨을 건져 가지고 영주성으로 돌아온 뒤, 척준경

의 손을 잡고 눈물을 흘리며 말했다.

"이제부터 자네를 내 아들같이 생각하겠네. 그러니 자네도 나를 아비같이 대해 주게."

라고 감사의 뜻을 전한 후, 척준경을 합문지후로 임명했다.

또 행영병마판관 왕자지가, 거 참, 이름도 희한하다, 공험성으로부터 도독부로 군사를 거느리고 오다가 오랑캐 추장 사현의 군사를 만나 패하여 타고 있던 말까지 빼앗겨 목숨이 경각에 달렸을 때, 이 소식을 듣고 날랜 군사를 이끌고 온 척준경에 의하여 구원을 받는 등, 여진 정벌 전쟁에서 세운 척준경의 공은 말 그대로 발군이었다.

용맹하기 짝이 없었던 척준경은 전투 때마다 수많은 군공을 세웠으나, 원래 머리에 든 것이 없어서 이자겸의 난 때 이자겸에게 동조했다가, 후에 인종의 명으로 이자겸 세력을 제거하는 등 다시 공을 세웠으나, 이자겸의 난 때 대궐에 불을 지르고 왕에게 불손했다는 탄핵을 받아 귀양 가서 쓸쓸히 죽고 말았으니, 참으로 왜 배워야 되는지를 알겠다.

이렇게 1년여를 일진일퇴하며 여진군과 맞서고 있던 1109년 5월, 길주와 공험진 두 성이 함락 직전에 처하게 되었고, 이를 구원하러 가던 오연총이 중도에서 여진군의 습격을 받아 대패하는 사건이 일어났다.

윤관의 여진 정벌 후, 이렇게 죽자 사자 계속해서 집요하게 덤비는 여진족의 공격으로 9성이 계속 말썽이 되자, 예종은 신료들을 모아 놓고 9성의 처분에 관하여 논의케 했다.

대신들의 논의 결과, 평장사 최홍사를 중심으로 9성을 포기하자고 한 화친파는 28명이나 되었고, 안된다고 버틴 주전파는 예부낭중 박승종과 한상 등 고작 2명이었다.

싸움하기 싫은 것은 누구나 마찬가지지만, 그때 고려 조정 신료들의 결정은 결과적으로 볼 때 참으로 한심하기 짝이 없는 결정이었다. 우리나라가 다시 요동으로 진출하여 대제국을 이룰 수 있는 발판을 만들었는데, 이를 너무나 쉽게 포기했던 것이다.

그간 막대한 국력을 쏟아부은 데다 엄청난 희생을 감수해 가면서 힘들여 확보한 요동의 영토와 9성을, 싸움이 귀찮다고 고스란히 넘겨주겠다는 발상은 무사안일주의에 빠진 고려 대신들의 대표적인 매국적 결정이었다.

어느 나라나 쇠퇴하기 시작하면 이런 한심한 인간들이 나타나는 것이지, 한심한 인간이 지도자가 되어서 나라가 쇠퇴하는 것이 아니다.

결국 9성을 확보한 지 채 1년 반도 안되는 예종 4년(1109) 7월, 예종은 대신들의 의견에 쫓아 9성 반환을 결정하고 이를 여진의 사신 요불에게 통보했다. 고려에게서 9성 반환을 통보 받은 여진 부락은 축제 분위기에 휩싸였다. 살다가 빼앗긴 땅만 돌려받는 것이 아니고, 성까지 아홉 개를 끼워서 돌려받게 되었기 때문이다.

고려 사신을 맞은 그들은 약간 미안한지 성 밖에 제단을 설치하고 맹세했다.

"지금 이후부터 아홉 세대가 지날 때까지 대방(고려)을 이전처럼 부모의 나라로 삼고 계속하여 조공할 것이며, 결코 악심을 품지 않을 것이고, 감히 기와 조각, 돌 한 조각도 변경에 던지지 않을 것입니다."

이렇게 번드르르하게 말을 늘어놓은 여진은 아홉 세대는커녕 반세대도 채 지나지 않은 겨우 9년 뒤인 1115년 금을 세운 후 고려에 신속(臣屬)을 강요하게 된다.

이때 한물 간 요가 함께 금을 치자고 고려에 몇 번이나 사신을 보내 파병을 요청했으나, 요의 몰락을 알고 있는 데다 불 일 듯이 일어나는 금의 기세를 피부로 느끼고 있던 고려는 파병 요청을 거절했다.

어쨌거나 9성을 반환하는 것으로 조정의 공론이 결정되자, 그간 여진 정벌을 반대하던 중신들이 이제는 여진 정벌의 과오를 문제 삼기 시작했다. 즉, 무리한 정벌로 막대한 재정과 국력을 쓸데없이 낭비한 데다 병사들도 엄청 희생되었다는 것이었다.

문책론에 밀린 예종이 윤관의 원수직을 거두어들이는 바람에, 원수직에서 잘린 채 개경에 돌아온 윤관과 부원수 오연총은 조정에 보고도 못하고 집으로 걸어서 돌아가는 수밖에 없었다.

결국 윤관과 오연총은 원수직과 부원수직에서 파면되고 공신호마저 삭탈되는 수모를 겪고 불명예 퇴진을 해야 했다. 다음 해 화병으로 병석에 누워 있던 윤관에게 예종은 문하시중직을 제의하며 다시 조정에 출사하도록 요청했으나, 윤관은 이를 거절하고 예종 6년인 1111년에 병사하고 만다.

이것이 윤관이 여진을 물리치고 9성을 쌓았다가 도로 돌려준 여진 정벌 실패의 진상이다. 이 여진 정벌이 실패로 끝나면서 고려는 문치에 매몰하게 되며, 이는 후에 무인시대(武人時代) 개막으로 이어진다.

고려로부터 9성을 되찾은 여진은 발흥을 시작하여 거란을 크게 무찌르고 1115년 나라를 세워 금이라고 했으며, 황제를 칭했다. 1125년 금은 요를 멸망시키고 2년 후에는 북송마저 멸망시켜서 양자강 이북을 지배하는 동아시아 최강국으로 떠올랐다.

이후 고려는 요 대신 금과 형제 관계를 맺었고, 다시 군신 관계로 바꾸면서 금을 상국으로 모시는 바람에, 금과 고려 사이에는 큰 마찰이 없었다. 부모의 나라였던 고려가 꺼꾸로 여진을 부모로 모시게 된 것이고, 그게 여진이 9성을 돌려받으면서 맹세를 한 지 겨우 10년 만이었다.

동북아의 강자로 떠오른 금을 사대(事大)하는 문제에 대한 조정의 공론은 둘로 나뉘었다. 북송과 요를 멸하고 강대국으로 떠오른 금에 대한 칭신(稱臣) 사대에 대하여 척준경과 이자겸은 현실론을 내세워 찬성했고, 윤관의 아들 윤언이 등은 이에 강력히 반대했으나, 결국 사대하는 것으로 결론이 났다.

이렇게 금에 칭신하게 됨으로써 고려는 금과의 마찰을 피할 수 있었고, 이후 평화가 찾아오자 예종 또한 수만의 중들에게 밥을 퍼먹이고 불사에 돈을 처들이는 등 불교를 숭상하고 잔치하고 노는데 열중하게 되었다.

그래도 예종은 학문을 좋아하여 궁궐 안에 '청연각'을 짓고 학사들로 하여금 아침 저녁으로 강론하게 했으며, 보문각 학사 홍관에게 명하여 삼한시대 이래의 사실(史實)을 모아서 속편을 만들어 올리라고 했다. 그때는 『삼국사기』가 편찬되기 전이었으나, 『구삼국사』라는 삼국시대사가 있을 때였다. 또 학문 진흥에도 힘써서 널리 학교를 설치하고, 이름난 선비들로 하여금 학관을 맡아 생도들을 가르치게 함으로써 문풍(文風)을 진작시켰다.

예종 때 나례(儺禮)가 크게 성행했는데, 나례는 원래 음력 섣달 그믐날 밤에 민가와 궁중에서 마귀와 잡귀를 쫓는 의식이었으나, 후대로 가면서 국민적으로 먹고 노는 행사가 되었다.

나례를 치르면서 모든 광대, 잡기와 지방의 기생들까지 모두 불러들여 사방에서 혼잡하게 모이니, 깃발이 길에 잇따르고 궁중에 가득하였다.

라는 기록이 보인다.

예종의 씀씀이가 도를 넘자, 어사대에서 간했다.

요즘 풍속이 날로 사치하여, 공사 간에 연회에서 그릇들이 화려하고 상하 간에 차등이 없으니, 옛 제도에 의하여 엄하게 금지하도록 하소서.

사치하고 기강이 풀어지기 시작한 것이다.

윤관의 북벌이 있은 지 320년 후에, 조선의 세종은 우대인 김종서에게 명하여 두만강 유역을 개척하게 하고 6진 설치를 명한다. 그리고 고려 때 윤관이 개척한 9성의 위치가 어디인지 조사토록 했다. 이는 윤관의 9성이 조선시대에 들어서도 국토 개척의 지표가 되었음을 의미한다.

당시 윤관은 9성을 한꺼번에 쌓은 것이 아니라, 먼저 6성을 쌓고 나중에 3성을 설치했다. 『고려사』에 보면

윤관이 성을 쌓고, 공험진에 비를 세웠다.

는 기록이 있고, 『고려사지리지』에도

윤관이 9성을 설치하고, 공험진에 있는 선춘령에 비를 세워 이곳을 경계로 삼았다.

라고 되어 있다.

일본에서 발견된, 조선시대 실측을 토대로 완성된 최초의 지도인 조선 초기의 「동국지도」에는 공험진과 선춘령이 자세히 표시되어 있으며, 이 지도의 모사본은 현재 세종대왕기념관에 보존되어 있다. 이 지도는 1463년 세조(조선 제7대) 때 만든 지도다.

『세종실록지리지』에도 공험진은 요동에 위치했는데, 두만강 유역의 경원에서 북쪽으로 700리 떨어진 곳에 위치하고 있다고 기록되어 있어, 윤관은 두만강을 넘어 요동의 일부를 수복했었던 것이다.

요즘도 간도가 원래 우리 땅이니 찾아야 된다는 목소리가 있다. 물론 현실성이 있는 주장은 아니겠으나, 말로 하는 것이야 말릴 수 없는 일이다. 틀림없이 왜 그러느냐고 물어 보면

"말도 못해요?"

라고 할 것이기 때문이다.

하기야 20세기 중반에 유대인이 자신들이 자그마치 2천 년 전에 떠났던 땅에 다시 와서 멀쩡하게 잘살고 있던 팔레스타인인들에게

"여기는 원래, 뭐 좀 되긴 했지만, 우리 선조들이 오래 전부터 살았던 땅인데 당신들이 누구길래 여기서 살고 있는 거요? 여기는 우리 땅이니 다른 데로 가 보시오."

하고는, 번연히 이스라엘이란 나라를 세운 예를 보면, 꼭 목소리로만 끝날 일이라고 단정하기도 좀 그렇다.

(이 장은 정해은의 『고려, 북진을 꿈꾸다』의 도움을 받았다.)

신라인 김함보의 자손이 세운 나라 금(1115~1234, 120년 존속)

한반도의 북방에 거주하던 여진은 우리 민족과 가장 가까운 민족이다. 고려시대만 해도 한반도의 북부는 거란과 여진족이 살던 땅이었으며, 그들과 남부에서 이주한 한인들의 혼혈로 평안도, 함경도 지역의 주민들이 생겨났다.

그래서 그런지, 그 동네 사람들은 풍습도 좀 다르고, 성질도 거칠고 급하기 짝이 없다. 더구나 붕 날아서 박치기하는 싸움 수법 같은 것은 한반도 다른 곳에서는 별로 찾아볼 수 없는데, 아마 함경도 사람들이 그 계통에는 발군(拔群)이라지?

여진은 우리 역사의 초기부터 숙신, 물길, (흑수)말갈로 불리다가 거란 이후 여진, 그리고 현재는 만주족으로 불리는 퉁구스계 야만족으로서, 만주 동북부의 송화강 삼림 지대 및 러시아의 연해주 지방에 살던 민족이었다.

원래 여진은 고구려에 속해 있었고 후에 발해를 세웠으나, 926년 발해가 멸망한 후 요에 복속되었다. 지리적으로 고려와 거란의 사이에 위치하던 여진은 여러 부족으로 분열되어 있었고, 이 중 거란의 지배 영역에 편입된 여진을 숙여진(서여진), 거란의 지배 영역 밖에 거주하던 여진을 생여진(동여진)이라고 불렀다. 이들의 부족은 적게는 천 호 정도이고, 많게는 수천 호 정도였다. 말하자면, 각 부족당 인구는 수천 명에서 수만 명 단위였던 것이다.

생여진은 고려에 말, 소, 양, 돼지 등 가축들을 가져와서 식량, 직물, 생필품, 농기구 등을 가져갔다. 하지만 이렇게 잘나가다가도 초원에 가뭄이 들거나 하면 방비가 허술한 곳을 골라 고려를 침입해 약탈을 일삼았다.

그래서 당시 고려에서는 여진을 '인면수심(人面獸心)'의 종족으로 여겨서 벼슬을 주는 등 유화책을 쓰곤 했으나, 별 효과가 없어 속으로만 앓고 있었다.

1115년 건주여진 부족 중 하나인 완안부(완옌부)에 완안 아골타(아구다, 1068~1123)라는 영웅이 등장했다. 당시 요의 핍박을 받고 있던 송은 여진과 동맹을 맺고 합공함으로써 요를 멸망시켰으나, 요의 자리에는 여진의 금이 대신 들어섰다.

완안부는 송화강의 지류인 아십하(阿什河) 일대에 거주하고 있던 여진 부락을 말한다. 완안부가 본격적으로 흥기한 때는 11세기 말 우구나이 때였다. 요의 태사로 있던 우구나이는 완안부의 기반을 확대해 나가기 시작했고, 그 뒤를 이은 인물이 우구나이의 아들 잉거(영가)다. 잉거는 요에 반기를 든 거란의 귀족 소해리를 토벌한 공으로 요의 절도사를 지냈다. 잉거 대에 여진은 크게 세를 떨쳐서 고려와의 인접지인 가란전까지 세를 넓히게 되었다.

그 뒤를 이은 인물이 우야슈(우야소)로서, 그는 여진 부락을 통합하고 고려의 침공을 성공적으로 방어하여 9성을 돌려받은 인물이다. 우야슈가 여진 통합의 염원을 이루고 죽은 다음, 46세 난 동생 아골타가 총부족장에 오르니 이가 곧 금의 태조이다. 아골타는 금나라를 세워 연호를 '수국'이라 하고, 지금의 하얼빈 근처인 상경회령부에 도읍을 정한 다음 황제를 칭했다.

아골타는 이미 어느 정도 중국화된 거란을 공격하기 시작하여, 10년 만에 그들의 주요 거점을 거의 모두 탈취했다.

1123년 아골타가 전사하고 동생 오걸매가 태종으로 즉위했다. 태종은 송과 연합해 요를 공격했고, 요의 마지막 황제인 천조제는 무주 근교에서 최후의 저항을 시도했으나 무위로 돌아가고, 1125년 여진에 생포됨으로써 요는 멸망하고 말았다.

이후 금의 태종은 송과 영유권 문제로 분쟁이 발생하자 송을 침공하기 시작했다. 요가 망한 다음 해인 1126년 송의 수도인 개봉이 금에 의하여 함락되고, 송의 황제인 휘종은 항복했으며 휘종과 흠종 두 황제를 비롯하여 3천여 명의 송의 황족과 관리들이 포로가 되어 만주로 끌려갔다. (1127년 북송이 멸망한 '정강의 변')

북송을 말아먹은 제8대 황제 휘종은 역대 황제들 중 그림과 글씨에 가장 뛰어난 재주를 가지고 있던 인물이었다. 그러니 그저 화가나 서예가로 태어났으면 한 시대를 주름잡았을 인물이 황제로 태어나는 바람에 정치는 도외시한 채 간신들 틈에서 헤매다가 나라를 들어먹고 마니, 후대에 멍청한 황제란 오명만 남기게 되었다.

북송이 망한 후 황족인 고종(강왕)은 이 재난을 피해 양자강 남쪽으로 도망쳐서 남경에서 황제를 칭했으며, 이때부터 송은 남송으로 불리게 된다.

금은 남은 중국 북부를 휩쓸고 양자강을 도강하여 남경을 함락했으며, 고종은 다시 항주로 피신했다. 강과 운하가 많고 인구가 조밀한 중국 남부에서 운신에 위협을 느낀 금군은 더 이상 진격을 멈추고 송과 강화한 후 북으로 회군하고 말았는데, 이때 금군이 회군하도록 결정적인 공을 세운 인물이 바로 송의 장군인 충신 악비다.

금군이 철군한 후 고종은 금군이 점령했던 항주에 자리를 잡았으며, 항주는 후에 몽골에 정복될 때까지 남송의 수도가 된다.

이때부터 금의 후방인 몽골고원이 시끄러워지기 시작하자 금은 송과 화의를 맺었고, 화의의 대가로 송은 금에게 매년 막대한 공물을 바치게 되었다. 중국이 완전히 둘로 나뉜 것이다. 이렇게 잘나가던 금은 13세기 중반 몽골의 칭기스칸에게 멸망하고 만다.

금나라의 건국 신화다. 『금사(金史)』에는

> (태조께서 말씀하시기를) 요나라는 쇠가 단단하기 때문에 쇠를
> 나라 이름으로 삼았다. 그러나 쇠는 세월의 흐름에 따라 삭는다.
> 그러나 세상에 오직 애신(금)은 변하지도 않고 빛도 밝다. 우리는
> 밝은 빛을 숭상하는 겨레이므로 나라 이름을 아이신이라 했다.

라고 기록되어 있다.

금나라의 기원 또한 범상치 않다.

송화강 부근 삼성에 선녀가 내려와 사람들이 서로 싸우고 죽이는
것을 보고 마음 아파했는데, 어느 날 냇가에서 목욕을 하고 있던 중
까치 한 마리가 날아와 입 안에 물고 있던 것을 그녀의 옷에 뱉는
것을 보았다. 옷소매 위에는 잘 익은 붉은 열매가 떨어졌는데, 선녀
는 그 열매가 너무 예뻐서 입에 물고 있다가 그만 삼켜 버렸다.

이후 열매를 삼키고 임신한 선녀는 몸이 무거워 나를 수가 없었
다. 할 수 없이 동굴 속에서 버티다가 이로부터 12개월이 지나자 눈
썹이 짙고 눈이 큰 아이를 낳았는데, 이 아이는 낳자마자 바로 말을
하고, 며칠이 지나자 17~18세의 아이처럼 되었다. 석가모니가 낳
자마자 딱 이랬다.

그러자 막내 선녀는 이 아이를 준 것은 하늘의 뜻이라 생각하고
아이에게 말했다.

"애야, 네 성은 아이신자오뤄(만주어로 '금')로 하렴."

선녀는 인간 세상에서 가장 귀중한 것이 금인 줄 알고 있었다.

그녀는 또 눈앞에 펼쳐진 뿌꾸리 산을 보고 말했다.

"네 이름은 뿌꾸리융순이라고 하자(융순은 용손, 즉 용의 아들을
말한다)."

그녀는 언제나 싸우고 있는 삼성 사람들을 안타까워하면서 아들에게,

"하늘이 너를 낳은 것은 네가 무기를 가지고 싸우는 것을 그만두게 하고 백성들을 통솔해서 평화롭게 살게 만들려는 거란다. 알겠니?"
라고 말했다.

또 그녀는 아들에게 송화강을 가리키며

"이 강을 따라 내려가거라."
라고 한 후, 한 마리의 백조가 되어 하늘로 날아갔다. 이제 몸이 가벼워졌으니까.

이 아이신자오뤄가 바로 만주족의 시조가 되며, 청을 건국한 '아이신자오뤄 누르하치'는 뿌꾸리용순의 직계 후예로 선녀의 후손인 것이다.

금 태조와 청 태조의 성인 아이신자오뤄를 한자로 쓰면 '애신각라(愛新覺羅)'로, '신라를 사랑하고 잊지 말라'라는 뜻이다. 즉, 이 말의 음과 뜻을 합쳐서 해석하면 경주 김씨의 의미가 된다.

『금사』「본기」 제1세기의 금나라 시조 편에는

금나라의 시조는 그 이름이 함보이다. 처음 고려에서 나왔다.

라고 기록되어 있다.

『금사』「본기」 세기 목종 영가조에도 다음의 기록이 보인다.

금나라 시조 이름은 함보로 처음 고려국에서 왔다. 이때 함보의 나이 이미 60여 세였다.

또 남송 때 저술된 북방사(北方史)인 서몽신의 『삼조북맹회편』

에는

여진의 시조 건푸는 신라로부터 나와 아촉호에 이르렀다.

라고 기록되었고, 남송 때 금나라 견문록인 홍호의 『송막기문』에는

금나라가 건국되기 이전 여진이 부족의 형태일 때 그 추장은 신라인인데 완안씨라고 불렀다. 완안이란 중국어로 '왕'이란 뜻 이다.

라고 씌어 있다.

18세기 청의 건륭제 때 편찬된 『만주원류고』에도

금나라의 시조 함부(함보)께서는 원래 고려에서 오셨다.

라고 되어 있고, 『대금국지』에도

시조께서는 본래 신라로부터 왔고, 성은 완안씨라 한다.

라고 기록되었다. 『금사』에는 태조의 족보가 다음과 같이 실려 있다.

함보 - 오노 - 발해 - 수가 - 석로 - 오고내 - 영가 - 핵리 발 - 오아속 - 아골타

즉, 신라인 김함보는 12세기 초 금나라를 건국한 금 태조 아골타 의 직계 조상으로, 결국 금의 시조는 신라 망국민의 후예라는 것을

알 수 있으며, 고려도 금나라 사람들을 가리켜 북인이라고 불렀다. 여진인들도 자신들의 조상이 고려에서 왔다는 전승을 인정하고 있었으며, 그랬기 때문에 실제 고려를 부모의 나라로 모셔 왔던 것이다.

금 태조 아골타가 고려에 형제의 맹약을 맺자고 했을 때도 국서(國書)에

우리는 그간 고려를 부모의 나라로 생각하여 정성껏 섬겼다.

라는 표현이 나온다.

역시 사서(史書)의 기록이다.

완안 아골타는 금함보의 후손이며, 금함보는 신라인으로 황해도 평주 사람이다. 젊은 금함보는 신라가 고려로 병합된 후에 가난한 생활을 벗어나기 위하여 북으로 정처 없는 방랑을 하다가 송화강 일대에 거주하고 있던 여진의 완안부에 정착했다. 금함보는 왕화(王化 : 임금의 德化)가 닿지 않았던 완안부에 살면서 여진족을 조금씩 교화시켜서 현자라는 칭호를 들었다. 금함보는 40여 세 때 완안부의 현녀와 결혼하여 2남 1녀를 낳았고, 자녀들의 성은 모두 외가 성을 따라 완안을 썼다. 이후 함보는 여진인들에게 추앙을 받아 추장이 되었고, 함보의 직계 후손 중에 아골타가 나왔다.

아골타가 나라 이름을 금이라고 한 것은 시조의 성을 딴 것이다. 금함보가 김함보로 불리기 시작한 것은 조선 건국 이후이다.

1234년 금은 120여 년을 존속한 후 몽골에 의해 멸망하고, 400여 년 간의 분열시대를 지나면서 1616년 후금(청)이 다시 일어나 중

국 통일 대업을 완수하게 된다.

　19세기 말서부터 만주 지역에 대대적인 한족 이주를 지원한 청과 중국 정부에 의하여, 지금 만주 지역에서는 한족 인구가 90%가 넘어서서 한족과 만주족의 구분이 거의 사라졌고, 호적을 봐야만 '만인(滿人)'이라는 표시가 있다. 만주 말과 글은 공식적으로 사용이 금지되어 점차 사라지고 있다.

　그런데 대한민국 임시정부 제2대 대통령을 역임했던 박은식은 민족주의 사학자였는데, 그가 쓴 저술 중에 『몽배금태조전(夢拜金太祖傳)』(꿈에 금나라 태조를 보고 절하다)이라는 책이 있다. 그는 그의 저술에서 금나라 태조는 신라의 평주 사람 김준의 9세 손인 김함보이고, 그 발상지는 함경북도 회령군이라고 밝히고 있다.

[제17대] 우유부단했던 조선의 인조와
묘호도 같은 인종(1122~1146, 24년 재위)

예종이 45세로 병사하자 14세의 태자 해가 인종으로 뒤를 이었다. 원래 묘호(廟號)에 혜, 인, 순, 애, 신, 영, 중, 헌, 소, 평 등이 들어가는 왕들은 대개 조금씩 모자란다는 의미다.

이 인종 대에 고려사에 획을 그은 두 커다란 사건이 잇달아 일어났는데, 바로 이자겸의 난과 묘청의 난이다.

예종이 이자겸의 딸을 왕비로 맞았기 때문에 예종의 아들인 인종은 이자겸의 외손자였다. 게다가 이자겸은 외손자인 인종에게 다시 인종보다 나이가 훨씬 더 많은 두 딸을 주어 혼인케 하는 바람에, 이자겸은 인종의 장인 겸 외할아버지가 되는, 족보가 개 같은 집안이 되었고, 인종은 자신의 어머니의 친동생인 이모 둘과 혼인하게 되었다.

인종과 혼인한 이모 둘은 언니가 예종(제16대)과 혼인했으니, 서로 친누이 간이면서도 시어머니 – 며느리 사이가 되는, 참으로 족보가 희한한 집구석이 되어 버렸다.

나이 어린 인종은 한물간 이모들과 혼인하는 것이 매우 못마땅했지만, 이자겸이 인상을 한번 쓰자 마지못해 따랐다. 이러니 당시 이자겸의 세도가 어느 정도인지 안 봐도 알 수 있을 것이다.

사실 인주(인천) 이씨인 이자겸의 집안은 문종 때부터 인종 때까지 약 100년 간 대대로 왕실의 외척으로서 막강한 권력을 휘두른 명문 중의 명문 집안이었다. 특히 문종 때 문하시중을 지낸 이자연의 맏딸인 인예순덕태후가 제12대 순종, 제13대 선종, 제15대 숙종

과 대각국사 의천을 낳았으니, 그 집안에 대하여 더 이상 긴 설명을
안 해도 되겠다.

이후에도 그 집안에서 예종과 인종의 왕비까지 배출했으니, 이
자겸에게 보이는 것이 있을 리가 없었다. 원래 이씨 성은 신라 말에
당나라에 사신으로 갔던 사람이 당 황제에게서 하사받은 성이다.

이런 집안의 이자겸이 음서로 관로에 진출해서 합문지후가 된 다
음, 여동생을 순종에게 바쳐서 왕의 처남이 되었으나, 순종이 요절
한 후 여동생인 장경왕비가 노비와 간통하는 사건이 벌어져서 잠깐
파직당했었다.

그 후 이자겸의 둘째 딸이 다시 제16대 예종의 왕비가 되자, 이자
겸은 문하평장사가 되고 공신이 되었으며, 소성군 개국백으로 책봉
되어 식읍을 하사받았고 여러 아들들도 모두 작위를 받았다.

이렇게 이자겸의 집안은 제11대 문종부터 제17대 인종까지 왕비
를 내어서, 왕들이 모두 그 집의 아들 아니면 외손자라 더 이상 높
아질 데가 없이 높아졌다. 아마 이렇게 겹겹으로 겹사돈을 맺은 외
척은 역사상 이자겸의 집안이 처음이자 마지막일 것이다.

이자겸은 예종 대에 권력을 독식하기 위하여 정적이었던 중서시
랑 평장사 한안인과 추밀원부사 문공미를 귀양 보낸 일이 있었다.
당시 이자겸은 예종의 후계자 자리를 놓고 왕의 동생 대방공 보를
밀던 신진 관료파이자 예종에게 총애를 받아 오던 한안인과 문공미
등과의 권력 쟁탈전에서 승리하여, 자신의 외손자가 인종으로 즉위
하자 이들 반대파 수십 명을 역모로 몰아 모조리 제거하고 권력을
독식했다.

당시 권력 구도는 이자겸의 외척파와 한안인을 중심으로 하는 관
료파가 양분하고 있었다. 한안인은 과거에 급제한 정통 관료로서

숙종 때부터 신임을 얻어 예종의 세자 시절 스승을 지낸 인물로, 인종의 시대가 되어 이자겸이 뜨자 자연히 둘은 부딪치게 되었다. 이자겸은 거치적거리는 한안인 세력을 쓸어 낼 작정으로, 예종의 동생 가운데서 좀 쓸모 있어 보이는 대방공 왕보를 끌어넣었다.

자신의 외손자이자 사위인 인종이 무난히 즉위하려면 어차피 없어져야 할 인물이 왕보였기 때문이었다. 이자겸은 역모 사건을 조작하여 한안인, 최홍재 일파와 왕제 왕보가 다음 왕위를 노리고 있다는 구실로 왕보를 내쫓고, 한안인 일파를 깡그리 숙청해서 귀양 보낸 다음, 바다에 빠뜨려 죽여 버렸다.

이렇게 주변을 죄다 정리한 이자겸은 아들들을 모조리 요직에 앉힌 다음, 제집을 의친궁이라 부르고 제집에서 정사를 봤으며, 제 생일을 인수절(왕의 탄신일을 축하하는 명절)이라고 하는 등 하는 짓거리가 참람하기 그지없었다.

이자겸의 집안이 차지한 벼슬을 한번 보자.

이자겸은 '양절익명공신 영문하성도성사 판이병부 서경유수사 조선국공'으로 식읍 8천 호, 식실봉 2천 호의 봉작을 받았고, 부의 칭호를 '숭덕', 궁의 칭호를 '의친'이라고 했으며, 아내 최씨는 진한국대부인에 봉해졌다.

아들 이지미는 비서감 추밀원부사, 이공의는 상서형부시랑, 이지언은 상서공부낭중 겸어사잡단, 이지보는 상서호부낭중 지다방사, 이지윤은 전중내급사, 이지원은 합문지후, 중이 된 아들 의장은 수좌가 되었다. 좌우간 자식새끼들도 더럽게 많이 낳아서, 조회할 때 이자겸의 식구들을 빼고 나면 조정이 쓸쓸할 정도였다.

이자겸의 자식들도 제 애비와 마찬가지로 기고만장하여 웅장한 저택을 짓고, 매관매직하여 돈을 긁어모았으며, 개경 거리는 그놈의 집구석에 쌓인 수만 근의 고기가 창고에서 썩는 냄새로 악취가

진동했다고 한다.

이자겸의 자식들이 얼마나 못되게 굴었는고 하니, 제 맘에 드는 땅이 있으면 주인이 누구든지간에 빼앗고 말았으며, 또 종들을 시켜서 남의 수레를 빼어다가 자기네 집 물자를 운반하는 일이 잦아서, 백성들이 그 꼴을 더 두고 볼 수가 없어 수레를 부수어 버리고 그냥 말과 소를 끌고 다니는 바람에, 모든 길이 소요스럽기 짝이 없었다고 했다.

한술 더 떠서, 이자겸은 자신을 군의 총사령관격인 지군국사로 임명하도록 왕을 압박하고 그 임명을 제집에서 하도록 했으며, 임명 날짜까지도 지정했다. 또 제 생일을 인수절이라고 한 다음, 고위 관료들을 저녁에 초대했는데 그나마 당시 예부시랑이던 김부식이

"신하 된 사람이 자신의 생일에 '절'을 붙이는 것은 있을 수 없는 일이다."

라고 비난한 다음, 초대를 거절하고 저녁 먹으러 가지 않는 기개를 보였다는 일화가 있을 정도다.

딱 조선조 명종(제13대) 때 간신 윤원형이 고려의 역신 이자겸이 하는 짓을 보고 배운 것이다.

송의 사신이었던 서긍도 이자겸을 평한 글에서

풍모가 의젓하고 선을 좋아한다고 했으나, 참소를 믿고 이득을 즐기는 데다 사치스러웠으며, 사방에서 선물하여 썩는 고기가 수만 근이라, 나라 사람들이 이를 추하게 여겼다.

라고 했다.

전왕 예종(제16대) 때인 1115년 금이 건국한 후 힘이 남아돌자,

인종 대에 들어서 고려에 군신 관계를 맺도록 압박해 왔다.

바로 조금 전까지 사람으로 보지 않고 개, 돼지로 보던 오랑캐가 거꾸로 고려에 신하 노릇을 하라고 하니 복장이 터질 일이었으나, 이자겸과 척준경은 입을 맞춘 다음 그들의 제의를 수락할 것을 왕에게 간했다.

무장 측은 이를 반대하여 금과 한판 붙자고 성화였으나, 사실 금은 고려하고 실력 차이가 너무 컸다. 이를 냉정하게 분석한 이자겸의 간언은 왕에 의해 받아들여졌고, 이후 고려는 금을 상국으로 모시고 금의 연호를 쓰게 된다.

이는 당시 매우 현명한 결정으로, 고려가 주제도 모르고 강대국으로 부상한 금을 상대로 되지도 않을 전쟁을 벌여서 나라를 파탄에 빠뜨릴 일은 없었던 것이다.

아마 이때 고려의 무장들은 잘나가던 금이 남송과의 전쟁에서 악비라는 영웅을 만나 주선진전투(1140)에서 대패했다는 첩보를 접했는지 모르겠다. 송과의 전투에서 승승장구하던 금은 악비라는 청년 영웅과 붙으면서부터는 내리 깨졌다. 딱 그때 송의 부활 희망이 있었는데, 악비가 간신 진회에게 모함을 입어 처형당함으로써 송은 나락으로 굴러떨어지게 된다. 이후 금과 고려는 별 다른 분쟁 없이 평화로운 관계를 유지했다.

인종 또한 열렬한 불교 신자여서 이 난리의 와중에서도 중들을 3만 명씩 대여섯 번이나 불러다 밥을 먹였다. 역대의 왕들이 모두 이 모양이니, 불교가 썩고 미신이 판칠 수밖에 없었다.

음양회의소에서 소를 올려 아뢰기를

근래에 중과 속인의 잡류들이 모여 떼를 지어 만불향도라 부르며, 혹은 염불하고 독경하며 허황한 짓을 하고, 혹은 중앙과 지방의 사찰에서 중들이 술과 파를 팔고, 혹은 무기를 가지고 나쁜 짓을 하며, 뛰놀고 장난치는 등 이른바 상도를 문란시키고 풍속을 파괴하고 있으니 어사대에 명을 내려 금하소서.

라고 할 정도였다. 또 일관이 아뢰기를

근래에 무당을 믿는 풍속이 크게 유행하여 음사에 제사 지내는 일이 날로 늘어나고 있사오니, 유사에게 명을 내려 무당들을 멀리 내쫓게 하소서.

하자, 여러 무당들이 걱정하여 은병 100여 개를 거두어 권문귀족들에게 뇌물을 쓰고 청탁하니, 권문귀족들이 왕께 아뢰기를

귀신이란 형체가 없으니 진짜인지 헛것인지 알지 못할 듯합니다.

하니, 왕이 옳게 여겨 금령을 내리지 않았다.

도대체 무당들이 얼마나 백성들에게서 돈을 뜯어냈으면 은병을 100개씩이나 거둘 수 있었는지 모르겠다. 하여간 여기저기서 고려를 조이고 있던 나사가 풀려 가고 있었다.

하긴 당시 무당은 하늘과 연결되어 있어서 비도 오게 하고 그치게도 하였으며, 병도 생기게 하고 낫게도 하는 등 전천후의 실력자였다.

12세기에 들어서면서 수리 시설의 확대와 농업 기술의 발전으로

농업 생산량이 크게 늘어나기 시작했다. 대토지 소유주들은 더욱 부자가 되었고, 땅을 빼앗긴 농민들은 점점 가난해져서 유랑민이 양산되었고, 빈부의 격차가 사회적인 문제가 되기 시작했으며, 이는 무인시대(武人時代)의 출현과 민란의 자양분이 되었다.

인종 24년 왕이 병이 위독해지자 무당을 불러다 점을 쳤다. 무당이 말하기를

"이거 아무래도 이자겸의 귀신과 척준경의 귀신이 같이 장난치는 것 같습니다."

하자, 귀양 보냈던 이자겸의 처자를 그들의 고향인 인주로 돌아오도록 했으며, 척준경에게 관작을 추증하고 그 자손들에게 벼슬을 주었다. 그렇게 할 만큼 다했으나 인종은 병으로 죽고 말았다. 물론 이럴 때도 있기는 있다.

우유부단하고 무능했던 인종은 1146년 38세로 죽을 때까지 24년간 재위했는데, 그가 재위하는 동안 이자겸의 난이 있었고 묘청의 난이 있었다. 인종이 한 것이라곤 죽기 한 해 전인 1145년 김부식을 시켜 『삼국사기』를 편찬케 한 것뿐이었다.

인종에 대한 사신의 평이다.

왕은 성품이 어질고 효성스러우며 너그럽고 자비로웠다. 학문을 좋아하고 재주가 많으며, 스승과 벗을 대할 때는 예를 잃지 않았다.

어딜 봐도 우유부단하고 경솔하다는 얘기는 없다.

이자겸의 난(1126)

　이자겸의 횡포가 도를 넘자 멍청한 인종도 더 이상 참을 수 없었다. 인종은 측근인 내시지후 김찬, 내시녹사 안보린, 동지추밀원사 지녹연 등과 상의하여 이자겸 제거 계획을 세운 다음, 정계 원로 김인존과 평장사 이공수에게 몰래 사람을 보내어 계획의 성사 여부를 문의하게 했다.

　둘은 이자겸 제거가 당연하지만, 지금 상황이 전체적으로 이자겸 쪽으로 힘이 쏠려 있는 만큼 아직 시기가 아니라는 신중론을 폈다.

　그러나 언제가 될지도 모르는 그 시기를 기다릴 수 없었던 인종은 김찬 등에게 비밀 교지를 내려 이를 상장군 최탁과 오탁 그리고 대장군 권수에게 은밀히 알린 다음 이자겸 일당을 토벌토록 했다. 오탁과 권수 등은 척준경의 동생 척준신이 낙하산 인사로 병부상서로 임직된 것에 불만을 품고 있던 중, 왕의 밀지가 있자 바로 응했다.

　1126년 인종의 명을 받은 상장군 오탁은 군사를 이끌고 궁궐로 들이닥쳐 이자겸의 심복이자 척준경의 동생인 병부상서 척준신과 아들 내시 척순, 지후 김정분 그리고 일당들을 잡아 죽인 다음 시체를 궁성 밖으로 내던졌다.

　인종의 친위 쿠데타 소식을 들은 이자겸은 덜컥 겁부터 먹었으나, 사돈인 중서시랑 평장사 척준경이 자리를 박차고 일어나 자신의 사병과 이자겸의 아들인 승려 의장이 거느리고 온 헌화사의 승군 300여 명을 이끌고 궁으로 쳐들어갔다. 아시다시피, 척준경은 만부부당지용의 맹장인 데다가 그간 수많은 전투를 치르면서 생사의 경계를 저희 집 뒷채를 건너다닌 것같이 넘어다닌 인물이었다.

　척준경이 이끄는 수백 명의 반군이 궁으로 쳐들어오자 인종이 직접 나섰다. 왕이 성 위에 모습을 드러내고 황산(黃傘)을 펼치니, 척준경의 병사들이 이를 보고 절하며 환성을 올리며 만세를 불렀다. 왕이 물었다.

"너희들 웬 일이냐?"

"들으니 적이 궁성에 들어왔다 하여 사직을 호위하러 왔습니다."

"뭘 잘못 알았다. 그런 일 없으니 그만 가 봐라."

하면서, 내탕의 은을 꺼내어 줄에 달아 내려서 병사들을 호궤했다.

이렇게 해서 병사들이 무기를 내려놓게 되자, 격노한 척준경은 칼을 빼어들고 병사들에게 명하여 다시 무기를 잡게 한 다음, 크게 소리를 지르며 나아가니 빗나간 화살이 왕의 근처에까지 우수수 떨어졌다.

드디어 척준경군과 친위 쿠데타군이 궁궐에서 맞붙었다. 척준경의 발군의 용맹에 밀린 쿠데타군은 그냥 깨졌으며, 그 와중에 쓴 화공에 의하여 궁궐이 모두 불타 버리고 전각 몇 채만 남았다.

인종은 궁이 불타고 척준경에 의해서 측근들이 모두 살해되자, 김인존이 말리는 것을 듣지 않은 것을 후회하면서 이자겸에게 선위(禪位)하겠다고 나왔다.

염치하고는 담을 쌓은 이자겸이 선뜻 선위를 받아들이려는데, 곁에 있던 사촌동생인 이공수가

"왕의 조서가 비록 있으나 이공이 어찌 감히 이럴 수가 있느냐."

라고 하면서 펄펄 뛰며 반대하는 바람에, 머쓱해진 이자겸은 속으로는 아까워 죽겠으면서도 왕위를 사양할 수밖에 없었다. 이공수는 이자겸의 집안 사람이었으나 그래도 염치를 아는 인물이었고, 인종이 친위 쿠데타를 일으키기 전에 자문을 구하자 아직 때가 아니라고 말렸던 인물이었다.

어쨌거나 척준경의 용맹으로 친위 쿠데타는 무위로 돌아가고, 체포된 쿠데타 세력들은 모조리 처형되거나 유배되었으며, 양군의 충

돌로 죽은 군사는 이루 다 셀 수가 없었다.

사신의 평이다.

이자겸의 악이 극치에 달하였으니 그 망할 것은 서서 기다릴 수 있다. 지녹연 등은 사람이 참을 수 없는 마음으로 인하여 왕의 측근에 있는 악을 제거하려 하였으나, 지혜가 적고 묘책이 얕아 마침내 제 몸도 죽고 나라를 어지럽히기에 이르렀다. 진실로 탄식할 일이로다.

척준경은 지방 아전 출신의 집안에서 태어난 한미하기 짝이 없는 출신이었으나, 윗대부터 무인으로 출세하기 시작하여 부친인 척위공은 검교대장군을 지냈다.

척준경은 예종(제16대) 2년 여진족을 정벌할 때 윤관의 막하에 있으면서 여러 번 큰 공을 세웠다. 척준경은 뛰어난 용사인 데다가 이자겸이 밀어주는 바람에 재상의 지위까지 올랐다. 척준경이 출세하면서 이자겸은 아들 지원을 척준경의 딸과 혼인시켜서 둘은 사돈이 되었고, 척준경은 이자겸의 그늘 밑에서 부귀영화를 누리고 있었다.

그랬던 척준경이 사돈인 이자겸을 겨냥한 친위 쿠데타가 일어나자 떨쳐일어나 이를 진압하는 과정에서 왕에게 활을 쏘고, 궁궐에 불을 질러 태워 버리는 등 무리를 하여 이자겸에게 꾸짖음을 당한 데다가, 이자겸의 노비가 척준경네 집의 노비와 말다툼을 하는 와중에서,

"궁을 불 질러 태우고 왕을 향해 화살을 날린 척준경의 행위는 죽어 마땅하다."

라고 악을 써 댄 일이 있었다. 이러한 작은 일들이 이자겸과 척준경

의 사이를 조금씩 갈라놓았다.

　궁궐이 불타서 거처를 사저로 옮긴 인종은 이미 왕이 아니었다. 이자겸은 스스로 모든 국사를 처리하고 인종을 연금해 버렸다. 할아버지가 외손자를 아예 박살을 낸 것이다. 이자겸은 몰래 인종을 몇 번이나 죽이려고 했으나 그때마다 제 딸인 왕비가 방해를 하는 바람에 인종은 겨우 목숨을 부지할 수 있었다.

　하루 종일 멍하게 앉아 있는 인종을 보기가 딱해진 어의 최사전이 인종에게 척준경을 시켜 이자겸을 제거하자고 간언했다. 이판사판인 인종은 최사전을 척준경에게 보내 은밀히 뜻을 전하게 했다. 그간의 잘못은 모두 용서할 테니 사직을 위해서 힘을 쓰라는 교지였다.

　마치 「삼국지」의 허저같이 용맹했으나 머리는 완전 돌인 척준경은 이자겸이 제거되어야 나라가 평화롭게 될 것이라는 최사전의 회유에 넘어가 이자겸 제거를 승락했다. 하기야 척준경은 친위 쿠데타를 진압한 공이 자신에게 있는 데도 불구하고, 혼자 나서서 잘난 척하는 이자겸이 아니꼬워 속이 영 편치 않은 상태였다.

　1126년 5월 이자겸이 군사를 일으켜서 자신을 죽이려 한다는 첩보에 접하자, 다급해진 인종은 밀지를 써서 척준경에게 보냈다. 척준경은 급히 군사를 이끌고 왕이 머물고 있는 연경궁으로 진입하여 이자겸의 사병들을 제압한 다음, 왕명으로 이자겸의 세력들을 모조리 죽였다.

　이자겸 일가 30여 명과 인종의 비인 이자겸의 딸들을 포함한 일당 100여 명은 모두 유배되거나 도륙을 당했으며, 이자겸 일파가 몰락하자 장안의 백성들이 모두 나와 만세를 부르며 반겼다.

　이자겸의 집안은 고려 말까지 명맥을 이어 갔으나, 이 난리 후로는 왕비는커녕 귀족의 반열에서도 아래쪽에서 있어야 되는, 별 볼일 없는 집안으로 추락하고 만다.

이자겸의 딸인 두 명의 왕비가 쫓겨나게 됨에 따라 인종은 전중내급사 임원애의 딸을 왕비로 맞았는데, 이 임원애가 나중에 김부식과 함께 보수 꼴통의 대표가 되는 인물이다.

늙은 이자겸은 영광으로 유배된 후 유배지에서 좋은 시절을 회상하다가 쓸쓸히 죽었다. 이자겸이 죽자 인종은 친친(親親)의 뜻을 잊을 수 없다며 이자겸의 아내인 외할머니 최씨를 귀양에서 풀어 주고, 죽은 이자겸에게는 검교태사 한양공을 추증했으며, 최씨는 변한국대부인으로 봉하여 이자겸은 복권되었다.

이자겸의 난은 그간 쌓여 온 권문세가의 전횡, 막강해진 외척 가문의 발호 등 고려 정치의 모순과 갈등이 한꺼번에 분출된 사건이었다.

이자겸의 난을 진압한 인종은 겨우 왕권을 다시 행사할 수 있었으나, 이 인간이 의리라고는 쥐뿔도 없어서, 다음 해 좌정언 정지상이 이자겸과 함께 궁궐을 불태운 죄를 물어 척준경을 탄핵하자 척준경을 암타도(전남 신안)로 유배를 보냈다.

정지상의 척준경 탄핵문이다.

이자겸을 제거한 일은 일시의 공이요 궁궐을 침범하고 불사른 일은 만세의 죄다. 왕의 명령을 듣지 않고 군사를 궁궐에 진입시켜 왕을 위협하는 화살을 쏘았으며, 액문으로 진입하여 궁궐을 방화하여 왕을 불안케 하였다. 그리고 왕의 좌우 시종을 죽이는 등 천하의 대악인이다.

사실 궁궐이 탄 것이 좀 아깝기는 하지만, 그까짓 것 왕 다음에 궁궐이지, 궁궐 나고 왕 났냐? 하여간 이래서 이자겸을 제거하고 인종의 왕권을 지켜 준 여진 정벌의 영웅 척준경은 유배를 가게 되었다.

후에 척준경은 유배지에서 고향으로 옮겨진 다음 열 받아서 등창으로 곧 죽고 말았다. 역발산기개세를 지녔던 척준경의 죽음은「삼국지」의 여포가 부하들의 배신으로 허무하게 죽은 것과 마찬가지로, 너무나 어이없는 죽음이었다.

땡중 묘청의 난(1135)과 신채호의 착시

과연 묘청의 난이 신채호의 말대로 한국 역사상 '일천년래 최대의 사건'일까?

이자겸과 척준경의 전횡과 반란으로 왕권이 땅에 떨어지고 사회기강이 무너지는 등 고려가 심각한 위기를 맞이했을 때, 북방에서는 요가 멸망하고 북송이 몰락했으며, 금이 발흥하는 새로운 국제역학의 관계가 생겨나고 있었다.

이럴 때인 1127년, 민족주의 사학자 신채호가 '한국 역사상 일천년래 최대의 사건'으로 규정한 묘청의 난이 일어났다. 사실 이 난의 전후를 살펴보면, 사대주의에 식상한 신채호가 묘청의 참신한 구호에 너무 들떠서 괜히 흥분했던 것이지, 그게 무슨 놈의 일천년래 사건이냐.

좌우간 신채호가 기록한 것을 보고 넘어가자.

묘청의 천도 운동에 대하여 역사가들은 단지 왕사가 반란을 일으킨 적을 친 것으로 알았을 뿐인데, 이는 근시안적인 관찰이다.

그 실상은 낭가(선도)와 불교, 양가 대 유교의 싸움이며, 국풍파와 한학파의 싸움이고, 진취 사상과 보수 사상의 싸움이니, 묘청은 전자의 대표요 김부식은 후자의 대표였던 것이다. 묘청의 천도 운동에서 묘청 등이 패하고 김부식이 이겼으므로 조선사(朝鮮史)가 사대적·보수적·속박적 사상인 유교 사상에 정복되고 말았다. 만약 김부식이 패하고 묘청이 이겼더라면 조선사가 독립적·진취적으로 진전하였을 것이니, 이것이 어찌 '일천년래 제일대 사건'이라 하지 아니하랴.

묘청의 난의 최대 쟁점은 서경 천도, 황제 칭호 사용과 건원 그리고 금국 정벌이었는데, 서경 천도 주장은 단지 자신이 서경 출신인데다가 자신이 신봉하는 풍수지리설에 의거한 것이었고, 황제, 건원은 국내용이니까 큰 문제가 될 것은 없었으나 실제로 국제 사회 현실과 부합되지도 않았으며, 더구나 금국 정벌은 완전히 탁상공론이었다.

당시 금은 1125년 요를 멸망시키고 북송의 황제를 포로로 잡는 등 송을 코너에 몰아넣고 중국 영토의 절반 이상을 차지하고 있던 강대국으로서 최전성기에 있었다.

이런 금나라를 치기는커녕 사대(事大)하지 않아서 금이 쳐들어오면, 당시 고려 실력으로는 나라를 보존하기도 힘든 형편이었다. 당시 고려는 금을 상국으로 모시고 금의 연호를 82년 간이나 썼다.

금이 나라를 창건하기 전인 예종(제16대) 때에, 여진족들이 별개 부락으로 분열되어 있을 때 윤관이 북벌을 해서 여진족을 몰아내고 동북 9성을 쌓은 일이 있었다. 이때도 여진족의 일부 부락을 공략하는 데 거의 전 고려의 국력을 쏟아부을 만큼 여진의 기병은 전통적으로 막강한, 말 그대로 철기(鐵騎)였다.

윤관이 동북면의 여진족 수만을 몰아내기 위해서 동원한 병력이 자그마치 17만이나 되었고, 여진족을 몰아내고 9성을 쌓은 후에도 여진족의 끈질긴 공격을 감당 못해 결국 1년 반도 채 안되어서 고려 조정은 9성을 여진족에게 반환하지 않으면 안되었던 것이다.

그런데 이런 냉엄한 현실은 접어놓고, 말만 앞세운 묘청의 주장이 무슨 우리 민족의 자주성 되찾기 운동인지 모르겠다. 하기야 신채호 당시에는 윤관의 북벌 실패에 대한 상세한 정보를 얻을 수 없었을 것이다.

더구나 묘청은 서경 천도를 주장하는 과정에서 사기를 친, 그저 개혁 사상을 가진 뒤는 중에 지나지 않았으며, 더군다나 그의 밑천은 미래에 대한 아무런 비전도 없이 당시 고려에서 유행하던 풍수지리설과 도참설뿐이었다.

그는 서경 천도를 주장하면서

대화세(大花勢; 꽃이 활짝 피듯 기운이 뻗어 나가는 형세)라는 자리에 궁궐을 지으면 천하를 통일하고, 금나라가 폐백을 가지고 와서 항복할 것이며, 36국이 모두 신하가 될 것이다.

라는 도참설을 인용하여 헛소리나 늘어놓은 땡중일 뿐이었다.

묘청은 또 백수한, 정지상 등과 함께

우리가 만일 주상을 받들어 서도로 옮겨 가서 상경으로 삼는다면 마땅히 중흥공신이 될 것이다. 다만, 일신만이 부귀할 뿐 아니라 자손에게도 무궁한 복이 될 것이다.

라고 하면서, 부귀를 꾀했던 그저 그런 인물이었다.

묘청은 서경 출신의 중으로서 꽤 술법을 익힌 자였다. 언변이 청산유수인 데다가 불교, 도교에도 해박했고, 풍수지리와 도참에도 조예가 깊었으니, 그와 한번 대화를 나누어 본 사람들은 그에게 혹할 만도 했다.

천문 관리였던 서경 출신 검교소감 백수한이 그를 스승으로 섬겼고, 역시 서경 출신이자 당대 제일의 문인이라 일컬어지던 정지상도 묘청과 대화를 나누어 보고는 껌뻑 죽어서 적극적으로 묘청을 밀어주었다.

이랬으니 묘청이란 인물은 술법이 남달리 뛰어났든지, 하여간 뭘 좀 알기는 아는 인물이었던 것이다. 당시 서경 출신으로 가장 떴던 이들 세 사람은 서경에서는 삼성(三聖)으로 불렸다. 이런 인물들과의 교류 덕분에 묘청은 왕실의 고문으로 정계에 진출할 수 있었다.

이때가 이자겸의 난이 진압된 바로 다음 해였다.

묘청이 정계로 진출한 후에 조정에서 그의 추종자는 더욱 늘어나 백관들이 묘청 지지 서명을 할 정도였다. 이때 이 서명에 반대한 인물이 묘청에 대하여 의혹을 품고 있던 김부식과 왕의 장인인 임원애 등이었다.

인종도 처음에는 묘청에 대하여 약간의 의혹이 있었으나, 개경 권신들에게 치이는 데다 여러 번 반란을 치르는 동안 궁궐이 다 타버려서 썰렁하기 짝이 없는 개경에 싫증이 나 있던 터라, 중신들의 권유에 따라 서경 천도설에 혹하여 가끔 그쪽으로 나아갔다.

이렇게 인종의 마음이 천도에 쏠리자 묘청은 적극적으로 천도 운동을 벌이기 시작했다. 묘청은 인종에게

"서경 임원역의 땅이 대화세입니다. 전하께서 만일 그곳에 궁궐을 짓고 도읍을 옮기시면 천하를 얻을 수 있으며, 금나라도 조공을

바쳐 스스로 항복할 것이고, 36국이 모두 복종할 것입니다."
라고 헛소리를 늘어놓았다.

인종 6년인 1128년(인종이 14세에 즉위했으니, 인종 6년이라 해봤자 겨우 20살이 되었을 때다) 묘청의 청에 의해 서경에 간 인종은 묘청의 감언에 솔깃해 궁터를 잡게 하고 11월부터 대화궁의 공사를 시작하도록 했다.

묘청 등이 궁궐 공사를 얼마나 서둘렀는지, 겨울인데도 불구하고 겨우 3개월 만에 궁궐이 완공되었다. 하긴 빨리 공사를 끝내야 금나라가 빨리 와서 항복할 테니까.

다음 해 인종은 대화궁에서 한동안 머물렀다. 이때 묘청 일파가 글을 올려 칭제 건원과 금국 정벌을 주장했다. 그러나 이 문제에 대해서는 인종도 소극적이고 신하들의 반대도 많아 진척이 없었다.

게다가 그 좋다는 터에 지은 대화궁에 벼락이 여러 번 떨어져 화재가 나는 사고가 생긴 데다가, 극심한 가뭄이 들어서 굶어 죽는 백성들도 제법 되었고, 또 대동강에서 뱃놀이하던 인종이 풍랑을 만나 물에 빠질 위험에 처하기도 했다.

인종 8년 서경 증흥사 탑이 불에 탔다. 누가 묘청에게 묻기를
"스님이 서경에 행차하기를 청함은 재앙을 누르기 위함인데 어찌하여 이런 큰 재앙이 생깁니까?"
하자, 묘청은 얼굴 가득 부끄러운 빛을 띠고 한참을 대답하지 못하다가
"주상께서 만약에 개경에 계셨으면 재변이 이보다 컸을 것입니다."
라고 하니, 묘청을 믿는 자가
"이러하니 어찌 가히 믿지 않을 수 있겠느냐!"
라고 했다. 하는 짓이 의종 때 무당 영의와 똑 닮았다.

사실 이런 일들은 묘청하고는 전혀 관계가 없는 일이었으나 당시 묘청은 풍수지리에 도가 튼 승려로 인식되고 있었고, 그의 주장으로 서경의 명당 터에 궁을 지었는데도 불구하고 이런 사건이 자주 터지니, 천기를 제때 짐작하지 못하는 묘청에 대한 인종의 신뢰가 서서히 금이 가기 시작하였다.

시간이 지나면서 서경 천도가 신하들의 반대로 무산될 기미가 보이자 묘청 등은 본격적으로 사기를 치기 시작했다. 공중에서 풍악 소리가 들렸으니 좋은 징조라고 헛소리를 하고 서명을 받는가 하면, 물론 듣지도 못하고 말도 안되는 소리라고 하면서 거의 다 서명을 안 했다. 산에 등불을 켜 놓고 '수성이 상서를 올린다' 하는 등 별 주접을 다 떨었으나 서경 천도는 개경 대신들의 반대로 통 진전이 없었다.

그 후 개경으로 돌아온 인종에게 묘청이 다시 청하여 서경으로 행차했는데, 가는 도중 비바람이 몰아치고 날이 어두워지는 바람에 길을 잃어 사람과 말들이 여럿 죽는 사건이 일어났다. 벼락에 이은 이러한 천재지변은 이를 미리 예측 못한 묘청의 체면을 왕창 깎아 놓았다.

어찌 되었던 묘청 입장에서 한 마디 안 할 수 없다.

"내가 일찍이 이 날에 풍우가 있을 것을 알고 우사(雨師 : 비를 맡은 신)와 풍백(風伯 : 바람을 주관하는 신)에게 '임금이 행차 길에 오를 것이니 풍우(風雨)를 짓지 말라'고 할 때는 허락하더니, 식언(食言)하기를 이같이 하니 매우 가증스럽다."

역시 발언에 깊이가 있다.

드디어 입지가 점점 좁아지면서 탈출구를 찾아야 될 입장에 처한 묘청은 본격적으로 사기를 치기 시작했다.

커다란 떡을 만들어 구멍을 뚫고 안에 식용유를 부은 다음 몰래 대동강 강바닥에 놓아 둔 것이다. 그리고는 시치미를 뚝 떼고 있다가, 떡 속의 기름이 물 위에 떠서 햇빛에 반사되어 오색영롱한 빛깔을 나타내기 시작하자, 이것을 '신룡이 토한 침'이라고 사기를 친 것이다.

더구나 당시 문명(文名)을 떨치고 있던 정지상이

"이런 것은 천년에 한번 있을까 말까 하는 기이한 일이니 위로는 하늘의 뜻에 응하고 아래로는 백성의 희망을 쫓아서 금나라를 누르소서."

라고 바람을 잡았다.

하여간 묘청은 재수가 엄청 없는 인간이었다. 하필 그때 기름 짜는 것을 업으로 하는 자가 일행 중에서 이를 구경하고 있다가, 물의 색깔이 오색영롱한 것을 보고

"식유(食油)를 물에 띄우면 이상한 빛이 난다."

라고 초를 쳤다. 그럴 듯하게 생각한 인종이 신하들의 의견에 따라 잠수부를 동원하여 침을 내는 신룡을 찾아보라고 했는데, 신룡은 오간 데 없고 강 바닥에서 기름이 떠올라오는 구멍 뚫린 큰 떡이 발견되었다.

이런 유치한 사기에 격분한 개경 중신들은 묘청 일파를 당장 처형하라고 난리를 쳐서 묘청은 정계 입문 이후 최대의 위기를 맞았다. 묘청의 사기극이 탄로 나기는 했으나 달리 정 붙일 데 없었던 인종은 아직도 서경 천도에 미련을 갖고 있었으며, 역시 묘청에 대한 신임을 전부 거두지는 않아 묘청을 죽이라는 상소를 물리쳤다.

이후 인종이 다시 서경을 찾았을 때 또다시 기상 이변이 생기자 크게 낙심한 인종은 개경으로 돌아와 버리고 말았다. 하늘이 풍수도사인 묘청을 도통 도와주지 않고 계속 방해만 하는 것이었다.

그러기에 아무리 재주가 좋아도 운이 따라 주지 않으면 이 짝이 나는 것이다. 중국 한나라의 유방을 봐라. 동네 술집에서 외상이나 처먹고 주모들을 돌아가면서 건드리기만 했는데도 천하가 그냥 굴러들어왔고, 「삼국지」의 유비도 할 줄 아는 것이라고는 우는 것밖에 없었는데도 천하를 삼분했지 않은가. 하여간 기삼운칠(機三運七)이다.

그 뒤로도 기상 이변이 계속되어 큰비와 가뭄이 번갈아 들면서 농작물이 큰 피해를 입자, 김부식을 필두로 한 개경파들의 극심한 반대로 인종은 서경 천도의 꿈을 완전히 접고 말았다.

인종 13년인 1135년 1월 분위기가 점점 나빠지는 것을 감 잡은 묘청은 서경의 분사시랑 조광, 분사병부상서 유참 등과 같이 갑작스럽게 반란을 일으켜서 서경부 유수 최자, 서북면 병마사 이중병, 그리고 신분 고하를 막론하고 개경 출신들을 모조리 잡아 가두었다.

묘청은 국호를 대위, 연호를 천개라고 한 다음, 자신의 군사를 천견충의군(天遣忠義軍 : 하늘이 내린 충성스럽고 의로운 군대)이라 불렀으며 새로운 국가체제를 갖추었으나, 스스로 왕이 되려는 생각은 없어 왕을 세우지는 않았고, 사자를 보내 자신들의 거사를 인종에게 알렸다.

또 대화궁에 어좌(御座)를 설치하고 어의(御醫)를 두고 매일 인종을 대하듯이 예를 올렸다. 이렇게 묘청이 왕위를 욕심낸 것이 아니어서 이 사건을 반란이라 부르기도 그렇고, 역모도 아닌 아주 어정쩡한 사건이 되어 버렸다. 일천년래에 이런 어정쩡한 사건이 없어서 아마 신채호가 '일천년래 사건'이라고 했나 보다.

묘청 일파의 목표는 서경을 도읍으로 한 새롭고 자주적인 나라를 세우려는 것이었다. 인종도 그러한 행동에 거부감을 가진 것은 아니어서, 묘청이 기의(起義)한 것을 알리느라고 인종에게 보낸 사자인 최경에게 음식과 폐백을 내리고 벼슬을 줄 정도였다.

그런데 사자가 가지고 온 서신이 재추회의에 붙여지자, 김부식을 위시한 대신들이 강경론을 주장하여 토벌군이 편성되었다.

당시 묘청의 추종자인 백수한, 정지상 등은 개경에 머물러 있으면서 봉기의 연락을 받지 못한 바람에 반란의 연루자로 몰려 모조리 체포되어 처형되었다.

당대 최고의 시인이었던 정지상이 처형된 것에 대해 말들이 많다.

정지상은 다섯 살 때 시를 지었을 정도의 천재였다. 아니 그런데 그게 진짤까? 역시 천재라고 소문났던 이규보도 아홉 살이나 되어서야 시를 지을 수 있었다는데 다섯 살 때 시를 지었다니, 그것도 한문으로. 하여간 정지상은 당대의 최고 문인이었다. 그의 시는 감정이 풍부하고 서정적인 데다 유려하기 그지없었다.

당시 대동강변의 한 정자에 오고가는 사람들이 수많은 시를 써서 붙여 놓았는데, 중국에서 사신이 오다 들르면 엉성한 시들을 모두 떼어 내고 정지상의 시만 남겨 놓았을 정도로 정지상은 최고의 시인으로 대접 받는 위치에 있었다.

김부식은 평소에 정지상의 재주를 시기하고 질투하던 참이었는데, 마침 묘청의 난이 일어나자 왕의 허락도 없이 묘청과 교분이 두터웠다는 이유로 정지상을 처형해 버린 것이었다.

김부식도 뛰어난 문장가였으나 정지상이 있는 한 당대 첫째로 대접 받을 수 없어서 첫째인 정지상을 이 기회에 손보았다는 것이 중론이었다. 떠도는 이야기지만, 나중에 김부식은 정지상의 유령에게 거시기가 잡혀 죽었다고 한다.

뭐 그게 그리 중요한 건 아니고, 어쨌든 중신 회의에서 묘청의 반란을 토벌하기로 결론이 나자, 왕은 평장사 겸 평서대원수 김부식을 중군원수로 임명하고, 참지정사 임원애를 중군장수에, 이부상서 김부의를 좌군원수로 삼고, 윤언이를 좌군장수에, 우군원수에 지어사대사 이주연을 임명한 후 대군을 이끌고 반란군을 진압하도록 했다.

수만에 이르는 대규모 토벌군이 평양으로 진군한다는 소식을 듣고 세 불리를 느낀 조광이 묘청과 유참, 유참의 아들 유호 등 세 사람의 목을 베고 투항할 의사를 밝혔으나, 세 사람의 목을 가지고 간 윤첨이 투옥되고 항복이 받아들여지지 않자 결사 항전하여 거의 2년을 끈 끝에 난은 진압되었다.

성이 함락되자 조광과 그 가족은 불 속에 뛰어들어 자결했으며, 조광의 군사들은 '서경 역적'이란 글자가 문신(文身)된 채 먼 곳으로 귀양을 가거나 천민이 되었다.

이로써 조정에서 개경 세력과 세를 다투던 서경 세력은 일시에 몰락의 길을 걷게 되었고, 불교도 상당한 타격을 입게 되었다.

묘청은 정계에 나와 약 9년 간 활약하다가 인종이 서경 천도의 뜻을 접자 난을 일으켰으나, 싸움 한번 해 보지 못하고 허무하게 죽고 말았다. 묘청은 자주성과 개혁 사상을 가지고는 있었지만, 이를 뒷받침할 만한 경륜이나 이상도 없이 단지 당시 사회에 팽배해 있던 풍수 사상과 도참설을 이용하여 억지 춘향으로 자신의 뜻을 펼치려다 좌절했으며, 결국 이런 한 땡중의 해프닝이 바로 묘청의 난이었다.

앞에서 보셨다시피, 묘청과 김부식은 극과 극이었다. 묘청은 개혁승이었고 김부식은 수구 꼴통파의 대표였으며, 묘청은 서경 신진 세력의 대표 주자이고 김부식은 개경 문벌파의 대표 주자였다.

결국 묘청의 난은 서경의 신진 세력과 개경의 귀족 문벌 세력과의 권력 싸움에서 서경 세력파가 좌절한 사건이었다. 이후 득세한 개경 귀족 세력에 의하여 귀족 사회, 귀족 문화의 융성을 이루었으나, 이에 따른 사치와 퇴폐 그리고 귀족들의 횡포는 장차 무신시대가 개막되는 토양이 된다.

일제강점기 때 역사가인 신채호는 이 둘을 비교하여, 낭가(郞家) 사상과 불교 사상 대 유가, 국풍 대 한학파, 독립당 대 사대당, 진취 사상 대 보수 사상이라 비교하고, 이 싸움에서 묘청이 패했기 때문에 조선의 사대로 이어져 오다가 일제의 식민지로 전락했다고 탄식했으나, 이는 묘청을 너무 띄워 놓고 본 착시일 뿐 사실적 평가라고 보기는 어렵다.

조선이 망한 것은 중세의 이념인 낡아 빠진 유교 사상을 점 하나 고치지 않고 근대까지 신봉했기 때문이다. 무려 500년 동안 쓸 만한 개혁 한번 없이 버텨 온 조선은 20세기 초 망할 때에 세계에서 가장 후진 나라가 되어 있었다. 어차피 망할 수밖에 없던 나라였다.

이 묘청의 난 때 진압군 사령관이었던 김부식과 여진 정벌 시 정벌군 사령관이었던 윤관의 아들이자 김부식과 함께 토벌군에 종군했던 윤언이와의 불편한 이야기가 전해지고 있다.

다 아시는 대로, 김부식은 뛰어난 문장가였으나 윤언이 또한 학식이 출중한 데다 특히 주역에는 박사였다.

하루는 인종이 김부식에게 주역을 강하도록 하고 윤언이를 시켜 질문을 하게 했다. 옛날에 김부식이 자신의 아버지 윤관에게 무례했던 일을 잊지 않고 있던 윤언이는 주역에 대한 지식을 총동원해서 김부식이 대답하기 곤란한 질문만 골라 해서 김부식을 궁지에 몰아넣었으며, 왕 앞에서 제대로 대답을 못하여 왕창 쪽팔리게 된 김부식은 윤언이를 속으로 별렀다.

이러는 동안에 묘청의 난이 일어났고, 김부식은 라이벌인 정지상을 묘청과 연루되어 있다는 죄명을 씌워 죽여 버렸다. 그뿐 아니라 윤언이가 평소에 정지상과 가깝게 지냈다고 우겨서 지방으로 좌천시켜 버렸다.

벼슬을 버린 윤언이는 고향인 파평으로 낙향해서 금강거사라 자처하며, 관승이라는 승려와 어울려 불교의 세계로 빠져들었다. 두 사람은 겨우 한 사람이 들어갈 만한 초막을 지은 다음, 먼저 죽는 사람이 그곳에서 좌선하여 죽자고 약속했다.

어느 날 오후 윤언이는 소를 타고 관승을 찾아가 작별 인사를 한 다음 초막에 들어가 좌선에 들어갔다. 그때 관승이 사람을 보냈다. 작별 인사였다. 관승이 보낸 사람을 본 윤언이는 크게 웃으며

"스님이 약속을 어기지는 않았구나."

라고 말한 후, 좌선을 계속하다가 앉은 채로 죽었다.『고려사』에서는 윤언이의 이런 행동에 대해서

일국의 재상의 몸으로 국가의 교화에는 관심이 없이 허황하고 이상한 행동을 강행함으로써 우매한 속인들을 현혹시켰다.

라고 혹평을 했다.

당시 불교 국가인 고려 사회에는 '거사'가 지천이었다. 거사는 중이 아니라 속세에 있으면서 불교의 가르침을 지키고자 하는 속인을 말한다.

고려 최고의 화원 이영

　인종 대에 이름이 지금까지도 전해지는 유명한 화가가 있었다. 조선에서 화가 하면 단원 김홍도와 혜원 신윤복이 있고, 고려에서 화가 하면 이영이 있다.

　이영은 소년 시절 왕실의 화원(畫員)이었던 내전숭반 이준이에게서 그림을 배웠다. 이영의 스승 이준이는 비록 그림에는 재주가 약간 있었으나, 수양이 좀 덜 된 인간으로 그림으로 남을 칭찬하는 법이 없었다.

　어느 날 인종이 이준이에게 누가 그린 그림이라는 얘기 없이 이영이 그린 산수화를 보였는데, 그림을 본 이준이는 감탄하기를 마지않으면서

　"이 그림이 만약 타국에 있다면 제가 천금을 주고라도 사겠습니다."

라고 했을 정도였다.

　이렇게 이영은 젊어서부터 그림이 알려졌는데, 수행 화원으로 추밀사 이자덕을 따라 송나라로 들어간 일이 있었다. 그림이라면 역시 한 가닥 하던 송의 휘종이 이영에게 명하여 본국의 「예성강도」를 그리게 했다.

　이영이 그림을 그려 바치자 휘종이 보고 감탄하고 칭찬하기를

　"근간에 고려의 화공으로 사신을 따라온 사람이 많았으나 오직 이영만이 묘한 솜씨이다."

하면서 술, 음식과 비단을 내려 주었다.

　어느 날 인종이 송나라 사람이 바친 그림을 얻고서 중국의 기묘한 진품이라며 기뻐했고, 이영을 불러 자랑하면서 보이니 이영이 아뢰기를

"이것은 신이 그린 그림이옵니다."

했다. 인종이 믿지 않으므로, 이영이 그림을 집어 표구의 뒤를 뜯어 보니 과연 그의 낙관이 있었다.

고려의 화가로 이름이 전해 오는 이는 이존부, 고유방, 박자운 등이 있지만, 그중 이영은 고려시대에서 가장 뛰어난 화가로 이름을 날렸다.

[제18대] 먹고 노는 것밖에 몰랐던
의종(1146~1170, 24년 반 재위)과
무인시대(1170~1270, 100년 간) 개막

1146년 인종이 38세로 죽자 태자인 19세의 현이 뒤를 이었다. 이 자겸의 난과 묘청의 난을 겪고 난 후, 당시의 고려는 모순이 쌓여서 무엇인가 폭발할 듯한 분위기가 사회를 지배하고 있었던, 매우 혼란스럽고 위태위태했던 시기였다. 토지제도가 무너지고 빈부 격차가 심해졌으며, 유랑민이 부쩍 늘어났고 무신(武臣)들과 문신(文臣)들의 갈등의 골이 깊어지고 있었다.

거란과의 3차에 걸친 전쟁 그리고 여진과의 여러 차례의 전투 등 무신들의 입지가 강화되었던 시기가 지나면서, 무신들의 입지는 개경의 치안이나 돌보거나 왕의 행차 시 경호나 하는 수준으로 전락했다. 게다가 무신에 대한 대우가 점점 나빠져서 졸병들은 경호하다가 밥을 굶는 경우가 흔히 생겼고, 겨울에 호종하다가 추위에 몇 명씩 얼어 죽는 일까지 있게 되었다.

이러한 무신들을 점점 더 우습게 보게 된 문신들은 무신들을 종부리듯 했고, 왕은 이를 알면서도 방치하여 무신들의 분노는 폭발 직전에까지 와 있었다.

게다가 농민들의 유망(流亡)이 심각한 수준에 이르고 있었다. 농민들의 유망은 태평성대였다는 제11대 문종 때부터 이미 나타나기 시작하여, 제16대 예종 때에 와서는

"열 집에 아홉 집이 비었다."

라고 할 정도였고, 의종이 즉위한 후에는 가뭄이 계속되어 굶어 죽

은 시체가 길에 나타나기 시작해서 나라 형편이 매우 어려울 때였다.

즉, 그때 고려는 개국하고 약 200여 년이 지났을 때로, 번영기를 지나 본격적인 쇠퇴기에 들어섰던 것이다. 고려의 번영기는 500년 역사 중 11세기 약 100년 동안이었다.

원래 어느 나라고 왕이 등신 같아서 나라가 망하는 것이 아니라, 몰락기에 들어서면 쓸 만한 왕이 나오지 않아서 망하게 마련이다.

조선의 경우 개국 후 겨우 100여 년이 지나면서부터 쇠퇴기에 들어섰으며, 그때가 16세기 초이자 제11대 얼뜨기 중종 때인데, 이후 조선이 망하기까지 약 400년 간 쓸 만한 왕이라고는 광해군(제15대)과 효종(제17대), 영조(제21대), 정조(제22대) 등 네 명 정도가 나왔고, 나머지는 거의 모두 밥값도 제대로 못한 인물들이었다.

의종의 왕위 계승은 순탄치 못했다. 의종이 커 가면서 시문(詩文) 등에 재주는 있었으나, 도대체 사람이 경박하고 절제가 없어 영 싹수가 없어 보이자, 부왕인 인종과 공예왕후는 의종보다 의종의 동생인 대령후 경(후에 제18대 명종)을 더 귀여워했다.

이렇게 의종 대신 동생 경이 세자가 될 뻔한 것을 동궁 시독(侍讀) 정습명이 나서서 적극 옹호해 주는 바람에 의종은 겨우 세자로 책봉되어 왕위를 이을 수 있었다. 세자의 스승인 대학자 정습명이 참견 말고 그냥 내버려 두었어야 하는 것을, 천려일실(千慮一失)을 한 것이다.

의종은 왕이 된 후에 정습명을 추밀원 지주사로 봉하여 은혜를 갚았으나, 이후 의종의 노는 꼴을 본 정습명은 수차례에 걸쳐 행실을 고칠 것을 간언했지만 도대체 씨가 먹히지 않자, 절망에 빠져 병중에 약을 먹지 않고 죽음을 택했다.

이렇게 문제가 적지 않던 의종은 왕이 되자 매일같이 먹고 노는 것밖에 몰랐다.

『고려사』「의종본기」에

> 의종은 하루 걸러 놀러 나가고, 이틀 걸러 잔치를 벌이고, 사
> 흘 걸러 신하들과 사소한 일로 싸워 댔다.

라고 기록되어 있을 정도니, 말 더 안 해도 알 것이다.

그는 놀러 다니다가 마음에 드는 장소가 있으면 즉각 명을 내려 그곳에 있는 백성들의 집을 몽땅 헐어 버리고 제가 놀 정원이나 격구장을 지었다. 이러니 품삯도 못 받고 공사장에 끌려 나온 백성들의 고초가 어떠했을까.

이 인간이 또 격구(서양의 폴로와 비슷한 운동)를 엄청 좋아했다.

> 대간들이 소를 올려 자제를 요청하자, 이에 다시는 격구하지
> 않을 뜻으로 구장을 어사대에 내렸다. 그런데 며칠이 지나서 왕
> 이 북원에 나와 놀다가 좌우 사람들에게 이르기를
> "나의 공을 치는 기술을 다시 시험하지 못하리로다."
> 하고는, 조금 있다가 공을 치니 이에 따를 자가 없었다.

사서(史書)의 기록인데, 『의종실록』 초장의 기록 중에서 격구를 하고 또 며칠씩 관람했다는 이야기를 빼면 남는 것이 없다. 이렇게 하는 짓이 먹고 놀고 마시고 격구하기가 전부였는데, 신하들이 말이 많자 간쟁하는 일을 못하게 했고, 환관과 간신배들하고만 죽이 맞아 노는 데 정신이 없었다.

이때는 가뭄이 심하게 들어 백성들이 기근에 빠져서 굶주려 죽은 자가 길에 이어 있을 때였다. 이렇게 백성들이 굶어 죽어 가고 있는

데도, 절을 새로 짓고 중들을 3만 명씩 불러다 밥을 퍼먹였는데, 그게 한두 번이 아니었다.

『고려사』를 보면 백성들이 굶주려 죽는 기사는 흔한데, 중이 굶주려 죽은 기사는 단 한 건도 찾아볼 수 없다. 그러니 모두들 대가리 싸매고 중이 되려고 했던 것이다.

『고려사』의 기록이다.

의종 21년 의종이 현화사라는 절의 연못에 배를 띄우고 뱃놀이를 하면서 먹고 마시고 노는데, 그 근처에서는 백성들이 전각을 짓는 일에 동원되어 부역을 하고 있었다. 그중 한 인부가 집이 너무 가난하여 점심을 싸 오지 못했고, 그것을 본 동료 인부들이 밥을 한 술씩 나누어 주었다.

어느 날 그 인부의 부인이 풍성한 음식을 들고 와서 말하기를

"친한 분들을 불러서 같이 잡수세요."

라고 하자, 남편이 놀라 말하기를

"집이 가난한데 어떻게 이 음식을 준비했소? 혹시 다른 사람과 사통을 했소, 아니면 도적질을 한 것이오?"

하고 따졌다. 부인이 답하기를

"얼굴이 못났으니 누가 나와 사통을 할 것이며, 성질이 옹졸하니 어떻게 도적질을 하리오, 다만 머리털을 팔아 사 왔소."

하며 까까머리를 보이니, 남편과 그 동료들이 모두 흐느껴 울며 먹지 못했다고 한다.

천 년이나 된 이런 장구한 역사가 한국을 1970년대 세계 가발 업계를 쥐고 흔들도록 만든 것이다.

의종은 도처에 놀러 다닐 정자를 지었는데, 이름이 알려진 것만 해도 중미정, 태평정, 만춘정, 팔경정, 황락정, 연복정, 보현원 등이다. 그중 태평정을 지을 때는 무려 민가 50채를 헐어서 지었고, 물이 있었던 연복정은 수심이 얕아서 배를 띄울 수 없자 아예 제방을 쌓아 호수를 만들었는데, 모래땅이라 제방이 자주 무너졌다.

그러자 의종은

"야, 안되겠다. 군졸들 헛애만 쓰니 그만 메워 버려라."

라고 한 것이 아니라,

"거 아이새끼들 힘 두었다 어디다 쓸려고 그래. 야, 군졸들 가지고 안되면 각 부락에서 장정들 징집해서 둑을 좀 두껍게 쌓고, 꽃과 나무를 좀 더 심도록 해라."

라고 한 다음, 허구한 날 호수에 배를 띄워 놓고 놀면서 퍼먹고 마시곤 했다.

참으로 의종은 죽은 후에 묻힐 세 평의 땅도 아까울 정도로 백성들을 못살게 군, 정말 대표적으로 싸가지가 없는 왕이었다.

의종이 재위 24년 동안 이렇게 지은 정원이나 별궁이 32채에 이르렀으며, 그 호사는 극에 달했다.

이 한심한 인물인 의종 때, 고려 문화의 정수인 고려청자의 기술이 최고조에 달하여 찬란하게 만개했다.

의종이 좀 싹수가 있는 왕이었으면 우리에게 우리 문화의 자랑인 고려자기를 융성케 한 인물로 기억되었을 것이나, 등신 같은 짓은 혼자 골라 가면서 한 쓰레기 같은 삶을 사는 바람에, 결국 무신인 이의민에 의하여 척추가 꺾여 죽는 참극의 장본인이 된다.

의종은 살아 있을 때 미신에 혹했었다.

어느 날 의종이 금나라 사신을 위하여 연회를 베풀었는데, 사신이 점괘에 밝다는 소리를 듣고 물었다.

"과인의 수명이 얼마나 남아 있습니까?"

하니, 금나라 사신이 의종의 얼굴을 유심히 보더니

"국왕의 수명은 장구하여 이루 셀 수가 없습니다. 지금 조정의 늙고 젊은 신하들이 모두 죽은 뒤에 냇가에 임하는 근심이 있겠습니다."

했다. 후에 조정의 젊고 늙은 신하들은 모두 무신들에게 칼 맞아 죽고, 의종은 허리가 꺾여서 연못에 버려졌으니, 햐, 그 금나라 사신 진짜 칼일세.

또 의종은 도참(圖讖)에 빠지고 불사(佛事)를 일으키면서 영의라는 무당을 엄청 신임했다. 무당 영의는 의종을 부추겨 1년 내내 돌팔이 도사들과 승려들을 수백 명씩 불러다 놓고 푸닥거리로 밤을 지새우도록 하여, 국가 재정을 바닥나게 하는 데 일등 공신 역할을 한 인물이다.

영의는 다음의 말을 입에 달고 살았다.

"국가 기업의 멀고 가까운 것과 왕의 수명이 길고 짧은 것은, 다만 기도의 부지런하고 태만함과 순행의 정도가 어떠하냐에 달려 있습니다."

게다가 한술 더 떠서

"모년 모월에 아마도 재앙이 있을 것 같습니다. 만약에 모법에 의거해서 기도한다면 걱정이 없을 것입니다."

라고 발언하면, 의종은 부리나케 기도를 주관하는 관아를 설치하고, 법사(法事)를 왕창 벌여 돈 쓰기를 물 쓰듯 했다. 이러다 진짜 무슨 일이 터지면, 더 클 일이 이 정도로 그친 것이라 하고, 만약에 아무 일도 일어나지 않으면 당연히 영의의 공이었다.

또 왕의 수명을 연장하기 위하여 천제석(天帝釋)과 관음보살을 받들어야 한다고 꼬셔서, 그 상을 많이 그린 다음 중앙과 지방의 사원에 나누어 주고 불사를 하도록 했는데, 각 고을의 양곡을 풀어 경비를 충당하도록 했다. 이렇게 조처를 끝낸 영의는 모든 법사가 잘되도록 말을 타고 각 지방을 순시했는데, 가는 곳마다 지방 수령들과 승도들이 뇌물을 싸 들고 와서 바쳤다.

이렇게 국가와 왕을 위하여 뻑하면 밤 새워서 기도하고 수고로이 지방까지 다니면서 잘되도록 순시까지 하니, 왕은 영의를 보기만 하면 감사해서 눈물이 핑 돌았다.

이런 의종의 덜 떨어진 짓 때문에 전국의 크고 작은 절들도 모두 법회를 열었는데, 법회 기간이 몇 달에서 몇 년씩이나 되는 바람에 좌우간 엄청난 경비가 소요되었고, 결론적으로 이런 모든 경비의 마지막 출처는 백성들이었다.

조선 말기에도 고종의 왕비인 민비란 여자가 굿을 엄청 좋아해서 국가 재정을 흥청망청 써 대는 바람에 병사들 월급을 줄 돈도 없어 임오군란의 단초를 제공한 데다, 작호를 내려 줄 만큼 무당들을 총애했었다.

평소에 하는 짓이 이 모양인 데다가, 비위를 맞춰 주는 놈에게는 무조건 관직을 주다 보니 의종의 주변에는 무능한 관료들과 아첨에는 귀재인 환관, 내시들만 들끓게 되었다.

그렇다고 의종이 선천적인 반편은 아니었다.

의종은 문학적 재능이 뛰어나서 마음만 내키면 즉석에서 시를 지을 정도의 실력이 있었고, 또 이에 대한 자부심도 대단했다. 그러나 무식하지 않다고 잘난 게 아니다. 사람이 사람 같으려면 분수와 절제를 알아야 하는데, 의종은 그것을 몰랐다.

송의 황제 휘종이 그림에는 대가(大家)였으나 달리 하는 짓이라고는 멍청이 짓만 골라 해서 결국 나라를 말아먹었는데, 의종이 바로 그 짝이었다.

의종은 왕권을 강화한답시고 주변에 내시와 환관 세력을 키웠는데, 환관 중에서 자신의 유모의 남편이자 환관인 정함이란 자와 자신의 동궁 시절 시학(侍學)이었던 김존중이란 간신을 총애해서 정함을 내시로 임명했고 김존중을 형부낭중으로 삼았다.

기가 산 정함은 김존중과 죽이 맞아 뇌물을 받고 매관매직 등 온갖 나쁜 짓을 도맡아 했을 뿐만 아니라, 관노비 출신의 환관 왕광취, 백선연 등을 끌어들여 도당을 만들어서 위세를 부리며 아첨과 참소를 일삼으면서 벼슬을 팔아 막대한 부를 축적했다. 이렇게 환관들이 하도 위세를 부리자, 관료들은 뒤에서

"왕명이 모두 고자들한테서 나온다."

라고 쑤군댈 정도였다.

당시 환관과 내시는 전혀 다른 계층이었다.

우리나라에서 환관은 거시기가 없는 고자로 궁에서 잡일이나 거드는 하천배였으며, 정치에는 참여할 수 없었다. 이렇게 환관은 공노비나 마찬가지의 천한 신분이었는데, 의종이 자신의 유모의 남편인 환관 정함을 내시로 기용함으로써 최초로 환관이 조정의 벼슬자리에 나가게 되었고, 이 때문에 내시제도가 없던 조선조에 들어와서 내시와 환관의 구별이 없어지고 두 단어가 같은 의미로 쓰이게 된 것이다.

우리나라에서는 환관의 폐해가 그다지 심하지 않았으나, 중국에서는 환관이 나라를 들어먹을 정도로 큰 해독을 끼쳤다. 물론 환관이라고 모두 악종은 아니며, 능력 있는 환관들도 꽤 있었다. 예를 들어 종이를 발명한 것으로 알려져 있는 후한의 채륜이나, 중국 역

사상 최초의 대규모 해외 원정을 성공시킨 정화 말고도, 많은 환관들이 황제를 위하여 충성을 바쳤다.

반면에 후한은 십상시 때문에 망했고, 당나라 때는 양귀비를 목맨 고력사와 고선지를 처형한 변영성이 있었으며, 또 말기에 가서는 환관이 황제를 선택할 정도였다. 송나라 때도 환관 동관과 간신 채경이 북송을 들어먹었고, 명나라 때도 왕진, 위충현 등 환관들 때문에 나라가 기울었다.

이렇게 중국에서 환관의 폐해가 극심했던 것은 환관의 수가 원래 많은 데다, 황제들이 환관들을 신임하여 힘을 실어 주었기 때문이었다.

나라가 기울기 시작하면 대개 황제의 수명이 짧아진다. 황제가 일찍 죽으면 다음 대의 황제는 아직 꼬마인 채로 즉위하게 된다. 당연히 태후가 수렴청정을 하면서 외척들이 권력을 쥐게 되고, 황제는 나이가 들면서 외척들로부터 권력을 되찾기 위하여 가장 측근인 환관을 신임하게 되기 때문에 이런 악순환이 벌어졌던 것이다.

이런 환관과는 달리, 내시는 멀쩡한 사내 상징을 가진 남자로 귀족 자제나 과거에 합격한 신진들이었으며, 그들은 왕의 측근에서 보좌관 또는 비서 정도의 역을 맡아 정책을 조언하는 젊은 엘리트들이었다. 그래서 있는 집 자제들은 빽을 써서라도 내시가 되려 애를 썼고, 내시가 된 후에는 잘리지 않으려고 별수를 다 썼다.

일단 내시 출신 중에서 우리가 알 만한 인물을 찾아보면, 전 시중 김부식의 아들 김돈중, 성리학을 들여온 안향, 북벌의 영웅 윤관의 아들 윤언민, 의종의 스승이었던 정습명 등 쟁쟁한 인물들이 내시 출신이었고, 내시 출신으로 재상이 된 인물만도 수십 명을 헤아렸다.

고려 말기에 원의 지배를 받게 되면서 원으로 보내진 고려 환관

중 원 황제의 총애를 받아 하늘을 찌를 듯한 위세를 부리게 된 환관이 간혹 나타나자, 그런 덕을 보려는 인간들이 자식들을 거세했고, 또 스스로 거세하는 자도 많이 나와서 고려 말기는 환관이 제법 되었다.

그러나 이렇게 스스로 거세하거나 거세당한 환관 말고는 대개 어렸을 때 똥 누다가 개에게 거시기를 물려서 잘려진 자들이 환관이 되었기 때문에, 말기 이전의 환관은 극소수였다.

무인시대 개막(1170)

의종의 방탕과 방종, 황음(荒淫)은 이의방, 이고, 정중부 등이 일으킨 무신난의 직접적인 원인이 되었지만, 무인시대(武人時代)가 열린 것은 모두 의종의 탓만은 아니었다.

고려는 개국 초부터 숭문억무(崇文抑武)의 정책을 신봉하여 사회에 무인 천시의 풍조가 만연했던 데다가, 같은 품계라도 무신은 문신에 비하여 적은 녹봉을 받았으며, 또 군인전(軍人田)의 붕괴도 무신 난의 한 원인이 되었다.

특히 당시 중국 역사상 가장 허약한 왕조인 송의 문치주의 영향이 커서, 고려 역시 문(文)을 숭상했고 과거에 무과(武科)도 없었다. 거란 침입 때의 서희나 박양유, 강감찬 그리고 북벌의 윤관, 묘청의 난 때 진압 사령관 김부식 등에서 보시다시피, 전쟁이나 반란이 일어났을 때도 군의 총사령관은 모조리 문신(文臣)일 정도로 고려의 무신들에 대한 대우는 형편없었다.

하여간 필자가 보기에, 우리나라 역사상 처음 경험해 본 고려의 무인시대는 당시 쇠퇴하고 있던 고려 왕조에 활력과 긴장을 불어넣었고 민중들의 의식을 일깨운 시대로, 긍정적인 면과 부정정인 면을 함께 지니고 있다 하겠다.

무기력하게 몰락하고 있던 고려에 활기와 역동성을 불어넣은 것이 긍정적인 면이라면, 몽골의 침공 시 저만 살겠다고 강화도로 도망치는 바람에 나라는 결딴나고 대부분의 백성들이 침공군 앞에 방치되어 수많은 백성들이 도륙되고 포로로 잡혀 가는 참상을 겪게 한 것이 부정적인 면이다.

학자에 따라서는 30년 간 몽골의 침공 시 고려가 굴복하지 않고 굳세게 항쟁했다고 주장하는 이도 있지만, 이는 뭘 잘 모르거나 그냥 듣기 좋으라고 하는 소리이고, 고려는 애초부터 세계를 정복해 나가고 있던 대제국 몽골에 대항할 힘이 전혀 없었다.

침공이 30년씩이나 끌게 된 것은 고려가 몽골의 주된 표적이 아니었고, 또 고려 조정에서 매 침공 시마다 원에 사신을 보내서 황제에게 철군을 읍소하여 몽골군이 철군하면, 약속했던 철군 조건을 지키지 않고 미적거리거나 딴소리를 하는 바람에 30년씩이나 끈 것이다.

1170년서부터 딱 100년 간 계속되었던 한국사(韓國史)에서 유일했던 고려의 무인시대는 1192년 일본에서 미나모토노 요리토모(源賴朝)가 다이라(平)를 물리친 다음 가마쿠라(鎌倉) 막부를 연 시기와 거의 같은 12세기 말이며, 무인시대는 그때까지의 고려 정치의 특징이었던 귀족체제를 붕괴시켰다.

당시 고려는 이자겸의 난과 묘청의 난이 일어난 지 약 40년쯤 되었을 때로, 개경 문벌 세력이 모든 권력을 독점하고 있었을 때였다.

고려의 무인시대는 겨우 100년을 채웠으나, 일본의 무인시대는 12세기 말부터 19세기 중엽인 1868년 메이지 유신(明治維新)이 일어나 천황이 정치 전면에 등장할 때까지 장장 700여 년이나 지속되었다.

　다음 권(하권)에서 본격적인 무인시대(武人時代)의 전개와 몽골의 침공에 맞서 저항한 고려의 영웅들의 면목을 보자.

〈상권〉 끝

고려왕조 계보, 고려왕조 연표

고려왕조 계보 475년, 918~1392

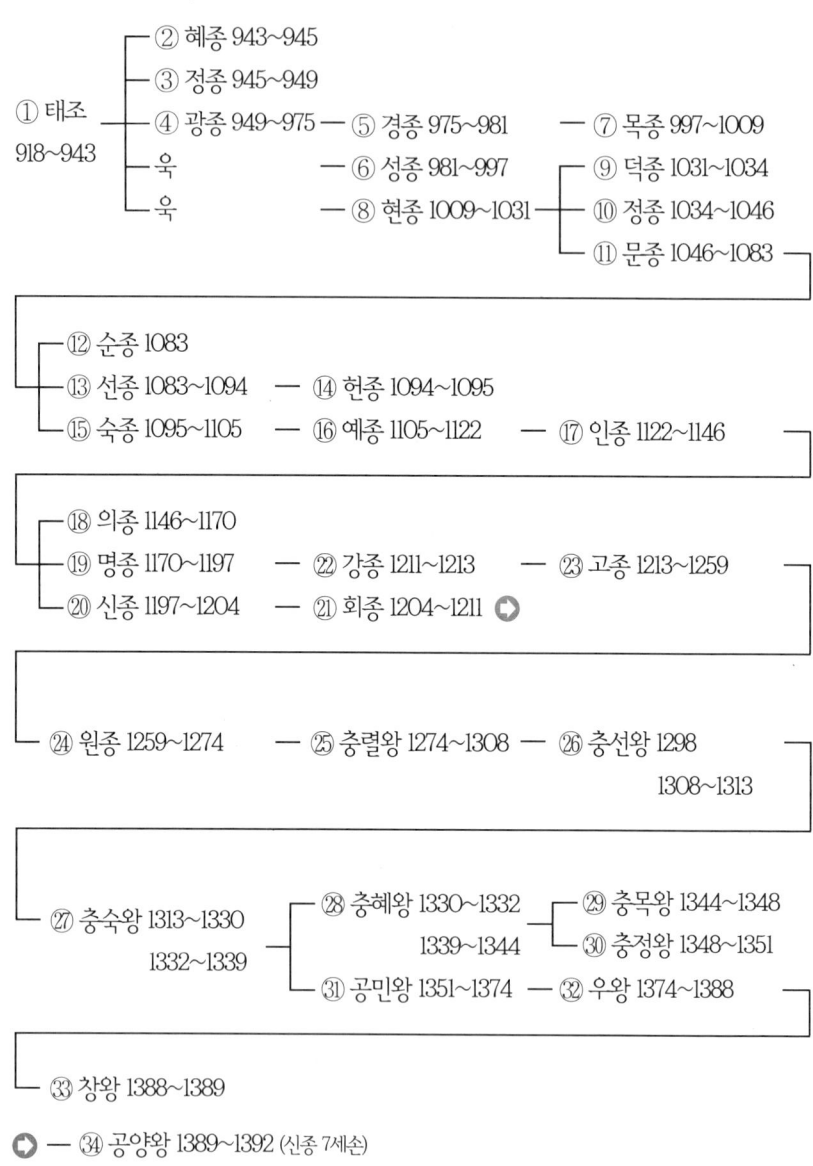

① 태조 918~943
— ② 혜종 943~945
— ③ 정종 945~949
— ④ 광종 949~975 — ⑤ 경종 975~981 — ⑦ 목종 997~1009
— 욱 — ⑥ 성종 981~997
— 욱 — ⑧ 현종 1009~1031 —⑨ 덕종 1031~1034
⑩ 정종 1034~1046
⑪ 문종 1046~1083 —

⑫ 순종 1083
⑬ 선종 1083~1094 — ⑭ 헌종 1094~1095
⑮ 숙종 1095~1105 — ⑯ 예종 1105~1122 — ⑰ 인종 1122~1146

⑱ 의종 1146~1170
⑲ 명종 1170~1197 — ㉒ 강종 1211~1213 — ㉓ 고종 1213~1259
⑳ 신종 1197~1204 — ㉑ 회종 1204~1211 ◗

㉔ 원종 1259~1274 — ㉕ 충렬왕 1274~1308 — ㉖ 충선왕 1298 1308~1313

㉗ 충숙왕 1313~1330 1332~1339
— ㉘ 충혜왕 1330~1332 1339~1344 — ㉙ 충목왕 1344~1348
㉚ 충정왕 1348~1351
— ㉛ 공민왕 1351~1374 — ㉜ 우왕 1374~1388

㉝ 창왕 1388~1389

◗ — ㉞ 공양왕 1389~1392 (신종 7세손)

고려왕조 연표

918	(1대태조 1)	6월, 왕건, 궁예 휘하 장군들의 추대로 왕에 올라 국호를 고려, 연호를 천수라고 함. 궁예, 도망 중에 피살됨.

918 (1대태조 1) 6월, 왕건, 궁예 휘하 장군들의 추대로 왕에 올라 국호를 고려, 연호를 천수라고 함. 궁예, 도망 중에 피살됨.

919 (태조 2) 1월, 고려, 철원에서 송악으로 도읍을 옮김.
10월, 평양성 축조.

926 (태조 9) 거란, 발해 도읍 홀한성(忽汗城)을 쳐서 빼앗음. 발해 멸망.

928 (태조 11) 정안국 건국(1114년 멸망).

930 (태조 13) 1월, 고창군에서 견훤군을 대파.
12월, 서경에 학교를 세움.

932 (태조 15) 11월, 후당에 사신을 파견.

933 (태조 16) 3월, 후당의 사신이 고려에 옴.

934 (태조 17) 7월, 발해 세자 대광현, 수만의 백성을 이끌고 고려에 투항.
후백제의 웅진 등 30여 성이 고려에 투항.

935 (태조 18) 3월, 견훤의 아들 신검이 견훤을 유폐하고 왕이 됨.
6월, 견훤, 고려에 투항.
11월, 신라 경순왕, 고려에 투항. 신라 멸망.

936 (태조 19) 3월, 후백제 신검의 군대를 대파, 후백제 멸망. 고려, 후삼국을 통일. 태조 왕건, 『정계』1권, 「계백요서」8편을 만들어 반포.

940 (태조 23) 3월, 경주에 대도독부 설치.
7월, 역분전제를 정함.

943 (태조 26) 4월, 태조, 박술희를 불러 '훈요10조'를 내림.

		5월, 태조, 병이 들어 태자 무에게 정무를 맡김. 태조 사망. 혜종 즉위
945	(2대혜종 2)	왕규, 박술희를 죽임. 왕규. 처형됨.
		9월, 혜종 사망, 정종 즉위.
947	(3대정종 2)	3월, 서경왕성 축조. 광군사 설치.
949	(정종 4)	3월, 정종, 병으로 아우 소에게 선위. 광종 즉위. 정종 사망.
		8월, 주현의 세공액을 정함, 국초의 유공자들에게 미곡을 지급
956	(4대광종 7)	후주의 쌍기 귀화. 노비안검법 시행. 대목왕후, 노비안검법 실시 반대. 관리의 관복 개정, 문무백관의 의관은 중국 제도를 따름.
958	(광종 9)	5월, 쌍기의 건의로 과거제 실시. 쌍기를 지공거로 삼음.
959	(광종 10)	10월, 쌍기의 아버지 쌍철, 좌승으로 임명.
960	(광종 11)	3월, 백관의 공복 제정, 개경을 황도, 서경을 서도로 고침.
962	(광종 13)	10월, 송나라에 처음 사신을 보냄.
963	(광종 14)	12월, 송나라 연호 건덕 사용, 송에서 사신 옴.
967	(광종 18)	11월, 최행귀, 균여의 향가 번역.
968	(광종 19)	관촉사 미륵보살상 석등 만듦. 묘향산 보현사 창건.
975	(광종 26)	5월, 광종 사망, 경종 즉위.
976	(5대경종 1)	11월, 시정전시과 설치.
977	(경종 2)	3월, 공음전시법 제정.
981	(경종 6)	7월, 경종, 개령군에게 전위. 경종 사망, 성종 즉위.
982	(6대성종 1)	3월, 관제 개정(내의성→내사문하성, 광평성→어사도성)

		6월, 최승로, '시무 28조' 올림.
		10월, 주 · 군 · 현의 자제를 개경에서 공부시킴.
983	(6대성종 2)	2월, 12목 설치, 지방관을 파견.
		6월, 주 · 부 · 군 · 현의 관과 역에 공해전시법 제정.
985	(성종 4)	5월, 송에 사신을 보내 거란 협공 제의.
986	(성종 5)	1월, 거란, 화친 제의.
987	(성종 6)	8월, 12목에 경학박사, 의학박사 1인씩을 둠.
		9월, 각 촌의 대감, 제감을 촌장, 촌정으로 개정.
		10월, 노비환천법 제정.
990	(성종 9)	7월, 서경에 분사(分司) 설치.
		12월, 서경에 수서원 설치.
993	(성종 12)	10월, 거란의 제1차 침입. 서희. 소손녕과 담판하여
		화약(和約) 체결
		고려 비색청자 제작 시작.
994	(성종 13)	2월, 거란의 연호 사용.
		4월, 거란에 사신 보냄.
		6월, 거란 협공 제의 거절한 송나라와 국교 단절.
		서희. 여진 축출하고, 장흥진 · 귀화진 · 곽주 · 구주
		에 축성.
995	(성종 14)	5월, 관제 개정.
		7월, 개주를 개성부로 개칭
		9월, 전국을 10도, 128주, 449현, 7진으로 구획 편제.
		서희, 여진 축출하고, 안의진 · 흥화진에 축성.
996	(성종 15)	4월, 건원중보 주조.
		서희, 성주 · 맹주에 축성.
997	(성종 16)	10월, 성종 사망, 목종 즉위. 천추태후 섭정.
998	(7대목종 1)	10월, 서경을 호경(鎬京)으로 개칭.

12월, 개정전시과 설치.

1002 (7대목종 5) 5월, 개경에 6위의 군영 설치.

1003 (목종 6) 천추태후, 김치양과 간통하여 아들 낳음. 대량원군 순(후의 현종)을 위협하여 승려가 되게 함.

1009 (목종 12) 1월, 목종, 채충순·최항 등과 왕위 계승에 대해 상의. 황보유의를 신혈사에 보내 대량원군 순을 맞아 오게 함.

2월, 강조의 군사, 궁궐 침입하여 목종을 폐하고 대량원군을 세움. 현종 즉위. 목종, 충주로 향하던 중 피살.

1010 (8대현종 1) 7월, 거란, 목종의 살해 연유 추궁.

10월, 강조, 30만 군으로 통주에 주둔하여 거란에 대비. 거란의 제2차 침입.

11월, 거란의 성종, 40만을 이끌고 흥화진 포위. 양규 등 성을 고수. 강조, 거란군에 잡혀 죽음. 강감찬, 결사항전을 주장하며 전선을 총지휘.

12월, 현종, 남으로 피신. 현종, 하공진을 보내 거란에 화친 요청.

1011 (현종 2) 1월, 거란군, 개경에 침입했다가 퇴각. 현종, 전주에 도착. 양규 전사.

2월, 현종, 전주를 출발하여 공주에 도착. 김은부의 맏딸을 왕비로 받아들임. 현종 환도. 수창궁에 머묾.

4월, 거란, 현종의 친조 요구.

6월, 거란에 사신 파견하여 현종의 친조를 거절.

제1차 대장경(초조대장경) 조판(雕板) 시작.

1013 (현종 4) 3월, 거란, 청천강 이북의 6성(흥화진, 통주, 용주, 철주, 곽주, 구주)을 침입.

9월, 최항을 감수국사, 김심언을 수국사로 하여 『국

사」를 편찬.

1014	(8대현종 5)	8월, 고려, 송나라에 관계 회복 제의.

9월, 거란, 6개 성 요구.

10월, 거란군, 통주 침략. 흥화진 장군 정신용과 별
장 주연이 격퇴.

11월, 김훈·최질 등 무신의 반란. 장연우·황보유
의를 귀양 보냄.

1015	(현종 6)	3월, 김훈·최질 등 무신 19명 처단. 거란군, 용주

침략.

1018	(현종 9)	2월, 안무사 폐지. 4도호, 8목, 56지주군사, 2진장,

20현령을 설치. 주부 관원의 봉행 6조를 정함.

10월, 거란에 사신을 파견, 화친 요청. 송나라 연호
사용

12월, 거란의 소손녕, 10만 대군으로 제3차 침입.
강감찬을 상원수, 강민첨을 부원수로 임명, 흥화진
에서 거란군 격퇴.

1019	(현종 10)	2월, 강감찬, 거란군 대파(구주대첩).
1020	(현종 11)	8월, 최치원에게 내사령을 추증하고 문묘에 배향.
1021	(현종 12)	7월, 사원에서의 술 제조 금지.
1022	(현종 13)	1월, 설총에게 홍유후를 추증하고 문묘에 배향.

4월, 주·부·군·현의 향리는 호장(戶長), 향·부
곡·진·역의 향리는 장(長)이라 부름.

1024	(현종 15)	9월, 대식국인 100명, 공물을 바침.

12월, 개경을 확장하여 5부 35방 314리로 함.

1029	(현종 20)	8월, 발해 후손 대연림이 거란 동경에서 반란을 일

으켜 흥요국을 세움.

9월, 대연림, 거란 공격을 위해 고려에 군사 요청,

고려 조정은 찬반 대립.

12월, 대연림, 동북 여진과 연합하여 거란을 공격하면서 고려에 다시 군사 요청. 고려 거부.

1030 (8대현종 21)   9월, 흥요국 멸망.

10월, 거란인과 발해인 500여 명 투항해 옴.

1031 (현종 22)   5월, 현종 사망, 덕종 즉위.

8월, 강감찬 사망.

1032 (9대덕종 1)   3월, 왕가도를 감수국사, 황주량을 수국사로 임명하여 『칠대국사』 편찬.

1033 (덕종 2)   8월, 천리장성 축조 시작.

1034 (덕종 3)   4월, 양반·군한인(軍閑人)의 전시과를 개정.

9월, 덕종 사망, 숙릉에 장사. 평양군(정종) 즉위.

1037 (10대정종 3)   12월, 거란과 다시 외교 재개.

1038 (정종 4)   8월, 송나라 상인, 토산물을 바침.

1039 (정종 5)   5월, 천자수모법(賤子隨母法) 제정.

8월, 송나라 상인 입국

1040 (정종 6)   2월, 도량형의 통일.

10월, 동서 여진, 수차 내조.

11월, 대식국 상인 입국.

1044 (정종 10)   10월, 장주·정주·원흥진에 축성. 천리장성 완성.

1046 (정종 12)   5월, 정종 사망, 주릉에 장사. 문종 즉위.

1047 (11대문종 1)   2월, 구분전(口分田) 제정.

1049 (문종 3)   5월, 양반의 공음전시법(功蔭田柴法) 제정.

1050 (문종 4)   11월, 손재면역법(損災免役法) 제정.

1053 (문종 7)   2월, 탐라국, 공물을 바침.

1054 (문종 8)   4월, 거란, 압록강 이동 지역에 군사시설 설치.

1055 (문종 9)   2월, 성황신사 설치..

7월, 최충, 문헌공도 세움(사학의 융성 시작). 고려, 거란의 군사시설 철거 요구

1061	(11대문종 15)	12월, 내사문하성을 중서문하성으로 고침.
1065	(문종 19)	5월, 왕자 후(뒤의 의천), 승려가 됨.
1066	(문종 20)	4월, 지방관이 권농사(勸農使)를 겸임.
1067	(문종 21)	1월, 흥왕사 완성.
1068	(문종 22)	최충. 구재학당 세움.
		송나라, 상인을 통해 송나라 황제가 통교할 뜻을 제의
1069	(문종 23)	7월, 양전보수법(量田步數法) 제정.
1070	(문종 24)	8월, 송나라, 국교 회복 다시 제의.
1071	(문종 25)	3월, 송나라에 사신 파견하여 외교관계 재개.
1075	(문종 29)	4월, 혁련정, 『균여전』 지음.
		7월, 요나라, 압록강 이동의 국경을 확정하자는 통첩을 보내옴.
1076	(문종 30)	양반전시과 제정.
1083	(문종 37)	7월, 문종 사망, 순종 즉위.
1083	(12대순종 1)	8월, 문종을 경릉에 장사.
		10월, 순종 사망, 선종 즉위.
		11월, 순종을 성릉에 장사.
1085	(13대선종 2)	4월, 의천, 송나라에 감.
		12월, 양산 통도사 주위에 국장생표를 세움.
1086	(선종 3)	6월, 흥왕사에 교장도감을 두고 4천여 권의 불경을 구입하여 간행. 속장경 간행 시작.
1087	(선종 4)	2월, 흥왕사에서 1차 대장경(초조대장경·속대장경) 완성.
1090	(선종 7)	8월, 의천, 「신편제종교장총록」 3권 편수. 속장경 조판.

1093	(13대 선종 10)	7월, 송나라에 간 고려 사신이 『침경』을 바치면서 책을 구함. 소식(蘇軾) 반대.
1094	(선종 11)	5월, 선종 사망, 헌종 즉위. 선종을 인릉에 장사.
1095	(14대 헌종 1)	7월, 이자의, 반란죄로 처형.
		9월, 헌종의 숙부 계림공 희(뒤의 숙종)를 중서령에 임명.
		10월, 헌종, 숙종에게 양위. 중추원을 추밀원으로 고침. 숙종 즉위. 원신궁주 이(李)씨와 그 아들 한산후 형제를 귀양 보냄.
1096	(15대 숙종 1)	6월, 근친 간의 결혼을 금지.
1097	(숙종 2)	2월, 헌종 사망. 국청사를 창건.
		의천, 『대각국사문집』 지음.
1099	(숙종 4)	9월, 양주에 남경 건설을 논의. 숙종, 왕비 · 원자와 함께 삼각산에 가서 양주의 도읍터를 살핌.
1101	(숙종 6)	4월, 주전도감에서 해동통보 주조.
		6월, 처음으로 은병을 사용.
		8월, 원효, 의상을 국사로 추증하고 비를 세움.
		9월, 의천 사망. 남경개창도감 설치.
		12월, 고주법(돈을 주조하는 법) 제정.
1104	(숙종 9)	2월, 윤관을 동북면 행영병마사에 임명, 제1차 여진 정벌.
		5월, 남경의 궁궐 완성.
		12월, 윤관, 별무반 · 항마군 설치.
1105	(숙종 10)	10월, 숙종 사망, 예종 즉위.
		12월, 탐라국을 폐하고 군(郡)으로 함.
		황해 · 경기 · 강원 · 충청 · 전라 등 전국적으로 광범위한 유민(流民) 발생.

1106	(16대 예종 1)	4월, 전국적으로 유망(流亡) 발생, 감무 파견.
1107	(예종 2)	12월, 제2차 여진 정벌.
1108	(예종 3)	3월, 윤관, 여진 정벌, 9성 구축.
		4월, 윤관, 오연총 개선.
		5월, 여진, 웅주성 공격, 오연총 구원.
		7월, 윤관, 여진 다시 정벌. 유망에 대비하기 위해 토산현 등 41개 현에 감무를 둠.
		8월, 전국에 점군사 파견, 군사를 모집.
1109	(예종 4)	2월, 9성 철수론 제기. 여진, 강화 요청.
		7월, 9성을 여진에 돌려줌. 국학에 7재 설치.
1115	(예종 10)	4월, 요, 여진을 협공하자고 제의. 척준경·김부일·김부식 등이 반대.
		6월, 이자겸의 어머니를 동의국대부인, 처 최씨를 조선국 대부인으로 삼음. 왕자지·문공미, 송에서 대성아악 등을 가져옴(고려악 정비).
1119	(예종 14)	7월, 국학에 양현고(養賢庫) 설치.
1122	(예종 17)	4월, 예종 사망, 인종 즉위.
		5월, 이자겸을 수태사중서령소성후로 삼음.
		12월, 대방공 보를 경산부로 추방. 한안인 등을 처형.
1123	(17대 인종 1)	6월, 송에서 국신사(國信使) 노윤적 등을 보내옴(서긍이 따라옴).
1124	(인종 2)	8월, 이자겸, 셋째 딸을 왕에게 바침.
		서긍, 송에서 『선화봉사고려도경』 40권을 출간.
1125	(인종 3)	1월, 요, 금에 의해 멸망. 이자겸, 넷째 딸을 왕에게 바침.
		5월, 금에 국서를 보냈지만 칭신하지 않는다고 받지 않음.

1126	(17대인종 4)	2월, 김찬 등이 이자겸·척준경 제거를 시도했으나 실패. 척준경, 궁궐에 불을 지름.
		3월, 이자겸, 인종을 자신의 집에 거처하게 함. 이어 수차례 왕을 시해하려 했으나 왕비의 도움으로 모면.
		4월, 금에 사신을 보내 신이라 칭하고 표문을 보냄. 이자겸의 난, 내시 25명을 쫓아냄.
		5월, 인종, 척준경으로 하여금 이자겸을 치게 함. 이자겸 및 그 일당을 각지에 귀양 보냄.
		7월, 송에서 함께 금을 공격하자고 제의했으나 송에서 금은 제압한 후에 돕겠다고 회답.
		9월, 금, 송의 수도를 함락. 송, 항복을 청함.
		10월, 금에서 보주(현 의주)를 고려에 양도.
		12월, 이자겸 사망.
1127	(인종 5)	3월, 묘청·백수한 등이 인종에게 권유하여 관정도량을 베풀게 함. 척준경과 그 일당을 귀양 보냄. 인종, 서경에서 유신지교 15조를 반포.
		5월, 송의 고종, 남경에서 즉위(남송의 시작).
		6월, 송의 사신 양응성 등이 가도입금(假道入金)할 것을 청하였으나 허락하지 않음.
1129	(인종 7)	1월, 서경 새 궁궐 낙성. 인종, 서경 행차.
		2월, 묘청 등이 칭제건원을 청함.
1134	(인종 12)	5월, 임완, 묘청을 처형할 것을 상소.
		9월, 김부식, 서경 천도를 반대.
		12월, 황주첨, 다시 칭제건원을 주장.
1135	(인종 13)	1월, 묘청 등이 서경에서 반란을 일으켜 대위국을 건국. 서북 농민, 이에 호응하여 봉기. 김부식 등. 서경을 공격하여 정지상·백수한 등을 죽임. 서경

봉기군 내분, 묘청을 죽이고 항복. 조광 등이 다시 반란을 일으킴.

2월, 김부식, 서경 포위, 서경 함락.

1136 (17대인종 14)   3월, 김부식을 수충정난정국공신 문하시중으로 삼음.

4월, 김부식 개선. 서경의 지방제도를 개편하고 6현을 둠.

1145 (인종 23)   12월, 김부식, 『삼국사기』 50권 편찬.

1146 (인종 24)   2월, 인종 사망, 의종 즉위.

1149 (18대의종 3)   8월, 5군을 3군으로 개편.

1151 (의종 5)   2월, 김부식 사망.

1157 (의종 11)   4월, 수덕궁·천령전 낙성. 왕충·김정순·유필·김거공의 집을 각각 안창궁·정화궁·연창궁·서풍궁으로 삼음. 민가 50채 헐어 태평정 건립.

5월, 김유립 등을 보내 울릉도를 조사케 함.

1168 (의종 22)   3월, 신령 반포.

11월, 탐라에서 민의 봉기 일어남.

1170 (의종 24)   8월, 무인들에게 오병수박회를 하게 함. 정중부·이의방 등이 반란을 일으킴. 문신 살해. 무인정권 성립.

9월, 의종, 거제현으로 유배. 태자, 진도현으로 추방됨. 명종 즉위.

1171 (19대명종 1)   1월, 이의방, 이고 숙청.

6월, 창주·성주·철주 등지에서 민의 봉기 일어남.

1172 (명종 2)   6월, 53개 현에 감무를 증치.

1차 승려의 난.

1173 (명종 3)   8월, 김보당, 의종을 복위시키려 반란 일으킴(계사의 난).

9월, 김보당 처형. 이의방, 문신들 살육.

10월, 이의민, 경주에서 의종 살해. 3경, 4도호, 8 목과 지방 관직에 무인 임용.

1174 (19대 명종 4) 1월, 승려 2천여 명이 이의방을 죽이려다 실패.

9월, 조위총, 서경에서 봉기. 절영 이북 40여 성 호응.

10월, 윤인첨, 3군을 거느리고 조위총 공격, 실패.

12월, 정균, 이의방 제거. 정중부, 문하시중이 됨.

1175 (명종 5) 청자상감모란문항아리, 청자상감운학문대접, 청자 상감운학문매병 등 제작.

12월, 명종, 정중부에게 궤장(几杖)을 내림.

1176 (명종 6) 1월, 공주 명학소 주민 망이·망소이 난이 일어남.

2월, 조위총의 봉기 진압.

6월, 공주 명학소를 충순현으로 승격.

1177 (명종 7) 1월, 망이·망소이 등이 항복.

3월, 망이·망소이 등이 다시 반란을 일으킴.

4월, 의주·정주에서 민란 발생.

5월, 조위총의 500여 명 봉기. 충순현을 다시 명학 소로 격하.

6월, 망이·망소이 등이 항복 청함.

7월, 관군, 서경 반군에 패배. 서경 반군 김단, 항복 청함. 망이·망소이 등 체포.

8월, 김단 등 처형.

1178 (명종 8) 1월, 제도에 찰방사 파견. 이의민, 서경 봉기를 진압.

4월, 서경의 관제를 개정

1179 (명종 9) 2월, 서경 주민 다시 봉기.

4월, 서북면지병마사 이부, 서경 반란군의 여당을 꾀어 학살. 조위총의 남은 무리가 다시 봉기.

9월, 경대승, 정중부·송유인 살해. 도방을 설치.

1182 (19대명종 12)	3월, 전주민 기두·죽동 등이 주동해서 관노·농민을 이끌고 봉기.
1183 (명종 13)	7월, 경대승 사망.
1184 (명종 14)	2월, 이의민 집권.
1190 (명종 20)	1월, 동경에서 농민 봉기. 12월, 강순의를 남로착적병마사로 임명. 지눌, 「정혜결사문」 발표.
1193 (명종 23)	7월, 경상도 운문의 김사미와 초전의 효심이 봉기. 대장군 전존걸, 장군 이지순 등의 토벌대 파견. 이의민의 아들 이지순이 봉기군과 내통. 전존걸 자결. 이규보, 「동명왕편」 지음.
1194 (명종 24)	2월, 남적 김사미 항복, 처형. 4월, 남로병마사, 밀성에서 남적 7천여 명을 죽임. 12월, 남적의 괴수 효심 체포.
1196 (명종 26)	4월, 최충헌. 이의민 살해, 정권 장악(최씨 세습정권 탄생). 5월, 최충헌, '봉사 10조'를 올림.
1197 (명종 27)	9월, 최충헌, 명종을 폐위시키고 왕의 동생 민을 왕(신종)으로 세움.
1198 (20대신종 1)	1월, 사노 만적 봉기. 개경의 노비들이 반란 모의.
1199 (신종 2)	2월, 명주(현 강릉) 농민군이 봉기하여 삼척과 울진을 함락. 동경의 농민군이 봉기하여 이들과 연합해서 주군을 공격. 3월, 동경의 적괴 김순과 울진의 적괴 금초를 초유하여 항복시킴. 6월, 최충헌, 병부상서·지리부사를 겸하여 문무의 전주(銓注) 총괄

1200 (20대신종 3) 5월, 진주의 주리(州吏) 정방의 등이 민란을 일으킴.
밀성의 관노 50여 명이 운문의 농민군에 투항.
8월, 전주의 잡족인(雜族人)이 민란을 일으킴.
12월, 최충헌, 도방 설치. 동경에서 이의민의 족당
봉기.

1201 (신종 4) 3월, 진주민이 정방의를 공격해서 죽임.

1202 (신종 5) 10월, 탐라민 봉기. 안무사 파견. 경주의 별초군이
봉기하여 운문의 농민군과 동화사 승려와 결합, 영
주를 공격.
11월, 경주 지역에 신라부흥운동이 일어남. 명종 사망.
12월, 탐라민 봉기 주모자 처형.

1204 (신종 7) 1월, 신종 선위, 희종 즉위. 신종 사망.
5월, 경주 지역의 신라부흥운동 완전 진압. 안동도호
부를 대도호부로 승격. 경상도를 상진안동도로 고침.

1205 (21대희종 1) 12월, 최충헌, 진강후개국공이 됨.

1206 (희종 2) 3월, 최충헌을 진강후로 봉하고 흥령부를 개설.

1209 (희종 5) 2월, 교정도감 설치.

1211 (희종 7) 12월, 최충헌, 희종을 폐하고 강종을 세움.

1212 (22대강종 1) 1월, 최충헌의 흥령부를 진강부로 고침.

1213 (강종 2) 8월. 강종 사망, 고종 즉위.

1216 (23대고종 3) 8월, 몽골에 쫓긴 거란 잔당 수만 명이 영삭·정융
을 침략. 김취려·노원순 등으로 거란을 방비하게
함. 거란, 고려의 항복 요구.

1217 (고종 4) 1월, 흥왕사 승려, 최충헌을 살해하려다 실패.
5월, 서경의 최광수 봉기. 고구려흥복병마사라 칭
하며 고구려부흥운동을 일으킴. 김취려, 거란족을
제천에서 대파.

12월, 거란군의 침입으로 출동한 전주의 군인이 회
군하여 봉기, 향리 등을 죽임.

1218 (23대고종 5)   12월, 몽골군 1만 명, 동진 만노의 군대 2만 명과 합
세하여 화주·맹주·순주·덕주 네 성을 함락한 다
음 강동성으로 향함.

1219 (　　고종 6)   1월, 조충·김취려 등이 몽골군과 함께 강동성의 거
란 격퇴. 몽골과 형제맹약을 맺음.
9월, 최충헌 사망. 아들 최우 집권
10월, 의주의 한순과 다지, 반란. 북계의 여러 성 함락.

1220 (　　고종 7)   2월, 한순·다지 등 금나라에 투항. 금나라, 이들을
처형하여 고려에 보냄.
3월, 남원민, 봉기. 이인로 사망.
8월, 최향의 난.

1221 (　　고종 8)   5월, 최우를 진양후에 책봉.
8월, 몽골 사신 저고여, 물품을 요구.

1225 (　　고종 12)   1월, 몽골 사신 저고여 피살. 몽골, 고려와 단교함.
6월, 최우, 자기 집에 정방(政房) 설치.

1231 (　　고종 18)   8월, 몽골 원수 살례탑, 철주 함락(몽골 1차 침입).
몽골군, 부인사의 대장경 불사름.
12월, 몽골과 강화.

1232 (　　고종 19)   1월, 충주 관노와 승려 봉기(같은 해 8월 2차 봉기).
6월, 강화도 천도.
7월, 어사대 조예(皂隸) 이통이 노비·초적 등과 연
합해 3군을 편성해 봉기.
12월, 몽골의 2차 침입. 김윤후와 처인 부곡민, 몽
골 사령관 살례탑 살해.

1233 (　　고종 20)   4월, 개경 근교 초적 거복과 왕심이 주변 농민과 함

께 봉기해서 용문창(龍門倉)을 점거.

5월, 서경 사람 홍복원 등 반란. 경주의 최산과 이유가 인근 주현과 연합해서 봉기, 패함.

12월, 최우, 가병(家兵) 3천을 보내 서경 반란군 공격. 홍복원, 몽골로 도망.

1234 (23대고종 21) 10월, 최우, 진양후에 책봉.

금속활자로 『상정고금예문』 50권 인쇄(세계 최초의 금속활자).

1235 (　　고종 22) 7월, 몽골의 3차 침입 시작.

1236 (　　고종 23) 10월, 강도에 대장도감을 두고 대장경 조판 시작.

대장도감에서 『향약구급방』 간행.

1237 (　　고종 24) 1월, 담양의 이언년이 봉기, 자칭 백제도원수(百濟都元帥)라 하며, 백제부흥운동을 일으킴. 해양현(광주)을 점거.

3월, 나주에서 김경손에 진압.

1238 (　　고종 25) 4월, 몽골군, 황룡사탑 불태움.

1241 (　　고종 28) 9월, 이규보 사망.

12월, 이규보의 『동국이상국집』 간행.

1247 (　　고종 34) 7월, 몽골의 4차 침입 시작.

1249 (　　고종 36) 11월, 최이 사망. 최항이 집권.

1251 (　　고종 38) 9월, 팔만대장경 완성.

1253 (　　고종 40) 7월, 몽골의 5차 침입 시작.

10월, 양근성의 방호별감과 성민이 몽골군에 투항, 천룡산성, 몽골군에 투항.

1254 (　　고종 41) 6월, 몽골의 6차 침입 시작.

1256 (　　고종 43) 3월, 입암산성민, 몽골에 투항.

1257 (　　고종 44) 4월, 최항 사망. 최의 집권. 원주 초적 안열·돈정·

당로 등이 봉기, 치악산 유민을 규합하여 흥원창을 점거.

5월, 위도에 피란 간 박주민이 관리를 살해하고 몽골에 투항.

6월, 광복산성민 봉기, 방호별감 살해하고 몽골에 투항.

12월, 달포성민 봉기, 방호별감 정기를 죽이고 몽골에 투항.

1258 (23대고종 45)　2월, 등주 등지의 민이 몽골병을 이끌고 한계성을 공격.

3월, 유경 · 김인준, 최의를 죽임(최씨 정권 붕괴). 갈도(葛島) 등의 역인(驛人)이 몽골에 항복하여 동진국병과 합세하여 경별초를 살해. 조휘 · 탁청의 반란. 몽골, 영흥(화주) 지방에 쌍성총관부 설치.

7월, 북계의 삼별초 군인이 별초도령과 경병을 살해하고 도망함. 울진성의 주민이 현령을 잡아 가두고 도망.

1259 (　　고종 46)　4월 태자, 몽골에 강화 요청. 40여 명의 수행원과 함께 몽골로 출발.

6월 고종 사망. 몽골, 강화도의 내외성을 철거.

태자, 원종으로 즉위.

1260 (24대원종 1)　3월 몽골 쿠빌라이, 개평부에서 황제 즉위. 태자, 개경에 도착. 서경 주둔 몽골군 철수.

4월, 영안공 희를 몽골에 파견, 쿠빌라이의 즉위 축하. 세조로부터 6개 조항의 약조를 받아냄.

5월, 몽골, 고려인 포로 및 도망자 440여 호 환송.

이인로의 『파한집』 간행.

8월, 몽골, 다루가치 폐지.

1268 (　　원종 9)　12월, 임연, 김준 제거.

1269 (24대원종 10) 2월, 전민변정도감 설치.

6월, 임연, 원종을 폐함.

10월, 서북면의 최탄·한신 등, 임연 제거 기도.

11월, 원종 복위.

1270 (원종 11) 2월, 최탄·한신 등이 원종 복위 명분으로 반란을 일으켜 서경을 함락. 토벌군에 쫓겨 서경을 몽골에 바침. 몽골, 서경에 동녕부 설치.

6월, 배중손·노영희 등이 삼별초를 이끌고 항쟁. 승화후온을 왕으로 삼음.

8월, 삼별초, 진도로 이동.

9월, 삼별초군, 연해 지방 장악. 나주 포위, 전주 공격.

11월, 삼별초군, 제주도 장악.

1271 (원종 12) 1월, 삼별초군, 진도에서 정부군 패퇴. 밀성인들이 삼별초와 호응해서 봉기.

2월, 녹과전 제도 시행. 대부도 주민 봉기.

3월, 삼별초군, 합포·동래 공격.

4월, 삼별초군, 금주 점령.

5월 김방경, 몽골군과 함께 진도를 함락시킴. 승화 후 온을 죽임. 김통정, 남은 삼별초를 거느리고 제주로 이동.

1273 (원종 14) 4월, 김방경, 탐라에서 삼별초 진압.

1274 (원종 15) 5월, 세자 왕심(충렬왕), 원 세조 쿠빌라이의 딸 홀도로게리미실 공주(제국대장공주)와 혼인.

6월, 원종 사망.

8월, 충렬왕 즉위.

10월, 여몽연합군의 제1차 일본 원정.

1275 (25대충렬왕1) 3월, 결혼도감을 둠.

1276	(25대충렬왕2)	3월, 선지(宣旨)를 왕지(王旨), 짐(朕)을 고(孤), 사(赦)를 유(宥), 주(奏)를 정(呈)으로 고침
1277	(충렬왕3)	농무도감을 둠.
1280	(충렬왕6)	11월, 일본 정벌을 위해 서경에 정동행성을 둠.
1281	(충렬왕7)	5월, 여몽연합군의 제2차 일본 원정.
		일연, 『삼국유사』 찬술.
1282	(충렬왕8)	1월, 원, 정동행중성을 폐지.
1287	(충렬왕13)	이승휴, 『제왕운기』 지음.
1290	(충렬왕16)	12월, 합단의 침입.
1292	(충렬왕18)	1월, 개경으로 환도.
		7월, 조인규의 딸을 세자비로 정함.
1294	(충렬왕20)	1월, 원나라 세조 사망, 일본 정벌 중지.
1296	(충렬왕22)	11월, 세자, 원나라 공주와 결혼.
1297	(충렬왕23)	10월, 충렬왕, 조인규를 원나라에 보내 전위(傳位) 요청.
1298	(26대충선왕)	1월, 충선왕 즉위. 즉위 개혁교서 반포.
		4월, 정방 폐지. 사림원에서 관리 선발을 주관.
		5월, 관제 개편.
		7월, 관제 복구.
		8월, 충선왕과 공주, 원나라로 출발. 충렬왕 복위.
1301	(25대충렬왕27)	5월, 관직명이 원나라와 같은 것을 모두 개칭.
1308	(충렬왕34)	7월, 충렬왕 사망.
		8월, 충선왕 귀국, 즉위.
		11월, 충선왕 복위 개혁교서 반포.
1309	(26대충선왕1)	2월, 각염법(소금전매법) 제정. 각 군현에 염창 설치.
1310	(충선왕2)	8월, 각 관청과 주군의 명칭 개정.
1313	(충선왕5)	3월, 충선왕, 충숙왕에게 전위. 조카 연안군 고를

심양왕 세자로 삼음.

6월, 충숙왕 즉위.

1316 (27대충숙왕3) 2월, 탐라민 봉기, 성주 왕자를 내쫓음.

3월, 충선왕, 심왕의 자리를 세자 고에게 물려줌.

6월, 탐라 봉기 평정.

1318 (충숙왕5) 5월, 충숙왕, 개혁교서 반포.

1320 (충숙왕7) 12월, 원나라, 충선왕을 토번으로 귀양 보냄.

1323 (충숙왕10) 1월, 유청신 등이 고려에 성을 세울 것을 원나라에 요청.

1325 (충숙왕12) 1월, 원나라, 고려에 행성을 설치하려는 논의를 중지함.

5월, 충선왕 사망.

10월, 충숙왕, 개혁교서 반포.

1330 (충숙왕17) 7월, 충숙왕, 원나라로 감.

8월, 충혜왕 즉위.

1331 (28대충혜왕1) 4월, 새로운 소은병(小銀甁) 사용. 재래 은병 통용 금지

9월, 경학도감을 둠..

1332 (충혜왕2) 2월, 충숙왕 복위.

1340 (복위충혜왕1) 4월, 원나라, 기씨를 황후로 책봉.

1342 (충혜왕3) 이제현, 『역옹패설』 지음.

1344 (충혜왕5) 1월, 충혜왕 사망.

2월, 충목왕 즉위.

9월, 이제현, 『익재난고』 지음.

1347 (29대충목왕3) 2월, 정치도감 설치, 개혁정치 시행.

3월, 정치도감에서 기황후의 동생인 기삼만을 국문
함. 시삼만, 옥사.

4월, 정치도감, 기주를 투옥. 행성리문소, 정치도감
관원 전녹생 등을 투옥.

10월, 기삼만의 옥사로 정치관(整治官)들을 국문함.